中经"精品课程"系列

中经新商科·财经商贸类新形态一体化教材

电子商务基础

主　编：万国海　钱远芳　陈　媛
副主编：林　佩　李思华　高泽娜　王　佳

中国经济出版社　　中国石化出版社

·北京·

图书在版编目（CIP）数据

电子商务基础 / 万国海，钱远芳，陈媛主编．
北京：中国经济出版社：中国石化出版社，2025.3.
ISBN 978－7－5136－8037－0

Ⅰ．F713.36

中国国家版本馆 CIP 数据核字第 2025VP1067 号

选题策划　雷　生
责任编辑　彭　欣
责任印制　李　伟
封面设计　任燕飞

出版发行	中国经济出版社
印 刷 者	宝蕾元仁浩（天津）印刷有限公司
经 销 者	各地新华书店
开　　本	889mm×1194mm　1/16
印　　张	17.75
字　　数	450 千字
版　　次	2025 年 3 月第 1 版
印　　次	2025 年 3 月第 1 次
定　　价	55.00 元

广告经营许可证　京西工商广字第 8179 号

中国经济出版社　网址 http://epc.sinopec.com/epc/　社址 北京市东城区安定门外大街 58 号　邮编 100011
本版图书如存在印装质量问题，请与本社销售中心联系调换（联系电话：010－57512564）

版权所有　盗版必究（举报电话：010－57512600）
国家版权局反盗版举报中心（举报电话：12390）　　服务热线：010－57512564

PREFACE 前言

在数字技术重构商业生态的大势所趋之下，电子商务早已突破单纯的交易模式，演进为驱动全球经济变革的战略性力量。商务部数据显示，我国电子商务交易规模连续八年稳居全球首位，2024年全网零售额达15.52万亿元，占社会消费品零售总额的27.6%。这种以数据为生产要素、以平台为组织形态的新型经济范式，不仅重塑了"生产—流通—消费"的全产业链条，更在乡村振兴等国家战略中展现出独特的赋能价值。

在广东省"百县千镇万村高质量发展工程"（简称"百千万工程"）的实践版图上，茂名市创新打造的"电商兴农"模式具有典型示范意义。通过构建"特色产业数字化、市场主体电商化、商贸体系现代化"的三维驱动机制，成功将"五棵树一条鱼一桌菜"（荔枝、龙眼、沉香、化橘红、三华李、罗非鱼、预制菜）产业等地域特色资源转化为市场竞争优势，生动演绎了数字经济与乡村振兴的深度融合。

本书立足系统性、实用性与前瞻性，旨在为读者构建完整的电子商务知识体系。全书共分为五篇：第一篇概述电子商务的兴起发展及技术基础；第二篇解析主流电子商务模式（如B2C、B2B、C2C等）的差异化特征、竞争优势与实操策略；第三篇聚焦电子商务运营与管理，涵盖电子商务网站规划与建设、物流与供应链管理、营销电子商务策略与实施；第四篇深入探讨电子商务法律、伦理与企业社会责任；第五篇剖析客户关系管理的工具与应用，并展望人工智能、大数据、绿色电商等前沿趋势。书末附有电商相关法律法规汇编，便于读者延伸学习。

本书特色

1. 体系完备，逻辑清晰

以"基础理论—模式分析—运营管理—法律伦理—未来趋势"为主线，层层递进，形成完整的知识框架，帮助读者建立系统化认知。

2. 案例驱动，知行合一

通过亚马逊平台运营策略、拼多多社交电商模式等典型案例，结合理论阐释实际场景，强化读者解决复杂问题的能力。

3. 聚焦前沿，洞察趋势

增设"农村电商的机遇与挑战""AI在精准营销中的应用"等专题，紧扣行业动态，为读者把握未来方向提供参考。

4. 强化合规，注重伦理

结合《电子商务法》解读交易中的法律风险，强调数据隐私保护与消费者权益，引导从业者树立合规意识与社会责任感。

5. 实用工具，即学即用

提供 SEO 优化指南、用户画像构建模板等实操工具，辅以课后习题与项目实训，助力读者快速提升职业技能。

课时分配建议

表 0-1 学时分配表

篇　目	内　　容	学　时
第一篇	电子商务概述	3
第二篇	电子商务模式与平台	6
第三篇	电子商务运营与管理	9
第四篇	电子商务法律法规与伦理	9
第五篇	电子商务客户关系管理与发展趋势	12
附　录	电子商务相关法律法规汇编	6
课程总评	综合考核与反馈	3
总　　计		48

编写团队说明

本书由高校电子商务领域资深教师及行业专家联合编写。

主编团队：

万国海（广东茂名农林科技职业学院，负责全书框架设计及统稿）

钱远芳（揭阳职业技术学院）、陈嫒（广西商业学校）

副主编团队：

林佩（揭阳职业技术学院）、李思华（广东茂名农林科技职业学院）、高泽娜（伊春职业学院）、王佳（河南测绘职业学院）

致读者

在数字化浪潮下，电子商务已成为推动全球经济发展的核心力量，为各行业带来变革机遇。在乡村振兴战略和广东省"百千万工程"中，电子商务更是助力乡村特色农产品走向全国乃至全球市场，成为乡村产业发展的关键。

本书是广东茂名农林科技职业学院"百千万工程"项目及电商孵化基地电商专班项目的研究成果，适用于中高职及高校电商、营销等专业师生，也与畜牧兽医等农业类专业紧密相关。对于全国投身"百千万工程"的师生，本书助力其将专业知识融入电商实践，推动乡村特色农产品的推广销售与产业升级。同时，本书也是农产品电商从业者的实用指南，能为其运营和品牌打造提供参考，助力借助电商实现乡村振兴。

尽管我们力求严谨，但仍可能存在疏漏。诚邀读者通过邮箱（33074984@qq.com）提出宝贵意见，您的反馈是我们进步的动力。

希望本书能成为您在电商浪潮中的一个灯塔，帮助您精准锚定方向，乘风破浪，驭势前行！

编者
2024 年 12 月

CONTENTS 目录

第一篇　电子商务概述　　001

项目1　电子商务的兴起与发展 …………………………………………… 001
任务1　电子商务的定义与分类 …………………………………………… 002
任务2　电子商务的发展历程 ……………………………………………… 006
任务3　电子商务的新应用 ………………………………………………… 013

项目2　电子商务的技术基础 ……………………………………………… 023
任务1　互联网技术概述 …………………………………………………… 024
任务2　电子商务领域的关键信息技术 …………………………………… 030
任务3　数据安全与隐私保护 ……………………………………………… 040

第二篇　电子商务模式与平台　　050

项目3　B2C电子商务模式 ………………………………………………… 050
任务1　B2C电子商务模式的特点与优势 ………………………………… 051
任务2　典型B2C电子商务平台案例分析 ………………………………… 058
任务3　B2C电子商务模式的营销策略 …………………………………… 068

项目4　B2B电子商务模式 ………………………………………………… 075
任务1　B2B电子商务模式的概念与运作流程 …………………………… 076
任务2　B2B电子商务平台的功能与服务 ………………………………… 081
任务3　B2B电子商务在供应链管理中的应用 …………………………… 084

项目5　C2C与社交电子商务模式 ………………………………………… 088
任务1　C2C电子商务模式概述 …………………………………………… 088
任务2　社交电子商务的兴起与发展 ……………………………………… 095
任务3　社交电子商务平台的运营策略与用户行为分析 ………………… 103

第三篇　电子商务运营与管理　　112

项目6　电子商务网站规划与建设 …… 112
任务1　电子商务网站的规划流程 …… 113
任务2　网站设计与用户体验 …… 119
任务3　网站内容的组织与管理 …… 137

项目7　电子商务物流与供应链管理 …… 149
任务1　电子商务物流的概念与特点 …… 149
任务2　物流系统的构建与优化 …… 155
任务3　供应链管理策略 …… 160

项目8　电子商务营销策略与实施 …… 166
任务1　网络营销环境分析 …… 167
任务2　电子商务营销策略组合 …… 172
任务3　网络营销工具与技巧 …… 178

第四篇　电子商务法律法规与伦理　　191

项目9　电子商务法律法规概述 …… 191
任务1　《中华人民共和国电子商务法》的立法背景与原则 …… 192
任务2　电子商务交易中的法律问题 …… 199
任务3　电子商务法律法规的完善与发展 …… 206

项目10　电子商务伦理与社会责任 …… 212
任务1　电子商务伦理问题 …… 213
任务2　电子商务企业的社会责任 …… 218
任务3　电子商务中的消费者权益保护 …… 226

第五篇　电子商务客户关系管理与发展趋势　　234

项目11　电子商务客户关系管理 …… 234
任务1　客户关系管理概述 …… 235
任务2　电子商务客户关系管理 …… 238
任务3　客户关系管理系统及其应用 …… 244

项目12　电子商务的发展趋势 …… 250
任务1　人工智能与大数据在电子商务中的应用 …… 251
任务2　农村电子商务的发展与挑战 …… 254
任务3　电子商务与实体经济的深度融合 …… 260

| 附录　电子商务相关法律法规汇编 | 268 |

参考文献 …… 274

后　记 …… 275

第一篇 电子商务概述

项目1 电子商务的兴起与发展

【项目导读】

随着互联网和自媒体的普及与技术的不断进步,电子商务作为一种新型的商业模式,逐渐改变了人们的生活方式、消费习惯和商业运作方式。本项目将简要解读电子商务的定义与分类、发展历程及新应用,为后续深入学习电子商务打下坚实基础。

【技能目标】

1. 能够解释电子商务的基本定义、优势和分类方法。
2. 学会分析电子商务的发展现状和未来趋势。

【知识目标】

1. 了解电子商务的核心概念、优势和特点。
2. 了解电子商务在全球范围内的普及和影响。
3. 熟悉电子商务给传统商业模式带来的挑战和机遇。

【思政素质目标】

1. 培养学生对电子商务行业的正确认知和价值观。
2. 引导学生关注电子商务发展对社会经济的影响。
3. 提升学生的创新意识和实践能力,为电子商务行业发展贡献力量。

【引导案例】

亚马逊(Amazon)是全球最大的电子商务公司之一。从最初的在线书店发展到现在的综合性电商平台,亚马逊的成功不仅改变了人们的购物方式,也引领着电子商务行业的发展潮流。通过分析亚马逊的案例,我们可以深入了解电子商务的兴起与发展历程。

任务1　电子商务的定义与分类

【任务情景】

近年来,电子商务在全球范围内持续发展。在中国,电商市场也呈现出惊人的增长态势,尤其是在移动电商、社交电商、跨境电商等领域发展势头迅猛。本任务旨在了解电子商务的基本定义和分类方法,以便初入电子商务领域的新手更好地适应行业发展。

【任务分析】

为了完成这一任务,我们需要掌握电子商务的定义、分类、优势,及其与传统商务的关系。

【知识链接】

一、电子商务的定义

电子商务,简称"电商",是现代商业活动的重要组成部分,其定义有广义与狭义之分,涉及业务也非常广泛(见图1-1)。

广义的电子商务(E-business,EB)是指利用电子信息技术,特别是互联网技术,进行商品和服务交易及相关服务活动。它不仅涵盖传统的商品交易,还包括数字化产品和服务的交易,以及基于网络的金融服务、信息交换等活动。从这个意义上看,电子商务是一个涵盖从生产、流通到消费全过程的综合性概念。

狭义的电子商务(E-commerce,EC)主要指通过互联网平台进行的商业交易活动,尤其是消费者与商家之间的直接交易。它通常包括在线购物、在线支付、订单处理、客户服务等一系列环节。狭义的电子商务更注重消费者体验和便利性,旨在通过互联网平台提供更高效、更便捷的商业服务。

本书认为,电子商务是一个不断发展的概念,是指利用互联网等电子信息技术进行的商业活动。电子商务概念模型由电子商务实体、电子市场、交易事物及"四流"(信息流、资金流、商流、物流)等基本要素构成(见图1-2)。

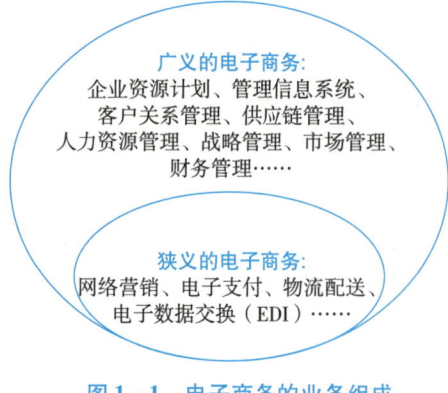

图1-1　电子商务的业务组成　　　　图1-2　电子商务概念模型

二、电子商务的分类

1. 根据交易主体分类

根据交易主体不同,电子商务主要可以分为以下几类。

(1) B2B(Business to Business):企业与企业之间的电子商务活动,如供应链管理、采购等。

(2) B2C(Business to Consumer):企业与消费者之间的电子商务活动,如在线零售、网络购物等。

(3) C2C(Consumer to Consumer):消费者与消费者之间的电子商务活动,如个人之间的二手交易、拍卖等。

(4) B2G(Business to Government):企业与政府之间的电子商务活动,主要涉及政府采购、税收缴纳、行政审批等环节。通过B2G电子商务平台,政府可以更加高效地进行公共资源的配置和管理,提高政府服务的透明度和效率。

(5) G2C(Government to Consumer):政府通过电子网络系统为公民提供的各种服务,主要涉及公共服务、社会保障、电子政务等领域。通过G2C电子商务平台,政府可以更加便捷地向公民提供各类服务,提高政府服务水平和质量。

2. 根据交易内容分类

根据交易内容不同,电子商务可以分为有形商品电子商务和无形商品电子商务。有形商品电子商务主要涉及实体商品的买卖和交易,而无形商品电子商务则涉及数字化产品、服务、知识等无形资产的交易。

三、电子商务的优势

随着互联网的普及、人工智能的应用,电子商务以独特的优势深入人们的日常生活。

(1) 全球性。电子商务在互联网环境下运行,经济范围扩张到全球,打破了时空上的障碍。

(2) 高效性。电子商务信息传递快、效率高,交易快捷高效。

(3) 成本低。电子商务通过网络收集、传播信息,不但企业可以降低营销费用,而且消费者也可以购买到物美价廉的产品。

(4) 互动性。电子商务平台让卖家与买家沟通更加便捷。

(5) 虚拟性。电子商务通过互联网将整个交易过程虚拟化,买卖双方通过电子商务平台进行沟通,最后达成交易。

总而言之,电子商务以方便性、市场范围广、成本低、效率高及个性化购物体验等优势改变了人们的购物方式和生活方式。未来,随着技术的不断进步和创新,电子商务的优势将更加明显,为商家和消费者带来更多的机遇和价值。

四、电子商务与传统商务的关系

电子商务是在传统商务基础上发展起来的,两者有着密切的联系。电子商务不可能完全替代传统商务活动。例如,物流环节实体商品的配送、运输等仍需人员具体操作执行才能完成。很多电子商务网站都提供了传统的"货到付款"支付方式,在宣传和推广网站时也离不开传统的广告与促销模式。

电子商务与传统商务具有巨大的融合性。电子商务不仅把过去很多不相干的概念、技术和工作融合在一起,也把传统商务模式和电子商务模式融合在一起。电子商务使一些传统的工作方式和岗位消失或改变,并不断创造新的工作方式和工作内容、新的沟通方式和新的创业模式。尽管从目前来看,电子商务正在逐渐替代传统商业、零售业的部分功能,但随着电子商务的进一步发展和传统零售业的成熟,二者应是对接互补的关系,而非完全竞争关系。

电子商务与传统商务对比见表1-1。

表1-1 电子商务与传统商务对比

项 目	电子商务	传统商务
顾客体验性	虚拟空间(网络商铺、商品列表等),钱货交接有时间差,顾客体验性相对较差	现实空间(实体商铺、仓库等),钱货当面结清,顾客体验性相对较好
顾客方便性	没有营业时间限制,无空间限制,商品信息透明度高,顾客需有上网设备及相关操作能力	有营业时间、地理空间限制,商品信息透明度不高,面对面互动,享受销售人员专业服务
流通渠道	中间环节少,企业—电商网站或平台—消费者,配送距离较长	中间环节较多,企业—经销商、批发商、零售商—消费者,配送距离较短
顾客需求把握	通过网上交流、顾客上网浏览及购买记录等大数据,进行个性化推荐	通过与顾客面对面的交流沟通,进行服务和推荐,具有及时性
面对挑战	体验性较差,存在技术及数据安全问题、商品运输和配送问题等	流通环节多,受时空限制,商品交易效率低、成本高等

【知识拓展1-1】

一、电子商务产生和发展的条件

电子商务产生和发展的条件如图1-3所示。

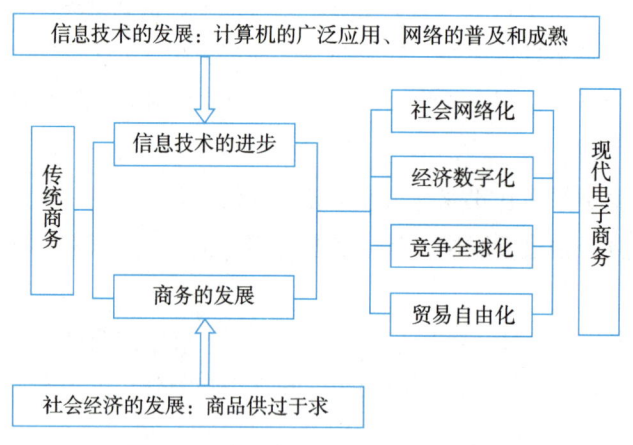

图1-3 电子商务产生和发展的条件

1. 信息技术的发展

(1)计算机的广泛应用。

(2)网络的普及和成熟。

2. 社会经济的发展

随着社会经济的发展,大多数商品出现了供给远大于需求的现象。这时,急需一种新的商务模式提高企业的竞争力,电子商务即扮演了这种角色。

二、电子商务推进的"四流"

任何商务活动都离不开"四流",即信息流、资金流、商流和物流。电子商务作为电子化手段的商务活动,也同样如此,其任何一笔交易都包含"四流"(见图1-4)。

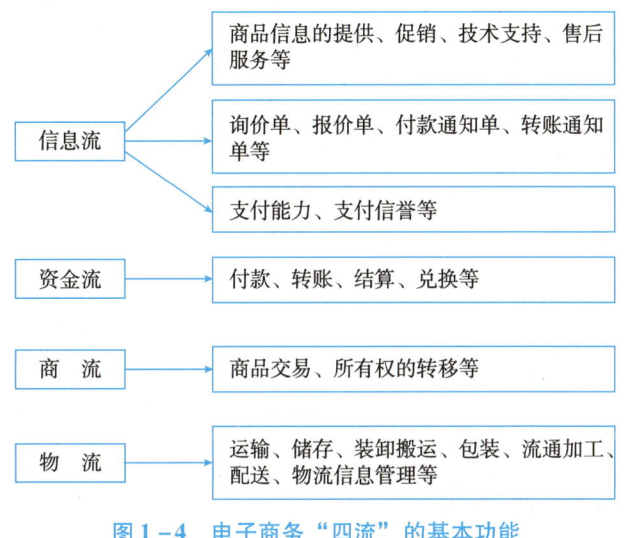

图1-4 电子商务"四流"的基本功能

【阅读和思考1-1】

传统茶企川红集团的电商转型之路

四川宜宾川红茶业集团有限公司(以下简称"川红集团"),是中华人民共和国最早成立的中国红茶外贸出口五大骨干企业之一。至20世纪90年代,其生产的川红工夫茶大量出口到苏联和东欧地区,出口量占据四川茶叶出口量的80%。

2021年11月,川红集团成立电商部,启动电子商务网络营销之路。在运营初期,却发现电商营销并不是把产品转到线上销售那么简单。由于信息化人才匮乏、自身传统经营理念的束缚等,川红集团初期并没有取得好的效果。经过半年多的磨合和总结,川红集团意识到做好电商关键要解决人才问题,拥有专业电商团队才是传统企业转型电商成功的关键。专业的电商团队要做好电商运营,不但要懂茶、懂线上营销手法有别于线下,还必须从年轻人的角度解读、品味茶本身,要让茶叶"自己讲故事"。于是,川红集团引进电商专业人才,将团队成员送到电商发达的地方进行考察、学习、培训,并放手让电商团队大胆地试水、总结。短短两年多的时间,川红集团由原来3个人组成的电商部发展到现在30多人的电子商务公司,月均发单量达到30000单,日流量40000多元。2023年,川红集团电商销售突破9000万元,成为四川茶企电商销售第一名、京东商城重要商家。

思考:传统企业转型电子商务成功的关键是什么?

【任务实施1-1】

以个人或小组为单位,选择传统销售中常见的商品,如荔枝或其他品类商品(家装类、箱包类、百货类),讨论该商品是否需要布局电子商务。

1. 电子商务有哪些优势?
2. 该商品是否可以从电商渠道购买?
3. 分析该商品布局电子商务能带来的利益。
4. 分析该商品布局电子商务可能带来的风险。
5. 有何建议?

【任务考核1-1】

项　目	讨论分析	权　重(%)	分　值
电子商务的优势		10	
电商进货渠道		20	
能带来的利益		20	
存在的风险		20	
建　议		30	
评　分		100	

任务2　电子商务的发展历程

【任务情景】

随着互联网技术的不断发展和普及,电子商务经历了从萌芽到蓬勃发展的历程。从最初的电子邮件交易,到后来的在线支付、电子商务平台兴起,再到现在的移动电商、社交电商等多元化模式,电子商务的发展历程充分展现了其强大的生命力和广阔的发展前景。本任务旨在对电子商务的发展历程有简单的了解。

【任务分析】

为了完成这一任务,我们需要掌握电子商务的初期形态及特点,我国电子商务的发展历程,以及我国电子商务的发展现状等相关内容。

【知识链接】

一、电子商务的初期形态及特点

电子商务的初期形态主要为EDI和电子邮件交易。EDI系统允许企业间通过电子传输方式交换商业文件,如订单、发票和货运通知等。这种初期的电子商务形态具有以下几个特点。

(1)专用性与封闭性。初期电子商务主要在企业间进行,需要特定的通信标准和格式,相对封闭,不适用于广大消费者。

(2)高效性与准确性。EDI通过标准化格式减少了纸质文件的传输错误,提高了交易效率。

（3）成本高昂。由于需要专用的硬件和软件支持，初期电子商务的部署和维护成本较高。

二、我国电子商务的发展历程

我国电子商务的发展历程可谓波澜壮阔，从起步到如今的全球领先，经历了多个阶段和标志性事件（见图1-5）。

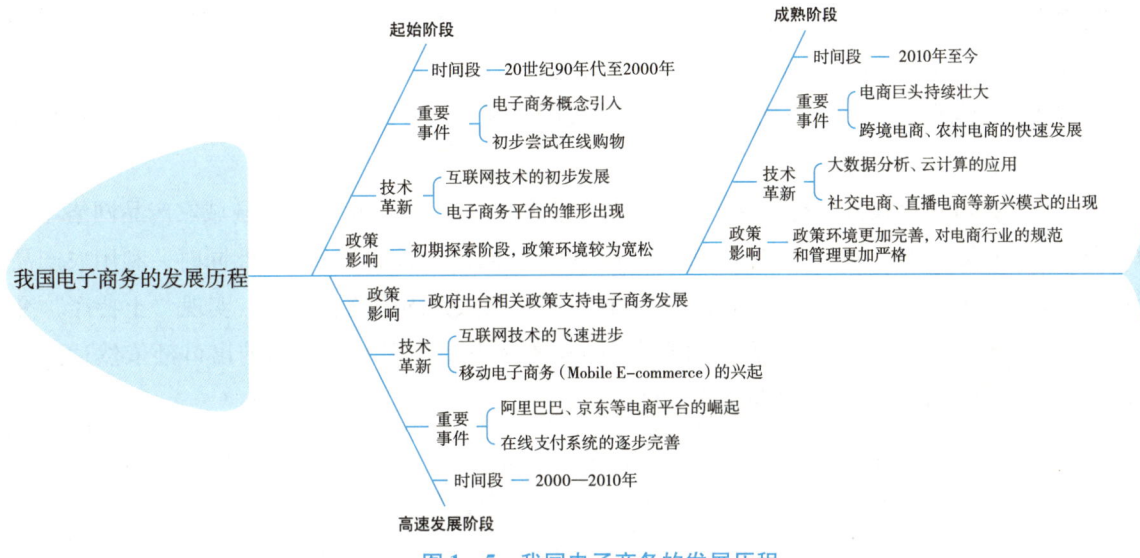

图1-5 我国电子商务的发展历程

1. 起始阶段（20世纪90年代至2000年）

我国电子商务的起步可以追溯到20世纪90年代。当时，互联网刚刚进入中国，电子商务的概念也随之兴起。1995年，中国首家B2B电子商务平台——中国黄页（阿里巴巴前身）成立，这标志着中国电子商务的起步。1997年，中国商品订货系统开始运行。1998年，第一笔互联网网上交易成功。1999年，8848、携程、盛大、阿里巴巴等B2B、B2C网站正式开通，网上购物进入实际应用阶段。

2. 高速发展阶段（2000—2010年）

进入21世纪后，我国电子商务迎来了高速发展阶段。2003年，淘宝网成立，开创了C2C模式，推动了个人卖家的崛起。随后，京东商城也于2004年涉足电子商务领域。这一阶段的标志性事件还包括支付宝的成立（2004年），为电子商务支付提供了安全、便捷的解决方案。此外，国家也出台了一系列政策，如《国务院办公厅关于加快电子商务发展的若干意见》等，为电子商务的发展提供了有力支持。

3. 成熟阶段（2010年至今）

随着移动互联网的普及和发展，我国电子商务进入了新的发展阶段——移动互联网时代。2011年，微信支付推出，为移动支付提供了更便捷的方式。随后几年，天猫"双11"购物狂欢节销售额屡创新高，成为我国电商的重要标志。这一阶段还出现了许多新的电商模式和平台，如社交电商、直播电商等。同时，国家也加强了电商法规政策的制定和执行，使得政策环境更加完善。例如，《中华人民共和国电子商务法》的出台等，为电商行业的健康、规范发展提供了法律保障。

三、我国电子商务的发展现状

1. 农产品销售额不断增加

依托"互联网+"发展现代农业最直接的体现就是农村电商，利用农村电商可以实现农产品的远程交易，扩大农产品的市场半径。近年来，各种各样的电商模式层出不穷，社交电商、直播带货、短视频营销逐渐进入人们的视野。这些新型营销模式为农产品销售打开了广阔的市场，让农产品可以不受地域、时间限制进行流通，一方面，避免中间环节的层层加价及销售渠道的不对称问题，增加农民的销售收益；另一方面，便于城镇居民购买到全国各地的特色优质农产品，获得更好的消费体验。

《2021全国县域农业农村信息化发展水平评价报告》显示，2020年，全国县域农产品网络零售额为7520.5亿元人民币，占农产品销售总额的13.89%，同比增长3.8%。与此同时，利用农产品电子商务进行宣传推广，还能让更多海外消费者通过平台购买到国内的农产品，实现"土特产"变为"大生意"。2022年，在新冠疫情和经济下行的双重压力下，我国农产品的出口额依然达到了993.18亿美元，同比增长14.4%（见图1-6）。

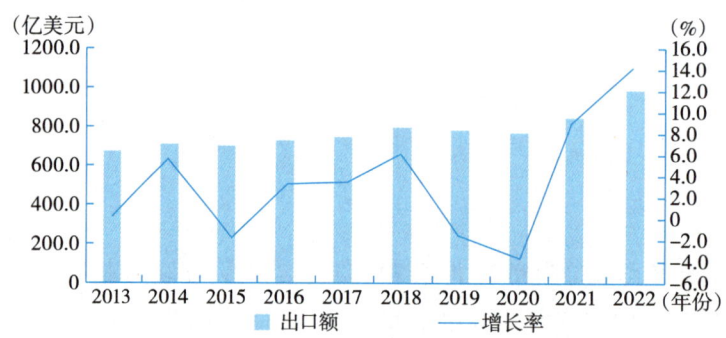

图1-6　2013—2022年我国农产品出口情况

资料来源：《2022全国县域农业农村信息化发展水平评价报告》。

2. 网购用户规模增量空间日趋见顶，电商平台巩固自身基本盘的紧迫性加大

2022年，中国网络购物用户规模达8.5亿人，在网民中占比近80%，用户规模增量空间日趋见顶，因此，各电商平台对网购用户的流量争夺进入以存量竞争为主的时代（见图1-7）。在这样的行业发展阶段，各平台做好用户深度运营工作，巩固好自身根据地的重要性不断凸显，用户留存率和复购率成为平台愈加关注的指标。电商平台通常通过"6·18"和"双11"等大促活动让利消费者，以

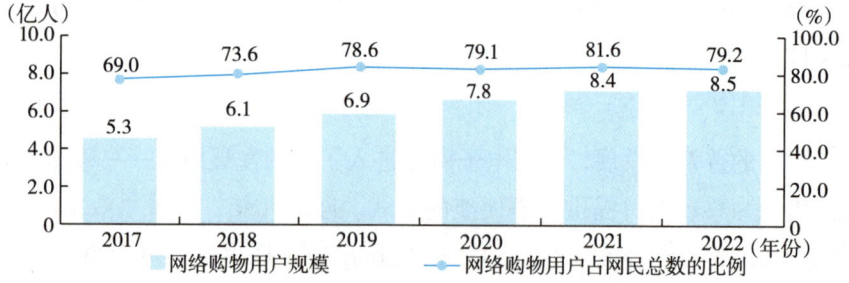

图1-7　2017—2022年中国网络购物用户规模及其在网民中的占比

资料来源：国家统计局。

增强用户积累和留存能力，进而在巩固好自身基本盘的基础上，寻找拓展新客户的突破点与机会点。

3. 行业进入低增长高存量的成熟阶段

2023年，中国实物商品网上零售额达到13.0万亿元，增速为8.4%（见图1-8）。整体来看，近几年实物商品网上零售额增速呈不断下降趋势，这主要是受国内整体消费环境的影响，社会消费品零售额增长处于相对较低的水平。中国电商市场经过20多年的高速发展，用户流量红利不断减少。

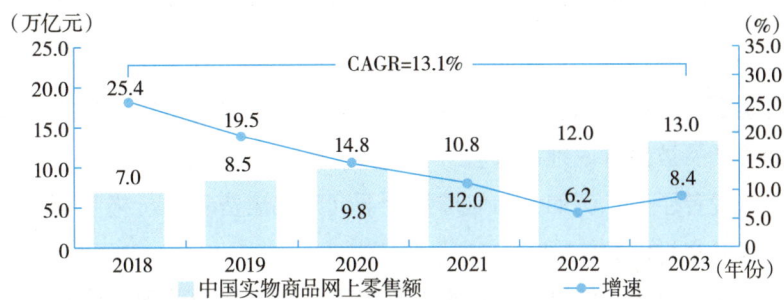

图1-8 2018—2023年中国实物商品网上零售市场规模及增速

资料来源：国家统计局。

从短期来看，行业整体增速放缓；从长期来看，市场潜在需求依然较大，从以增量为主转向增量与存量并重阶段，新发展模式探索提速。同时，新兴流量渠道/平台不断壮大，进一步加剧了巨头间的竞争。

4. 不断涌入革新力量，加速电商模式创新和行业格局演进

以直播、短视频为代表的革新力量不断涌入，加大了电商运营模式的创新竞争力度，也加快了打破现有竞争格局的速度（见表1-2）。2023年11月29日，拼多多盘中市值首次超过阿里巴巴，成为电商市场竞争中的里程碑事件。

表1-2 电商模式的创新和行业格局的演进

直播起步期	直播成长期	直播爆发期	直播平稳发展期
电商平台与短视频平台陆续上线直播功能，短视频开始进行付费等多种商业模式的尝试	直播频道在各内嵌平台的重要性逐渐凸显；各大平台转型并推出"内容补贴"战略，扶持内容创作，建设自有供货平台	直播电商交易额高涨，电商直播标配化；主播的身份更加多元化；精细化运营；供应链建设得以强化	传统电商平台与新兴电商平台加快融合，包括电商平台的内容标准化变革，以及传统电商平台加快向新兴电商平台转型变革
淘宝直播试运营，京东上线直播，快手上线直播	抖音上线	抖音购物车	淘宝直播，拼多多与快手后台打通	小红书上线直播	淘宝逛逛上线种草机功能，京东将"发现"频道改为"逛"，抖音上线抖音商城	罗永浩入驻淘宝直播，京东"双11"新增直播内容互动与元宇宙，抖音商城正式参与"双11"	淘宝逛逛首页推荐业务合并，快手上线快手商城App

这在一定程度上表明，电商行业革新力量的不断涌入，必然会影响行业的发展路径，后来者可以获得新路径上的比较优势，这为行业"后浪"的崛起，乃至超越"前浪"创造了机会。

5. 各平台加大低价战略优势争夺的力度，重点关注三个层面的关键问题

各平台将积极在产业链上下游及自身平台规则优化等方面加大调整力度，以突破打造低价战略优势需要解决的关键问题。具体来看，这些关键问题主要体现在以下三个层面（见表1-3）。

其一，上游供应商层面。例如，如何框定并有序扩大可低价竞争的产品矩阵，如何提高产品的议价能力。

其二，平台层面。例如，如何扩大平台上低价竞争能力强的供应商规模；如何优化消费优惠规则，促进真正低价产品被高效识别出来。

其三，下游消费者层面。例如，如何增强对下沉区域消费者的价格吸引力，以提升下沉区域的拓展能力；如何提升交付体验。

由此可见，低价战略优势的打造是一个系统工程，以上问题的解决将对平台运营模式产生重要影响。

表1-3 打造可持续的低价战略优势需要解决的关键问题

上游供应商	平台	下游消费者
打造核心低价产品矩阵	增加平台上低价竞争能力强的供应商	抢占下沉区域消费者
1 ①扩大可低价竞争产品存货单位、聚焦匹配平台资源禀赋的产品矩阵，是打造低价战略优势的重要突破点 ②品类标准化越强，越易规模化生产，从而降低成本。打造核心低价产品矩阵的突破口在于基于低价战略的需要，增强产品标准化能力	2 ①优化商家入驻平台门槛与成本的规则制定 ②提高活跃商家的规模量级，优化流量规则；促进平台筛选出优质的、低价竞争力强的供应商	3 持续增强对下沉区域消费者的价格吸引力，以提升下沉区域的拓展能力
提高产品议价能力	优化消费优惠规则	提升交付体验
4 培育产业带中小商家，尤其是在产业带增强打造爆款品牌商品、助力中小商家孵化品牌的能力，以降低平台对品牌方的依赖	5 制定"简单买，简单退"的消费优惠规则（如优化满减规则），以高效识别真正低价产品	6 ①敏捷生产，以提升快速满足个性化需求的能力 ②进一步增强供应链层面的降本提效，促进以上门服务和半日达为代表的供应链服务持续升级

6. 深耕产业带是打造低价战略优势的关键

深耕产业带是解决打造低价战略优势关键问题的重要抓手。通过产业带深耕，推进产业带的产品标准化建设、培育产业带中小商家并增强产业带商家的交付能力，以打造标准化、规模化、智能化且具备成本比较优势的产品生产基地，进而支撑平台获取具备低价产品优势的源头生产厂家集群、扩大具有低价优势的产品矩阵（见表1-4）。

表1-4 低价战略导向下产业带深耕的核心发力点

平台	增强产品标准化能力： 在低价战略导向下，优先选择高频，产品溢价水平高，对线下经销商技术资源、技术依赖度不高的产品进行标准化建设，提升产品标准化、规模化生产的成本控制能力，进而获取生产源头上的成本比较优势，加快产品品质等级评定的标准化建设，以准确识别真正具有低价竞争力的厂家
商家	培育产业带中小商家： ①完善品控层面优胜劣汰的奖惩机制。低价竞争须严控质量风险对产业带与平台的冲击，因此，平台应加强产业带产业链条数据的打通与交易数据的积累，加速建立产业主体的信用数据库，为识别出的真正具有低价竞争力的厂家提供数据资源的支撑 ②加大敏捷生产的支持力度。对识别出的真正具有低价竞争力的厂家提供交易大数据的支持，促进中小商家更快响应需求端变化，调整生产以快速迭代产品，从而以最具吸引力的价格抢占先机 ③加大从品牌打造到品牌孵化的资源支持力度。对真正具有低价竞争力的厂家，提供品牌建设、运营服务及直播培训等支持，同时驱动更多服务商、产业组织参与进来，助力打造矩阵式的区域和全国性品牌，推动具备价格优势产品的标准化、品牌化发展，从而持续拓展其与平台的合作深度与广度
供应链	加大县域节点上供应链资源的布局力度，抢占打造产地供应链壁垒的先机： ①增强一体化供应链服务能力的打造。强化县域节点物流枢纽、产业仓等相关基础设施建设，尤其是注重改造升级农业产业链，降低各环节间流通成本与损耗，并不断提高下沉区域的物流配送时效与服务体验 ②加强与在县域节点上具备优势供应链资源的物流企业合作。如通过加强和中国邮政的合作，打造农产品基地的产地供应链，促进包装、品控、物流服务一体化运营，助力产业链的降本增效，进而保障产品在定价端具有竞争优势

基于这种产业带的支撑，平台可以更好地框定产品矩阵、夯实对供货方的议价权，还可以提升敏捷生产、高效配送的能力。进一步地，平台可以解决以下问题：扩大低价商家入驻规模、优化优惠规则支持真正低价产品发展，及增强对下沉区域消费者的价格吸引力等。因此，如何在低价战略导向下分析产业带深耕所具备的新特征，定准核心发力点，是决定各平台低价战略优势的核心。

【知识拓展1-2】

狭义的数字零售是指通过网络渠道进行商品交易活动，包括实物商品交易及虚拟商品交易。广义的数字零售是一种业态，包含平台、商家、品牌、用户、服务商等。按模式不同，数字零售有C2C、B2C、C2M、B2B2C等；按品类不同，数字零售有综合电商、垂直电商；按交易市场不同，数字零售有进口跨境电商、出口跨境电商；按照运营特点不同，数字零售有会员制电商、直播电商、精品电商、小程序电商等。

当前，数字零售领域的电商平台有以下代表。

（1）综合电商：京东、淘宝、天猫、拼多多、苏宁易购、唯品会、得物等。

（2）直播电商：抖音、快手、淘宝直播、京东直播、多多直播、蘑菇街直播、唯品会直播、小红书直播等。

（3）生鲜电商：本来生活、京东到家、淘宝买菜、多点、叮咚买菜、朴朴超市、美团买菜、盒马鲜生、多多买菜、美团优选等。

（4）社交电商：识货、芬香、花生日记、粉象生活、梦饷集团等。

（5）二手电商：闲鱼、转转、找靓机、爱回收、红布林等。

（6）美妆电商：聚美优品、逸仙电商、亲亲网等。

（7）酒水电商：i茅台、酒仙网、1919酒类直供、酒便利、也买酒、中酒网、酒廷1990等。

（8）宠物电商：波奇网、E宠商城、宠物家、疯狂小狗等。

（9）电商服务商：微盟、有赞、微店、光云科技、壹网壹创、丽人丽妆、宝尊电商、店宝宝、若羽臣等。

（10）文玩电商：微拍堂、玩物得志、唯一艺术、掌上易拍、艺狐在线等。

（11）母婴电商：宝贝格子、宝宝树、妈妈帮、亲宝宝等。

（12）汽车电商：京东养车、天猫养车、途虎养车、瓜子二手车、人人车、好车无忧、优信、卖好车等。

【阅读和思考1-2】

中国电商新势力：抖音电商的崛起与变革

在中国电子商务的版图中，抖音电商的崛起堪称近年来一道耀眼的风景线。与昔日的电商巨头易趣网相比，抖音电商不仅继承了电商行业的基本特征，更凭借独特的内容与算法优势，引领新一轮的消费潮流。

抖音电商的成功并非偶然，它建立在庞大的用户基数和深度内容互动的基础上。随着移动互联网的普及，抖音以其短视频内容迅速吸引了亿万用户，尤其是年轻用户群体。在此基础上，抖音电商利用算法精准推荐，实现了商品与消费者的高效连接。

然而，抖音电商的崛起也面临着诸多挑战。首先，随着平台的成熟，流量红利逐渐消退，商家需要投入更多的资源和精力进行内容创作与营销推广。其次，平台竞争日益激烈，不仅有来自其他电商平台的竞争，还有来自同类短视频平台的竞争。

思考：假设你是抖音电商发起人，如何在激烈的市场竞争中保持持续领先地位？

【任务实施1-2】

上网查询并整理我国电子商务发展相关资料，完成如下任务。

1. 了解我国互联网应用基本情况。
2. 了解我国电商市场基本情况。
3. 了解我国历年"双11"交易金额情况。
4. 了解近年来发展迅猛的电商新业态等。

【任务考核1-2】

考核项目（一年以内数据）	注明时间点及数据来源	权重（％）	分值
我国互联网应用情况		10	
我国电商2023年市场规模		20	
我国2023年"双11"交易金额		20	
发展迅猛的电商新业态		20	
结　　论		30	
评　　分		100	

任务3　电子商务的新应用

【任务情景】

近年来，随着科技的飞速发展和消费者行为的变化，电子商务领域涌现出众多新应用。以某知名电商平台为例，该平台通过大数据分析用户行为，推出了一系列精准营销措施；同时，该平台结合人工智能技术，为消费者提供智能化的购物建议和客户服务。另外，该平台还积极促进线下实体店与线上平台的融合，打造了O2O商业模式。本任务旨在了解这些新应用工作原理、商业价值及未来发展趋势。

【任务分析】

为了完成这一任务，我们需要掌握两个关键点：一是大数据分析在电子商务中的应用，二是人工智能技术在电子商务中的实践。此外，我们还需要探讨这些新应用对电子商务行业的影响，以及它们是如何改变消费者购物行为和企业经营模式的。

【知识链接】

一、大数据分析在电子商务中的应用

1. 数据分析的基本方法

（1）数据挖掘。数据挖掘是通过对大量数据进行处理、分析和建模，挖掘出有价值的信息和知识的过程。在电商领域，数据挖掘可以帮助企业发现用户的购买习惯、偏好及潜在需求，进而实现精准营销和个性化推荐。

（2）机器学习。机器学习是人工智能的一个分支，它使计算机能够从数据中学习并自动改进其性能。在电商领域，机器学习算法可以用于用户行为分析、商品推荐、欺诈检测等，帮助企业提高运营效率、减少风险。

2. 用户画像的定义及其构建流程

用户画像是指通过对用户数据进行深度分析，了解用户的详细特征和行为模式。电商企业可以通过数据挖掘和机器学习技术，收集并分析用户的购物记录、浏览行为、搜索关键词等信息，从而构建精准的用户画像。这些画像可以帮助企业更好地理解用户需求，提供个性化的产品和服务，提升用户满意度和忠诚度。在用户画像构建过程中，大数据分析起到了至关重要的作用。用户画像构建流程如下。

（1）数据收集。从多个来源收集用户数据，包括电商平台上的用户行为数据（如浏览记录、购买历史、搜索查询等）、用户基本信息（如年龄、性别、地理位置等）及其他相关数据（如社交媒体活动、第三方数据源等）。

（2）数据清洗与整合。在收集到原始数据后，进行数据清洗工作，包括去除重复数据、处理缺失值、纠正错误等。然后，将不同来源的数据进行整合，形成一个统一的数据集。

（3）特征提取与标签化。首先，从清洗、整合后的数据中提取关键特征，这些特征能够描述用户的偏好、行为模式等。其次，根据提取的特征对用户进行标签化，即给用户打上相应的标签（如

"时尚爱好者""高价值客户"等）。

（4）用户画像构建。结合用户的标签和其他相关信息（如人口统计学特征、消费能力等），构建完整的用户画像。每个用户画像都包含一系列描述用户特征和行为模式的标签及属性。

（5）验证与优化。通过实际业务场景对用户画像进行验证，确保其准确性和有效性。根据验证结果，对用户画像进行优化和调整，以提高其在实际应用中的效果。

（6）应用与输出。将构建好的用户画像应用于个性化推荐、精准营销、客户服务等电商业务场景。根据用户画像提供的信息，制定相应的策略和服务，以满足用户的个性化需求，并提升用户体验。

以某电商平台为例，通过对用户数据的挖掘和分析，该平台成功构建出不同类型的用户画像，如价格敏感型、品质追求型、时尚潮流型等。针对不同类型的用户，该平台提供了不同的推荐策略、促销活动和客户服务，实现了精准营销和个性化服务。

3. 大数据分析工具

（1）数据仓库与数据湖：用于存储和整合来自不同源的大量数据。

（2）数据处理工具：用于处理和分析大规模数据集，如 Apache Hadoop、Spark 等。

（3）数据挖掘工具：用于挖掘数据中的潜在模式和关联规则，如 R 语言、Python 的 Scikit-learn 库等。

（4）机器学习框架：用于构建和训练推荐算法模型，如 TensorFlow、PyTorch 等。

（5）可视化工具：用于展示分析结果，帮助决策者更好地理解数据，如 Tableau、Power BI 等。

4. 通过大数据分析优化商品

（1）用户画像构建：基于用户数据和机器学习技术，构建精细化的用户画像，包括识别用户的兴趣标签、消费能力、购物习惯等，以便为不同用户群体推荐个性化的商品。

（2）协同过滤：利用用户之间的相似性或商品之间的关联性进行推荐。例如，用户 A 和用户 B 有相似的购买记录，当用户 A 浏览某商品时，可以向其推荐用户 B 之前购买过的相关商品。

（3）内容推荐：基于商品的内容属性（如品牌、类别、功能等）进行推荐。这种方法适用于新用户或冷启动场景，因为它不依赖大量的用户行为数据。

（4）混合推荐：结合协同过滤和内容推荐等多种方法，以提高推荐的准确性和多样性。

（5）实时更新与优化：随着用户行为和商品数据的不断变化，推荐系统需要实时更新模型以适应新的情况。此外，通过 A/B 测试等方法不断优化推荐策略，提高用户满意度和转化率。

（6）考虑冷启动问题：对于新商品或新用户，由于缺乏足够的数据支持，推荐系统可能难以给出准确的推荐，需要设计特定的策略处理这些冷启动场景，如利用热门商品进行推荐、引入专家知识等。

（7）反馈循环机制：通过收集用户对推荐结果的反馈（如点击、购买、评价等），不断调整和优化推荐模型。这有助于形成一个正向的反馈循环，使推荐系统越来越符合用户需求。

二、人工智能技术在电子商务中的实践

（一）人工智能技术的发展历程

人工智能技术的发展可以追溯至 20 世纪中叶。随着计算机科学的兴起，研究者开始探索如何

让机器像人类一样进行推理、学习和解决问题。从早期的逻辑推理系统到专家系统，再到机器学习和深度学习的崛起，人工智能技术逐步走向成熟和普及（见表1-5）。

表1-5 人工智能技术的发展历程

时间	事件描述
20世纪50年代	人工智能的概念首次被提出，包括图灵测试等思想
1956年	达特茅斯会议标志着人工智能作为独立学科正式诞生
20世纪60年代	专家系统、决策树等技术开始出现
20世纪70年代	人工智能面临困境，研究经费减少
20世纪80年代	专家系统虽在商业应用中得到推广，但仍面临限制
20世纪90年代	机器学习、神经网络等技术的发展重新激发了人工智能的研究
21世纪	大数据和计算能力的提升推动了深度学习发展
2000—2010年	深度学习在图像识别、自然语言处理等领域取得突破
2010—2020年	强化学习、自动驾驶、人工智能伦理等成为研究热点

近年来，随着大数据和计算能力的提升，人工智能技术得到飞速发展。特别是深度学习算法的突破，使得机器能够处理更复杂的任务，如语音识别、自然语言处理、图像识别等。此外，云计算和边缘计算的兴起也为人工智能技术的应用提供了强大支持。

（二）人工智能技术在电商平台的应用

1. 客户服务

人工智能技术在电商客服领域发挥着重要作用。传统的客服需要人工回复客户的咨询和问题，效率较低且成本较高。而人工智能客服可以通过自然语言处理技术，理解并回答客户的问题，实现7×24小时不间断服务。

例如，一些电商平台利用人工智能技术构建了智能问答系统。客户可以通过文字或语音与系统进行交互，提出自己的问题。系统会根据问题内容，在预先构建的知识库中寻找答案，并给出相应的回复。这种方式大大提高了客服的响应速度，也降低了企业的运营成本。

此外，人工智能技术还可用于情感分析。通过分析客户的语言，系统可以判断客户的情绪状态，从而更精准地回应客户的需求，提升客户满意度。

人工智能技术在电商客服领域的具体应用及工作流程见表1-6、表1-7。

表1-6 人工智能技术在电商客服领域的具体应用

技术类型	具体应用方式	实施效果	实际案例
自然语言处理	智能客服机器人自动回答常见问题，理解用户复杂问题，进行多轮对话。对用户咨询的商品信息、物流状态、售后流程等问题，依据预训练模型和知识库进行精准回复	提升回复效率，实现7×24小时服务，降低人力成本，提高用户满意度	淘宝引入智能客服机器人阿里小蜜，处理80%常见问题，用户咨询响应时间从原来平均3分钟缩短至30秒内
情感分析	分析用户对话文本，判断情绪倾向，如积极、消极、中性。客服依据情绪调整策略，安抚负面情绪用户	增强服务针对性，改善用户体验，避免负面舆情扩大	京东在用户反馈商品质量问题时，系统识别为消极情绪。客服优先安抚客户消极情绪，快速安排退换货，用户满意度提升

续表

技术类型	具体应用方式	实施效果	实际案例
机器学习	根据用户行为数据、购买历史、浏览记录等，预测用户潜在需求，推荐相关商品或服务	提高销售转化率，挖掘用户潜在价值，提升用户忠诚度	拼多多根据用户历史购买的母婴产品，向用户推荐同品牌后续阶段产品，用户购买转化率提高20个百分点
图像识别	用户上传商品图片，客服借助图像识别技术快速确认商品款式、型号，处理退换货、质量投诉等问题	加快问题处理流程，减少沟通误差，提高服务准确性	唯品会用户反馈收到的衣服与商品图不符，上传图片后，客服通过图像识别快速确定问题，及时为客户补发正确商品
知识图谱	构建电商领域知识图谱，整合商品、品牌、用户、业务规则等知识。客服查询知识图谱获取全面准确信息，解答复杂问题	提升客服知识储备和问题解决能力，提供更专业服务	苏宁易购用户询问某品牌不同系列产品差异，客服通过知识图谱快速对比，提供详细解答

表1-7 人工智能技术在电商客服领域应用的工作流程

工作内容	人工智能技术应用	目的与效果
客户咨询接入	利用自然语言处理技术解析用户输入文本，理解问题意图；借助语音识别技术将语音咨询转化为文本	准确把握客户需求，快速响应，提升用户咨询体验
问题分类与初步解答	基于机器学习算法对问题进行分类，匹配常见问题知识库，智能客服机器人自动回答常见问题	提高问题处理效率，减少人工客服工作量，缩短客户等待时间
复杂问题处理	通过自然语言处理技术进行多轮对话，深入理解客户需求；运用知识图谱获取全面信息辅助解答	解决复杂疑难问题，为客户提供专业、准确的答案，提高用户信任
用户情绪识别与应对	运用情感分析技术判断客户情绪倾向，客服根据客户情绪调整沟通策略	改善服务态度，提升客户满意度，避免客户负面情绪升级
服务过程监控	利用机器学习模型对客服与客户对话进行实时监测，如对话时长、问题解决率等指标监控	及时发现服务中的问题，优化服务流程，提高服务质量
售后服务跟进	根据客户历史订单和售后记录，运用机器学习算法预测潜在售后需求，主动联系客户	提升售后服务水平，增强用户黏性，树立良好的品牌形象
服务效果评估	通过数据分析技术统计客户评价、投诉率等数据，利用机器学习算法分析数据找出改进方向	持续优化服务，不断提升客户体验，保持市场竞争力

(1) 人工智能技术在电商客服领域应用的核心技术。

①自然语言处理。自然语言处理是人工智能技术在电商客服领域应用的核心技术之一，它使计算机能够理解和处理人类语言。自然语言处理技术包括词法分析、句法分析、语义理解等子技术，这些子技术共同作用，将客户咨询的问题转化为计算机可理解的格式。

②机器学习和深度学习。机器学习和深度学习技术用于训练模型，使电商客服系统能够自动回答客户的问题。通过大量的历史对话数据训练，模型可以学习到常见问题的回答方式，并不断优化其响应的准确性。深度学习技术，如循环神经网络和Transformer模型（如BERT模型、GPT模型），进一步提升了对话的流畅性和自然语言生成的准确性。

③情感分析。情感分析技术用于检测和分析客户在对话中的情绪。通过识别客户的情绪，客服系统可以做出相应的回应，如安抚不满意的客户或提供更多信息给感兴趣的客户。

④知识图谱与推荐系统。知识图谱技术用于构建产品、品牌、类别等之间的关系网络，从而提

供更精确的信息查询和推荐服务。

（2）人工智能技术在电商客服领域的实现过程。

①数据收集与预处理。收集电商平台的用户咨询数据，并进行预处理，如清洗、标注等，以便用于后续的训练和分析。

②模型训练与优化。利用机器学习和深度学习技术训练对话模型，通过不断调整模型参数和使用更先进的算法，优化模型的性能。

③部署与集成。将训练好的模型部署到电商客服系统中，并与其他技术组件（如自然语言处理、情感分析等）进行集成，形成一个完整的智能客服解决方案。

④实时响应与反馈。当用户发起咨询时，系统通过自然语言处理技术理解用户问题，然后调用相应的模型生成回应。同时，系统会收集用户的反馈，用于进一步优化人工智能的功能和表现。

（3）人工智能技术帮助提升客户体验和服务效率。

①快速响应。人工智能客服能够即时回应用户的问题，无论是在白天还是夜晚，都能提供7×24小时无休服务，从而大大缩短客户的等待时间。

②个性化服务。通过利用用户数据和偏好，人工智能客服可以提供个性化的推荐和解决方案，提升客户体验。

③降低人力成本。人工智能客服能够处理大量常见的、重复性的问题，从而减轻人工客服的负担，让他们有更多时间处理复杂和特殊的问题。

④持续改进。通过不断学习和优化，人工智能客服的准确性和效率会不断提升，从而提供更好的服务，提升客户满意度。

（4）人工智能技术在电商服务领域的工作原理。

在如今的数字化电商时代，人工智能技术已深度融入电商服务的各个环节。从提升用户购物体验到优化商家运营管理，人工智能技术发挥着关键作用。它借助大数据分析、机器学习、自然语言处理等先进技术，形成了智能化、个性化、高效化的服务模式，为电商行业带来了巨大变革。人工智能技术在电商服务领域的具体工作原理见表1–8。

表1–8 人工智能技术在电商客服领域的工作原理

应用领域	工作原理	具体步骤
个性化推荐	收集分析用户行为数据，构建画像，用算法匹配推荐商品	①收集浏览、购买等行为数据及商品属性数据。②分析处理数据，提取客户和商品特征向量。③构建客户和商品画像。④运用协同过滤等算法，计算画像相似度，推荐匹配商品
智能客服	借助自然语言处理和对话管理技术，理解问题并回复	①自然语言处理：进行词法、句法、语义分析，理解问题，构建知识图谱，生成回复。②对话管理：跟踪对话流程，根据上下文确定对话状态和目标，引导对话
商品搜索与图像识别	对搜索关键词和商品图像进行处理，实现精准匹配	①商品搜索：处理搜索关键词，消除歧义等；在商品数据库创建索引，文本匹配返回相关商品。②图像识别：利用卷积神经网络提取商品图片特征向量，与数据库比对返回匹配商品
库存管理与需求预测	分析历史数据，建立模型预测需求，优化库存	①收集历史销售、订单、市场趋势等数据并进行分析。②用时间序列等模型预测商品需求。③结合库存成本等因素，用优化算法制定库存管理策略

续表

应用领域	工作原理	具体步骤
欺诈检测	收集多源数据提取特征，用模型识别欺诈交易	①收集交易、行为、设备等多源数据，提取与欺诈相关特征。②用逻辑回归等机器学习算法建立欺诈检测模型，识别欺诈行为

2. 商品推荐

商品推荐是电商平台的核心功能之一，也是人工智能技术应用的重要场景。此外，一些电商平台还引入了基于社交网络的推荐功能。通过分析用户的社交关系，系统可以为用户推荐其好友或关注的用户购买过的商品，从而增加推荐的多样性和可信度。

（1）电商商品推荐的重要性分析。

在电商领域，商品推荐已成为一项至关重要的功能。它不仅是一个简单的技术工具，更是连接用户与商品、需求与供给的桥梁，有助于提升用户体验、增加销售额、优化商品库存等。

①提升用户体验。用户体验是电商平台的生命线。通过精准的商品推荐，用户可以更快速地找到自己感兴趣的商品，减少在海量商品中的搜索时间。这种个性化的服务不仅提高了用户的购物效率，也让用户感受到了平台对他们的关注和尊重。例如，某电商平台通过引入智能推荐算法，使用户点击推荐商品的比例大幅提升，用户满意度也随之显著提升。

②增加销售额。通过向用户展示他们可能感兴趣的商品，平台可以引导用户进行更多的购买行为。这种"千人千面"的推荐策略，能够有效地提高商品的曝光率和转化率，从而带动销售额的增长。据统计，某电商平台在使用了智能推荐系统后，销售额同比增长了24.8%，其中，推荐商品的贡献率达到了27.5%。

③优化商品库存。通过分析用户的购买历史和浏览记录，平台可以预测用户对某些商品的需求趋势，从而合理安排库存和采购计划。这不仅可以避免库存积压和浪费，还可以确保商品的及时供应，满足用户的需求。例如，某电商平台利用大数据和人工智能技术，对用户的购物行为进行深入分析，成功预测了某款热门商品的销量走势，并提前进行了库存准备，最终实现了销售额和库存周转率双赢。

以亚马逊为例，作为全球最大的电商平台之一，亚马逊很早就意识到了商品推荐的重要性，并投入了大量资源进行技术研发。其著名的"买了该商品的人，还买了×××"的商品推荐功能，就是基于大数据和机器学习算法实现的。这一功能不仅提升了用户的购物体验，也使亚马逊的销售额持续增长。据报道，亚马逊的商品推荐功能引入后，为其带来了高达35.6%的销售额增长。

（2）人工智能技术在电商商品推荐领域的应用种类。

传统的推荐算法主要基于用户的购买历史和行为数据进行简单的相似度匹配或协同过滤，往往无法准确捕捉用户的真实需求和兴趣。而基于人工智能技术的推荐系统则可以通过深度学习算法，分析用户的购买历史、浏览记录、搜索关键词等多维度数据，构建更精细的用户画像。系统可以根据用户画像，为其推荐更符合其兴趣和需求的商品，提高了购买转化率和用户满意度。同时，人工智能推荐系统可以进行实时更新和优化。随着用户行为的不断变化和商品信息的更新，系统可以重新训练模型，使推荐结果更加精准和个性化（见表1-9）。

表1-9 人工智能技术在电商商品推荐领域的应用种类

应用	具体内容
个性化推荐	通过分析用户的购买历史、浏览记录、搜索关键词等,为用户推荐与其兴趣和需求相匹配的商品
关联推荐	基于商品之间的关联规则,当用户浏览或购买某一商品时,推荐与其相关联的其他商品,如配件、相似款式等
场景推荐	根据用户的实时场景(如季节、节日、活动等)推荐相应的商品,满足用户的即时需求
社交推荐	结合用户的社交网络,推荐其好友购买或好评过的商品,提高其购买的信任度和兴趣
趋势预测推荐	利用大数据分析和机器学习技术,预测未来可能流行的商品趋势,并提前为用户进行推荐
跨品类推荐	打破商品品类的限制,为用户推荐跨品类的商品组合,提供全新的购物体验
优惠推荐	根据用户的购买习惯和偏好,推荐相应的优惠活动和促销商品,提高购买转化率
新品推荐	及时为用户推荐最新上架的商品,满足用户对新品的好奇心和购买欲望

(3)人工智能技术在电商商品推荐领域的应用原理。

人工智能技术在电商商品推荐领域的应用原理和具体方法可概括为用户数据收集与分析、用户画像构建、推荐算法选择等几步(见表1-10)。

表1-10 人工智能技术在电商商品推荐领域的应用原理和具体方法

步骤	原理	具体方法
1	用户数据收集	收集用户在电商平台上的各种数据,如购买历史、浏览记录、搜索关键词等
2	用户数据分析	对收集到的用户数据进行深入分析和挖掘,提取用户兴趣、偏好和消费习惯等关键信息
3	用户画像构建	基于用户数据分析的结果,构建每个用户的独特画像,包括年龄、性别、兴趣、消费能力等特征
4	推荐算法选择	根据电商平台的实际情况,选择适合的推荐算法,如协同过滤算法、内容推荐算法或混合推荐算法等
5	商品推荐计算	应用选定的推荐算法,结合用户画像和商品数据,计算出与用户兴趣最匹配的商品
6	推荐结果展示	将计算出的商品以个性化的方式如在电商平台的首页、商品详情页等展示给用户
7	用户反馈收集	收集用户对推荐结果的反馈(如点击、购买、评论等行为数据),以及可能的显式反馈(如评分、满意度调查)
8	推荐效果评估	根据用户反馈数据,评估推荐算法的效果,如准确率、召回率、点击率、转化率等
9	推荐系统优化	根据评估结果,对推荐算法进行调优和改进,以提高推荐准确性和用户满意度。可能包括调整算法参数、引入新的特征或数据源等

(4)人工智能技术在电商商品推荐领域的优势。

随着电子商务的飞速发展,用户对于购物体验的期待也日益提升。在此背景下,人工智能技术的引入,为电商行业带来了革命性的变革。在商品推荐领域,人工智能技术具有个性化推荐、实时调整、预测能力、处理大数据、解决冷启动问题、多样化推荐、自动化和优化、提升用户体验等优势,特别是在提升用户体验、优化购物流程及精准营销方面优势突出(见表1-11)。

表1-11 人工智能技术在电商商品推荐领域的优势

优势	描述
个性化推荐	能够分析用户的购买历史、浏览记录、搜索关键词等,为每个用户生成个性化的推荐列表,满足其独特的需求

续表

优　势	描　述
实时调整	基于用户的实时行为和反馈，能够迅速调整推荐策略，确保推荐内容始终与用户兴趣保持一致
预测能力	利用机器学习模型，可以预测用户未来的购物需求和偏好，从而提前为用户推荐相关商品
处理大数据	能够高效处理和分析海量数据，从中挖掘出有价值的用户行为模式和购物趋势，为推荐提供数据支持
解决冷启动问题	对于新用户或新商品，可以通过迁移学习、内容推荐等方法，快速为其生成有效的推荐
多样化推荐	能够推荐与用户历史兴趣不完全相同但可能感兴趣的商品，增加推荐的多样性和新颖性
自动化和优化	能够自动运行和优化，减少人工干预，降低运营成本
提升用户体验	能够提升用户的购物体验，以及用户满意度和忠诚度，进而促进销售额增长

①提升用户体验。人工智能技术在商品推荐中的应用，显著提升了用户的购物体验。传统的推荐方法往往基于简单的分类或热门排行，缺乏对用户个性化需求的深入理解。而人工智能技术，特别是深度学习算法，能够通过对用户历史行为数据的挖掘，精准捕捉用户的兴趣偏好，从而为用户推荐更加个性化的商品。例如，某电商平台引入了基于深度学习的推荐系统后，用户点击推荐商品的比例提升了26%，同时用户平均浏览时长也增加了25%。这些数据充分证明了人工智能技术在提升用户体验方面的有效性。

②优化购物流程。购物流程烦琐是许多用户放弃购买的原因之一。人工智能技术的引入，使购物流程得到了极大程度的优化。通过智能分析用户的购物习惯和支付偏好，人工智能技术能够为用户推荐最合适的支付方式，甚至预测用户可能需要的配送时间和方式，从而大大优化购物流程。此外，人工智能技术还能实现智能客服功能，通过自然语言处理技术，实时解答用户在购物过程中遇到的问题，进一步提高购物流程的顺畅度。据统计，某电商平台引入智能客服后，用户满意度提升了36.6%，客服成本降低了26.8%。

③精准营销。在营销方面，人工智能技术同样展现出了强大的能力。通过对用户数据的深入分析，人工智能技术能够帮助电商平台制定更加精准的营销策略。例如，利用用户画像技术可以精准定位目标用户群体，从而实现个性化广告投放，提高广告转化率。同时，人工智能技术还能实时监控营销活动的效果，通过数据反馈及时调整策略，确保营销活动的有效性。比如，某电商平台在应用人工智能技术进行精准营销后，销售额提升了35.8%，广告投放的投资回报率也显著提高。又如，国内某知名电商平台自引入基于人工智能技术的推荐系统后，实现了对用户需求的精准捕捉和个性化推荐，使平台的用户复购率提升了29%，转化率也相应提高。

【知识拓展1-3】

随着人工智能技术的不断发展，其在电商商品推荐系统中的应用越来越广泛，但也面临着一些挑战。

（1）数据隐私与安全挑战。在电商商品推荐系统中，大量的用户数据被收集和分析，以便为用户提供更精准的推荐。然而，这引发了人们对数据隐私和安全的担忧。保护用户个人信息不被滥用和泄露，确保数据的安全性，是人工智能在电商商品推荐领域需要解决的重要问题。

（2）算法可解释性挑战。目前，许多先进的推荐算法，如深度学习模型，非常复杂，导致其结果难以直观解释。这可能会影响用户对推荐结果的信任度，尤其是在涉及高价值商品或敏感领域时。因此，在电商商品推荐系统中，人工智能需要克服技术难题，提高算法的可解释性，让用户理解系统推荐背后的逻辑。

（3）冷启动与稀疏性挑战。冷启动是指对于新用户或新商品，由于缺乏足够的历史数据，推荐系统难以给出准确的推荐。同时，在某些细分市场或长尾商品领域，用户行为数据可能较为稀疏，也会影响推荐的准确性。在电商商品推荐系统中，人工智能解决这些问题需要借助其他辅助信息、迁移学习等技术手段。

（4）多样性与准确性权衡挑战。在电商商品推荐系统中，准确性是衡量推荐系统性能的一个重要指标。然而，过度追求准确性可能导致推荐结果的单一化，缺乏多样性。为了提升用户体验，电商商品推荐系统需要在保持准确性的同时，增加推荐结果的多样性，为用户呈现更丰富的选择。

尽管人工智能在电商商品推荐系统中面临以上诸多挑战，但随着技术的不断进步和应用场景的不断拓展，其未来发展趋势仍值得期待。

（1）个性化与定制化趋势。随着消费者对个性化需求的不断增长，电商商品推荐系统将更加注重个性化和定制化的推荐服务。通过深入挖掘用户的兴趣偏好、消费习惯等特征，推荐系统将能够为用户推荐更加精准、符合其需求的商品。

（2）跨平台与跨场景融合趋势。未来电商商品推荐系统将逐渐打通不同平台和场景，实现跨平台、跨场景的推荐服务。例如，结合用户在社交媒体、搜索引擎等其他平台的行为数据，为用户提供更加全面、无缝的购物体验。

（3）智能交互与反馈机制优化趋势。为了提升用户体验和满意度，电商商品推荐系统将引入更智能的交互方式和反馈机制。例如，通过自然语言处理技术实现与用户的智能对话，及时获取用户的反馈并调整推荐策略，从而为用户提供更加贴心、高效的服务。

【阅读和思考1-3】

智能商品推荐系统助力电商平台提升用户体验与销售额

随着人工智能技术的不断发展，智能商品推荐系统已成为电商平台不可或缺的一部分。某知名电商平台近年来引入了一套先进的智能商品推荐系统，该系统基于深度学习算法和大数据分析技术，为用户提供个性化的购物体验。

该系统首先收集用户的浏览记录、购买历史、搜索关键词等信息，构建出精细的用户画像。当用户登录平台时，推荐系统会根据用户画像和实时行为，为用户展示一系列可能感兴趣的商品。例如，用户经常浏览运动鞋类商品，系统会推荐最新款的运动鞋或相关配件。

此外，该系统还具备实时调整的能力。当用户与平台进行互动，如点击、购买或搜索新商品时，推荐系统会立即更新用户画像，并调整推荐策略，确保推荐的商品始终与用户的兴趣和需求保持一致。

【任务实施1-3】

以小组为单位，制作PPT，论述智能商品推荐系统是如何提升用户体验的，请列举至少3点。

序 号	智能商品推荐系统	如何提升用户体验
1		
2		

续表

序　号	智能商品推荐系统	如何提升用户体验
3		
4		
5		

1. 在构建用户画像时，哪些数据是关键的？为什么？
2. 智能商品推荐系统如何平衡用户的历史偏好与实时需求？
3. 讨论智能商品推荐系统可能面临的数据隐私和伦理挑战，并提出可能的解决方案。
4. 假设你是该电商平台的运营者，你会如何利用智能商品推荐系统进一步优化销售策略？

【任务考核1-3】

考核项目	解决方案	权重（%）	分　值
历史偏好与实时需求		20	
用户画像关键数据		30	
数据隐私和伦理挑战		20	
销售策略优化		30	
评　分		100	

项目小结

本项目主要介绍了电子商务的定义与分类、发展历程及新应用，为我们提供了一个全面而深入的了解电子商务的框架。

任务1详细探讨了电子商务的定义与分类。电子商务，是指利用互联网等电子信息技术进行的商业活动，包括商品和服务的交易、营销、支付等环节。根据交易主体不同，电子商务可分为B2B、B2C、C2C等类型。每种类型都有独有的特点和适用场景，共同构成了丰富多样的电子商务生态。

任务2追溯了电子商务的发展历程。从初期的EDI到后来的互联网普及，再到移动互联网的兴起，电子商务经历了多个阶段的发展。每个阶段都伴随着技术的革新和市场环境的变化，推动了电子商务的不断进步和演化。特别是近年来，随着大数据、云计算、5G、人工智能等技术的快速发展，电子商务正迎来前所未有的发展机遇。

任务3重点关注了电子商务的新应用。这些新应用包括但不限于大数据分析、人工智能、O2O模式等。这些新应用不仅提升了电子商务的运营效率，也极大地丰富与提高了用户的购物体验。

项目作业

一、单项选择题

1. 电子商务进行商业活动利用的技术是（　　）。
   A. 互联网等电子信息技术　　　　　　　　B. 电话
   C. 电视　　　　　　　　　　　　　　　　D. 报纸

2. B2C 电子商务模式是指（　　）之间的电子商务活动。
A. 企业与企业　　　　　　　　　　　　B. 企业与消费者
C. 消费者与消费者　　　　　　　　　　D. 消费者与政府
3. 关于电子商务的优势，下列说法错误的是（　　）。
A. 成本低　　　　　　　　　　　　　　B. 效率高
C. 物流时间长　　　　　　　　　　　　D. 市场范围广
4. 电子商务与传统商务的关系是（　　）。
A. 完全竞争　　　　　　　　　　　　　B. 对接互补
C. 毫无关系　　　　　　　　　　　　　D. 相互排斥
5. 以下不是电子商务产生和发展条件的是（　　）。
A. 网络的普及　　　　　　　　　　　　B. 电子支付技术的成熟
C. 物流体系的完善　　　　　　　　　　D. 传统商务的消亡
6. 我国电子商务经历高速发展的时期是（　　）。
A. 19 世纪 80 年代　　　　　　　　　　B. 20 世纪 90 年代
C. 2000—2010 年　　　　　　　　　　　D. 2010 年
7. 关于我国电子商务发展现状，下列说法正确的是（　　）。
A. 电子商务应用尚不广泛　　　　　　　B. 电子商务已成为重要的经济形态
C. 电子商务完全取代了传统商务　　　　D. 电子商务仅限于大城市发展
8. 以下属于电子商务新应用的是（　　）。
A. 电话订购　　　　　　　　　　　　　B. 邮寄购物
C. 智能客服　　　　　　　　　　　　　D. 实体店铺销售

二、简答题

1. 简述电子商务与传统商务的主要区别。
2. 简述我国电子商务发展的主要推动因素及面临的挑战。
3. 简述电子商务的主要优势，并说明这些优势如何帮助企业提升竞争力。
4. 简述我国电子商务的发展历程，并评价我国电子商务发展现状。

项目 2　电子商务的技术基础

【项目导读】

在电子商务的快速发展过程中，技术起到了至关重要的作用。电子商务技术不仅支撑着在线交易的进行，还确保了数据的安全与完整。本项目将深入探讨互联网技术、电子商务领域的关键信息技术，以及数据安全与隐私保护等内容，以全面解读电子商务的技术架构。

【技能目标】

1. 学会应用互联网技术。

2. 能够解释电子商务中的关键信息技术。
3. 学会分析和应对电子商务中的数据安全与隐私保护问题。

【知识目标】

1. 了解互联网技术的核心组成部分。
2. 熟悉电子商务中使用的关键信息技术。
3. 认识数据安全与隐私保护在电子商务中的重要性。

【思政素质目标】

1. 培养学生具备信息时代的道德素养，尊重和保护个人隐私及数据安全。
2. 提升学生的网络文明素养，倡导合法、合规的电子商务行为。

【引导案例】

近年来，随着电子商务的蓬勃发展，一家名为"易购网"的电商平台迅速崛起。该平台利用先进的互联网技术，为用户提供了便捷、安全的在线购物体验。然而，随着业务的增长，易购网面临数据安全与隐私保护的严峻挑战。一次意外的数据泄露事件，使易购网不得不重新审视其技术基础，并加强数据安全措施。

任务1　互联网技术概述

【任务情景】

互联网技术的不断发展和创新，持续推动着各行各业的变革和进步，对人们的生活和社会影响深远。本任务旨在了解和熟悉互联网技术的基础知识，以便为深入学习互联网技术应用提供技术支持。

【任务分析】

为了完成这一任务，我们需要掌握互联网的定义、起源和发展、显著特点、基本构成，以及互联网技术对电子商务的影响和学习必要性等内容。

【知识链接】

一、互联网的定义

互联网，又称"国际互联网"，是指网络与网络之间串联成的庞大网络，这些网络以一组通用的协议相连，形成逻辑上的单一巨大国际网络。简单来说，互联网就是一个由各种不同类型和规模、独立运行和管理的计算机网络组成的世界范围的巨大计算机网络。这些网络可以是局域网（LAN）、城域网（MAN）、广域网（WAN）或是互联网服务提供商网络。它们通过一组称为"传输控制协议/网际协议"（TCP/IP）的协议族相连，实现全球范围内的信息传递和资源共享。

二、互联网的起源和发展

互联网的起源可以追溯到20世纪60年代。当时，美国国防部高等研究计划局［ARPA，今美国国防部：高级研究计划局（DARPA）］为了能在发生核战争时，保障通信的畅通无阻，建立了阿帕网（ARPANET）。这个网络最初只连接了四所大学的计算机，被认为是互联网的雏形。随着互联网技术的不断发展和完善，越来越多的网络被连接到一起，形成了今天的互联网。

在过去几十年里，互联网经历了从最初的电子邮件、文件传输等基础功能，到现在丰富多彩的网络应用，如社交媒体、在线购物、在线教育等，已深深融入人们的日常生活中。同时，随着移动互联网的普及和5G等新一代通信技术的发展，互联网的应用场景将更加广泛，未来的发展前景不可估量。

三、互联网的显著特点

互联网作为一个全球性的信息交流和资源共享平台，具有全球性、实时性、互动性、资源共享、多样性、可访问性、开放性、创新性等显著特点（见表2-1）。

表2-1　互联网的显著特点

显著特点	描　述
全球性	互联网连接了全球各地的计算机和网络，打破了地理界限，使得信息可以在全球范围内自由流通
实时性	互联网能够实现信息的即时传递和接收，无论是文字、图像、音频还是视频，都可以在极短的时间内传到世界各地
互动性	互联网提供了丰富的交互功能，使用户可以轻松地进行在线沟通、分享和合作，增强了用户之间的参与感和互动性
资源共享	互联网作为一个平台，可以使各种资源（如文档、图片、音乐、视频等）被全球用户共享，提高了资源的利用效率和可及性
多样性	互联网上的信息形式和内容丰富多样，涵盖了各个领域和主题，满足了不同用户的需求和兴趣
可访问性	互联网使得信息更加易于访问和获取，用户只需要通过搜索引擎或相关平台即可找到所需信息或资源
开放性	互联网是一个开放的平台，允许任何人参与其中，发布和分享自己的内容，促进了信息的自由流通和知识的共享
创新性	互联网的不断发展和创新，带来了新的应用、服务和商业模式，推动了社会的进步和发展

四、互联网的基本构成

互联网是一个全球性网络，由各种计算机、服务器、网络设备及传输介质相互连接而成。它实现了信息的快速传递和资源共享，为电子商务的发展提供了坚实基础（见图2-1、表2-2）。

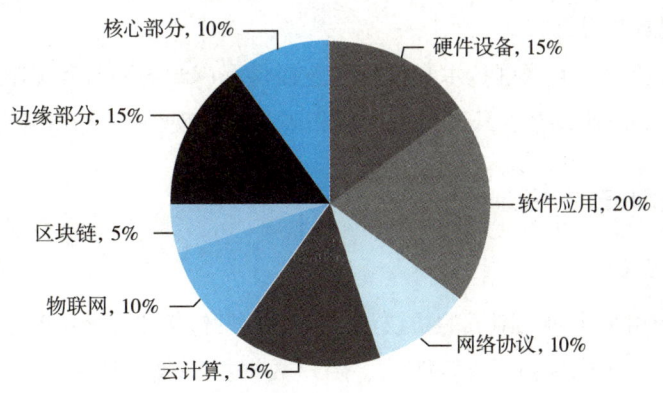

图2-1　互联网的基本构成及占比

表 2-2 互联网的基本构成及描述

基本构成	描述
硬件设备	包括计算机、服务器、路由器、交换机、光纤等物理设备，是互联网的基础设施，负责数据的存储、处理和传输
软件应用	在硬件设备上运行的各种软件程序，如操作系统、浏览器、电子邮件客户端等，使用户能够方便地与互联网进行交互
网络协议	是一系列规则和约定，用于规范互联网中设备之间的通信，如 TCP/IP 协议、超文本传输协议（HTTP）、电子邮件协议（SMTP）等，确保数据的准确传输
数据传输介质	如光纤、同轴电缆、无线电波等，是互联网数据传输的物理通道
互联网服务提供商	提供互联网接入服务的公司，如电信公司、宽带服务提供商等，是用户接入互联网的桥梁
网站与应用程序	互联网内容的重要组成部分，包括各类网站、移动应用、在线服务等，为用户提供丰富的信息和服务

五、互联网技术对电子商务的影响和学习必要性

1. 互联网技术对电子商务的影响

（1）速度与稳定性。光纤等高效数据传输介质的使用，确保了电子商务交易数据的快速传输，提升了用户体验。稳定的网络设备保障了电子商务交易的顺利进行，降低了交易中断和错误的风险。

（2）可扩展性与灵活性。基于服务器的数据存储和处理能力，电子商务平台可以轻松扩展业务，应对高峰期的流量挑战。同时，云服务器的弹性使得资源可以根据需求进行快速调整。

（3）移动性与便捷性。随着移动互联网的普及，用户可以通过手机等便携设备随时随地进行电子商务交易，极大地提升了交易的便捷性。

（4）安全性与隐私保护。基于互联网的安全协议和加密技术，电子商务平台能够保护用户的交易信息和个人隐私，增强用户的信任感。

2. 学习互联网技术的必要性

（1）适应社会发展趋势。随着互联网的普及和深入应用，掌握互联网技术已成为适应社会发展的必备技能。无论是在求职市场上，还是在个人职业发展中，具备互联网技术的人才都具有更强的竞争力。

（2）拓展个人视野。学习互联网技术可以帮助人们更好地了解全球范围内的信息流动和知识共享，拓展个人的视野和思维方式。

（3）创新创业机会。互联网技术为创新创业提供了广阔的平台和无限的可能。掌握互联网技术有助于个人发现新的商业机会、开发新的产品和服务，实现个人价值和社会价值。

六、互联网核心技术与协议

1. TCP/IP 的定义

TCP/IP 是一个由多个协议组成的协议族。它不是只包括 TCP 和 IP 两个协议，而是涵盖了文件传输协议（FTP），电子邮件协议（SMTP）、用户数据报协议（UDP）等多个协议。这些协议协同工作，确保数据在不同的计算机和网络设备之间稳定、有序地传输。TCP/IP 是现代互联网通信的

基础，规定了网络上的数据传输方式，并支持跨越多个不同网络的数据通信。

2. TCP/IP 的层次结构

TCP/IP 协议族通常被划分为四层，从高到低分别是应用层、传输层、网络层和链路层。

（1）应用层：负责处理网络应用程序，如文件传输、电子邮件、万维网浏览等。常见的应用层协议包括 HTTP、FTP、SMTP 等。

（2）传输层：提供端到端的通信服务，确保数据在传输过程中的可靠性。传输层主要有两个协议：TCP 和 UDP。TCP 提供可靠的、面向连接的数据传输服务，而 UDP 则提供无连接、不可靠的数据包服务。

（3）网络层：负责数据包从源地址到目的地址的路由选择。IP 是网络层的主要协议，处理数据包的分割和重组，并确保数据包能够到达正确的目的地。

（4）链路层：也称"网络接口层"或"数据链路层"，处理数据包在物理网络中的传输，包括数据包的封装和解封装，以及错误检测和纠正。常见的链路层协议包括以太网（Ethernet）和点对点协议（PPP）。

3. TCP/IP 与 OSI 七层模型的对比

（1）开放系统互连（Open System Interconnection，OSI）七层模型构成。

开放系统互连七层模型是一种将计算机网络通信协议划分为七个不同层次的标准化框架。其从高到低分别是应用层、表示层、会话层、传输层、网络层、数据链路层和物理层。

①应用层：为计算机用户提供服务，包括各种应用程序协议，如 HTTP、FTP、SMTP、邮局协议版本 3（POP3）等。

②表示层：负责数据处理（包括编解码、加密解密、压缩解压缩）。

③会话层：负责管理（建立、维护、重连）应用程序之间的对话。

④传输层：为两台主机进程之间的通信提供通用的数据传输服务。

⑤网络层：控制子网的运行，如逻辑编址、分组传输、路由选择。

⑥数据链路层：负责物理寻址，同时将原始比特流转变为逻辑传输线路。

⑦物理层：负责机械、电子、定时接口通信信道上的原始比特流传输。

（2）TCP/IP 与 OSI 七层模型的联系和区别。

①联系：两者都是网络通信的层次模型，都包含了应用层、传输层和网络层，且这些层次的功能在两者之间是相似的。

②区别：首先，OSI 七层模型更加理论化，层次划分更细化，适用于教学和理论研究；而 TCP/IP 则更加实用，是互联网实际运作的基础。其次，TCP/IP 将 OSI 七层模型的应用层、表示层和会话层合并为一个应用层，简化了层次结构，提高了效率。最后，TCP/IP 没有明确的物理层定义，因为它可以运行在不同的物理网络上。

【知识拓展 2-1】

在数字化浪潮席卷全球的今天，互联网已成为人类社会发展的重要引擎。作为这一伟大变革的核心，互联网技术以其独特的魅力，不断推动着世界的进步。互联网的核心技术包括网络技术、数据处理技术、安全技术及云计算技术，这些技术共同构筑起数字时代的坚固基石。

一、网络技术：连接世界的桥梁

网络技术是互联网的基础，它通过各种协议和设备，将全球范围内的计算机、服务器、移动设备和其他智能终端连接在一起，形成一个庞大的、无处不在的信息网络。其中，TCP/IP 协议族是网络技术的基石，它规定了数据传输的格式、路由选择和错误控制机制，确保信息能够在网络中高效、准确地传输。

近年来，网络技术不断创新发展，如 5G 的普及和应用，极大地提升了数据传输的速度和稳定性，为物联网、自动驾驶等新兴领域的发展提供了有力支撑。同时，软件定义网络（SDN）和网络功能虚拟化（NFV）等技术的出现，使得网络更加智能、灵活和可配置，为未来的网络创新提供了广阔的空间。

二、数据处理技术：信息的炼金术

数据处理技术是互联网技术的另一大支柱，负责对海量的网络数据进行收集、存储、分析和利用。大数据技术是数据处理技术的代表，它通过对海量数据的挖掘和分析，揭示隐藏在数据背后的规律和价值，为企业决策、社会治理和科学研究提供有力支持。

此外，分布式计算、人工智能和机器学习等技术的发展，也极大地提升了数据处理的能力。它们通过构建复杂的算法和模型，对数据进行智能分析和处理，实现自动化决策和精准预测，为各行各业的数字化转型提供了强大动力。

三、安全技术：数字世界的守护者

随着互联网的快速发展，网络安全问题日益凸显。安全技术作为保障互联网安全的重要手段，其作用不容忽视。网络安全技术包括防火墙、入侵检测系统、数据加密等，它们共同构建起一道坚固的安全防线，保护着网络系统的安全和稳定。

同时，随着人工智能和大数据技术的发展，网络安全防护手段也在不断创新。通过智能分析和学习，安全系统能够更准确地识别和防御各种网络攻击，确保数字世界的安宁与和谐。

四、云计算技术：资源共享的智慧之云

云计算技术是互联网技术的重要分支，通过互联网提供计算资源、存储资源和应用服务，实现了资源的共享和高效利用。云计算技术不仅降低了企业的信息技术成本，提高了业务的灵活性和可扩展性，还为创新创业提供了强大的支持。

在云计算技术的推动下，各行各业都在加快数字化转型的步伐。通过云计算平台，企业可以快速构建和部署各种应用服务，实现业务的快速创新和发展。同时，云计算也为社会治理和公共服务提供了新的手段，提升了社会整体的效率和水平。

【阅读和思考 2－1】

电子商务网站数据传输

随着互联网技术的迅速发展，电子商务已成为人们购物的主流方式之一。电子商务网站的正常运行和数据传输，关系到消费者的购物体验和企业业务的稳定发展。

在电子商务网站中，数据传输过程始于用户访问网站。当用户通过浏览器输入网址并按下回车键时，浏览器会向 DNS 服务器发送请求，解析网站域名对应的 IP 地址。一旦获得 IP 地址，浏览器就会与网站服务器建立 TCP 连接。在此过程中，浏览器会向服务器发送 HTTP 请求，请求获取网站的 HTML 页面及相关资源。

服务器在接收到请求后，会解析请求内容，并根据请求类型（如 GET、POST 等）执行相应的操作。对于 GET 请求，服务器会返回请求的资源；对于 POST 请求，服务器会处理表单数据，如用户注册、登录或购买商品等。在处理过程中，服务器可能会与数据库进行交互，读取或写入数据。

数据传输过程中涉及的技术众多，如 HTTP 协议、TCP/IP 协议、SSL/TLS 加密技术等。HTTP 协议负责定义浏览器与服务器之间的通信格式；TCP/IP 协议确保数据的可靠传输；而 SSL/TLS 协议则保障数据传输的安全性，防止数据在传输过程中被窃取或篡改。

然而，电子商务网站数据传输过程也面临诸多风险。一方面，网络安全威胁如黑客攻击、病毒入侵等可能导致数据泄露或损坏；另一方面，技术故障如服务器宕机、网络拥塞等可能影响数据传输的稳定性和效率。

思考：在保障数据传输安全性和稳定性的前提下，如何进一步优化电子商务网站的数据传输过程，提升用户体验和企业业务效率？

【任务实施 2－1】

1. 通过资料搜集、案例分析等方式，深入互联网技术核心组成部分（如网络协议、域名系统、路由技术等），并探讨其在电子商务场景中的应用。
2. 识别并解释电子商务中使用的关键信息技术。
3. 分析电子商务中常见的数据安全与隐私保护问题，并提出相应对策。

【任务考核 2－1】

考核项目	讨论分析	权 重（%）	分 值
互联网技术核心组成部分		20	
互联网技术在电子商务中的应用案例		50	
建 议		30	
评 分		100	

任务2　电子商务领域的关键信息技术

【任务情景】

在当今信息爆炸的时代，电子商务已成为人们日常生活和经济活动的重要组成部分。作为电子商务的基石，关键信息技术在保障交易安全、提升用户体验、优化业务流程等方面至关重要。本任务旨在了解并掌握电子商务领域的关键信息技术，以确保企业电商平台稳定、高效运行。

【任务分析】

为了完成这一任务，我们需要熟悉电子商务中使用的关键信息技术及其基本原理、应用场景。此外，我们还需要掌握如何根据实际需求选择和应用合适的信息技术。

【知识链接】

作为现代商业活动的重要组成部分，电子商务高效、便捷的特点在很大程度上得益于关键信息技术的支撑。这些技术不仅为电子商务提供了强大的技术支持，还推动了电子商务行业的持续创新与发展。

一、电子商务领域使用的关键信息技术

（一）互联网技术

互联网技术提供了一种分布式的网络架构，让用户可以在任何时间、任何地点使用各种应用程序和服务。在电子商务领域，互联网技术使信息的传输、处理和共享变得高效、快捷，为电子商务提供了广泛的覆盖范围和便捷的服务方式。可以说，互联网技术是实现电子商务的基石，提供了全球范围内的信息传递和资源共享能力。在电子商务领域，互联网技术主要涉及网络通信技术、信息传输技术、信息处理技术、网络安全技术等。

1. 网络通信技术

网络通信技术是互联网技术的重要组成部分，涉及各种网络协议和通信技术。其中，TCP/IP协议族是互联网通信的基础，保证了数据能够在不同网络之间准确传输。

2. 信息传输技术

在互联网中，信息传输技术负责将数据从一个节点传输到另一个节点。其中，包括有线传输技术和无线传输技术。随着移动互联网的快速发展，无线传输技术变得越来越重要。

3. 信息处理技术

信息处理技术是互联网技术的核心，涉及数据的收集、存储、处理和输出。在电子商务中，信息处理技术被广泛应用于用户数据分析、商品推荐、交易处理等方面。

4. 网络安全技术

随着互联网的普及，网络安全和隐私保护问题日益突出。常见的网络安全技术、加密技术、访问控制、身份验证等手段，以及防火墙、入侵检测系统等安全设备和软件，用于监控和防护网络免受恶意攻击与黑客入侵。

(二)数据库技术

数据库技术是电子商务数据存储和管理的核心与关键。它支持对大量数据进行高效、安全的存储、查询和处理,为电子商务提供了强大的数据支持。一个高效、稳定的数据库系统能够支持电子商务平台的日常运营和数据分析需求。

1. 关系型数据库与非关系型数据库

关系型数据库是传统的数据库类型,以表格的形式存储数据,并通过 SQL 语言进行查询和管理。近年来,非关系型数据库逐渐兴起,其以键值对、文档、图形等方式存储数据,适用于某些特定场景。

2. 数据库设计与优化

数据库设计是数据库技术的核心,涉及数据模型的选择、表结构的设计、索引的创建等。同时,数据库优化是提高数据库性能的重要手段,包括查询优化、存储优化等。

3. 数据库安全及备份和恢复

数据库安全是保护数据不被非法访问和篡改的关键。常见的数据库安全技术有数据加密、访问控制等。此外,数据库的备份和恢复也是保障数据完整性的重要措施。

4. 数据库在电子商务中的应用

在电子商务中,数据库被广泛应用于商品信息管理、用户信息管理、交易记录管理等方面。

(1)商品信息管理。智慧商城通过数据库存储和管理所有商品的详细信息,包括商品名称、价格、库存、描述、图片等。数据库支持高效的查询和更新操作,使平台能够实时展示最新的商品信息,并快速响应用户的购买请求。

(2)用户信息管理。用户的注册信息、购买历史、收货地址等数据都存储在数据库中。智慧商城利用这些数据,可以实现用户的登录认证、交易记录管理、个性化推荐等功能。

(3)交易记录管理。每一笔交易都会产生相应的记录,包括订单号、交易时间、交易金额、支付方式等。数据库能够确保这些交易记录的准确性和完整性,为后续的订单处理、财务结算等提供数据支持。

5. 数据库在电子商务中的实现方式

(1)数据库设计。电子商务平台根据业务需求设计了合理的数据库结构。例如,通过关系型数据库管理商品、用户、订单等实体,并通过设置主键、外键等约束确保数据的完整性和一致性。

(2)数据存取与操作。智慧商城采用数据库查询语言(如 SQL)实现数据的增删改查操作。通过编写相应的 SQL 语句,电子商务平台可以高效地从数据库中获取所需数据,或对数据进行更新和删除操作。

(3)数据安全与性能优化。为了保证数据的安全性和系统的稳定性,电子商务平台采取了多种措施。例如,通过加密技术保护敏感数据,通过备份和恢复策略防止数据丢失,通过优化查询语句和索引提高数据库的性能等。

(三)电子商务安全技术

1. 电子商务安全的概念及重要性

电子商务安全,是指在电子商务环境中,保护交易各方信息的机密性、完整性、真实性和不可否认性,防止未授权的访问、篡改、伪造和否认,以确保电子商务活动的顺利进行。电子商务安全涉及技术、管理和法律等多个层面,是电子商务发展的重要保障。

电子商务安全的重要性体现在以下3个方面。

①电子商务安全通过数据加密、身份认证等手段,确保交易双方的信息安全和隐私安全,防止信息泄露和滥用,保障交易双方合法权益。

②电子商务安全有助于营造一个公平、公正、透明的市场环境,减少欺诈和虚假交易,提升消费者对电子商务的信心。

③加强电子商务安全,有助于打消消费者的顾虑,推动电子商务健康持续发展。

2. 当前电子商务面临的主要威胁及其预防和解决策略

电子商务活动涉及大量的数据交换和资金流转,而电子商务安全技术中数据加密、身份认证、访问控制等技术,是确保交易信息机密性、完整性和不可抵赖性的关键。

当前,电子商务面临的主要威胁如下。

(1)信息泄露。由于系统漏洞、黑客攻击等,电子商务交易中的敏感信息,包括个人信息、银行账户信息等,可能被窃取或泄露。

(2)网络欺诈。包括虚假交易、钓鱼网站、诈骗邮件等,旨在骗取消费者的财物或个人信息。

(3)身份伪造。攻击者可能伪造交易双方的身份,进行非法交易或窃取信息,导致双方权益受损。

(4)数据篡改。在交易过程中,数据可能被非法篡改,导致交易信息不完整或不真实,影响交易结果的公正性。

(5)服务拒绝。攻击者可能通过恶意攻击,使电子商务系统无法正常运行,导致服务中断或延迟,影响用户体验和交易效率。

电子商务面临的主要威胁及其预防和解决策略见表2-3。

表2-3 电子商务面临的主要威胁及其预防和解决策略

主要威胁	预防策略	解决策略
信息泄露	加强数据加密技术的应用,确保信息传输过程中的安全	及时发现并修补系统漏洞,防止黑客利用漏洞窃取信息
	限制员工对数据的访问权限,进行必要的安全教育和培训	在发生信息泄露后,及时通知受影响用户,并采取补救措施
网络欺诈	建立严格的商家审核机制,确保商家资质真实可靠	对欺诈行为进行严厉打击,公布欺诈案例,警示用户
	提高用户的安全意识,教育用户识别虚假交易和诈骗邮件	提供用户举报欺诈行为的渠道,及时处理用户举报

续表

主要威胁	预防策略	解决策略
身份伪造	采用多因素身份认证,提高身份验证的准确性和安全性	建立身份认证追溯机制,追踪伪造身份的来源
	定期更新和升级身份认证系统,防止攻击者利用旧版本漏洞	在发现身份伪造行为后,及时通知相关方,并采取法律手段进行打击
数据篡改	使用区块链等不可篡改技术,确保数据的完整性和真实性	建立数据审计机制,定期对数据进行核查,确保数据未被篡改
	对关键数据进行备份和冗余存储,防止单一节点数据被篡改	在发现数据篡改行为后,立即恢复原始数据,并追究责任
服务拒绝	提高系统的抗攻击能力,如采用负载均衡、分布式架构等	在遭受攻击时,启动应急响应机制,尽快恢复服务
	建立网络安全监控体系,及时发现并应对潜在的攻击威胁	对攻击行为进行溯源分析,追究攻击者的法律责任

(四)移动电子商务技术

随着移动互联网技术的飞速发展和智能手机的普及,移动电子商务已成为电子商务的重要分支。移动电子商务利用无线通信技术、移动设备和互联网技术,为消费者和企业提供了一种全新的、便捷的交易方式和商业模式。移动电子商务是基于移动通信网络,利用移动设备进行的电子商务活动。移动电子商务的应用包括移动支付、移动购物、移动营销、移动客服等,使电子商务更加便捷、灵活。

1. 移动支付

移动支付是移动电子商务的重要应用之一。通过移动支付,消费者可以使用手机完成购物支付、转账汇款等操作。常见的移动支付方式包括二维码支付、近场通信(NFC)支付、手机钱包等。移动支付不仅提高了支付效率,还降低了交易成本,为消费者和企业带来了极大的便利。

统计结果显示,2023年,我国移动支付业务共1851.47亿笔,金额555.33万亿元,同比分别增长16.81%和11.15%。其中,人民币跨境支付系统业务量增长较快,处理业务661.33万笔,金额123.06万亿元,同比分别增长50.29%和27.27%。

(1)移动支付的特点。

移动支付的特点见表2-4。

表2-4 移动支付的特点

特 点	描 述	优 势
便捷性	以手机等移动终端为载体,操作简单快捷	用户无须携带现金或银行卡,节省时间;支持随时随地支付,方便线上购物和线下实体店消费
安全性	采用多重加密技术和安全验证机制	通过指纹、面部识别、动态验证码等方式确保交易安全;移动支付平台具备风险防控体系,保护用户资金安全
实时性	资金实时到账,无延迟问题	适用于紧急支付和即时结算场景,为用户提供极大便利
集成性	整合各种生活服务功能	实现"一机在手,万事无忧"的生活体验,方便快捷地满足用户多样化需求

（2）目前市场上主流的移动支付 App。

①支付宝。作为中国最大的移动支付平台，支付宝以丰富的功能、稳定的性能和广泛的用户群体，占据了市场的绝对领先地位。它不仅具备基本的转账、支付功能，还整合了余额宝、花呗等金融产品，为用户提供"一站式"金融服务。

②微信支付。微信支付是腾讯公司旗下的移动支付品牌，依托微信庞大的社交用户基础，迅速崛起为移动支付市场的重要力量。微信支付以简洁的操作界面、快速的支付速度和丰富的应用场景，赢得了广大用户的喜爱。

③银联云闪付。银联云闪付是中国银联推出的移动支付产品，支持 NFC 技术，实现手机与 POS 机的快速支付。它具有高度的安全性和广泛的商户覆盖，为用户提供了一种安全、便捷的支付方式。

④Apple Pay。Apple Pay 是苹果公司推出的移动支付服务，主要面向苹果设备用户。它通过 NFC 技术与银行卡绑定，实现手机触碰支付。Apple Pay 以高度的安全性和优雅的用户体验，赢得了苹果用户的青睐。

2. 移动购物

移动购物，是指消费者通过移动设备浏览商品信息、比较价格，进行购买的行为。移动购物具有随时随地、个性化推荐等特点，使得消费者能够更加方便地购物。同时，移动购物也为商家提供了更多的营销手段和渠道。随着移动互联网的普及和移动设备性能的提升，移动购物已成为消费者购物的主要方式之一。

（1）移动购物的特点。

①便捷性。消费者可以随时随地进行购物，不受时间和地点的限制。

②个性化。移动购物平台能够根据消费者的浏览记录和购买历史推荐相关商品，实现个性化营销。

③交互性。消费者可以通过移动设备与商家进行实时互动，获取更多的商品信息和售后服务。

（2）移动购物的流程。

消费者通过移动设备访问购物平台或应用；浏览商品，选择心仪的商品加入购物车；进行支付操作，完成购买；查看订单状态，等待收货。

3. 移动营销

移动营销，是指利用移动设备和移动互联网技术，向消费者传递产品或服务信息，以达到品牌推广、销售提升等目的的一种营销方式。移动营销具有精准定位、互动性强等优势，能够帮助企业更好地推广产品和服务，吸引潜在客户。

（1）移动营销的主要策略。

①短信营销。通过发送短信向消费者推送优惠信息、新品上市等消息。

②移动应用推广。通过开发移动应用，向消费者提供便捷的服务和产品信息。

③社交媒体营销。利用微信、微博等社交媒体平台，发布广告、互动营销等内容，吸引消费者的关注。

④位置营销。基于消费者的地理位置，推送周边商家的优惠信息，实现精准营销。

(2）移动营销的数据分析。

移动营销的成功与否，需要通过数据进行分析和评估。营销人员应关注点击率、转化率、用户活跃度等指标，根据数据分析结果调整营销策略，提高营销效率。

4. 移动客服

移动客服，是指通过移动设备提供的客户服务。企业可以通过移动应用、微信公众号等，为客户提供实时咨询、售后服务等支持。移动客服提高了客户服务效率和质量、客户对企业的信任度，以及客户满意度。

（1）移动客服的主要渠道。

①在线客服系统。通过企业官方网站或移动应用内置的在线客服系统，实现与消费者的实时互动。

②社交媒体客服。在微信、微博等社交媒体平台上设立客服账号，及时回应消费者的咨询和投诉。

③电话客服。提供专门的客户服务热线，为消费者提供电话咨询和解决问题的服务。

（2）移动客服的服务技巧。

①及时响应。对于消费者的咨询和投诉，应尽快给予回应和处理。

②热情服务。在沟通过程中，应保持热情和耐心，为消费者提供满意的解答和服务。

③专业素养。客服人员应具备丰富的产品知识和服务经验，能够准确解答消费者的疑问并提供有效的解决方案。

（3）移动客服的绩效评估。

企业应定期根据响应时间、解决率、客户满意度等指标，对移动客服的工作进行绩效评估。通过绩效评估，可以发现客服工作中的不足和改进方向，进一步提升客户服务质量。

二、电子商务关键信息技术的基本原理和应用场景

1. 互联网技术

互联网技术通过 TCP/IP 协议族实现计算机之间的通信，实现全球范围内的信息传输和资源共享，构建起全球性的信息交互网络。互联网采用分布式结构，允许不同地理位置的计算机和设备互相连接，并通过各种应用层协议（如 HTTP、FTP、SMTP 等）实现信息共享、数据传输和在线服务。在电子商务中，互联网技术被广泛应用于网站搭建、在线交易、信息发布等场景。

2. 数据库技术

数据库技术利用数据模型组织、存储和管理大量数据，确保数据的完整性、一致性和安全性。数据库系统通过关系代数、SQL 语言等提供数据查询、更新和管理服务。同时，数据库技术包含事务处理、并发控制、数据备份与恢复等机制，以应对各种复杂的数据处理需求。在电子商务中，数据库技术被用于存储商品信息、用户数据、交易记录等关键信息，支持电子商务的日常运营和决策分析。

3. 电子商务安全技术

电子商务安全技术旨在保护电子商务交易中的信息安全，包括数据加密、身份认证、访问控制

等技术手段。通过加密技术，如 SSL/TLS 协议，确保数据传输过程中的机密性；通过数字证书和公钥基础设施（PKI），实现交易双方的身份验证和信任建立；通过访问控制策略，限制对敏感数据的非法访问。例如，在支付环节，利用加密技术保护支付信息的机密性；在登录环节，采用身份认证技术验证用户身份，防止非法访问。

4. 移动电子商务技术

移动电子商务技术依托移动通信网络、智能移动终端和移动应用，实现电子商务活动的移动化。通过无线通信技术（如 4G/5G 网络），实现移动设备与互联网的连接；智能移动终端（如智能手机、平板电脑）提供用户友好的交互界面；移动应用通过集成各种电子商务功能，如在线购物、支付、物流跟踪等，为用户提供便捷的移动购物体验。

移动电子商务技术利用移动通信网络，实现随时随地的电子商务活动。例如，通过 App 进行在线购物、支付，利用移动定位技术为用户提供精准的推荐服务等。

三、电子商务关键信息技术的作用和重要性

作为现代商业活动的重要组成部分，电子商务的背后依赖一系列关键技术。这些技术不仅支撑着电子商务平台的稳定运行，还推动着电子商务行业的持续创新与发展。

1. 提高交易效率

关键信息技术使得电子商务交易过程更加便捷、高效。例如，在线支付技术简化了支付流程，提高了支付效率；搜索引擎技术帮助用户快速找到所需商品，提升了购物体验。

运用互联网技术，电子商务平台能够实现跨区域、跨时间的交易，使得买卖双方可以随时随地进行交易活动。同时，互联网技术不断推动电子商务平台的创新和优化，如云计算、大数据、人工智能等技术的应用，进一步提升了电子商务的效率和用户体验。

2. 降低运营成本

通过自动化、智能化的数据处理和管理，关键信息技术降低了电子商务企业的运营成本。例如，自动化订单处理系统减少了人工干预，降低了错误率；智能推荐系统提高了销售转化率，增加了企业收入。

运用数据库技术，电子商务平台可以高效地管理用户信息、商品信息、交易记录等海量数据，实现数据的快速查询、分析和挖掘。这不仅有助于提升电子商务平台的运营效率，还能为商家提供精准的市场分析和用户画像，以制定更科学的营销策略。

3. 保障交易安全

电子商务安全技术为交易提供了安全保障，降低了交易风险。如加密技术、身份认证技术等确保了交易信息的机密性和完整性，提高了用户信任度。

安全、快捷的支付技术可以保障买卖双方的资金安全，促进交易的顺利完成。随着电子商务的发展，第三方支付、移动支付等新型支付方式不断涌现，为电子商务交易提供了更多便利。同时，安全技术也是保障电子商务交易安全的重要手段，包括数据加密、身份认证、防火墙等技术，可以有效防范网络攻击和数据泄露等风险。

4. 推动创新与发展

关键信息技术的不断创新和应用推动了电子商务行业的持续发展。新技术如人工智能、大数据等为电子商务带来了更多可能性，推动了行业的创新和变革。

移动电子商务技术使电子商务活动不再局限于传统的桌面计算机，而是延伸到了智能手机、平板电脑等移动设备。移动电子商务技术的普及使用户可以随时随地访问电子商务平台、进行购物和支付操作，进一步推动了电子商务的发展。同时，移动电子商务技术推动了移动支付、移动营销等新型商业模式的兴起，为电子商务行业带来了更多机遇。

四、电子商务关键信息技术的应用及未来发展趋势

1. 物联网技术在电子商务中的应用及未来发展趋势

（1）智能供应链管理。物联网技术通过 RFID 标签、GPS 定位、传感器等设备，实现对商品的实时监控与追踪，使电子商务中，从生产、运输、仓储到销售的整个供应链流程都能得到优化。通过实时数据分析，企业能够精准预测市场需求，降低库存成本，提高运营效率。

（2）智能零售。物联网技术为电子商务带来了智能零售的新模式。通过智能货架、智能支付等设备，消费者可以获得更便捷、个性化的购物体验，商家则能够实时掌握销售数据，调整商品布局和促销策略。

（3）智能物流。物联网技术在物流领域的应用，使得电子商务的配送服务更加精准和高效。智能分拣系统、无人驾驶运输车辆、智能快递柜等设备的引入，不仅提高了物流效率，还降低了配送成本，提升了客户满意度。

未来，随着物联网技术的不断发展，其将与大数据、云计算等技术进一步融合，推动电子商务向智能化、自动化方向发展。同时，随着物联网设备的普及和成本的降低，会有更多中小企业和个人享受到物联网技术带来的便利。

2. 人工智能在电子商务中的应用及未来发展趋势

（1）个性化推荐。人工智能算法能够根据用户的浏览记录、购买历史等数据，分析用户的兴趣和偏好，为用户推荐个性化的商品。这不仅提升了用户的购物体验，也增加了商家的销售额。

（2）智能客服。智能客服能够 7×24 小时在线解答用户的问题，提供实时的购物咨询和售后服务。通过自然语言处理技术，智能客服能够理解用户的意图和需求，为用户提供精准的帮助。

（3）智能定价与促销。人工智能能够通过分析市场数据、竞争对手的价格策略等因素，帮助商家制定合理的定价策略。同时，人工智能能够根据用户的购买行为和市场的实时变化，智能调整促销策略，提高销售效果。

未来，人工智能将与电子商务更加紧密地融合在一起，实现更高效的运营和更优质的服务，推动电子商务行业的创新和发展。

3. 区块链技术在电子商务中的应用及未来发展趋势

（1）确保交易安全。区块链技术的"去中心化"、不可篡改等特性，使电子商务交易更加安全、可靠。通过区块链技术，可以实现交易数据的透明化和可追溯性，有效防止欺诈和双重支付等风险。

（2）优化供应链管理。区块链技术能够连接供应链中的各个环节，实现信息的实时共享和协同作业。通过智能合约等机制，可以自动执行交易、结算等操作，降低供应链的成本和风险。

（3）建立信任机制。区块链技术可以构建一个"去中心化"的信任机制，使电子商务中的各方在没有第三方中介的情况下进行安全、可信的交易。这有助于降低交易成本，提高交易效率。

虽然区块链技术在电子商务中的应用还处于初级阶段，但其潜力巨大。未来，随着技术的成熟和应用的深入，区块链技术将在电子商务中发挥更大的作用。同时，需要关注区块链技术的法律、监管等问题，确保其合规、健康地发展。

【知识拓展 2-2】

随着信息技术的飞速发展，云计算、大数据、物联网、人工智能、区块链等新关键信息技术对电子商务的推动作用日益显著。

第一，云计算技术为电子商务提供了强大的后台支持。通过云计算，电子商务平台可以实现弹性的资源扩展，满足用户在不同时段的需求波动。根据统计，采用云计算技术的电子商务平台在高峰期的处理能力提高了近 50%，有效提升了用户体验。此外，云计算还降低了电商企业的运营成本，使更多中小企业参与到电子商务市场中。

第二，大数据技术为电子商务提供了精准的市场分析和用户画像。通过对海量数据的挖掘和分析，电子商务平台可以深入了解消费者的购买习惯、兴趣爱好和需求，从而制定更加精准的营销策略。数据显示，利用大数据技术的电子商务平台在转化率上提高了约 30 个百分点，显著提升了销售业绩。

第三，物联网技术为电子商务带来了全新的商业模式。通过物联网，消费者可以实时了解商品的生产、运输和销售情况，提高了购物的透明度和可信度。同时，物联网技术为电商企业提供了智能的供应链管理方案，有效降低了库存成本和运输损耗。相关报告显示，应用物联网技术的电商企业在库存周转率上提高了约 25 个百分点，有效提升了运营效率。

第四，人工智能技术在电子商务中的应用日益广泛。智能客服、智能推荐和智能营销等应用，不仅提升了用户体验，还提高了电子商务平台的运营效率。例如，智能推荐系统能够根据用户的浏览历史和购买记录，为用户推荐相关商品，从而提高用户的购买意愿。据统计，采用智能推荐系统的电子商务平台在销售额上增长了约 20%。

第五，区块链技术为电子商务的安全性和信任度提供了有力保障。通过区块链的"去中心化"、不可篡改等特性，电子商务平台可以实现更加安全的交易和支付。同时，区块链技术还可以为供应链金融、跨境电商等领域提供可靠的信任机制，推动电子商务行业的健康发展。

【阅读和思考 2-2】

电子商务的关键信息技术应用

随着信息技术的快速发展，电子商务领域涌现出众多创新应用。其中，智能供应链管理系统便是电子商务中关键信息技术的一个重要应用。

某大型电商企业为了提高供应链效率、降低运营成本并提升客户体验，引入了一套先进的智能供应链管理系统。该系统综合运用了物联网、大数据、云计算、人工智能等关键技术。

在物联网技术方面，该企业通过在仓库、运输车辆和商品上安装传感器和 RFID 标签，实现了对供应链的实时监控和追踪。仓库管理系统可以自动记录货物的进出、库存情况，确保库存数据的准确性。同时，运输过程中的温度、湿度等关键指标也能实时传输到该系统中，保障商品在运输途中的品质安全。

大数据技术的应用体现在对海量数据的收集和分析上。该系统能够收集包括销售数据、用户行为数据、市场趋势数据等在内的多种数据，并通过数据挖掘和机器学习算法，发现潜在的市场机会和优化空间。例如，通过分析用户的购买历史和浏览记录，该系统可以预测用户的需求，并为其推荐合适的商品，提高转化率。

云计算技术为智能供应链管理系统提供了强大的计算和存储能力。借助云计算平台，该系统可以实现弹性扩展，满足企业在业务高峰期对资源的需求。同时，云计算技术还降低了企业的信息技术投入成本，提高了系统的可靠性和安全性。

人工智能技术在供应链管理中发挥了关键作用。智能算法可以优化仓库布局、提高拣货效率、减少运输途中的延误等。此外，智能客服还可以实时解答用户的咨询和投诉，提高客户满意度。

通过智能供应链管理系统，该电商企业实现了供应链管理的智能化和自动化，提高了运营效率，降低了运营成本，并为用户提供了更好的购物体验。

思考：

1. 在本应用中，物联网、大数据、云计算、人工智能等关键信息技术是如何相互协作，共同推动供应链管理效率提升的？

2. 结合实际情况，谈谈你认为在未来电子商务领域，这些关键信息技术的潜在应用和发展方向。

3. 在智能供应链管理系统的实施过程中，可能会遇到哪些问题和挑战？你认为应该如何应对与解决这些问题和挑战？

【任务实施 2-2】

1. 撰写一份关于互联网技术核心组成部分的总结报告。报告中需包含互联网技术的基础架构、网络通信原理、核心协议（如 TCP/IP）等关键内容。

2. 准备一个简短的演讲，向同学介绍自己理解的互联网技术核心组成部分，并解释其在现代社会中的重要性。

【任务考核 2-2】

考核项目	电子商务关键信息技术	权　重（%）	分　值
内容、逻辑、语言		10	
演讲、表达、互动		20	
报告理解深度、分析准确性		20	
报告的逻辑性和条理性		20	
结　论		30	
评　分		100	

任务3　数据安全与隐私保护

【任务情景】

随着电子商务的迅猛发展,数据安全和隐私保护问题日益凸显。在这个信息化、数字化的时代,电商企业每天都在处理和存储大量的用户数据,包括个人信息、交易记录、支付信息等。这些数据的安全对于用户来说至关重要,一旦泄露或被非法利用,就会给用户造成严重的损失。因此,电商企业须高度重视数据安全和隐私保护工作。本任务旨在理解电子商务环境中数据安全与隐私保护的关键问题,并掌握相应的解决方法和技能。

【任务分析】

为了完成这一任务,我们需要了解数据安全与隐私保护的概念、原则、重要性,以及电子商务领域的数据安全风险,如数据泄露、恶意软件等。此外,我们还需熟悉并掌握在电子商务交易中保护用户隐私所面临的挑战,如用户信息的收集、使用和共享等,以及有效的隐私保护策略和技术,如数据加密技术、匿名化处理等。

【知识链接】

一、数据安全与隐私保护概述

(一) 数据安全与隐私保护的概念及原则

数据安全,是指通过采取必要措施,保护数据免遭破坏、篡改、泄露或非法获取、非法利用,保证数据在传输、存储等过程中的保密性、完整性、可用性和可控性。数据是现代社会的重要资产,无论是在个人、企业还是国家层面,数据的安全性都至关重要。数据安全的基本原则是指导制定和实施安全策略的基础,包括保密性原则、完整性原则、可用性原则、可审计性原则和可控性原则。

隐私保护,是指保护个人隐私不被非法收集、传播、利用、侵犯的一系列措施和法律规定。隐私保护关注的是个人信息在被收集、处理、传输和使用过程中,如何确保个人的隐私权不受侵犯。随着信息技术的发展,隐私保护面临着越来越多的挑战,因此,制定与实施有效的隐私保护政策和措施显得尤为重要。在电子商务中,隐私保护原则主要包括知情同意原则、目的明确原则、安全保障原则、责任追究原则。

(二) 数据安全与隐私保护的重要性

在电子商务领域,数据安全与隐私保护的重要性体现在多个方面。

1. 用户信任

数据安全与隐私保护是建立用户信任的基础。用户在使用电子商务服务时,最关心的是自己的个人信息和交易数据是否安全。只有确保数据安全和隐私保护,才能赢得用户的信任,促进交易的顺利进行。

2. 业务发展

数据安全与隐私保护对于电商企业的业务发展至关重要。随着电子商务的不断发展,越来越多的企业开始重视数据分析和用户画像，以精准营销和个性化服务提升竞争力。然而，这些都需要建立在数据安全和隐私保护的基础上，否则可能产生用户流失、品牌形象受损等负面影响。

3. 法律合规

数据安全与隐私保护是电商企业遵守法律法规的基本要求。世界各国都制定了相关的数据保护和隐私法规，要求企业在收集、使用个人信息时必须遵守相关规定。违反这些规定可能导致企业面临法律制裁和声誉损失。

二、电子商务领域的数据安全风险

（一）数据泄露与非法获取

1. 数据泄露的概念与影响

数据泄露是指未经授权的个人或组织获取了敏感或机密数据，并对这些数据进行了访问、复制或传播的行为。在电子商务领域，数据泄露可能涉及客户个人信息、交易数据、支付密码等敏感信息，给企业和个人带来重大损失，包括经济损失、声誉损害和法律风险。

2. 非法获取数据的手段

非法获取数据的手段多种多样，包括但不限于以下几种。

（1）钓鱼攻击：通过发送伪造的电子邮件或消息，诱骗用户点击恶意链接或下载恶意软件，从而获取用户的敏感信息。

（2）社交工程：利用人类心理和社会行为学原理，通过欺骗、诱导等方式获取目标信息。

（3）漏洞利用：攻击者利用系统或应用的安全漏洞，绕过安全措施，直接访问或窃取数据。

（4）内部人员泄露：企业内部员工或合作伙伴因不当行为或恶意意图，泄露敏感数据。

3. 防范数据泄露的措施

为防范数据泄露，企业和个人应采取以下措施。

（1）加强密码管理，使用复杂且不易猜测的密码，并定期更换。

（2）定期更新和升级系统及应用软件，以修复已知的安全漏洞。

（3）对敏感数据进行加密存储和传输，确保即使数据被泄露，也难以被解密。

（4）加强员工安全意识培训，提高员工对数据泄露风险的识别和防范能力。

（二）数据篡改与破坏

1. 数据篡改与破坏的概念

数据篡改是指未经授权的个人或组织对数据进行修改或伪造，使其失去真实性或完整性。数据破坏是指故意或无意地损坏数据，导致数据无法正常使用或读取。在电子商务中，数据篡改与破坏可能涉及订单信息、库存数据、支付记录等关键业务数据，给企业的正常运营带来严重影响。

2. 数据篡改与破坏的常见形式

数据篡改与破坏的常见形式包括以下几种。

（1）直接修改数据：攻击者通过非法手段直接访问数据库或数据文件，对数据进行修改或伪造。

（2）注入恶意代码：攻击者在系统或应用中注入恶意代码，通过代码执行篡改或破坏数据。

（3）利用漏洞进行篡改：攻击者利用系统中的安全漏洞，绕过验证机制，对数据进行篡改。

3. 防范数据篡改与破坏的措施

为防范数据篡改与破坏，企业和个人应采取以下措施。

（1）建立严格的数据访问权限控制机制，确保只有授权人员才能对数据进行访问和修改。

（2）使用数据完整性校验技术，如哈希函数和数字签名，对数据的完整性进行验证。

（3）定期备份和恢复数据，以防止数据丢失或损坏。

（4）加强对系统和应用的安全审计与监控，及时发现并应对潜在的篡改和破坏行为。

（三）恶意软件与攻击手段

1. 恶意软件的定义与分类

恶意软件是指具有恶意意图、能够执行未经授权行为的软件程序。在电子商务领域，恶意软件可能通过各种途径传播，对用户的计算机或移动设备进行攻击和破坏。根据攻击方式和目的不同，恶意软件可分为病毒、蠕虫、木马、间谍软件、勒索软件等多种类型。

2. 常见的恶意软件攻击手段

常见的恶意软件攻击手段包括以下几种。

（1）钓鱼攻击：攻击者通过发送伪造的电子邮件或消息，诱导用户下载并安装恶意软件。

（2）利用漏洞攻击：攻击者利用系统或应用的漏洞，执行恶意代码或安装恶意软件。

（3）社交工程攻击：攻击者利用社交工程原理，通过欺骗或诱导用户执行恶意操作，如点击恶意链接或下载恶意文件。

3. 防范恶意软件的措施

为防范恶意软件的攻击，企业和个人应采取以下措施。

（1）保持操作系统和应用软件的更新与升级，及时修复已知的安全漏洞。

（2）安装并定期更新杀毒软件或安全软件，对计算机或移动设备进行定期扫描和清理。

（3）提高用户的安全意识，教育用户识别和防范恶意软件，如不轻信来历不明的电子邮件或消息，不随意点击未知链接或下载未知文件。

（4）加强网络安全防御，采用防火墙、入侵检测系统等安全技术手段，防止恶意软件的传播和攻击。

三、隐私保护技术与策略

（一）匿名化处理与假名化处理

在电子商务环境中，匿名化处理与假名化处理是保护用户隐私的关键技术。

1. 匿名化处理

匿名化处理是一种将数据中的个人可识别信息删除或替换为无法追踪到特定个体信息的过程。在电子商务交易中，用户的身份信息、联系方式等敏感数据可以通过匿名化处理确保交易记录的隐私性。例如，商家在处理用户购买历史时，可以将用户名替换为随机生成的唯一标识符，从而无法直接关联到具体用户。

2. 假名化处理

假名化处理是使用替代名称或标识符替代用户的真实身份。假名化处理保留了数据的可用性，同时降低了数据泄露的风险。在电子商务中，用户可以创建并使用假名进行交易，以隐藏自己的真实身份。例如，在线购物时，用户可以使用虚拟邮箱地址或临时电话号码作为联系方式，减少个人信息被滥用的可能性。

（二）隐私保护政策与用户协议

隐私保护政策与用户协议是电商企业向用户明确其隐私保护措施的重要手段。

1. 隐私保护政策

隐私保护政策详细说明了企业如何收集、使用、存储和保护用户的个人信息。该政策应该包括数据的收集范围、使用目的、共享方式、安全保护措施、用户权利等内容。企业应当确保隐私保护政策的透明度和易理解性，使用户能够清楚地了解自己的隐私权益。

2. 用户协议

用户协议是用户与电子商务企业之间达成的合同，其中应包含关于隐私保护的条款。这些条款明确了用户在使用服务过程中应遵守的隐私保护规定，以及企业对于用户隐私的责任和义务。用户在使用电子商务服务前，应仔细阅读并理解用户协议中的隐私保护内容。

（三）隐私增强技术

除匿名化处理与假名化处理以及制定隐私保护政策与用户协议外，还有一些隐私增强技术可用于提升电子商务环境隐私保护水平。

1. 加密技术

加密技术是一种通过将数据转换为无法理解的密文形式保护数据隐私的方法。在电子商务中，可以使用加密技术对用户的敏感信息进行加密存储和传输，确保数据在传输过程中不被窃取或篡改。

2. 差分隐私

差分隐私是一种数学上的隐私保护技术，通过对数据进行扰动处理，防止单个用户的隐私信息被精确推断出来。在电子商务数据分析中，采用差分隐私技术可以在保护用户隐私的同时进行有效的数据挖掘和分析。

3. 零知识证明

零知识证明是一种允许一方证明其拥有某个信息或密钥，而不必透露该信息或密钥本身的技术。在电子商务交易中，零知识证明可用于验证用户的身份或交易的有效性，同时保护用户的隐私不被泄露。

四、数据加密技术

（一）对称加密与非对称加密

1. 对称加密

对称加密，又称"私钥加密"，是指加密和解密使用相同密钥的加密算法。其特点是加密速度快、效率高，但密钥管理和分发较为困难，且存在密钥被窃取的风险。在电子商务中，对称加密常用于大量数据的加密传输，如SSL/TLS协议中即采用了对称加密技术保护数据传输的安全。

对称加密的步骤见表2-5。

表2-5 对称加密的步骤

步骤	步骤名称	步骤说明
1	生成密钥	发送方和接收方通过安全的方式生成并共享一个密钥
2	加密数据	发送方使用共享的密钥，通过加密算法［如高级加密标准（AES）］加密明文数据
3	传输数据	发送方将加密后的密文发送给接收方
4	解密数据	接收方收到密文后，使用相同的密钥和解密算法还原为明文数据

2. 非对称加密

非对称加密，又称"公钥加密"，是指加密和解密使用不同密钥的加密算法。公钥用于加密数据，私钥用于解密数据。非对称加密的密钥管理相对简单，安全性高，但加密速度较慢。在电子商务中，非对称加密常用于数字签名、密钥交换等场景，如数字证书中就包含了公钥信息，用于验证身份和保证信息传输的安全性。

非对称加密的步骤见表2-6。

表2-6 非对称加密的步骤

步骤	步骤名称	步骤说明
1	生成密钥对	接收方使用特定的算法生成一对公钥和私钥，私钥保密，公钥公开
2	加密数据	发送方获取接收方的公钥，并使用公钥将明文数据加密成密文
3	传输数据	发送方将加密后的密文发送给接收方
4	解密数据	接收方收到密文后，使用自己的私钥进行解密，还原为明文数据

3. 对称加密与非对称加密的比较

对称加密与非对称加密各有优缺点，适用于不同场景。对称加密适用于大量数据的加密传输，但密钥管理困难；非对称加密则适用于密钥交换、数字签名等场景，但加密速度较慢。在实际应用中，往往将两者结合使用，以提高安全性和效率。

（二）数字签名与身份验证

1. 数字签名的概念与应用

数字签名是一种用于验证信息完整性和来源真实性的技术手段。发送方使用私钥对信息进行加密生成数字签名，接收方使用发送方的公钥进行解密验证。如果解密成功，则说明信息未被篡改，且确实来自发送方。数字签名在电子商务中用于确保交易信息的真实性和完整性。

数字签名在电子商务中的应用场景广泛,包括但不限于订单、付款、物流等环节的认证和验证,以及文件传输中的身份认证和文件完整性保护。在电子签名、电子合同等场景中,数字签名也发挥着关键作用,能确保签署方的身份真实性和签署时间的真实性。

2. 身份验证的概念与应用

身份验证是确认用户身份的过程,确保用户具备访问或使用特定资源的权限。在电子商务中,常见的身份验证方式包括用户名/密码验证、手机验证码验证、生物特征识别等。身份验证对于保护用户隐私、防止未经授权的访问和交易至关重要。

身份验证在电子商务中同样扮演着不可或缺的角色。在用户注册和登录过程中,数字身份验证的应用可确保用户的身份真实准确。同时,它也在在线支付环节发挥着重要作用,保障支付过程的安全性。

3. 如何确保交易的安全性

(1) 数字签名通过保证报文鉴别、报文的完整性和不可否认性确保交易的安全性。报文鉴别意味着接收者能够核实发送者对报文的签名,确保发送者的身份真实;报文的完整性则意味着接收者不能伪造对报文的签名或更改报文内容,防止数据被篡改;不可否认性是指发送者事后不能抵赖对报文的签名,保证交易的诚信。数字签名技术通过实现数据的完整性、私有性和不可抵赖性有效防止了欺诈行为的发生。

(2) 身份验证机制,如双因素认证、短信验证码等,增强了交易的安全性。这些机制要求用户提供多个层面的证明,进一步验证用户身份,确保只有合法的用户才能进行交易。身份验证机制确保了交易双方身份的可靠性及合法性,防止假冒身份在网上进行交易欺诈;电子商务平台通过建立有效的责任机制,使交易双方不能在事后对自己已经发送或者接收的数据进行否认,进一步防止支付欺诈行为的发生。

【知识拓展2-3】

一、数字签名所需工具

(1) 密钥对生成工具:用于生成公钥和私钥。

(2) 哈希函数:用于将任意长度的数据映射为固定长度的哈希值,如SHA-256。

(3) 数字签名算法:用于生成数字签名,如椭圆曲线数字签名算法(RSA)、非对称加密算法(ECDSA)等。

(4) 安全环境:确保密钥生成和签名过程的安全,防止信息泄露。

二、数字签名完整流程

1. 密钥对生成

(1) 使用密钥对生成工具生成一对公钥和私钥。

(2) 公钥用于验证签名,私钥用于生成签名。

(3) 私钥必须妥善保管,不得泄露。

2. 待签名数据准备

（1）确定需要签名的数据内容，可以是一段文本、一个文件或其他形式的数据。

（2）确保数据的完整性和真实性，避免在签名后被篡改。

3. 数据哈希

（1）使用哈希函数对签名数据进行哈希处理，生成一个固定长度的哈希值。

（2）哈希值用于代表原始数据，确保数据的完整性。

4. 数字签名生成

（1）使用私钥和特定的数字签名算法，对哈希值进行加密处理，生成数字签名。

（2）数字签名与原始数据相关联，用于验证数据的完整性和来源。

5. 签名附加与分发

（1）将数字签名附加到原始数据上，通常以特定的格式或编码方式进行附加。

（2）将附加了签名的数据分发给接收者或其他相关方。

三、数字签名每一步的作用

（1）密钥对生成：确保签名的唯一性和安全性，私钥用于生成签名，公钥用于验证签名。

（2）待签名数据准备：明确需要保护的数据内容，确保签名的针对性。

（3）数据哈希：通过哈希处理，将任意长度的数据转换为固定长度的哈希值，便于签名生成和验证。

（4）数字签名生成：利用私钥对哈希值进行加密，生成具有唯一性和不可伪造的数字签名。

（5）签名附加与分发：将签名附加到原始数据上，确保签名的完整性和关联性；通过分发，使接收者能够验证数据的完整性和来源。

四、数字签名特别注意事项

（1）私钥安全：私钥是生成签名的关键，必须妥善保管，防止泄露或被盗用。

（2）算法选择：根据实际需求和安全要求选择合适的哈希函数和数字签名算法。

（3）签名验证：接收者在收到数据后，应使用公钥对签名进行验证，确保数据的完整性和来源的真实性。

（4）防止重放攻击：在某些场景下，可能需要加入时间戳或其他机制防止重放攻击。

（5）法律合规性：在某些地区或行业，使用数字签名可能需要遵守相关法律法规或行业标准。

【阅读和思考 2-3】

数据加密技术在电子商务中的应用

在信息化时代，随着电子商务的飞速发展，数据加密技术已成为保障交易安全不可或缺的一环。数据加密通过一系列复杂的算法，将明文信息转化为无法直接读取的密文形式，只有掌握相应密钥的合法用户才能将其解密，从而保证信息的机密性、完整性和可用性。

以在线支付系统为例，数据加密技术的应用至关重要。在交易过程中，对于用户的信用卡信息、支付密码等敏感数据，需要进行严格保护，防止被黑客窃取或篡改。为此，大多数电子商务平台采用 SSL 协议，通过公钥和私钥的加密解密机制，在客户端和服务器之间建立起一个加密通道，确保传输的数据不被第三方截获或篡改。

除了在线支付，数据加密技术还广泛应用于电子商务平台的用户身份验证、订单信息传递、物流信息跟踪等多个环节。在用户注册和登录时，电子商务平台通常会采用哈希算法对用户密码进行加密存储，避免明文密码泄露的风险。在订单信息传递过程中，平台会使用加密算法对订单详情进行加密，确保只有指定的接收方才能解密并处理这些信息。而在物流信息跟踪方面，通过加密技术可以保护货物的实时位置、运输状态等敏感信息，防止不法分子利用这些信息进行恶意行为。

数据加密技术的应用，不仅提升了电子商务的安全性，也增强了用户的信心。越来越多的用户愿意在数字加密技术保护下的电子商务平台上进行购物和交易，推动了电子商务行业的健康发展。

思考：

1. 举例说明在电子商务环境中，除了在线支付和用户身份验证外，还有哪些环节可以应用数据加密技术。
2. 简述数据加密技术在电子商务应用中面临的主要挑战，并提出相应对策。
3. 随着量子计算技术的发展，传统加密方法可能会受到威胁。你认为未来电子商务中数据加密技术的发展趋势是什么，以及如何应对潜在的安全风险？

【任务实施 2-3】

1. 了解对称加密与非对称加密的原理及应用场景，能够根据实际情况选择合适的加密方法。
2. 学习数字签名与身份验证技术，确保电子商务交易中的信息安全和身份可信。
3. 认识数据篡改与破坏的可能性及其对电子商务的影响，学习制定相应的防范策略。
4. 探究恶意软件与攻击手段对电子商务系统的威胁，并学会基本的防御方法。

【任务考核 2-3】

项　目	注明时间点及数据来源	权　重（%）	分　值
模拟实施隐私保护技术		10	
制定隐私保护政策与用户协议		20	
应用数据加密技术的能力		20	
电商安全分析、判断		20	
电商安全解决问题的能力		30	
评　分		100	

项目小结

本项目深入探讨了电子商务的技术基础，涵盖了互联网技术概述、电子商务领域的关键信息技术，以及数据安全与隐私保护等内容。

任务 1 介绍互联网的基本构成、发展历程及其在电子商务中的应用。互联网作为一个全球性的信息交互平台，为电子商务提供了前所未有的便利。通过互联网，商家可以轻松地展示商品、接收订单、完成支付，并与客户保持即时沟通。这种跨地域、跨时间的交易方式大大提高了商业活动的效率和便捷性。

任务2重点关注了对电子商务活动至关重要的技术，如电子支付系统、物流跟踪技术、大数据分析技术等。电子支付系统的便捷性和安全性是电子商务交易顺畅进行的关键。物流跟踪技术的运用确保了商品能够快速、准确地送达消费者手中。大数据分析技术有助于商家更好地了解市场需求，优化商品策略，提升用户体验。

任务3所述数据安全与隐私保护是电子商务中不可或缺的一环。在网络交易中，保护用户的个人信息和交易数据免遭泄露及滥用至关重要。通过加密技术、防火墙、身份验证等多种手段可以确保数据的安全。同时，强调了隐私政策的重要性，以确保用户的隐私权得到充分的尊重和保护。

综上所述，电子商务技术是电子商务活动不可或缺的支撑。这些技术不仅保障了电子商务的高效运作，还为消费者提供了更安全、更便捷的购物体验。随着技术的不断进步和创新，相信未来的电子商务将更加智能化、个性化，能更好地满足消费者的需求。

项目作业

一、单项选择题

1. 下列选项中不属于互联网技术核心功能的是（　　）。
   A. 数据传输　　　　　　　　　　　B. 资源共享
   C. 分布式处理　　　　　　　　　　D. 实体销售

2. 下列选项不属于电子商务中使用的关键信息技术的是（　　）。
   A. 电子支付系统　　　　　　　　　B. 物流跟踪技术
   C. 数据加密技术　　　　　　　　　D. 手工艺品制作

3. 数据安全的主要目的是（　　）。
   A. 提高数据处理速度　　　　　　　B. 保护数据不被未授权访问和修改
   C. 增加数据存储容量　　　　　　　D. 提升网络带宽

4. 在电子商务中，隐私保护主要关注的是（　　）。
   A. 商品价格　　　　　　　　　　　B. 物流配送
   C. 个人信息的收集和使用　　　　　D. 网站的设计风格

5. 在电子商务中，可以确保交易信息完整性和真实性的是（　　）。
   A. 数字签名　　　　　　　　　　　B. 语音识别
   C. 图像识别　　　　　　　　　　　D. 虚拟现实

6. 防火墙的主要作用是（　　）。
   A. 加速网络浏览　　　　　　　　　B. 监控网络流量
   C. 防止未经授权的访问　　　　　　D. 提高网络下载速度

7. 下列选项不属于电子商务中数据加密技术作用的是（　　）。
   A. 保证数据机密性　　　　　　　　B. 保证数据完整性
   C. 提升数据传输速度　　　　　　　D. 实现数据的不可否认性

二、简答题

1. 简述互联网技术对电子商务的影响。
2. 电子商务领域的关键信息技术有哪些？其作用各是什么？列举至少 3 项。
3. 举例说明数据安全与隐私保护在电子商务中的重要性。
4. 简述数据加密技术在保障电子商务交易安全中的应用。
5. 你对电子商务中通过技术手段确保用户隐私安全有何建议？

第二篇
电子商务模式与平台

项目 3　B2C 电子商务模式

【项目导读】

在数字化时代，B2C 电子商务已成为人们日常生活中不可或缺的一部分。从在线购物到数字娱乐内容的消费，B2C 电子商务模式为用户提供了极大的便利和丰富的选择。本项目将深入探讨 B2C 电子商务模式的特点与优势、典型 B2C 电子商务平台案例分析，以及 B2C 电子商务模式的营销策略，从而全面解读 B2C 电子商务的运作机制和当下的市场动态。

【技能目标】

1. 能够结合典型案例理解 B2C 电商平台的营销策略。
2. 能够针对 B2C 电子商务模式设计和提出有效的营销策略。

【知识目标】

1. 掌握 B2C 电子商务模式的定义、特点、发展历程和优势。
2. 了解典型 B2C 电商平台的发展历程、业务模式和成功经验。
3. 掌握 B2C 电子商务模式的营销策略。

【思政素质目标】

1. 培养学生对电子商务行业的正确认识，理解其在现代经济社会中的重要作用。
2. 提升学生的创新意识和实践能力，鼓励学生关注市场动态，积极应对挑战。
3. 引导学生树立诚信经营、服务社会的商业道德观念。

【引导案例】

亚马逊是全球最大的 B2C 电子商务平台之一。它以一个在线书店起家，如今已发展成一个销售数千万种商品的综合性电商平台。亚马逊的成功得益于其独特的 B2C 电子商务模式和创新的营销策略。例如，亚马逊通过精准的用户画像和大数据分析，为用户提供个性化的购物推荐；同时，亚马逊 Prime 会员制度为其带来了大量的忠实用户。此外，亚马逊还通过不断优化物流配送体系，提高用户购物的便捷性。从中，我们可以看到 B2C 电子商务模式的巨大潜力和市场空间。

任务 1　B2C 电子商务模式的特点与优势

【任务情景】

随着互联网技术的飞速发展，B2C 电子商务模式逐渐成为消费者购物的主要渠道。在此背景下，了解 B2C 电子商务模式的特点与优势对于企业和消费者来说至关重要。本任务旨在深入探讨 B2C 电子商务模式的特点与优势，以便更好地理解和应用这一模式。

【任务分析】

要完成这一任务，我们需要了解 B2C 电子商务模式的定义、发展历程、常见分类等。此外，我们还需要分析 B2C 电子商务模式相较于传统零售模式的优势，以便全面理解其特点和价值。

【知识链接】

一、B2C 电子商务模式的定义与特点

B2C 电子商务模式是指企业直接面向消费者销售产品或服务的商业模式。在这种模式下，企业通过互联网、移动应用程序、社交媒体平台或其他在线渠道与消费者进行交易，而消费者则可以直接从企业购买所需的商品或服务。

B2C 电子商务模式是现代电子商务中最常见和最活跃的形式之一，它极大地改变了传统的购物方式，为消费者和企业带来了便利与效益。其主要有以下几个特点。

1. 交易直接性

B2C 电子商务模式直接连接企业与消费者，省去了传统商业模式中的中间环节，如批发、零售等环节，使得交易过程更直接、更高效。这种直接性有助于降低交易成本，提高交易效率，同时使消费者能够享受到更加优惠的价格。

2. 商品多样性

B2C 电子商务平台通常提供丰富的商品或服务供消费者选择，涵盖各种品类和品牌，满足了消费者多样化的需求。消费者可以在 B2C 电子商务平台上轻松找到所需商品或服务，并进行比较和选择。

3. 交易便捷性

B2C 电子商务平台提供了便捷的购物方式，消费者可以随时随地通过互联网访问平台，进行商品浏览、选择、购买等操作。平台通常支持多种支付方式，如在线支付、货到付款等，使得交易过程更加便捷、灵活。

4. 交互性

B2C 电子商务平台提供了多种交互方式，如在线客服、用户评价等，使消费者能够与企业进行

实时沟通，解决购物过程中的问题。这种交互性有助于增强消费者对企业的信任感和忠诚度，提升企业的品牌形象。

5. 个性化服务

B2C 电子商务平台通过收集和分析消费者数据，为消费者提供个性化的购物体验和推荐服务。根据消费者的购物习惯、偏好等信息，B2C 电子商务平台可以推送符合其需求的商品信息，提高购物满意度。

二、B2C 电子商务模式的发展历程

B2C 电子商务模式的发展历程大致可以分为以下几个阶段。

1. 起步阶段（20 世纪末至 2007 年）

国内最早一批 B2C 电子商务网站出现于 20 世纪末，如 1999 年成立的易趣网，标志着中国当代电子商务的正式起步。随后，8848、当当网等一批 B2C 电子商务网站相继涌现。由于当时电子商务整体配套体系不够完善，消费者对电子商务的理解还不深入，线下商城的网络版——B2C 成了最早试水电子商务的主要形态。在这一阶段，B2C 企业主要通过在线购物网站向消费者提供商品选择和下单功能，实现线上销售。

2. 高速发展阶段（2008—2018 年）

从 2008 年开始，我国 B2C 电子商务模式进入了高速发展阶段。在这一阶段，电商平台开始不断完善功能和提高用户体验，除提供产品购买功能外，还提供商品评价、在线客服、物流配送等增值服务。同时，随着技术的发展和消费者需求的变化，直销式 B2C 电子商务模式逐渐成为主流，成为许多企业的重要销售渠道之一。

3. 新的发展阶段（2019 年至今）

近年来，随着移动互联网的普及和社交媒体的兴起，B2C 电子商务模式进入了新的发展阶段。移动商务成为重要的销售渠道，电商平台开始推出移动端应用，提供随时随地的购物体验。同时，社交电商的崛起也为 B2C 电子商务模式带来了新的发展机遇。社交电商以社交网络为基础，整合了社交关系和电商交易，通过用户间的口碑传播和社交共享，实现了更高效的商品推广和销售。

三、B2C 电子商务模式的优势

相较于传统的零售模式，B2C 电子商务模式具有多方面的优势。

1. 降低交易成本

B2C 电子商务模式省去了中间环节，降低了交易成本，使消费者能够享受到更加优惠的价格。对于企业来说，降低了运营成本，提高了盈利能力。

2. 提高交易效率

B2C 电子商务模式通过互联网技术实现了交易过程的自动化和智能化，提高了交易效率。消费者可以快速找到所需商品并完成购买过程，节省了时间和精力。

3. 扩大市场范围

B2C 电子商务平台通过互联网打破了地域限制，使企业可以将商品和服务销售到全国乃至全球。这有助于企业扩大市场范围，提高品牌知名度和市场份额。

4. 提升消费者体验

B2C 电子商务平台提供了便捷、多样化的购物方式，满足了消费者的个性化需求。通过交互性强的服务和个性化的推荐，B2C 电子商务平台能够提升消费者的购物体验和满意度。

5. 增强企业竞争力

B2C 电子商务模式使企业能够直接面对消费者，了解消费者的需求和反馈。企业可以根据消费者反馈及时调整产品和服务策略，提高产品质量和服务水平，从而增强企业的竞争力。

四、B2C 电子商务模式常见分类

（一）按照企业与消费者关系分类

按照企业与消费者关系，B2C 电子商务模式可分为卖方企业对买方个人模式、买方企业对卖方个人模式。

1. 卖方企业对买方个人模式

卖方企业对买方个人模式是最典型的 B2C 电子商务模式，企业通过互联网平台直接向消费者销售商品或服务。在这种模式下，企业拥有完整的商品供应链和物流配送体系，能够直接满足消费者的个性化需求。例如，京东、天猫等大型电商平台，通过提供丰富的商品选择和便捷的购物体验，吸引了大量消费者。

2. 买方企业对卖方个人模式

买方企业对卖方个人模式在 B2C 电子商务领域较为少见，企业在网上向个人求购商品或服务，如招聘企业人才，个人创作者通过网络平台向企业出售原创作品、设计方案等。这种模式下的交易通常基于个性化、定制化的需求，对于卖方个人来说，需要具备一定的专业技能和创意能力。

（二）按照商品与服务类型分类

按照商品与服务类型，B2C 电子商务模式可分为综合型 B2C 电子商务模式、垂直型 B2C 电子商务模式。

1. 综合型 B2C 电子商务模式

在综合型 B2C 电子商务模式下，电商平台提供多种商品和服务，满足消费者的多样化需求。综合型 B2C 电子商务平台通常拥有庞大的用户群体和丰富的商品资源，能够提供"一站式"的购物体验。例如，亚马逊、天猫等电子商务平台，通过引入第三方商家、开展跨境电子商务等多种方式，实现了商品和服务的多元化。

2. 垂直型 B2C 电子商务模式

与综合型 B2C 电子商务模式不同，垂直型 B2C 电子商务模式专注于某一领域或某一类商品的销售。这种模式下的电子商务平台通常具有较高的专业性和针对性，能够提供更加精细化的商品和服务。例如，聚美优品专注于化妆品销售、当当网专注于图书销售等。

（三）按照交易客体分类

按照交易客体，B2C电子商务模式可分为有形商品和服务的电子商务模式、无形商品和服务的电子商务模式。

1. 有形商品和服务的电子商务模式

在有形商品和服务的电子商务模式下，交易的主要客体是实际存在的、可以触摸和感知的商品和服务。这些商品和服务通常需要通过物流、运输等方式从卖方传递到买方。例如，消费者在网上购买服装、电子产品、家具等，就属于有形商品和服务的电子商务模式。此外，一些提供实际服务（如家政服务、汽车维修等）的电子商务平台也属于这一类别。

有形商品和服务的电子商务模式的特点在于，交易客体具有明确的物理形态和实体价值，消费者可以通过实际接触和使用评估其质量与价值。因此，在这种模式下，商品和服务的描述、展示、物流配送等都非常重要，以确保消费者能够准确理解并满意其购买的商品和服务。

2. 无形商品和服务的电子商务模式

在无形商品和服务的电子商务模式下，交易的主要客体是虚拟的、无形的商品和服务。这些商品和服务通常是通过互联网进行传输和交付的，如电子书、软件、在线课程、音乐、电影等。此外，一些提供信息服务、咨询服务等无形服务的电子商务平台也属于这一类别。

无形商品和服务的电子商务模式的特点在于，交易客体具有高度的数字化和虚拟化特征，消费者无法直接触摸和感知其物理形态。因此，在这种模式下，商品和服务的描述、展示、版权保护等都非常重要，以确保消费者能够准确理解并满意其购买的商品和服务，同时保护卖方的知识产权和合法权益。

（四）按照交易方式分类

按照交易方式，B2C电子商务模式可分为自主交易型B2C电子商务模式、团购型B2C电子商务模式。

1. 自主交易型B2C电子商务模式

在自主交易型B2C电子商务模式下，消费者通过电子商务平台自主选择商品、下单支付，并等待物流配送。自主交易型B2C电子商务平台通常提供完善的商品信息、价格比较、用户评价等功能，帮助消费者做出购买决策。例如，京东、天猫等电子商务平台都采用了这种模式。

2. 团购型B2C电子商务模式

团购型B2C电子商务模式通过组织消费者集体购买某一商品或服务，获取更低的价格和更好的服务。这种模式下的交易通常具有一定的时间限制和数量限制，能够激发消费者的购买欲望和参与度。例如，美团、糯米等团购平台就是典型的团购型B2C电子商务模式。

（五）按照平台运营模式分类

按照平台运营模式，B2C电子商务模式可分为自营型B2C电子商务模式、开放平台型B2C电子商务模式。

1. 自营型 B2C 电子商务模式

自营型 B2C 电子商务平台由企业自己负责商品的采购、销售、物流配送等全链条运营。这种模式下的平台通常具有较高的品质保证和售后服务能力，但仍需要承担较高的运营成本。例如，京东自营、苏宁易购等平台就是典型的自营型 B2C 电子商务模式。

2. 开放平台型 B2C 电子商务模式

开放平台型 B2C 电子商务平台允许第三方商家入驻并销售商品或服务。这种模式下的平台通过引入多个商家，实现商品和服务的多样化、个性化，同时降低自身的运营成本和风险。例如，淘宝、天猫等平台就采用了开放平台型 B2C 电子商务模式。

综上所述，B2C 电子商务模式按照不同要素进行分类，可以揭示其内在的多样性和复杂性。各类模式在特点、应用场景及其在行业中的位置各不相同，但都以满足消费者需求、提高交易效率为目标。随着技术的不断发展和市场的不断变化，B2C 电子商务模式将不断创新和完善。

五、B2C 电子商务模式交易流程

（一）B2C 网上购物流程

B2C 网上购物流程如图 3-1 所示。

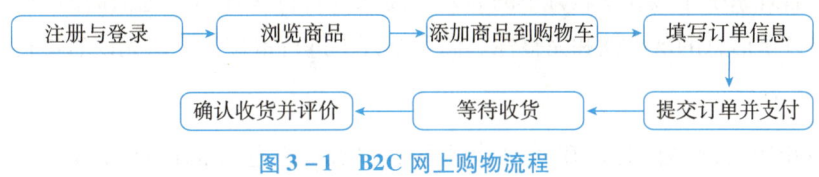

图 3-1　B2C 网上购物流程

1. 注册与登录

消费者访问 B2C 网上商城，选择注册或登录。填写必要信息（如用户名、密码、邮箱等）完成注册或登录。

2. 浏览商品

消费者在网站内浏览各类商品，查看商品详情、价格、评价等信息。

3. 添加商品到购物车

消费者将感兴趣的商品添加到购物车中，可以修改数量或继续浏览其他商品。

4. 填写订单信息

消费者进入结算页面，填写收货地址、联系方式等订单信息。

5. 提交订单并支付

消费者确认订单信息无误后，提交订单并进行支付。根据平台提供的支付方式，消费者可以选择在线支付（如支付宝、微信支付、银行卡支付等）或货到付款等方式完成支付。

6. 等待收货

支付成功后，消费者等待商家发货并跟踪物流信息。商家会按照订单信息进行备货、包装和

发货。

7. 确认收货并评价

消费者收到商品后进行验收并确认收货。如果对商品满意，则可以在平台上对商品进行评价和反馈。

（二）B2C 后台管理流程

B2C 后台管理流程如图 3-2 所示。

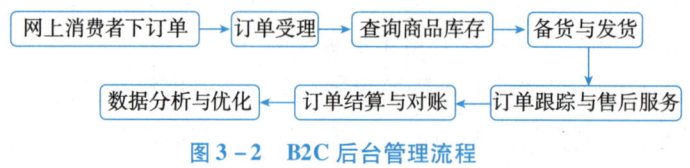

图 3-2　B2C 后台管理流程

1. 网上消费者下订单

消费者在 B2C 电子商务平台上选择商品，填写订单信息（如收货地址、联系方式等），并选择支付方式完成支付。系统自动记录订单信息，并生成订单号。

2. 订单受理

商家在后台管理系统中接收到新订单的通知。商家查看订单详情，包括商品信息、收货地址、支付方式等，确保订单信息的准确性和完整性。商家对订单进行审核，确认无误后进行下一步处理。

3. 查询商品库存

商家根据订单中的商品信息，在后台管理系统中查询对应商品的库存数量。如果商品库存充足，则进入备货发货流程；如果库存不足，则可能需要与客户联系确认是否等待发货、更换商品或取消订单。

4. 备货与发货

商家根据订单信息准备商品并进行包装和打标。商家选择合适的物流公司，并打印物流面单，将商品交给物流公司进行配送。商家在后台管理系统中录入物流信息，以便客户查询物流状态。

5. 订单跟踪与售后服务

商家可以通过后台管理系统跟踪订单的物流状态，确保商品能够按时送到客户手中。当客户在收到商品后遇到问题（如商品损坏、数量不符等）时，商家需要提供相应的售后服务，如退换货、维修等。

6. 订单结算与对账

订单完成后，商家需要在后台管理系统中进行订单结算，包括计算订单金额、扣除相关费用（如运费、折扣等）及生成结算单等。商家还需要与支付平台、物流公司等进行对账，确保订单金额和物流费用的准确性。

7. 数据分析与优化

商家可以通过后台管理系统查看销售数据、用户行为数据等，进行数据分析以优化运营策略。根据数据分析结果，商家可以调整商品策略、推广策略等，提高销售效率和客户满意度。

以上所述是一个典型的 B2C 后台管理流程，不同电子商务平台的实际操作流程可能会有所不同。

六、B2C 的主要盈利模式

1. 网络广告收益模式

在网络广告收益模式下，B2C 电子商务平台通过在网站上展示广告获得收入。这些广告可能是横幅广告、弹出式广告、视频广告等，通常由广告主支付费用以在平台上展示他们的产品或服务。随着网站流量增加，广告收入也会相应增长。这种模式依赖网站的访问量和用户参与度。为了增加广告收入，B2C 电子商务平台需要持续优化用户体验，提高用户满意度和忠诚度，从而吸引更多的广告主。

2. 商品销售营业收入模式

商品销售营业收入模式是 B2C 电子商务平台最直接的盈利模式。B2C 电子商务平台从供应商处购买商品，然后将其销售给消费者，从中获取差价利润。为了提高销售额和利润，B2C 电子商务平台需要关注市场趋势和消费者需求，不断优化商品选择和定价策略。同时，B2C 电子商务平台还需要提供优质的客户服务，以确保客户满意度和忠诚度。

3. 出租虚拟店铺和提供服务收费模式

在出租虚拟店铺和提供服务收费模式下，B2C 电子商务平台为第三方卖家提供虚拟店铺的租赁服务，并收取一定的费用。这些费用可能包括店铺租金、交易佣金等。此外，B2C 电子商务平台还可能为卖家提供各种增值服务，如店铺装修、营销推广等，并收取相应的服务费用。这种模式有助于平台吸引更多第三方卖家入驻，丰富商品种类，提高销售额和利润。

4. 网站的间接收益模式

在网站的间接收益模式下，B2C 电子商务平台通过一些间接方式获得收入。例如，通过用户数据的收集和分析，B2C 电子商务平台可以为其他企业提供市场调研、用户画像等服务，并收取费用。另外，B2C 电子商务平台还可以与金融机构合作，为消费者提供电子支付、融资、保险等金融服务，并从中获得一定的利润分成。这些间接收益模式有助于 B2C 电子商务平台拓展业务范围，提高盈利能力。

【知识拓展 3-1】

B2C 电子商务模式正日益显现出与移动互联网紧密结合的发展趋势。随着智能手机的普及和网络技术的发展，有越来越多的消费者选择使用手机进行网购。这不仅为消费者提供了随时随地的购物便利，还使商家能够通过 App 推送、移动支付等手段，更精准地触达用户，实现个性化营销。

智能化技术的应用正在推动 B2C 电子商务模式的发展。借助大数据、人工智能等技术，电商平台可以对用户的消费习惯进行深度分析，从而为用户提供更加精准的商品推荐和购物体验。此外，智能物流、智能客服等技术的应用，也在不断提升服务效率，满足消费者对购物速度和质量的更高要求。

社交电商的兴起是 B2C 电子商务模式的又一重要发展趋势。社交媒体的普及使用户之间的信息分享和传播变得更加迅速和广泛。电子商务平台通过与社交媒体的合作，或者开发自有的社交功能，能够让用户在购物的同时进行社交分享，从而吸引更多潜在消费者，实现销售额的快速增长。

这些发展趋势为 B2C 电子商务模式带来了巨大的发展机遇，同时也带来了一些挑战。如何保护用户隐私、确保数据安全、提升服务质量等，都是 B2C 电子商务平台需要面对和解决的问题。总的来说，B2C 电子商务模式在移动互联网、智能化技术和社交电商的推动下，正朝着更加便捷、智能和社交化的方向发展。

【阅读和思考 3-1】

传统零售企业的 B2C 电子商务模式转型

近年来，越来越多的传统零售企业开始尝试向 B2C 电子商务模式转型。这些企业通过搭建线上平台、优化物流配送等方式，努力提升消费者购物体验。然而，在转型过程中，这些企业也面临着诸多挑战，如线上线下融合、供应链管理、客户服务等。

思考：
1. 传统零售企业向 B2C 电子商务模式转型的动因是什么？
2. 在转型过程中，这些企业可能面临哪些挑战？应如何应对这些挑战？

【任务实施 3-1】
解释 B2C 电子商务模式的每个特点是如何为消费者和企业带来价值的。

【任务考核 3-1】

考核项目	消费者	企 业	权 重（%）	分 值
交易直接性			20	
商品多样性			20	
交易便捷性			20	
交互性			20	
个性化服务			20	
评 分			100	

任务 2　典型 B2C 电子商务平台案例分析

【任务情景】

在 B2C 电子商务领域，有许多成功的平台案例值得我们学习和借鉴。本任务将选取天猫、京东、唯品会三个典型的 B2C 电子商务平台进行深入分析，旨在了解其业务模式、核心优势等，并对其他企业或创业者提供有益的参考。

【任务分析】

为了完成这一任务，我们需要选择具有代表性的 B2C 电子商务平台作为分析对象。通过对这些平台的概况、发展历程、业务模式、市场定位、核心优势、近年来发展情况等进行深入研究，我们可以总结出其成功的关键因素和值得借鉴的经验。

【知识链接】

一、天猫

（一）平台概况

天猫，作为阿里巴巴集团旗下的综合性B2C电子商务平台，自2008年4月成立以来，凭借独特的商业模式和卓越的服务质量，迅速崛起并成为中国电子商务市场的领军企业。天猫平台整合了数以万计的品牌商、生产商和零售商，为消费者提供"一站式"的购物体验。平台商品涵盖服饰、美妆、家居、数码、食品等各个品类，满足了消费者多样化的购物需求。

（二）发展历程

1. 初创期

天猫原名"淘宝商城"，起源于淘宝网，最初是淘宝网的一个频道。随着市场的不断变化和消费者需求的升级，淘宝商城在2012年正式更名为"天猫"，标志着其从一个频道发展成为一个独立的综合性购物网站。

2. 发展扩张

更名后的天猫迅速扩张，不仅整合了数千家品牌商和生产商，还为消费者提供了更丰富的商品和更高品质的服务。在短短几年内，天猫就凭借强大的品牌影响力和市场份额，成为中国电商领域的领头羊。

3. 国际化发展

为了满足消费者对海外商品的需求，天猫在2014年推出了天猫国际，为消费者直供海外原装进口商品。这一举措不仅丰富了天猫的商品种类，也进一步提升了天猫的市场竞争力。

4. 业务升级与整合

随着市场的不断变化和消费者需求的升级，天猫也在不断进行业务升级和整合。例如，2018年，天猫升级为"大天猫"，形成了天猫事业群、天猫超市事业群、天猫进出口事业部三大板块，以更好地满足消费者的多样化需求。

（三）业务模式

天猫主要采用B2C电子商务模式，作为网络销售平台，连接了数千家品牌商和生产商，为消费者提供"一站式"购物解决方案。消费者可以在天猫上购买到各种品类的商品，并享受到优质的售后服务。同时，天猫还为商家提供了完善的销售和推广渠道，帮助他们扩大市场份额和提升品牌影响力。

（四）市场定位

天猫的市场定位主要是中高端市场，致力于为消费者提供高品质的商品和服务。同时，天猫也在积极拓展下沉市场，以满足更广泛消费者的需求。这种双重市场定位策略使天猫能够覆盖更广泛的消费者群体，进一步提升市场份额。

（五）核心优势

1. 品牌影响力和用户基础

天猫作为阿里巴巴旗下的电商平台，拥有阿里巴巴集团强大的品牌影响力和用户基础。阿里巴巴集团在中国乃至全球电商领域有着极高的知名度和信誉度，这为天猫平台带来了大量的潜在用户和商家。同时，天猫通过多年的运营和发展，已经积累了庞大的用户群体，形成了稳定的用户基础。

2. 严格的商家入驻审核机制

天猫对商家的入驻有着严格的审核机制，确保入驻商家具备一定的品牌影响力和商品质量保障能力。这一机制不仅保障了平台商品的品质，也提升了消费者对平台的信任度。只有经过严格筛选的商家才能入驻天猫，为消费者提供高品质的商品和服务。

3. 丰富的商品和品质保障

天猫平台涵盖了服饰、家居、数码、美妆等众多品类，消费者可以在这里找到几乎所有需要的商品。同时，天猫注重商品的品质保障，通过严格的品质控制和售后保障措施，确保消费者购买的商品都是高品质、有保障的。这为消费者提供了更加安全、可靠的购物环境。

4. 完善的物流配送体系

天猫与多家物流公司合作，建立了完善的物流配送体系。商家可以选择使用天猫的物流服务，将商品快速、准确地送达消费者手中。天猫还提供了多种配送方式供消费者选择，如普通快递、次日达、当日达等，以满足不同消费者的需求。此外，天猫还不断提升物流配送效率和服务质量，以及消费者的购物体验。

5. 优质的售后服务

天猫平台注重售后服务质量，为消费者提供了多种售后保障措施。如7天无理由退货、假一赔十、质量问题包退包换等。这些保障措施让消费者在购物过程中更加放心、安心。同时，天猫平台还建立了完善的客服体系，为消费者提供及时、专业的咨询和解决方案。

6. 多元化的营销活动与用户体验

天猫平台经常举办各种营销活动，如"双11""6·18"等，为消费者提供极大的优惠和福利。这些活动不仅吸引了大量消费者的关注和参与，也提高了平台的曝光度和知名度。此外，天猫平台还注重用户体验的优化，通过不断改进网站界面和功能、引入新的购物方式等，提升消费者的购物体验和满意度。

（六）近年来发展情况

近年来，天猫持续发展壮大，在商品种类、入驻商家数量、市场份额、活跃用户数量、88VIP会员数量等方面都取得了显著成绩。相关数据显示，天猫新入驻商家数量同比增长迅速，尤其是热门行业如健康养生、家装家居、消费电子等。天猫88VIP会员数量也呈现出快速增长的态势，从2022年的2000万个增长到2023年的3200万个。这些高忠诚度和购买力的会员为天猫带来了稳定的收入和增长动力。此外，天猫还积极拓展国际市场，通过天猫国际为消费者提供更多海外原装进口商品。

天猫不断创新和优化业务模式,以适应市场变化和满足消费者需求。天猫积极探索新的业务模式,如跨境电商、直播带货等,以吸引更多年轻消费者关注并购买商品;天猫推出了"猫享"业务,新开拓了包括美妆、3C 数码、家电、运动户外、奢侈品等多种品类,致力于打造自营的精品店。此外,天猫还加大了对内容电商的投入力度,通过新增百亿现金、千亿流量投入等方式,推动内容电商的发展并扩大用户规模。

二、京东商城

(一) 平台概况

京东商城,简称"京东",是中国最大的自营式电商企业。京东成立于 1998 年,最初是一个代理销售光磁产品的公司。随着互联网的兴起,京东逐渐转型为一家专注于电子商务的公司,现已成为中国电子商务领域的佼佼者。京东以全品类商品、高品质服务及高效的物流配送体系而著名,吸引了数亿注册用户,是中国消费者首选的购物平台之一。

(二) 发展历程

1. 初创与电子产品销售(1998—2006 年)

京东的前身是京东多媒体,最初主要销售电子产品,如光磁产品。随着网络的发展,京东开始尝试线上销售,并于 2004 年正式转型为电子商务平台。

2. 扩展产品线与物流建设(2007—2013 年)

2007 年,京东开始转型为自营电商,产品线从电子产品扩展到家电、生活用品等多个品类。同时,京东开始自建仓库和物流系统,大大提高了商品质量和快递速度。

3. 上市、国际化与多元化发展(2014 年至今)

2014 年,京东在美国纳斯达克证券交易所上市,进一步提升了品牌的知名度和影响力。上市后,京东继续加强物流体系建设、丰富产品线,并开始向国际市场拓展。随后,京东不断加强在电子商务、物流和金融等领域的布局。

(三) 业务模式

京东主要采用 B2C 电子商务模式,即企业对消费者的电子商务模式。京东作为平台提供商,一方面直接从供应商处采购商品,进行自营销售;另一方面允许第三方商家入驻,共同为消费者提供服务。这种混合模式使京东能够提供更加多元化的商品和服务,满足不同消费者的需求。此外,京东还发展了多种业务模式,如 C2C 电子商务模式的拍拍网、B2B 电子商务模式的企业购等,形成了全方位的电子商务生态圈。

(四) 市场定位

京东的市场定位是"中国最大的电脑、数码、通信、家用电器产品网上购物商城"。它致力于为消费者提供全品类、高品质的商品和服务,特别注重商品品质和物流速度。通过与众多知名品牌合作,京东不断提升商品品质和服务水平,以满足消费者对高品质生活的追求。同时,京东积极拓展下沉市场,通过提供更具性价比的商品和服务,吸引更广泛的消费者群体。

（五）核心优势

1. 强大的供应链整合能力

京东的供应链整合能力是其核心竞争力的重要组成部分。京东通过自建物流和仓储系统，实现了对供应链的深度掌控和优化。这使京东能够更准确地预测市场需求，优化库存管理，提高商品周转率，降低运营成本。同时，京东与全球数万家优质品牌和供应商建立了合作关系，确保了商品的品质和多样性，为消费者提供了更多选择。

2. 自建的物流和仓储系统

京东拥有全球最大的自建物流和仓储系统，覆盖全国99%以上的人口和地区。这一优势使京东能够提供快速、准确、可靠的配送服务，满足消费者对速度和效率的追求。同时，京东还利用无人机、无人车、无人仓等智能技术提升物流效率和降低成本，进一步巩固了其在物流领域的领先地位。

3. 丰富的商品种类和优质的品牌资源

京东平台上的商品种类非常丰富，涵盖了消费者日常所需的各类商品。无论是家电、数码、母婴、家居还是图书等品类，京东都能提供丰富多样的选择。同时，京东与全球数万家优质品牌和供应商建立了合作关系，为消费者提供了高品质、有保障的商品。这种丰富的商品种类和优质的品牌资源，使消费者能够在京东平台上享受到"一站式"购物的便利和愉悦。

4. 专业的售后服务和用户体验

京东非常注重售后服务和用户体验，建立了全国最大的自营售后服务团队，为消费者提供了上门安装、维修、换货、退货等多种售后服务。同时，京东实现了全程可追溯的售后流程，保障了消费者的权益和满意度。此外，京东还通过不断优化购物流程、提升页面设计、增强互动体验等方式，提升用户的购物体验和满意度。

（六）近年来发展情况

1. 营收与净利润持续增长

近年来，京东的营收和净利润均实现了持续增长。京东财报显示，2023年，京东总营收达到了1.08万亿元，同比增长3.7%；归属于普通股股东的净利润同比增长133%，达242亿元。这一成绩的取得，充分证明了京东在市场竞争中的优势和实力。

2. 第三方商家数量大幅增长

京东近年来加大了对第三方商家的扶持力度，通过降低入驻门槛、优化服务流程等措施，吸引了大量优质商家入驻。京东财报显示，2023年，京东第三方商家数量同比增长188%，一年内新增商家数量同比增长4.3倍。第三方商家数量的大幅增长不仅丰富了京东平台的商品品类，还提升了京东平台的竞争力、增强了用户黏性。

3. 物流体系的创新与升级

物流体系是京东的核心竞争力之一。近年来，京东不断加大对物流技术的投入和创新力度，通过引进先进的物流设备和技术，实现了配送效率和服务质量的显著提升。京东的"211限时达"

"次日达"等快速配送服务,赢得了广大消费者的青睐。同时,京东积极布局海外物流,为全球消费者提供快速、便捷的配送服务。

4. 金融领域布局

京东积极布局金融领域,推出了京东白条等金融产品,为消费者提供更多支付方式和灵活的购物选择。

三、唯品会

(一)平台概况

唯品会,全称"唯品会信息科技有限公司",成立于 2008 年 8 月,总部位于中国广州。作为一家专门做特卖的电商平台,唯品会主营业务为互联网在线销售品牌折扣商品,涵盖名品服饰鞋包、美妆、母婴、家居等各大品类。自上线以来,唯品会一直保持着稳健的发展态势,成为中国电商行业的一股重要力量。

(二)发展历程

1. 创业启航(2008 年)

2008 年 8 月,唯品会在广州正式成立,以"名牌折扣 + 限时抢购 + 正品保障"的创新电商模式切入市场,迅速吸引了追求高性价比品牌商品的消费者的目光,开启了品牌特卖的电商征程。

2. 快速成长(2009—2012 年)

2009 年,唯品会与众多知名品牌达成合作,不断丰富商品品类,涵盖服装、美妆、母婴等多个领域。随着用户量的快速增长,2010 年唯品会销售额突破 10 亿元。2012 年 3 月,唯品会成功在美国纽约证券交易所上市,成为中国华南地区首家在纽交所上市的电子商务企业,标志着公司进入新的发展阶段。

3. 扩张与多元化(2013—2017 年)

上市后的唯品会加大市场拓展力度。2014 年推出"唯品国际",进军跨境电商领域,引入大量海外优质品牌,如兰蔻、雅诗兰黛等知名美妆品牌以及一些欧洲高端童装品牌等。同时,持续优化物流配送体系,建立更多仓储中心、优化配送路线等,提升了用户购物体验。2014 年,唯品会市场份额稳步提升,成为国内领先的特卖电商平台。

2015—2017 年,唯品会积极拓展线下业务,与万达等知名商场合作,在全国多个城市开设线下体验店,实现线上线下融合发展。2015 年全年总营收 402 亿元人民币,同比增长 74%;2016 年全年总营收 565.9 亿元人民币,同比大涨 40.8%,全年活跃用户同比劲增 42%,达到 5210 万;2017 年全年总营收为 729 亿元人民币,同比增长 28.8%。2017 年 12 月 18 日,腾讯控股和京东集团以现金形式向唯品会投资总计约 8.63 亿美元,腾讯和京东成为唯品会重要战略股东,为其在电商行业确立了战略地位。

4. 深化变革与创新(2018 年至今)

自 2017 年底腾讯和京东成为唯品会重要战略股东后,三方在流量、供应链等方面展开深度合作。在流量上,腾讯为唯品会提供多渠道流量入口,显著提升用户访问量;在供应链方面,京东与唯品会共享部分仓储和物流资源，优化采购和配送流程，降低运营成本。唯品会进一步优化商品推荐算法，基于大数据分析用户购物习惯和偏好，提升用户个性化购物体验。

近年来，唯品会聚焦品质升级，加强与爱马仕、LV等高端品牌合作，同时发力直播电商等新兴业务，通过邀请知名主播带货、举办品牌专场直播等，吸引大量用户参与，取得显著销售业绩。唯品会不断探索电商发展新路径，持续巩固在电商行业的地位。

（三）业务模式

唯品会的业务模式主要是"名牌折扣＋限时抢购＋正品保障"的电子商务模式。通过与知名品牌合作，采购大量库存商品，以低于市场价的价格销售给消费者。这种模式既满足了消费者对品牌商品的需求，又为他们提供了高性价比的购物体验。

（四）市场定位

唯品会的市场定位是名牌折扣的网站，主要目标市场为追求时尚潮流、喜欢尝试新品牌的消费者。通过与全球知名品牌商家合作，为消费者提供时尚、品质、实惠的商品。唯品会致力于为消费者提供独特的购物体验，同时激发了消费者的购买欲望。

（五）核心优势

1. 品牌特卖模式

唯品会采用品牌特卖的商业模式，以低至一折起的价格销售品牌商品，吸引了大量追求品质与性价比的消费者。这种独特的销售模式使唯品会在电商市场中脱颖而出，成为消费者购买品牌商品的首选平台。

2. 精选品牌与优质商品

唯品会与众多知名品牌建立了长期稳定的合作关系，严格把控商品品质，确保所售商品均为正品。同时，唯品会买手团队在全球范围内寻找优质的品牌商品和供应商，为消费者提供多样化的购物选择。

3. 限时抢购机制

唯品会采用限时抢购的销售方式，每天推出多个品牌的特卖活动，激发了消费者的购买欲望。这种机制使消费者能够在短时间内享受到更多的实惠，提升了购物体验。

4. 完善的仓储和物流体系

唯品会通过在全国多地设立分公司和仓储中心，引入先进的仓储管理系统和物流技术，确保了商品能够快速、准确地送达消费者手中。

5. 精准的市场定位

唯品会专注于中高端消费者市场，提供品质优良、价格实惠的品牌折扣商品，满足了消费者的需求。

（六）近年来发展情况

1. 业务规模持续扩大

近年来，唯品会的业务规模持续扩大，不仅体现在销售额的快速增长上，还体现在用户规模的持续增加和市场份额的稳步提升上。唯品会财报数据显示，唯品会的年度净营收从2022年的1032亿元增长至2023年的1129亿元，同比增长9.4%；同时，2023年的活跃用户数也增长至8740万个，同比增长3.9%。这表明，唯品会在吸引和保留用户方面取得了显著成效，为其业务规模的持续扩大奠定了坚实基础。

2. 商品品类丰富多样

唯品会在商品品类上进行了持续拓展和丰富，除传统的服装、鞋包、美妆等品类外，还增加了家居、母婴、数码等新品类的销售。这些新品类的加入不仅满足了消费者更加多样化的购物需求，也提高了唯品会的市场竞争力。此外，唯品会还注重引入更多高端、优质的品牌商品，以提升平台的品牌形象和吸引力。

3. 营销创新助力增长

唯品会在营销方面进行了持续创新和尝试，除传统的打折促销外，还推出了多种新型营销方式，如"唯品快抢""唯品会日"等。这些新型营销方式不仅激发了消费者的购买欲望，还提高了商品的周转率和库存利用率。此外，唯品会还积极与品牌商进行联合营销、跨界合作等活动，通过资源共享和优势互补实现共赢发展。

4. 物流配送与售后服务升级

唯品会注重提升物流配送和售后服务质量。近年来，唯品会加强了物流配送体系的建设和优化，提高了商品配送速度和效率。同时，唯品会加强了售后服务体系的建设和完善，为消费者提供更加周到、贴心的服务体验。例如，唯品会推出了"闪电退货"服务，让消费者在购物过程中享受到更加便捷、安全的保障。

【知识拓展3-2】

京东在物流领域的优势主要体现在6个方面。

一、全球最大的自建物流体系

京东拥有全球最大的自建物流体系，覆盖了全国大部分城市和地区，确保了京东能够为消费者提供高效、快速的配送服务。与第三方物流相比，京东的自建物流体系能够更直接地掌控配送流程，提高物流效率，减少配送延误的可能性。

二、先进的物流技术

京东在物流领域积极引入和应用先进技术，如大数据分析、云计算、物联网、人工智能等，这些技术极大地提升了物流效率和服务质量。例如，京东通过大数据分析，能够更准确地预测市场需求和库存需求，优化库存管理；通过云计算和物联网技术，实现了对物流信息的实时追踪和监控，提高了物流的透明度和可控性；通过人工智能技术，实现了自动化分拣、配送路径优化等功能，进一步提升了物流效率。

三、高效的配送体系

京东的配送网络遍布全国，形成了高效的配送体系。京东通过在全国范围内建立多个配送中心和仓储中心，实现了对商品的快速分发和配送。同时，京东根据市场需求和消费者分布，不断优化配送网络，提高配送效率和服务质量。此外，京东还通过引入无人机、无人车等智能配送设备，进一步提升了配送效率，降低了成本。

四、严格的物流标准和质量控制体系

京东在物流领域建立了严格的物流标准和质量控制体系，确保物流过程的安全、准确和可靠。京东对配送员进行严格的培训和考核，确保他们具备专业的配送技能和良好的服务态度。同时，京东建立了完善的物流信息系统，实现了对物流信息的实时追踪和监控，确保了物流过程的透明度和可控性。此外，京东还建立了完善的售后服务体系，为消费者提供快速、准确的售后服务支持。

五、强大的物流资源和合作伙伴支持

京东拥有强大的物流资源和合作伙伴支持。京东与国内外多家知名物流公司建立了战略合作关系，共同打造高效、稳定的物流体系。同时，京东积极与供应商、品牌商等合作伙伴建立紧密的合作关系，共同优化供应链管理，提高物流效率和服务质量。

六、持续的创新和投入

京东在物流领域持续进行创新和投入，不断探索新的物流模式和技术应用。例如，京东推出了无人仓、无人车等智能物流项目，通过引入先进的自动化设备和人工智能技术，实现了对物流过程的智能化管理和控制。这些创新项目不仅提高了物流效率和服务质量，还为消费者带来了更加便捷、快速的购物体验。

【阅读和思考 3-2】

亚马逊 B2C 电子商务平台

一、平台概况

亚马逊作为全球知名的 B2C 电子商务平台，于 1994 年在美国华盛顿州西雅图市创立。最初，亚马逊只是一家在线书店，但随着时间的推移，它已发展成为一个综合性的全球电商巨头，销售图书、电子产品、家居用品、服饰等各类商品。如今，亚马逊不仅提供在线购物服务，还拓展了电子书阅读器 Kindle、音乐流媒体、云计算服务等多项业务。

二、发展历程

1. 初创期（1994—1999 年）

1994 年 7 月 5 日，亚马逊由杰夫·贝索斯创立，最初为在线书店 Cadabra，后更名为"亚马逊"。1997 年 5 月 15 日，亚马逊在纳斯达克上市。这一时期，亚马逊开始扩大产品线，逐渐添加了音乐、电影等商品。

2. 多元化发展（2000—2009 年）

2002 年，亚马逊推出网络服务，为企业提供云计算、存储和分析等服务。2007 年，亚马逊发

布了第一代 Kindle 电子书阅读器，开启了电子书市场的新篇章。随后，亚马逊继续扩大商品种类，包括电子产品、家居用品、软件等。

3. 全球化与创新（2010 年至今）

进入 2010 年，亚马逊加大了全球市场的扩张力度，增设了多个国际站点，以满足全球消费者的需求。亚马逊继续推出创新服务，如 Prime 会员服务，该服务提供快速配送和其他会员专享福利，增强了用户忠诚度；持续创新，如推出 Alexa 智能音箱，引领智能家居潮流；加大对人工智能、大数据等技术的投入，优化用户体验。

三、运营模式

1. 商品销售

亚马逊平台上的商品种类繁多，涵盖了图书、电子产品、家居用品、时尚服饰等多个领域。亚马逊通过与供应商合作，采购大量商品，并在平台上进行销售。此外，亚马逊还鼓励第三方卖家入驻，丰富商品种类，提高市场竞争力。

2. 会员服务

亚马逊提供了 Prime 会员服务，会员可以享受免费快速配送、优先观看视频、免费电子书等多项福利。Prime 会员服务的推出，不仅增加了亚马逊的收入来源，还增强了用户黏性、提高了用户忠诚度。

3. 广告收入

亚马逊在平台上为卖家提供广告服务，帮助卖家增加商品曝光率和销售量。广告已成为亚马逊的重要收入来源之一。

4. 云计算服务

亚马逊云计算服务（Amazon Web Services，AWS）为企业和个人提供了强大的计算和存储能力。如今，AWS 已成为全球最大的云计算服务提供商之一，为亚马逊带来了可观的收入。

四、核心优势

1. 丰富的商品种类和品质保障

亚马逊平台上的商品种类繁多，涵盖了消费者日常所需的各个领域。同时，亚马逊与供应商紧密合作，确保商品品质，为消费者提供优质的购物保障。

2. 完善的配送网络和仓储系统及多项创新服务

亚马逊拥有完善的配送网络和仓储系统，能够为消费者提供快速、准确的配送服务。此外，亚马逊还推出了多项创新服务，如 Prime 会员免费快速配送、次日达、当日达等，进一步提升了消费者的购物体验。亚马逊还为第三方卖家提供了 FBA（Fulfillment By Amazon）服务，卖家可以将商品存放在亚马逊的仓库中，由亚马逊负责配送和客户服务，大大降低了卖家的运营成本和风险，提高了整体服务质量和效率。

3. 先进的数据分析和人工智能技术

亚马逊利用先进的数据分析和人工智能技术，为消费者提供个性化的购物推荐和搜索体验。亚马逊通过数据分析技术，为卖家提供市场趋势和竞争分析等服务，帮助卖家更好地制定销售策略。

4. 优质的客户服务

亚马逊注重客户服务体验，为消费者提供多种联系方式和在线客服支持，使消费者遇到的问题可以迅速得到解决，提高了消费者的购物满意度和忠诚度。

思考：分析亚马逊与京东的异同。

【任务实施 3-2】

以小组为单位，选择一家企业，收集、整理、分析其公开资料、年报、新闻报道等，撰写一份案例分析报告，包括但不限于公司发展历程、运营模式、面临的挑战和成功的关键因素等。

【任务考核 3-2】

考核项目	讨论分析	权 重（%）	分 值
提交完整的案例分析报告，要求内容翔实、结构清晰、分析深入		60	
在课堂上通过 PPT 形式进行报告呈现，能够清晰地阐述所选企业的成功之道，并回答同学和老师的问题		20	
参与课堂讨论，积极发表自己的观点和看法，与同学共同探讨所选企业面临的挑战及其应对策略		20	
评 分		100	

任务 3　B2C 电子商务模式的营销策略

【任务情景】

在竞争激烈的市场中，如何制定有效的营销策略，吸引并留住客户，增加销售额，是每个 B2C 电子商务平台都需要面对的重要问题。本任务旨在制定一套针对 B2C 电子商务模式的营销策略，以提升品牌知名度、客户黏性，增加销售额。

【任务分析】

要完成这一任务，我们需要通过市场调研与定位、数字营销、个性化营销、促销活动、移动营销、口碑营销、内容营销及渠道策略等多个环节，构建一个全面而有效的 B2C 电子商务营销策略框架。

【知识链接】

一、市场调研与定位

在 B2C 电子商务模式中，市场调研与定位是构建成功营销策略的基石。通过深入了解目标客户、竞争对手及市场趋势，企业能够更准确地把握市场动态，从而制定出符合当前市场需求的营销策略。

1. 目标客户分析

了解目标客户群的需求、偏好和消费习惯是至关重要的。例如，年轻消费者可能更倾向于追求时尚和个性化的产品，而中老年消费者则可能更注重产品的实用性和性价比。通过问卷调查、用户访谈、大数据分析等方式，企业可以获取关于目标客户群的详细信息，进而为不同群体量身定制产品和服务。

2. 竞争对手分析

分析竞争对手的营销策略和优势，有助于企业找出自身差异。例如，通过对竞争对手的产品线、定价策略、营销渠道及客户服务等方面的深入分析，企业可以发现竞争对手的不足之处，并据此调整自身营销策略，从而在市场竞争中脱颖而出。

3. 市场趋势分析

把握行业发展动态，预测未来市场变化，对于企业制定长期营销策略具有重要意义。随着科技的不断发展，消费者需求也在不断变化。企业需要密切关注行业动态，了解新技术、新产品及新的消费趋势，以便及时调整自身产品和服务，满足消费者的新需求。

二、B2C 电子商务模式的营销策略

B2C 电子商务模式的营销策略主要包括以下几种。

（一）数字营销

数字营销，即通过运用数字技术推广产品和品牌，是 B2C 电子商务平台不可或缺的一部分，具有精准、高效、可追踪等优势。

1. 官方网站与搜索引擎优化

建立和维护一个专业、用户友好的官方网站是至关重要的。官方网站不仅是展示产品和品牌形象的窗口，还是消费者获取产品信息、了解品牌文化和价值观的重要途径。通过优化网站的用户体验，如提供简洁明了的导航、高质量的产品图片和详细的产品描述，可以增强消费者的购买意愿。

同时，通过搜索引擎优化技术，提高网站在搜索引擎中的排名，从而增加曝光率和网站流量。这包括合理使用关键词、优化页面结构和内容、提高网站速度等。

2. 社交媒体营销

社交媒体是现代营销的重要渠道之一。通过在社交媒体平台上发布有趣、有价值的内容，与消费者实时互动，B2C 电子商务平台可以吸引更多的关注和粉丝。此外，与网红、意见领袖或相关领域的专家合作，可以进一步提高品牌的影响力和信誉度。这些合作可以通过赞助内容、产品评测、直播带货等方式进行。

除了合作推广，电商平台还可以利用社交媒体的广告投放功能，根据目标受众的特征进行精准投放，提高营销效果。

3. 电子邮件营销

电子邮件营销是一种低成本、高效率的推广方式。通过收集消费者的电子邮件地址，定期向他们发送促销信息、新品发布、品牌动态等内容，可以保持与消费者的持续联系。为了确保电子邮件营销的有效性，电商平台需要精心设计邮件内容，提供有价值的信息和吸引人的优惠，同时避免过度营销和垃圾邮件的行为。

（二）客户关系管理与个性化营销

客户关系管理是构建稳定、长期客户关系的基础。在 B2C 电子商务模式下，借助先进的客户关系管理系统，企业能够深入了解每位客户的消费习惯、偏好和需求，从而为客户提供更加贴心的服务。这不仅包括及时解决客户问题，更在于主动关怀，如定期回访、发送节日祝福等，以此增强客户黏性。

个性化营销是在客户关系管理的基础上，根据客户的个体差异，提供定制化的产品或服务推荐。通过大数据分析、人工智能等技术手段，企业可以精准地洞察消费者的需求，推送符合其品位的产品信息，实现"千人千面"的营销效果。这种个性化的营销策略不仅能提升销售额，还能增强客户对企业的信任度和忠诚度。

（三）促销活动与会员制度

促销活动是吸引消费者的有效手段。电商平台可以定期举办特价销售、限时优惠、满减、买赠等促销活动，以刺激消费者的购买欲望。同时，通过与其他品牌或机构合作举办联合促销活动，可以扩大品牌的曝光度和市场份额。

此外，设立会员制度也是增强客户忠诚度和黏性的重要手段。通过为会员提供专属优惠、积分兑换、会员特权等福利，可以激励消费者成为忠实会员，并增加复购率。

（四）移动营销与 App 推广

随着智能手机的普及和移动互联网的发展，移动营销已经成为 B2C 电子商务平台不可或缺的一部分。开发 App 可以提供便捷的移动购物体验，让消费者随时随地都能购买产品。同时，利用推送通知、短信营销等方式向消费者发送促销信息和活动通知，可以保持与消费者的实时沟通。

为了吸引更多用户下载和使用 App，电商平台可以通过广告投放、合作伙伴推广、线上线下活动等方式进行宣传。此外，优化移动网站的加载速度和用户体验也是提高转化率的关键。

（五）口碑营销与用户互动

在 B2C 电子商务模式中，口碑营销是一种极具影响力的营销方式。它依赖于消费者之间的口碑传播，通过消费者的亲身体验和推荐，将产品或服务的信息传递给更多人。这种营销方式具有低成本、高效率和高信任度的特点。

为了有效利用口碑营销，企业首先需要确保提供高质量的产品和服务，因为，只有当消费者对产品或服务感到满意时，他们才有可能成为企业的口碑传播者。此外，企业还可以通过设置推荐奖励、举办推荐活动等方式，进一步激励消费者进行口碑传播。

用户互动是口碑营销的延伸。互联网时代，企业可以通过社交媒体、论坛、社区等渠道与消费者进行实时互动，及时收集消费者的反馈和建议，以便更好地满足消费者的需求。同时，通过线上活动、话题讨论等方式，企业还可以增强与消费者的情感连接，提升消费者对品牌的认知度和好感度。

（六）内容营销与品牌建设

内容营销是通过创造和分享有价值的内容吸引、留住消费者的营销策略。在 B2C 电子商务模式下，内容营销对于品牌建设具有至关重要的作用。通过提供有趣、有用、有吸引力的内容，企业可以吸引消费者的注意力，提高品牌的知名度和影响力。

为了实施有效的内容营销，企业需要深入了解目标消费者的需求和兴趣，创造符合他们品位的内容。同时，企业还需要注重内容的更新频率和质量，保持与消费者的持续互动。通过不断提供优质的内容，企业可以逐渐建立起与消费者的信任关系，进而促进品牌的长期发展。

品牌建设是内容营销的核心目标之一。一个强大的品牌不仅代表着高品质的产品和服务，更代表着消费者对品牌的认可和信任。通过持续的内容营销努力，企业可以塑造出独特的品牌形象和价值观，从而吸引更多消费者的关注和喜爱。

（七）渠道策略与线上线下融合

在 B2C 电子商务模式中，渠道策略的制定对于销售业绩的提升至关重要。随着互联网技术的发展，线上销售渠道已经成为主流。然而，线下实体店铺仍具有不可替代的价值。因此，企业需要实现线上线下融合发展，以充分利用两个渠道的优势。

线上渠道具有便捷、高效、低成本的特点，可以快速覆盖更广泛的消费者群体。而线下渠道则可以为消费者提供更加直观、真实的购物体验。通过线上线下融合的策略，企业可以在两个渠道之间实现优势互补，提高销售业绩。

为了实现线上线下融合，企业可以采取多种措施，如建立线上商城和线下实体店铺的联动机制、提供线上线下同价的优惠政策、利用大数据技术优化库存管理和物流配送等。这些措施可以有效地提高消费者的购物体验，促进销售业绩提升。

三、营销策略实施与监控

在 B2C 电子商务模式下，营销策略的实施与监控是确保营销效果最大化的关键环节。

（一）营销策略实施

1. 明确营销目标

首先，企业需要设定清晰、具体的营销目标，如提升销售额、扩大市场份额或提高品牌知名度等。明确的目标有助于团队在执行过程中保持方向一致，也为后续的监控和评估提供了基准。

2. 配置资源

根据营销策略的需求，合理分配人力、财力和物力资源。例如，在社交媒体平台增加广告投放预算，或加强客户服务团队的培训。

3. 执行计划

制订详细的执行计划，包括具体的时间表、责任人和预期成果。确保每个团队成员都清楚自己的职责和目标。

（二）营销策略监控

1. 数据跟踪与分析

利用数据分析工具，实时监控营销活动的效果。关注关键指标如点击率、转化率、销售额等，以及用户行为数据，如访问时长、跳出率等。这些数据可以帮助团队了解活动的实际效果，以及是否需要调整策略。

2. 用户反馈收集

用户反馈是评估营销活动成功与否的重要依据。通过在线调查、用户评论、社交媒体互动等方式收集用户反馈，以便及时了解用户对活动的看法和建议。

3. 竞争对手监控

密切关注竞争对手的动态，包括他们的营销活动、产品更新和市场反应等。这有助于企业及时调整自己的策略以保持竞争优势。

四、营销策略效果评估与改进

效果评估与改进是营销策略闭环中的最后一步，也是持续优化和提升营销效果的关键。

（一）效果评估

1. 定量评估

通过对比营销活动前后的销售数据、网站流量、用户活跃度等指标，量化评估营销效果。这些数据可以直观地反映营销策略的成功与否。

2. 定性评估

通过用户满意度调查、品牌知名度提升情况等，对营销策略进行定性评估。这些评估有助于了解用户对营销活动的感知和态度。

（二）策略改进

1. 优化产品定位

根据市场反馈和数据分析，调整产品定位，以满足消费者不断变化的需求。例如，发现消费者对某一类产品的兴趣增加时，可以加强对该类产品的推广和研发。

2. 调整价格策略

根据市场竞争状况和消费者购买力水平，适时调整价格策略以保持竞争力。例如，在促销活动期间提供限时折扣或买赠优惠等。

3. 拓展营销渠道

不断拓展新的营销渠道以提高品牌曝光度。例如，利用短视频平台或与社交媒体达人进行合作推广。

4. 改进促销手段

根据用户反馈和数据分析结果，优化促销活动的设计和执行方式，以提高用户参与度和满意度。例如，增加互动环节或设置更具吸引力的奖品等。

总之，在 B2C 电子商务模式下，营销策略的实施与监控以及效果评估与改进是相互关联、持续优化的过程。企业需要密切关注市场动态和消费者需求变化，不断调整和完善营销策略，以实现最佳的市场效果。

【知识拓展 3-3】

数据分析在 B2C 电子商务营销策略中的作用

在制定 B2C 电子商务营销策略时，数据分析的重要性日益凸显。这一工具不仅能帮助企业更深入地了解市场和消费者，还能为营销策略的制定提供有力的数据支撑。

通过对消费者数据如购买历史、浏览记录、搜索关键词等，进行深入挖掘和分析，企业可以精确地掌握消费者的消费习惯、偏好和需求。这些数据洞察使企业能够更准确地细分市场，定位目标消费群体，从而推出更符合消费者期待的产品和服务。

同时，数据分析能揭示市场趋势和潜在机会。例如，通过对销售数据的季节性分析，企业可以提前预测某类商品的需求变化，从而调整库存和供应链策略。这种基于数据的决策方式显著提高了企业的市场敏感度和响应速度。

综上所述，数据分析在 B2C 电子商务营销策略中发挥着核心作用，其与移动营销和智能推荐等新兴手段的结合，使 B2C 电子商务在激烈的市场竞争中保持领先地位。

【阅读和思考 3-3】

B2C 电子商务平台营销策略调整

随着互联网技术的发展和消费者需求的变化，B2C 电子商务平台的营销策略也需要不断创新和调整。例如，近年来，直播带货、短视频营销等新型营销方式逐渐兴起。

思考：对于 B2C 电子商务平台来说，这些新方式带来了哪些机遇和挑战？

【任务实施 3-3】

针对一个具体的 B2C 电子商务平台或企业，分析其当前的营销策略，并提出改进建议。要求结合市场环境、消费者需求及企业的资源能力进行综合分析，并给出具体的实施方案。

【任务考核 3-3】

考核项目	讨论分析	权 重（%）	分 值
改进的营销策略方案是否具有创新性和可行性		50	
市场分析和竞争对手分析能力		30	
方案实施能力和团队协作精神		20	
评 分		100	

项目小结

本项目深入探讨了 B2C 电子商务模式的定义、特点、发展历程和优势，典型 B2C 电子商务平台案例，以及 B2C 电子商务模式的营销策略。

任务 1 详细探讨了 B2C 电子商务模式的定义、特点、发展历程、优势、常见分类、交易流程及主要盈利模式。B2C 电子商务是直接将商品或服务销售给消费者的商业模式，具有便捷、高效、个性化等特点，并且随着互联网技术的发展不断壮大。B2C 电子商务模式有多种盈利方式，如商品销

售、广告收入等。

任务2深入分析了天猫、京东商城和唯品会这三个典型的B2C电子商务平台。通过对这些平台的概况、发展历程、业务模式、市场定位、核心优势及近年来发展情况的剖析，可以明确B2C电子商务市场的竞争态势及各平台为争夺市场份额采取的策略。

任务3重点介绍了B2C电子商务模式的营销策略。制定有效的营销策略是提升市场竞争力的关键。通过市场动态和消费者需求制定与调整策略，有助于实现营销效果的最大化。

项目作业

一、单项选择题

1. B2C电子商务模式中，"B"代表的是（　　）。
   A. 运营者　　　　　　B. 消费者　　　　　　C. 政府　　　　　　D. 企业
2. 每位消费者在B2C电子商务网站上购物前必须做并且只需要做一次的事情是（　　）。
   A. 登录　　　　　　B. 注册　　　　　　C. 购物　　　　　　D. 结算
3. 下列选项不属于B2C电子商务特点的是（　　）。
   A. 个性化服务　　　　　　　　　　　　B. 商品种类多样
   C. 交易便捷　　　　　　　　　　　　　D. 交易成本高
4. 关于京东商城平台的类型，下列说法正确的是（　　）。
   A. 综合型B2C电子商务平台　　　　　　B. 垂直型B2C电子商务平台
   C. 自营型B2C电子商务平台　　　　　　D. 平台型B2C电子商务平台
5. 下列选项不属于B2C电子商务交易流程环节的是（　　）。
   A. 用户注册　　　　　B. 下订单　　　　　C. 支付结算　　　　　D. 商品生产
6. 制定B2C电子商务营销策略的基础工作是（　　）。
   A. 进行市场调研　　　　　　　　　　　B. 制定价格策略
   C. 选择广告渠道　　　　　　　　　　　D. 设计促销活动
7. 唯品会的主要业务是（　　）。
   A. 提供在线视频服务　　　　　　　　　B. 提供在线旅游服务
   C. 提供在线折扣时尚购物　　　　　　　D. 提供在线教育服务
8. 关于天猫，下列说法不正确的是（　　）。
   A. 是一个开放的平台型B2C电子商务平台　　B. 卖家可以在此平台上开设店铺
   C. 主要盈利模式是技术服务费和广告费　　　D. 天猫自行负责物流配送

二、多项选择题

1. 按照交易个体分类，B2C电子商务模式可以分为（　　）。
   A. 买方企业对卖方个人　　　　　　　　B. 卖方企业对买方个人
   C. 有形商品和服务的电子商务模式　　　D. 无形商品和服务的电子商务模式
2. B2C电子商务营销策略中，市场调研的目的有（　　）。
   A. 了解消费者需求　　　　　　　　　　B. 分析竞争对手

C. 确定市场细分 D. 提升品牌形象

3. 京东商城的核心优势有（　　）。

A. 强大的供应链整合能力 B. 自建的物流和仓储系统

C. 丰富的商品种类和优质的品牌资源 D. 专业的售后服务和用户体验

4. B2C 电子商务营销策略评估与改进的意义在于（　　）。

A. 检验营销策略的有效性 B. 及时调整以适应市场

C. 增加营销预算 D. 提升客户满意度

5. B2C 电子商务的主要盈利模式有（　　）。

A. 商品销售　　　B. 广告收入　　　C. 会员费　　　D. 政府补贴

三、简答题

1. 简述 B2C 电子商务模式的发展历程。
2. 简述 B2C 电子商务模式的优势。
3. B2C 电子商务模式的营销策略主要有哪些？
4. 比较天猫、京东商城、唯品会三个平台的异同点。
5. 谈谈如何使 B2C 电子商务网站获得更大的经济效益。

项目 4　B2B 电子商务模式

【项目导读】

随着社会的不断发展及互联网技术不断提升，电子商务成了人们日常生活中不可分割的一部分。其中，B2B 电子商务仍占据重要的市场份额，特别是在传统实体企业向电子商务转型过程中，B2B 电子商务模式起着重要作用。本项目将详细介绍 B2B 电子商务模式的概念与运作流程、B2B 电子商务平台的功能与服务，以及 B2B 电子商务在供应链管理中的应用。

【技能目标】

1. 熟练 B2B 电子商务模式的运作流程与平台服务。
2. 掌握 B2B 电子商务模式在供应链管理中的应用。

【知识目标】

1. 理解 B2B 电子商务模式的核心概念、分类。
2. 认识 B2B 电子商务模式的基本运作流程。
3. 探讨 B2B 电子商务模式在供应链转型升级中的应用。

【思政素质目标】

1. 培养学生对 B2B 电子商务模式的正确认识。
2. 引导学生关注 B2B 电子商务模式在智能制造、数字化转型升级等领域的应用。
3. 提升学生的分析与拓展能力。

【引导案例】

在国家深化发展智能制造、数字化转型政策的引导下,某家电生产企业决定向"现代制造业""数字制造业"转变,完成电器工业智能化、数字化制造升级,对供应链实现全过程条码动态追溯,打造互联互通的商业智能管理平台。但是,在产品生产方面,家电零配件品种、型号繁多,采购、装配相对复杂,因而,对生产计划、物料计划等方面的协调配合要求较高。在产品销售方面,包含了内销和外销,外销一般按订单生产,但客户对产品定制化的要求越来越高,特别是为一些海外客户代工的产品;而内销由分销和零售渠道负责,市场的需求补给信号通过渠道提供,由于渠道机制和渠道商不成熟,需求信息不准确。因此,及时掌握订单情况,强化企业供应链管理,成为智能制造时代企业的战略思考。

任务1　B2B电子商务模式的概念与运作流程

【任务情景】

传统企业线下交易往往消耗大量的资源,存在信息难以整合、采购供应间信息不对称、采购渠道不规范等问题。因此,基于互联网的B2B电子商务模式应运而生。B2B电子商务模式能使买卖双方通过互联网或专用网络完成整个业务流程,包括从建立最初的商品联络、货比三家,到讨价还价、签单、交货,最后到售后服务,打通了各个环节。本任务旨在深入探讨B2B电子商务模式的运作流程,以便更好地理解和应用这一模式。

【任务分析】

要完成这一任务,我们需要掌握B2B电子商务模式的概念、作用、分类和运作流程。

【知识链接】

一、B2B电子商务模式的概念和作用

B2B电子商务模式是指企业与企业之间通过互联网或专用网络进行数据信息交换、传递,开展交易活动的商业模式。B2B电子商务模式以互联网技术为基础,利用数字化手段,将企业的采购、销售、库存、物流等各个环节有机地连接在一起,实现企业间业务流程的自动化和信息化,如供应链管理、采购等。

B2B电子商务模式涉及B2B电子商务交易平台、参与交易的买卖双方企业、物流配送系统及支付系统等主体,具有交易金额大、交易对象广泛、交易操作规范、交易过程复杂等特点,是一种传统的电子商务模式。从市场结构来看,B2B电子商务模式的市场份额较大,同时在传统实体企业向电子商务转型的过程中起着重要作用,为企业的管理和转型发展提供了平台支撑。

B2B电子商务模式使企业与企业之间的联系更紧密,交易更规范,降低了企业经营成本。其作用主要体现在以下三个方面。

(1)节省周转时间,提高商务效率。B2B电子商务模式的交易可以随时随地进行,消除了时空限制,同时买卖双方直接进行沟通和交易,减少了中间周转环节,节省了时间,提高了效率。

（2）强化供应链管理，降低经营成本。通过 B2B 电子商务模式，买卖双方能够在网上完成整个业务流程，从建立联络、货比三家，到讨价还价、签单和交货，最后到售后服务，打通了各个交易环节，实现了采购、库存、交付的共享，以销定产、以产定供，减少了许多事务性的工作流程和管理费用，降低了企业采购、库存等经营成本。

（3）优化生产计划，扩大市场机会。通过 B2B 电子商务模式可获悉一个产品在不同区域的需求情况，进一步预测市场供求信息，从而对库存商品和物流进行明确的规划与管理，优化生产计划。此外，以往的线下营销模式比较单一，而在线上交易环境中无论是营销模式还是营销手段，都可以进行创新，从而更有效地吸引用户。

二、B2B 电子商务模式的分类

1. 根据贸易类型划分

根据贸易类型，B2B 电子商务模式可分为内贸型 B2B 电子商务模式和外贸型 B2B 电子商务模式。

内贸型 B2B 电子商务模式，是指主要为同一关境内的供应商与采购商提供交易服务的 B2B 电子商务模式，交易的主体和行业范围主要在同一国家（地区）。例如，慧聪网、中国制造网等。

外贸型 B2B 电子商务模式，也称"跨境 B2B 电子商务模式"，是指主要为不同关境的供应商与采购商提供交易服务的 B2B 电子商务模式。例如，阿里巴巴国际站、敦煌网等。相对于内贸型 B2B 电子商务模式，外贸型 B2B 电子商务模式对语言文化、法律法规、关税、外汇、物流等有着更高的要求，活动流程更复杂、专业性更强。

2. 根据构建主体划分

根据构建主体，B2B 电子商务模式可分为基于采购商（买方）网站的 B2B 电子商务模式、基于供应商（卖方）网站的 B2B 电子商务模式和基于第三方中介网站的 B2B 电子商务模式。

基于采购商（买方）网站的 B2B 电子商务模式以买方为主导，是指大中型行业采购商基于自有电商平台，串联起行业产业链，与其上游供应商开展的咨询、沟通、交易等商务活动，通常采用网络采购或电子化采购的方式。例如，海尔 B2B 采购平台。

基于供应商（卖方）网站的 B2B 电子商务模式以卖方为主导，是指供应商基于自有电商平台与其下游企业开展的电子商务活动，通常采用电子化分销或网络直销的方式。这类基于自有网站的 B2B 电子商务平台大多由大中型企业建立，与该企业有关的合作伙伴及相关部门或机构都能通过企业建立的电子商务网站进行商品交易。

基于第三方中介网站的 B2B 电子商务模式主要由 B2B 电子商务中介网站为销售商和采购商提供交易平台。在这类 B2B 电子商务模式下，企业不参与交易，既不生产商品，也不销售商品，典型代表有阿里巴巴、慧聪网、环球资源网等。

3. 根据服务行业划分

根据服务行业，B2B 电子商务模式可分为水平型 B2B 电子商务模式和垂直型 B2B 电子商务模式（见表 4-1）。

水平型 B2B 电子商务模式，也称"综合型 B2B 电子商务模式"，是指为不限定或不完全限定行业或领域的采购商和供应商提供信息与交易的平台。典型代表是阿里巴巴、中国制造网等。

垂直型 B2B 电子商务模式，也称"行业型 B2B 电子商务模式"，是指为一个或某几个特定行业或领域的买卖双方提供信息交流、促成交易的平台。垂直型 B2B 模式包括上游（指向供应商）和下游（指向经销商）两个方向，生产商或零售商与上游的供应商形成供货关系，生产商与下游的经销商形成销货关系。垂直型 B2B 电子商务模式定位在特定的行业或领域，专业性较强，客户群体较集中，数量有限，但忠诚度高，典型代表有中国化工网、找钢网等。

表 4-1　水平型 B2B 电子商务模式和垂直型 B2B 电子商务模式的比较

类型	特点	优点	缺点
水平型 B2B 电子商务模式	为交易双方提供一个交流信息与交易的平台，涵盖不同行业和领域，服务于不同行业的从业者	追求的是"全"，能够获利的机会很大，潜在用户群较大，能够迅速获得收益	用户群不稳定，被模仿的风险大
垂直型 B2B 电子商务模式	将交易双方集合在一个市场中进行交易，网站的专业性很强，面向某一特定的专业领域，如信息技术、农业、化工、钢铁等。将特定产业的上下游企业聚集在一起，让各层次的企业都能很容易地找到原料供应商或买主	专业性很强，容易吸引针对性较强的用户，并易于建立忠实的用户群，从而吸引固定的回头客	短期内不能迅速获益，较难转向多元化经营或向其他领域渗透

三、B2B 电子商务模式的运作流程

不同类型的 B2B 电子商务模式运作流程不尽相同。下面以基于采购商（买方）网站、供应商（卖方）网站和第三方中介网站的 B2B 电子商务模式为例介绍 B2B 电子商务模式的运作流程。

1. 基于采购商（买方）网站的 B2B 电子商务模式

基于采购商（买方）网站的 B2B 电子商务模式以买方为主导，即通过互联网或专用网络对成本低、数量大或对业务影响大的关键商品、服务等进行电子化采购，主要采用网上招投标的方式。

网上招投标既可以实时进行，由采购商终止招标，也可以持续几天，直到预先确定的截止日期。网上招投标的流程如下：①采购商新建招标项目；②采购商在自己网站上发布招标公告，寻找并要求潜在的供应商参加竞标；③供应商下载标书，并以电子化的方式提交标书；④截标后，采购商评定供应商的标书，可能会以电子化方式谈判，以实现最佳交易；⑤采购商发布中标公告；⑥供应商查看中标公告；⑦采购商与最符合其要求的供应商签订合同，生成销售单（见图 4-1）。

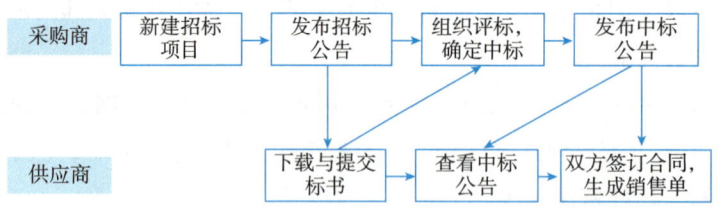

图 4-1　基于采购商（买方）网站的 B2B 电子商务模式网上招投标的流程

2. 基于供应商（卖方）网站的 B2B 电子商务模式

基于供应商（卖方）网站的 B2B 电子商务模式以卖方为主导，其与下游企业网络交易的流程如下：①供应商利用自己网站的信息发布平台发布买卖、合作、招投标等商业信息；采购商登录供

应商网站，注册后查询有关商品信息。②采购商提出经销申请；供应商进行资格审查后授予采购商经销资格。③在询价及商务洽谈的基础上，采购商通过供应商网站信息交流平台下订单；供应商报价。④采购商下订单后，供应商接受订单，必要时双方签订合同。⑤采购商及时进行信息反馈，供应商做好订单跟踪。⑥进行货款结转和物流配送（见图 4-2）。

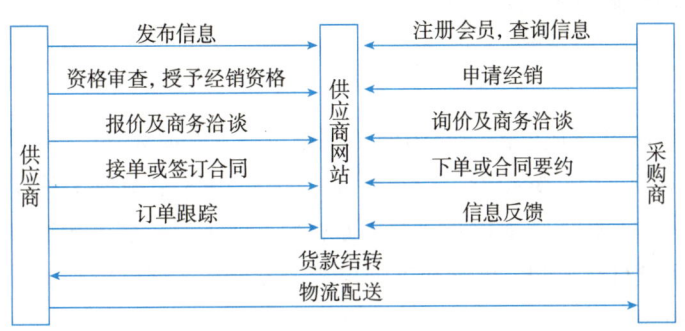

图 4-2　基于供应商（卖方）网站的 B2B 电子商务交易流程

3. 基于第三方中介网站的 B2B 电子商务模式

基于第三方中介网站的 B2B 电子商务模式涉及的参与主体包括采购商、供应商、中介网站、物流配送中心和网上银行等，交易流程如下：①采购商、供应商在第三方中介网站注册会员，中介网站对采购商、供应商提交的注册信息进行资格审核。②审核通过后，采购商、供应商才能发布采购信息或供应信息；中介网站审核采购或供应信息，提交交易信息。③采购商在中介网站查询所需商品或服务的信息，选择合适的供应商进行询价、交易洽谈，达成合作意向后可签订合同。④采购商和供应商通过网上银行完成货款支付。⑤供应商的商品通过物流配送中心送交采购商（见图 4-3）。

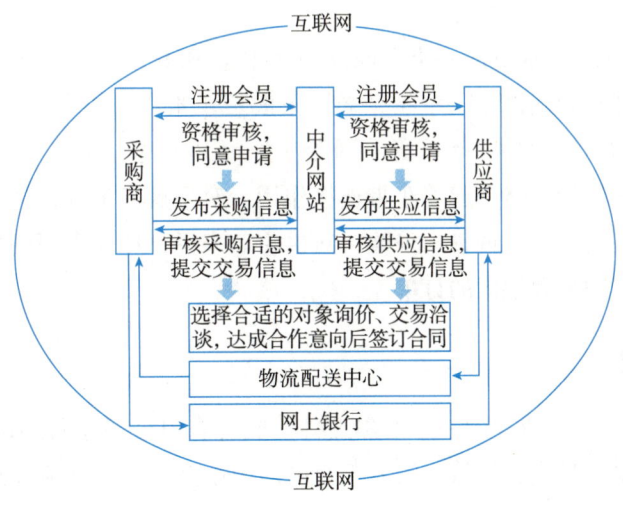

图 4-3　基于第三方中介网站的 B2B 电子商务交易流程

【知识拓展 4-1】

中国主流的 B2B 电子商务平台

随着电子商务的快速发展与 5G、云计算、大数据等技术的日渐成熟，企业交易已从传统的线下转至线上，迈入智能化阶段；B2B 电子商务平台也越发多元化。

目前，我国 B2B 电子商务平台有阿里巴巴 1688、我的钢铁网、海尔 B2B 采购平台、环球资源网、敦煌网、中国图库、海尔招标网、一呼百应（Youboy）、零售通、慧聪网、中国制造网、网盛生意宝、美菜网、找钢网、全球纺织网、化工网。其中，主流的电子商务平台有阿里巴巴 1688、敦煌网、环球资源网、中国制造网、找钢网。

一、阿里巴巴 1688

阿里巴巴网站是于 1999 年成立的一个为中小型制造商供应商品的贸易平台，目前是全球领先的跨境贸易 B2B 电子商务平台。紧接着，1999 年又创立了 1688 采购批发平台，并于 2010 年更名为"1688"。该平台以批发和采购业务为核心，覆盖原材料、工业品、服装服饰、家居百货、小商品等多个行业大类，提供从原材料采购、生产加工到现货批发等一系列供应服务，实现了"让天下没有难做的生意"的企业愿景。

二、敦煌网

敦煌网是于 2004 年成立的一家整合在线交易和供应链服务的 B2B 电子商务平台，致力于协助国内广大中小企业向海外中小采购商直接供货，是美国市场最大的中国跨境 B2B 电子商务平台。2022 年，敦煌网公司宣布正式升级为敦煌网集团，以跨境电商平台敦煌网和社交电商平台 MyyShop 为核心业务引擎，以智能物流平台驼飞侠 DHLink、金融支付服务驼驼数科为服务双擎发展。就业务布局而言，敦煌网主要以平台交易为核心，以小额批发为主，能够为在线贸易提供从金融、物流、支付、信保到关、检、税、汇等领域的"一站式"综合服务。

三、环球资源网

环球资源网是于 1971 年成立的一个全球性的多渠道 B2B 电子商务平台，核心业务是通过一系列英文媒体，包括环球资源网网站、电子杂志、采购资讯报告、买方专场采购会、贸易展览会等，促进亚洲国家和地区的出口贸易。环球资源网专注外贸 B2B 电子商务，在"一带一路"跨国经济带和粤港澳大湾区国家发展战略中起着纽带连接作用。对采购商来说，环球资源网可以提供供应商和商品信息，帮助他们高效完成询盘、采购；对供应商来说，环球资源网提供的出口推广服务能提升企业形象，获得更多国家和地区的订单。

四、中国制造网

中国制造网是于 1998 年成立的一个由焦点科技股份有限公司运营的国内综合性第三方 B2B 电子商务服务平台。网站立足内贸领域，致力于为国内中小企业构建交流渠道，帮助供应商和采购商建立联系、挖掘国内市场商业机会。中国制造网为买卖双方提供信息管理、展示、搜索、对比、询价等全流程服务，同时提供平台认证、广告推广等高级服务，帮助供应商在互联网上展示企业形象和产品信息，帮助采购商精准、快速找到诚信供应商。

五、找钢网

找钢网成立于 2012 年初，是我国钢铁全产业链 B2B 电子商务平台，提供钢铁贸易、物流、仓储加工及供应链金融、国际电子商务、大数据等服务，现已全面拓展为"一站式"信息化仓储加工服务平台、第四方物流平台、互联网金融业务平台、国际电子商务平台等。找钢网的发展助力我国钢铁行业的转型升级，改变了钢铁行业粗放式的发展模式，促进了行业向"新零售"模式转变。

【阅读和思考 4-1】

中国跨境电商经历 20 多年的快速发展，于近两年进入了调整转型期。现在，全国跨境电商综合试验区达 165 个，已成为支持"外循环"的重要引擎，带动整个产业链条发生变化。以跨境电商为代表的贸易数字化转型将给贸易及产业带来深远的影响。国内领先出口 B2B 电子商务平台有阿里巴巴国际站、环球资源网、中国制造网、敦煌网、大龙网、拓拉思、领工云商、大健云仓、宝信环球、全球贸易通；进口 B2B 电子商务平台有行云集团、海弘集团、集采、海带、笨土豆。

网经社电子商务研究中心报告显示，2023 年上半年，在中国跨境电商的交易模式中，跨境电商 B2B 交易占比达 73.9%，跨境电商 B2C 交易占比达 26.1%。此外，2018—2022 年分别为：B2B 占 83.2%、B2C 占 16.8%，B2B 占 80.5%、B2C 占 19.5%，B2B 占 77.3%、B2C 占 22.7%，B2B 占 77%、B2C 占 23%，B2B 占 75.6%、B2C 占 24.4%。近年来，随着国家政策的大力支持，跨境电子商务零售模式发展迅猛。

思考：外贸型 B2B 电子商务平台应该如何运作？

【任务实施 4-1】

以小组为单位，选择一个 B2B 电子商务平台，如阿里巴巴国际站、中国制造网、化工网等，思考该平台的 B2B 电子商务类型及运作流程。

【任务考核 4-1】

考核项目	讨论分析	权重（%）	分值
B2B 电子商务类型		30	
B2B 电子商务运作流程		70	
评分		100	

任务2 B2B 电子商务平台的功能与服务

【任务情景】

在以信息经济、数字经济、智能经济为核心的新经济浪潮下，物联网、区块链、大数据、人工智能等技术推动了 B2B 电子商务平台逐步走向以智能互信为核心的 4.0 时代。与传统企业的线下交易相比，B2B 电子商务交易涉及买卖双方、交易平台、物流配送系统、支付系统等主体，外贸型 B2B 电子商务还涉及海关检验检疫、报关及国家外汇管理局支付结汇等。可以说，B2B 电子商务平台提供的功能与服务愈加复杂联动。本任务旨在深入探讨 B2B 电子商务平台的功能和服务，以便适应新经济浪潮下的市场动态及消费者需求。

【任务分析】

为了完成这一任务，我们需要梳理并熟悉 B2B 电子商务平台围绕"四流"提供的相关功能与服务，如市场供求信息、网上签订合同、网上支付、物流配送、交易管理、供应链管理等。

【知识链接】

B2B电子商务平台的功能与服务有以下7种。

（1）提供供求信息服务。买方或卖方只要注册成为网站会员，就可以在B2B电子商务平台上发布采购信息或供应信息，并根据发布的信息选取潜在的供应商或客户。通常，B2B电子商务平台会提供各种搜索功能和筛选工具，利用大数据提供采购建议和推荐，以帮助企业找到最适合的产品和供应商。此外，B2B电子商务平台会提供各种销售工具和营销手段，以及产品展示、库存管理、价格设定和促销活动等功能，以帮助企业更有效地推销产品。

（2）提供附加信息服务。B2B电子商务平台为企业提供其需要的相关经营信息，如行业信息和市场动态等；为交易双方提供网上交易沟通渠道，如网上谈判室、即时通信软件和电子邮件等；提供信息传输服务，如根据客户的需求，定期推送客户关心的交易信息。

（3）提供电子目录管理服务。B2B电子商务平台提供不同供应商产品目录管理系统，方便客户取得相关产品资料，以利于采购的进行。

（4）提供与交易配套的服务。B2B电子商务平台提供网上签订合同、网上支付、物流配送及其他用于实现网上交易的服务。

（5）提供客户关系管理服务。B2B电子商务平台为企业提供网上交易管理服务，包括合同、交易记录、客户资料等信息托管服务。许多B2B电子商务平台专门开发了客户管理软件帮助企业管理客户资料。

（6）提供定价机制服务。B2B电子商务平台通过提供一些交易手段，如正向拍卖、逆向拍卖和降价拍卖等，满足交易双方的需求，在交易过程中形成合适的价格。

（7）提供供应链管理服务。供应链管理服务包括供应链规划和供应链管理。供应链规划包括供应链网络设计、需求规划与预测、供给规划和配销规划等，供应链管理包括仓储管理、运输管理、库存管理和订单管理等。

【知识拓展4-2】

随着对电子商务的深入探索，B2B电子商务平台的运营模式不断完善，盈利模式也逐步多元化。目前，我国电子商务平台常见的盈利模式有以下8种。

（1）会员费。会员费是B2B电子商务平台最主要的盈利来源。企业通过B2B电子商务平台参与交易，必须注册为平台会员，每年交纳一定的会员费，才能享受平台提供的各种服务。例如，阿里巴巴诚信通服务费6688元/年，出口通基础金额29800元/年，这是所有入驻商家必须交纳的会员费。

（2）广告费。广告费是B2B电子商务平台的主要收入来源。B2B电子商务网站的广告是根据广告在首页的位置及类型收费的，有弹出广告、漂浮广告、Banner广告、文字广告等多种表现形式可供用户选择。例如，阿里巴巴诚信通6688元/年的会员费是必付的，但广告推广却另外付费。

（3）竞价排名费。竞价排名，是指通过竞争出价的方式，企业在推广账户中添加意向企业搜索的关键词，搜索页面的推广商品按照一定的规则排名后，根据排序结果在优势广告位置进行展示。企业为了促进产品销售，都希望自家产品在信息搜索排名中靠前，增加信息曝光度。网站在确保信息准确的基础上，根据会员交纳费用的高低对排名顺序做相应的调整。例如，在阿里巴巴网站，当买家搜索供应信息时，竞价企业将排在搜索结果靠前的位置，因而很容易被买家在第一时间找到。

（4）增值服务费。B2B 电子商务网站除了为企业提供贸易供求信息，还可以根据行业特殊性深挖客户的需求，从而提供一些独特的增值服务，如企业认证、搜索引擎优化、行业数据分析、行业咨询顾问服务（包括市场调查、管理项目咨询、采购咨询等服务）等。例如，电子采购商比较重视库存，因此一些平台会针对电子行业提供现货认证这一特殊的增值服务并收取费用。

（5）线下服务。B2B 电子商务网站的线下服务主要包括展会、期刊等。通过展会，供应商和采购商可以面对面地交流，这很受中小企业青睐。期刊则主要发布行业资讯等信息，也能植入广告。

（6）商务合作。B2B 电子商务平台为商家提供商务合作服务，主要包括与广告联盟、政府、行业协会、媒体的合作等。通过商务合作，B2B 电子商务平台可以帮助会员企业获取流量，增加销售机会，同时获得收益。

（7）交易佣金。交易佣金是 B2B 电子商务平台盈利模式中重要的一种。企业在 B2B 电子商务平台上进行商务交易活动，一部分平台采取佣金制，免注册费，每年不需交纳会员费，就可以享受网站提供的服务，只在买卖双方交易成功后收取费用。另一部分平台除了会员费，还需按订单实收金额的一定比例收取交易服务费。例如，阿里巴巴国际站按照信用保障订单实收金额的 2% 收取交易服务费，提供封顶权益。

（8）询盘付费。询盘付费是专门针对从事国际贸易的 B2B 电子商务企业开发出来的一种盈利模式。其不是按照时间付费，而是按照海外推广的实际效果，也就是海外买家实际的有效询盘付费。注册客户发布的产品信息免费展现，曝光机会多，可吸引更多的询盘。询盘是否有效，主动权在消费者手中，由消费者自行判断是否消费。

【阅读和思考 4-2】

拥抱数字农业，引领创新发展：e 农购 B2B 平台

2024 年 2 月，安徽省芜湖康江数据科技有限公司的 e 农购 B2B 平台正式上线运营。该平台"去中间化""造中心化"，致力于打造一个健康和谐的农产品产销生态。通过线上线下融合，科学配送，建设新型农产品长三角流通枢纽，为农产品进出货提供健康稳定的流通渠道，让进货变得更加便捷、高效、愉悦，让卖货拥有更多机会和可能，并同步匹配高效配送中心，助力农产品整个行业的数字化转型。此外，通过 e 农购 B2B 平台，打造农民种菜→e 农购 B2B 平台→农贸市场→消费者完整闭环，为政府提供可视化管理工具，以更科学有效地引导农民种菜，帮助农民增收，同时，推动数字化管理，解决"卖菜难，买菜难"两大难题，让每一位消费者都能实实在在买到放心菜。

以数字赋能促进农业"联网"，以"数字经济"促进"乡村产业"。该平台自试运营以来，短短两周时间完成订单交易 450 笔，实现交易额 1871.29 万元，切切实实帮助农民增收。

思考：e 农购 B2B 平台提供了什么服务实现农业领域的数字化转型？

【任务实施 4-2】

点开微信小程序"e 农购"，进入用户端、商户端（卖家）、运营中台，在用户端首页可以看到入驻商家、商品种类、会员中心等信息；在商户端（卖家）可以看到商品上下架、商品库存管理、

发货提醒及管理、数据管理等信息；运营中台可以掌握平台各年的交易额、订单量，而商品按照销售额降序排列，哪种商品好卖、哪位用户贡献值最大一目了然，方便精准地进行客情维护。对于买家来说，可以前一天就在平台上看好自己心仪的农产品，足不出户便可"货比三家"，动动手指便可下单。

1. e农购用户端、商户端分别提供了什么功能？
2. 该平台是如何盈利的？

【任务考核 4-2】

考核项目	任务结果	权 重（%）	分 值
平台功能	①用户端： ②商户端：	40	
平台盈利模式		60	
评 分		100	

任务 3　B2B 电子商务在供应链管理中的应用

【任务情景】

随着管理技术、信息技术和网络技术的发展，供应链管理与电子商务环境有机融合在一起，充分发挥各自优势。供应链管理是一种集成的管理思想，旨在将供应链上下游供应商、制造商、仓库、配送中心、渠道商等有效组织起来，贯通企业原材料采购、生产计划、产品制造、成品销售、分拣配送等环节，使企业各交易环节实现无缝连接，降低了整个供应链系统成本。本任务旨在探讨 B2B 电子商务在供应链管理中的应用，以了解其是如何在复杂多变的供应链环境中发挥作用的。

【任务分析】

为了完成这一任务，我们需要了解 B2B 电子商务在企业供应链采购、销售、仓储物流等环节的重要作用。

【知识链接】

B2B 电子商务在供应链管理中的应用广泛，主要涉及采购、销售、仓储物流环节。

1. 采购

采购是企业运营的重要环节之一，是企业选择合适供应商的过程。B2B 电子商务在采购中的应用主要体现在以下两个方面。

（1）在线采购。企业可以通过互联网平台，向多个供应商发出采购请求，进行在线竞价，最终选择价格和质量合适的供应商进行采购。这种方式可以大幅降低采购成本，提高采购效率。

（2）电子合同。企业通过签署电子合同，简化了传统合同签署流程，提高了签署效率。同时，电子合同具有防篡改、防抵赖等优点，增强了合同的可靠性。

2. 销售

销售是企业获取利润的重要环节之一，是企业将产品销售给客户的过程。B2B 电子商务在销售中的应用主要体现在以下两个方面。

（1）在线销售。通过互联网平台，企业可以将产品销售给客户，实现产品的在线销售。在线销售可以扩大销售渠道，增加销售额；同时，也可以实现个性化定制和差异化服务，提高客户满意度。

（2）电子订单。通过电子订单方式，企业简化了订单处理流程，提高了订单处理效率。同时，电子订单具有防篡改、可追溯等优点，提高了订单的可靠性。

3. 仓储物流

仓储物流是企业实现产品流通的重要环节之一，是供应商将原材料从采购地运输到生产地、企业再将产品从生产地运输到销售地的过程。B2B 电子商务在仓储物流中的应用主要体现在以下 3 个方面。

（1）在线物流管理。通过互联网平台，企业可以实现物流的在线管理，实时监控物流运输情况，提高物流运输效率；同时，还可以实现物流运输路线与方式的优化，降低运输成本。

（2）智能化物流管理。通过物联网、大数据分析等技术手段实现物流的智能化管理，可以增强物流运输的可靠性和安全性，提高物流运输效率，从而降低物流运输成本。

（3）库存管理。通过 B2B 电子商务平台，企业可以实现库存的实时监控和管理，避免库存积压和缺货现象的发生。

【知识拓展 4-3】

企业要创建科学、高效的供应链管理系统，B2B 电子商务模式不可或缺，主要体现在以下 3 个方面。

1. B2B 电子商务实现了企业价值链的优化

企业价值链的概念是由美国学者迈克尔·波特于 1985 年提出的。每个企业都是在设计、生产、销售、发送和辅助其产品生产过程中进行各种活动的集合体，这些互不相同但又相互关联的生产经营活动构成了一个创造价值的动态过程，即价值链。而 B2B 电子商务的应用，通过此过程，提升了企业对市场的响应速度，减少了企业内部的各种重复环节及无效活动，从而使资源的价值在流动过程中不断增加，降低了企业的运营成本，提高了企业的管理效率，从而促进企业价值链不断发生改变和优化。

2. B2B 电子商务实现了企业供应链的变革

B2B 电子商务整合了企业上下游产业，即以制造商为核心，整合和优化供应商、制造商、零售商间的信息流、资金流、商流和物流，形成系统化的供应链管理链条。通过 B2B 电子商务的应用，可有效弥补传统供应链的不足，使企业的资源不仅仅局限于内部，还延伸到供应商、零售商，从而形成一种跨企业的合作模式，实现了企业供应链的变革。

3. B2B 电子商务促进了企业流程和价值的再造

B2B 电子商务赋能的关键是企业供应链内外部是否形成了有效衔接。实现企业供应链的有效衔接，主要是对企业职能机构、企业职能部门及企业与企业之间进行流程和价值再造，亦即对组织过程重新定义，从根本上思考每一项活动的价值贡献，并利用现代信息技术，彻底改变人力和工作过程，重新确认企业作业流程。通过这些过程再造可以使企业部门之间的运行更加高效，企业与企业之间信息的沟通交流更加顺畅，从而实现企业对整个供应链系统的管理。

【阅读和思考 4-3】

海尔的数字化转型升级

海尔是中国制造业企业中数字化转型的佼佼者，其以用户为中心，通过数字化技术实现了从制造到服务的全面升级。海尔建立了一个数字化平台，将用户、企业和合作伙伴连接起来，实现了信息的共享和协同。海尔在生产方面引入了物联网和云计算技术，实现了智能制造、智能物流和智能服务；积极推进产品个性化和定制化服务，满足不同的用户需求；通过数字化技术实现了供应链的优化，降低了库存和运营成本。海尔的数字化转型为其带来了巨大的商业价值，提供了更加灵活和便捷的售后服务，提升了用户满意度。

海尔采购网有海尔招标网（www.haierbid.com）和海尔企业购（www.b2b.haier.com）两个网站。

海尔招标网主要为海尔系列产品原材料等进行网络招标采购。海尔采购方先在海尔招标网发布采购预告，再发布招标公告，参与采购的供应商在注册登录网站后可进行投标。中标后，双方签订合同并生成销售单。

海尔企业购为企业用户、工程客户提供专业化"一站式"智慧集成解决方案，集结海尔旗下六大品牌（统帅、海尔、卡萨帝、GE Appliances、AQUA、斐雪派克），通过"采购租赁+方案定制+创客社群"创新模式为企业用户提供个性化解决方案和管家式采购服务。围绕行业用户生态，海尔企业购建立起融社群平台、制造平台、电商平台、营销平台、内容平台为一体的商业物联生态体系，通过海尔企业购平台，用户可以查询、购买工程专享产品、获得行业细分的解决方案等基础性的采购服务，同时也可以获取节能数据运营分析、供应链协同、商业大数据服务、供应商竞价服务等增值服务，并享有客服、送装一体、工程采购专享价等八大服务权益。

思考：通过数字化技术，海尔 B2B 电子商务平台是如何实现供应链管理的？

【任务实施 4-3】

以小组为单位，思考海尔 B2B 电子商务平台如何利用数字化技术实现了供应链管理。

【任务考核 4-3】

考核项目	分析结果	权重（%）	分值
信息系统集成共享		20	
供应商协同管理		20	
采购管理智能化		20	
物流优化与配送管理		20	
数据分析和决策支持		20	
评分		100	

项目小结

本项目主要介绍了 B2B 电子商务模式的概念与运作流程、B2B 电子商务平台的功能与服务，以及 B2B 电子商务在供应链管理中的应用。

任务 1 详细探讨了 B2B 电子商务模式的概念、作用、分类及运作流程。B2B 电子商务模式是指企业与企业之间通过互联网或专用网络进行数据信息交换、传递，开展交易活动的商业模式。其可根据贸易类型、构建主体及服务行业等进行划分。不同的划分标准，B2B 电子商务模式的运作流程不尽相同，通常以基于采购商（买方）网站、供应商（卖方）网站和第三方中介网站来区分。

任务 2 介绍了 B2B 电子商务平台的功能和盈利模式。B2B 电子商务平台为企业提供供求信息、附加信息、电子目录管理、客户关系管理、定价机制、供应链管理及与交易配套等服务，并通过收取会员费、广告费、增值服务费、交易佣金、询盘费等获利，也通过线下服务、商务活动等帮助企业拓展市场，从而使平台获得收益。

任务 3 重点关注了 B2B 电子商务在供应链管理中的应用。企业要想创建科学、高效的供应链管理系统，B2B 电子商务模式不可或缺，主要体现在采购、销售、仓储物流等环节，帮助企业实现价值链的优化、供应链的变革，促进企业流程和价值的再造。

项目作业

一、单项选择题

1. 在 B2B 电子商务模式中，企业之间进行信息交换和交易的主要方式是（　　）。
   A. 电话
   B. 电子邮件
   C. 互联网或专用网络
   D. 传真

2. B2B 电子商务模式是指（　　）。
   A. 企业与个人之间的商业模式
   B. 企业与企业之间的商业模式
   C. 企业与政府之间的商业模式
   D. 个人与个人之间的商业模式

3. B2B 电子商务模式的主要特点是（　　）。
   A. 交易次数多，交易金额小
   B. 交易对象单一，过程简单
   C. 交易风险高，安全性低
   D. 交易金额大，操作规范

4. B2B 电子商务模式的主要优势不包括（　　）。
   A. 增加交易风险
   B. 提高交易效率
   C. 降低交易成本
   D. 扩大市场范围

5. 下列选项不是 B2B 电子商务交易中常见交易方式的是（　　）。
   A. 在线询价与报价
   B. 线下签订纸质合同
   C. 通过第三方支付平台进行结算
   D. 个人对个人直接转账

二、简答题

1. 简述 B2B 电子商务模式与传统商务模式的区别。
2. 简述 B2B 电子商务模式的特点及重要性。

3. 简述 B2B 电子商务模式的运作流程。
4. B2B 电子商务模式如何助力企业提升供应链管理效率？其实施过程中面临哪些潜在风险？

项目 5　C2C 与社交电子商务模式

【项目导读】

随着互联网技术及社交网络的发展，C2C 电子商务模式进一步发展和壮大，C2C 电子商务交易也更加多样化和个性化。本项目将深入探讨 C2C 电子商务模式，社交电子商务的兴起与发展，以及社交电子商务平台的运营策略与用户行为分析，以期理解如何更好地满足用户需求，提升用户体验，推动平台持续健康发展。

【技能目标】

1. 清晰阐述 C2C 电子商务模式的概念、特点和优势。
2. 分析社交电子商务兴起的原因及其发展趋势。
3. 制定和执行有效的社交电子商务平台运营策略，提升用户活跃度和转化率。

【知识目标】

1. 掌握 C2C 电子商务模式的基本知识，包括其概念、特点、分类和盈利模式。
2. 了解社交电子商务的起源、发展历程以及与传统电商的区别。
3. 掌握社交电子商务的特点、优势、主要类型。
4. 熟悉社交电子商务平台的主要运营策略和用户行为分析方法。

【思政素质目标】

1. 培养学生对电子商务领域发展动态的关注度和敏锐性。
2. 提升学生的创新思维和批判性思考能力，以适应快速变化的电子商务环境。
3. 引导学生形成诚信、公正的商业道德观念，在电子商务活动中秉持正直原则。

【引导案例】

淘宝网是 C2C 电子商务模式的典型代表。在淘宝网上，个人卖家可以发布自己的商品信息，与买家进行直接交易。这种模式为普通消费者提供了一个销售自己商品或服务的平台，同时为购物者提供了多样化的购物选择。然而，随着市场竞争的加剧和消费者需求的不断变化，淘宝网也在不断创新和调整运营模式以适应市场变化。

任务 1　C2C 电子商务模式概述

【任务情景】

随着互联网技术的飞速发展，电子商务已成为人们日常生活的重要组成部分。其中，C2C 电子商务模式在互联网商业领域占据了重要地位。它打破了传统商业模式中的时空限制，让消费者能够随时随地进行交易，同时为卖家提供了一个更广阔的销售渠道。本任务旨在对 C2C 电子商务模式进行全面解读，以便更好地理解和应用这一模式。

【任务分析】

为了完成这一任务，我们需要了解 C2C 电子商务模式的概念、特点、优势、分类，C2C 店铺平台模式交易流程，C2C 电子商务的盈利模式及 C2C 电子商务模式的市场影响等，进而掌握 C2C 电子商务模式是如何连接买家和卖家，实现商品和服务交换的。

【知识链接】

一、C2C 电子商务模式的概念与特点

C2C 电子商务模式是消费者与消费者之间借助网络平台直接进行产品或服务交易的商业模式。C2C 电子商务模式的核心是利用互联网技术，为买卖双方提供一个在线交易平台，使个人之间可以方便地进行商品或服务交易。

C2C 电子商务模式的出现，极大地降低了交易成本，提高了交易的效率和便捷性。其主要有以下 6 个特点。

1. 用户数量庞大且分散

C2C 电子商务模式的用户群体非常广泛，包括各种年龄、职业和地域的消费者。这些用户通常既可以是买家也可以是卖家，角色灵活多变。由于用户数量庞大，C2C 电子商务市场上的商品种类极为丰富，可以满足不同消费者的多样化需求。

2. 依赖第三方交易平台

在 C2C 电子商务模式下，买卖双方通常在第三方交易平台上进行交易。这个交易平台提供了信息发布、交易撮合、支付结算及争议解决等一系列服务，确保了交易的顺利进行。例如，淘宝网就是一个典型的 C2C 电子商务交易平台，它提供了从商品浏览、下单支付到物流配送的"一站式"服务。

3. 依赖第三方物流公司

与 B2C 电子商务模式或 B2B 电子商务模式不同，C2C 电子商务模式中的卖家通常不具备自己的物流体系。因此，商品的配送往往需要依赖第三方物流公司。这就要求第三方物流公司具备高效、准时、安全的服务能力，以确保商品能够准确、及时地送达买家手中。

4. 商品信息丰富但质量参差不齐

由于 C2C 电子商务模式下的卖家主要是个人或小型商家，商品质量可能因卖家而异，参差不齐，买家在购买时需更加谨慎。然而，正是因为这种多样化的商品来源，所以在 C2C 电子商务市场上能够找到许多独特的、个性化的商品。

5. 交易金额小且支付形式多样

C2C 电子商务模式下的交易通常以小额为主，这降低了买家的购买门槛和风险。同时，其支付

方式灵活多样，包括在线支付、货到付款等。这种灵活的支付方式不仅提高了交易的便捷性，还增加了买家的购买意愿。

6. 交易纠纷处理难度较大

由于C2C电子商务模式下交易双方都是个人或小型商家，且交易过程缺乏严格的监管机制，一旦发生纠纷，处理起来可能较为困难。这就要求第三方交易平台具备完善的争议解决机制和客户服务体系，以保障交易的公平性和买家的权益。

二、C2C电子商务模式的优势

1. 市场广阔且门槛低

C2C电子商务模式为普通消费者提供了一个低门槛的创业机会。只要有一台联网的计算机或手机，任何人都可以轻松地在网上开店并销售自己的商品或服务。这种低门槛的特性使C2C电子商务市场上充满了创新和活力。

2. 交易灵活便捷

C2C电子商务模式打破了时空限制，让买家和卖家可以随时随地进行交易。买家可以在家中或办公室里轻松浏览和购买商品，而卖家则可以随时随地发布和销售自己的商品。这种灵活便捷的交易方式大大提高了交易的效率，提升了用户的购物体验。

3. 商品多样化和个性化

由于C2C电子商务模式的卖家主要是个人或小型商家，商品种类繁多且充满个性化。买家可以在这个市场上找到许多独特、有创意的商品或服务，满足了其个性化需求。

4. 价格透明且竞争激烈

在C2C电子商务模式下，买家可以轻松地比较不同卖家的价格和服务质量，从而选择最优惠的购买方案。这种价格透明性和竞争性有助于降低商品价格并提高买家的购买意愿。

三、C2C电子商务模式的分类

（一）按交易商品类型分类

按交易商品类型，C2C电子商务模式可以分为实体商品交易、虚拟商品与服务交易。

1. 实体商品交易

（1）综合类商品交易。这类交易平台提供各类商品，包括但不限于服装鞋帽、家居用品、电子产品等。其特点是商品种类繁多，几乎涵盖了消费者日常生活的各个方面。在这些平台上，买家可以根据自己的需求搜索并购买到各式各样的商品。

（2）特定品类商品交易。与综合类商品交易不同，特定品类商品交易平台专注于某一类商品的交易，如二手书、艺术品、珠宝、邮票、古董等。这些平台聚集了对特定品类有浓厚兴趣的买家和卖家，为他们提供一个专业、集中的交易环境。由于商品的专业性和稀缺性，这类交易往往具有较高的价值。

2. 虚拟商品与服务交易

（1）数字产品交易。这类交易包括电子书、音乐、电影、游戏等数字内容的交易。这类商品无须物流，交易过程便捷且即时，买家支付后通常可以立即下载或使用，深受年轻一代消费者的喜爱。

（2）技能服务交易。这类交易涉及的是非实体商品，如设计、编程、翻译等专业技能服务。买家购买的是卖家的专业技能或知识，交易平台则起到连接买家和卖家、确保交易公平进行的作用。这类交易通常需要根据项目的复杂性和工作量协商价格与时间表。

（3）咨询服务交易。这类交易包括教育咨询、法律咨询、心理咨询等专业的咨询服务。通常，买家通过平台找到合适的专家，进行线上或线下的咨询服务交易。

（二）按交易平台运作模式分类

按交易平台运作模式，C2C 电子商务模式可以分为拍卖平台、店铺平台、社交电商平台。

1. 拍卖平台

拍卖平台允许卖家发布商品，并由买家在一定时间内通过竞价的方式购买。最终，出价最高的买家将获得商品。这种模式的特点是，商品价格由市场决定，交易过程公开透明，能够激发消费者的购买欲望。

拍卖模式通常适用于珍稀、独特或具有收藏价值的商品，如艺术品、古董、邮票等。此外，一些二手商品或限量版商品也常常通过拍卖方式进行交易。

eBay 是拍卖模式的典型代表，提供了一个全球性的在线拍卖及购物平台，允许卖家拍卖或一口价出售全新或二手的商品。

2. 店铺平台

店铺平台为卖家提供开设个人店铺的功能，买家可以在店铺中浏览和购买商品。店铺平台通常以会员制方式收费，或通过广告和其他增值服务收取费用。这种模式的特点是交易稳定、商品种类丰富，且买家和卖家之间可以建立长期的信任关系。

店铺模式适用于需要长期经营和建立品牌形象的卖家。通过开设个人店铺，卖家可以展示自己的商品和服务，与买家建立稳定的交易关系。

淘宝网是店铺模式的佼佼者，提供了一个集购物、支付、物流等服务于一体的综合性电商平台，允许个人卖家开设店铺并销售商品。

3. 社交电商平台

社交电商平台结合了社交媒体和电子商务的功能，允许买家和卖家在平台上建立社群关系、分享和推荐商品。这类模式的特点是利用社交属性增加用户黏性，提高交易转化率。买家通过社交平台了解卖家的商品和服务，与卖家进行实时沟通并完成交易。

社交电商模式适用于需要建立买家和卖家之间信任与社群关系的场景。通过社交平台，卖家能更好地了解买家的需求和反馈，从而提供更加个性化的服务。

微信是社交电商模式的代表之一。通过微信公众号或小程序，卖家可以发布商品信息、与买家互动并完成交易。同时，微信还提供了微信支付等便捷的支付工具，为买家和卖家提供了安全可靠

的交易环境。

四、C2C 店铺平台模式交易流程

C2C 电子商务模式交易流程是确保买家和卖家能够顺利、安全地完成交易的关键环节。C2C 电子商务模式中的店铺平台模式交易流程和注意事项如下。

1. 用户注册与登录

在进行 C2C 电子商务交易之前，买家和卖家都需要在交易平台上进行用户注册，填写相关个人信息并通过审核。注册成功后，用户使用自己的账号登录交易平台。

2. 发布商品或服务信息

卖家登录交易平台后，在平台上发布自己要出售的商品或提供的服务信息。这些信息通常包括商品名称、价格、详细描述、图片等，以便买家能够全面了解商品或服务。

3. 浏览与搜索商品

买家登录交易平台后，通过浏览不同的商品类别或使用搜索功能查找自己感兴趣的商品或服务。交易平台通常会提供丰富的搜索选项和排序功能，帮助买家快速找到符合自己需求的商品或服务。

4. 联系卖家与交易协商

当买家找到心仪的商品或服务后，通过交易平台提供的聊天工具或留言功能与卖家取得联系。双方就商品详情、价格、交易方式等进行协商，以达成一致意见。

5. 下订单与支付

在双方协商一致后，买家下订单并选择支付方式。支付方式通常包括支付宝、微信支付、银行转账等。买家需要按照约定的支付方式向卖家支付货款。

6. 发货与收货

卖家在收到支付确认后，会按照约定的方式将商品发货给买家。买家在收到商品后，进行验收并确保商品与描述一致。如果商品有问题，则买家可以与卖家协商退换货。

7. 评价与反馈

交易完成后，买家和卖家都可以在交易平台上对对方进行评价与反馈。这有助于建立交易双方的信誉体系，并为其他用户提供参考信息。

需要注意的事项包括：①在整个交易过程中，买家和卖家都应保持警惕，确保交易的安全性和合法性；②选择信誉良好的 C2C 电子商务平台和可靠的支付方式至关重要；③在交易前，应仔细阅读商品描述和卖家信息，以避免不必要的纠纷；④如遇交易纠纷，应及时与平台客服联系并提供相关证据以便平台介入处理。

五、C2C 电子商务的盈利模式

在 C2C 电子商务模式下，平台不仅提供了便捷的交易环境，更通过各种巧妙的盈利手段，如会员服务、交易提成、广告推广等，实现了商业价值的最大化。这种盈利模式不仅为平台带来了稳定的经济收益，也为消费者和卖家创造了更多商业机会。C2C 电子商务的盈利模式主要有以下 6 种。

1. 交易提成

交易提成是 C2C 电子商务平台的主要收入来源之一。每当平台上发生一笔交易，平台都会按照一定比例从交易额中提取费用。这个比例通常根据商品类型、交易金额及卖家的信誉等设定。这一盈利模式的优势在于，平台的盈利与交易量直接挂钩，因此，能够激励平台不断优化服务，提升用户体验，从而促进交易量增长。

2. 会员费

会员费是 C2C 电子商务平台一项稳定的收入来源。平台为注册会员提供一系列服务，如网上店铺的出租、商品信息的发布、交易安全的保障等。会员根据需求选择不同的会员级别，享受相应的服务。会员费的收取方式灵活多样，可以按年、季或月收费。对于平台来说，会员费不仅为平台运营提供了资金支持，还能在一定程度上筛选优质卖家，提升平台的整体服务质量。

3. 广告费

广告费是 C2C 电子商务平台的另一大收入来源。平台通过向广告主提供广告位收取一定的广告费用。这些广告可能以横幅、弹窗、推荐位等形式出现在平台的各个角落。广告费的多少取决于广告位的显眼程度、平台的流量及广告的点击率等因素。通过合理的广告策略，平台不仅能为自身创造收益，还能为广告主带来有效的曝光率和转化率。

4. 增值服务费

除了基本的交易服务，C2C 电子商务平台还会提供一系列增值服务，如个性化推荐、卖家培训、物流解决方案等。卖家根据自身需求选择相应的增值服务，并支付额外的费用。增值服务费为平台带来了额外的收入来源，也满足了卖家多样化的需求。

5. 特殊服务费

特殊服务费，是指平台为卖家提供的一些特定服务所收取的费用，如定制化服务、优先展示等。这些服务通常需要卖家支付额外的费用，以满足其特定的业务需求。特殊服务费不仅能为平台带来额外的收入，还能为卖家提供更加个性化的服务体验。

6. 拍卖平台

一些 C2C 电子商务平台还提供拍卖服务，允许卖家通过拍卖的方式出售商品。平台会从拍卖成交额中提取一定比例的费用作为收益。拍卖平台不仅能为卖家提供一个新的销售渠道，还能为平台带来可观的收益。同时，拍卖的趣味性和刺激性会吸引更多用户参与，提升平台的活跃度和用户黏性。

六、C2C 电子商务模式的市场影响

C2C 电子商务模式对市场的影响不可忽视，它不仅改变了传统的商业模式和竞争格局，还为消费者带来了更多的便利和选择，同时为社会创造了更多的经济价值。

1. 扩大了市场规模

C2C 电子商务模式推动了市场规模的显著扩大。通过互联网平台，买卖双方能够跨越地域限制

进行交易，极大地拓展了市场的边界。这种模式降低了市场进入门槛，使更多个体经营者和小型企业能够参与到市场竞争中，从而增加了市场的活力和多样性。

2. 改变了消费者行为

C2C 电子商务模式为消费者提供了更多的选择权和便利性。消费者可以在线上比较不同卖家的商品和服务，选择最适合自己的产品。同时，线上购物节省了消费者的时间和精力，使购物更加高效和便捷。

3. 重塑了行业竞争格局

C2C 电子商务模式的兴起对传统零售行业产生了冲击，促使传统商家转型升级以适应新的市场环境。此外，C2C 电子商务平台之间的竞争也推动了行业的创新和发展，不断提升用户体验和服务质量。

4. 增加了就业和创业机会

C2C 电子商务模式为个体经营者和小型企业提供了更多的就业与创业机会。通过在线平台，他们能够以较低的成本快速进入市场，实现自我价值的同时为社会创造更多的就业岗位。

【知识拓展 5-1】

C2C 电子商务模式的发展历程

C2C 电子商务模式的起源以 1995 年拍卖网站 eBay 在美国的成立为标志。eBay 最初是一个在线拍卖网站，为用户提供一个买卖平台，这可以视为 C2C 电子商务模式的开端。

1. 初步发展

随着互联网技术的快速普及，越来越多的人开始通过 eBay 等平台进行二手商品交易，推动了 C2C 电子商务模式的发展。

2. 淘宝网的崛起

2003 年，淘宝网的成立进一步推动了 C2C 电子商务模式的发展。淘宝网提供一个在线购物的平台，打破了传统的线下商店模式，让个人商家可以在互联网上开设店铺，进行商品销售。这一创新不仅带动了 C2C 电子商务模式的发展，也为中国电子商务行业的繁荣奠定了基础。

3. 多样化和细分化

随着电子商务技术的不断发展，C2C 电子商务模式开始出现多样化和细分化。例如，阿里巴巴于 2005 年推出的拍拍网，成为中国最大的 C2C 电子商务平台之一。与淘宝网不同的是，拍拍网的主要交易方式是直接购买，而不是传统的拍卖方式。

4. 微信和微店的崛起

2010 年，微信和微店的崛起进一步推动了 C2C 电子商务模式的发展。通过微店，个人商家在微信平台上开设店铺，直接与消费者进行交易。微信的即时通信功能和社交属性让 C2C 电子商务模式更加便捷、高效。

5. 共享经济的影响

近年来，共享经济的兴起对 C2C 电子商务模式的发展产生了积极影响。共享经济平台如滴滴出行、共享单车等，让人与人之间的闲置资源得到充分利用和共享。这种模式的兴起进一步推动了 C2C 电子商务模式的发展，让消费者在更广阔的范围内获得物品和服务。

【阅读和思考 5-1】

C2C 电子商务平台用户体验提升

随着移动互联网的普及和智能化设备的发展，C2C 电子商务模式迎来新的发展机遇。越来越多的消费者选择通过移动设备进行购物，这对 C2C 电子商务平台提出了更高的要求。为了满足消费者的需求，C2C 电子商务平台需要加强移动端的开发和优化，以为消费者提供更好的移动购物体验。同时，随着社交媒体的兴起，C2C 电子商务平台还可以借助社交媒体的力量，提供社交化的购物体验，增强用户的参与感和互动性。

思考：

1. 移动互联网的普及对 C2C 电子商务模式有哪些影响？
2. C2C 电子商务平台应如何利用社交媒体提升用户体验？

【任务实施 5-1】

结合所学知识，以小组为单位完成以下任务。

1. 选择一个熟悉的 C2C 电子商务平台（如淘宝网、闲鱼等），深入了解其交易流程、支付系统、信誉评价体系等方面的特点。
2. 分析该平台的一些创新举措，探讨其成功的因素及面临的挑战。
3. 根据分析，提出对 C2C 电子商务模式未来发展的看法和建议。

【任务考核 5-1】

考核项目	讨论分析	权 重（%）	分 值
平台特点		20	
创新举措		20	
成功的因素		20	
面临的挑战		20	
对 C2C 电子商务模式未来发展的看法和建议		20	
评 分		100	

任务 2　社交电子商务的兴起与发展

【任务情景】

随着互联网的深入发展和社交媒体的普及，社交电子商务作为一种新型商业模式崭露头角。从微信朋友圈的微商到各大社交平台上的购物功能，社交电子商务已渗透到人们生活的方方面面。本任务旨在了解社交电子商务的兴起与发展，以便更好地把握市场机遇并学会应用这一模式。

【任务分析】

为了完成这一任务，我们需要全面分析社交电子商务的定义、特点、兴起原因、发展历程、优势、主要类型、挑战与风险、发展趋势等，以便更好地理解这一新兴商业模式，并为个人未来发展提供有价值的参考。

【知识链接】

一、社交电子商务的定义及特点

社交电子商务，是指将社交元素与电子商务交易过程相结合的一种新型商业模式。它是基于人际关系网络，利用社交网站、社交媒体等多种传播渠道，通过社交互动、用户自生内容等手段进行品牌或产品的推广，同时将关注、分享、互动等社交元素应用到交易过程中，实现更有效的流量转化和商品销售的电子商务新模式。简而言之，社交电子商务就是在互联网上通过社交关系进行电子商务活动。

社交电子商务不仅继承了传统电子商务的便捷性，还融入了社交元素，形成了一系列独有的特点。

1. 社交化交流

社交电子商务的一个显著特点是提供了用户与他人交流和互动的平台。在这个平台上，用户可以分享购物经验、评价商品、向好友推荐商品，从而大大增强了用户之间的社交互动。例如，在拼多多或微信小程序中，用户可以直接分享自己喜欢的商品到朋友圈或微信群，让更多的人了解和购买该商品。

2. 社交推荐

社交电子商务的另一个显著特点是依靠用户之间的社交关系和互动传播商品信息。这种基于社交网络的推荐方式，不仅增加了购物的信任度，还提高了购物的准确性。因为，用户往往会根据朋友或亲人的推荐和评价做出购买决策。

3. 个性化定制

社交电子商务注重用户个性化的购物体验，通过收集和分析用户的兴趣、偏好和行为数据，为用户推荐个性化的商品和提供定制化的服务。这种个性化定制服务满足了用户的独特需求，提高了用户购物的满意度。

4. 用户参与度高

社交电子商务鼓励用户参与和互动。用户通过点赞、评论、分享等方式提高参与度，形成用户社群和用户粉丝群体。这种高用户参与度有助于建立品牌忠诚和促进商品销售。

5. 创新的营销方式

社交电子商务采用多种创新的营销方式，如团购、秒杀、限时抢购等，以吸引用户购买；同时，通过故事营销、内容营销等方式增强品牌影响力，提高用户对商品的认知度和购买意愿。

6. 多渠道销售

社交电子商务不仅通过自身平台销售商品，还积极利用社交媒体、微信公众号、小程序等多个渠道进行推广和销售，从而扩大了销售渠道和触达用户的范围。

二、社交电子商务的兴起原因

近年来，社交电商迅速兴起，成为电子商务领域的一股新势力。它的崛起并非偶然，而是多种因素共同作用的结果。

1. 用户规模和使用频率的增加

近年来，社交媒体的普及率和使用率持续攀升。据统计，全球社交媒体用户规模已超过 30 亿人，且每周有逾 15 亿人访问社交媒体网站。这样庞大的用户基数和高使用频率，为社交电商的蓬勃发展提供了坚实的市场基础。

2. 技术进步和移动设备的普及

移动互联网技术的突飞猛进，使得智能手机、平板电脑等移动设备广泛普及。这些移动设备为社交电商提供了便捷的平台和工具，使用户能随时随地购物。同时，移动支付技术的成熟为社交电商交易提供了便利。

3. 消费者购买行为的转变

随着消费观念的演变，越来越多的消费者倾向于通过社交媒体了解产品信息并做出购物决策。他们在社交媒体上搜索、分享和评价品牌、产品，社交电商因此应运而生，以满足消费者更加全面、透明的购物信息需求。

4. 社交电商模式的创新

社交电商在商业模式和经营方式上进行了大量创新，如采用拼团、砍价等灵活多样的经营模式。这些创新充分利用了社交网络的力量，吸引了大量消费者参与。

5. 经济和社会因素的影响

在全球经济形势复杂多变的背景下，社交电商以独特优势成为企业和品牌拓展市场、提升销售额的重要渠道。同时，消费者越来越追求个性化和定制化的产品与服务，而社交电商正好能够满足这种独特的需求。

三、社交电商的发展历程

按照时间维度，社交电商的发展历程可以分为以下 3 个阶段。

1. 初创探索与快速发展阶段（2011—2015 年）

在初创探索与快速发展阶段，社交电商崭露头角。随着微信等社交媒体的普及，个人微商逐渐兴起。他们通过社交平台的朋友圈、公众号等功能进行商品销售，打破了传统电商的局限性。关键事件包括：2011 年，个人微商开始在微信等平台上活跃，利用社交关系进行商品推广和销售。随后几年，以拼多多为代表的社交电商平台快速崛起。这些平台通过创新的拼团、砍价等模式，吸引了大量用户，实现了爆发式增长。

这一阶段的市场趋势是社交电商模式的探索和快速发展。微商和社交电商平台的涌现，为消费者提供了更多的购物选择，同时推动了电商行业的创新。

2. 行业调整与规范化发展阶段（2015—2019 年）

进入行业调整与规范化发展阶段，社交电商行业开始经历调整和规范化发展。关键事件包括：随着行业的快速发展，一些微商和社交电商平台开始面临产品质量、售后服务等问题，行业乱象逐渐显露。为了规范市场发展，国家出台支持社交电商发展的政策文件，促进行业规范化。这些政策不仅加强了对社交电商的监管，还为其提供了更好的发展环境。在这一阶段，社交电商逐渐从野蛮生长转向规范化发展。随着市场秩序逐渐好转，大型企业和品牌开始涉足社交电商领域，推动了行业的进一步发展。

3. 行业合规化与创新拓展阶段（2019 年至今）

行业合规化与创新拓展阶段是社交电商行业的合规化与创新拓展期。关键事件包括：2019 年，《中华人民共和国电子商务法》正式实施，对社交电商的合规性提出了更高要求。这促使社交电商平台加强合规化建设，优化供应链和商品质量。在合规化的基础上，社交电商不断创新，探索新的业务模式。直播电商、内容电商等新模式不断涌现，为消费者提供了更加多元化的购物体验。同时，传统电商巨头纷纷布局社交电商领域，加剧了市场竞争。在这一阶段，社交电商市场规模持续扩大，消费者接受度不断提高。随着技术的不断进步和消费者需求的日益多样化，社交电商将继续发挥独特优势，引领电商行业新发展。

四、社交电商的优势

社交电商通过社交网络平台，将商品推荐、销售与用户的社交网络紧密结合，形成了一种全新的购物体验。社交电商的优势显而易见，主要体现在以下 5 个方面。

1. 便捷的注册流程

在社交电商平台上，用户通常无须烦琐的注册步骤即可进行购物。平台会获取用户的社交账号信息以简化注册流程，同时提供便捷的支付方式如微信支付等，从而提升用户的购物体验。

2. 高效率的运营和推广

社交电商利用用户之间的信息传递和社交网络进行商品运营和推广。这种基于人际关系的运营和推广方式具有高效率、低成本的特点，能够迅速将商品信息传播给潜在消费者。

3. 即时的购物信息推广

社交电商的购物圈沿着社交工具中的熟人关系链拓展，能够实现购物信息的即时推广。这种推广方式延长了影响客户的周期，提高了转化率，增强了用户黏性。

4. 功能齐全的社交电商平台

社交电商平台集社交、支付、电商平台等功能于一身。用户在平台上进行社交互动的同时可以完成购物，大大提高了购物的便捷性和趣味性。

5. 强大的用户交互性

社交电商平台允许商家发布优惠信息和促销活动，及时推送给关注平台的用户。这种交互性使得商家能够更好地了解用户需求，提高用户满意度和忠诚度。

五、社交电商的主要类型

社交电商的主要类型包括团购型社交电商、会员制社交电商、内容分享型社交电商、直播卖货型社交电商、小程序社交电商等。这些类型的社交电子商务各具特点，分别通过不同的方式融合了社交与购物，为消费者提供了更加便捷、互动性更强的购物体验。

1. 团购型社交电商

顾名思义，团购型社交电商，是以团购为核心机制的电商平台。在这种模式下，消费者可以通过发起或参与团购活动，以更低的价格购买到心仪的商品。团购通常需要在规定的时间内达到一定的购买人数才能成交，这种方式有效地激励了消费者通过社交媒体分享团购信息，以吸引更多的人参与进来。团购型社交电商的优势在于其强大的裂变能力，能够迅速扩大用户群体，并增加商品的销售量。

拼多多是团购型社交电商的典型代表。在拼多多上，用户可以发起或参与团购活动，通过邀请好友助力，以更低的价格购买商品。这种模式不仅让消费者享受到了团购的优惠，也为商家带来了流量和销售机会。

2. 会员制社交电商

会员制社交电商是以会员制度为核心的电商模式，侧重于通过会员的社交网络进行商品推广和销售。在这种模式下，成为会员通常需要交纳一定的年费，会员可以享受特定的优惠和服务，并有机会通过分享商品获得收益。会员制社交电商的优势在于其能够建立稳定的用户群体，并通过提供专属优惠和服务增强用户的忠诚度和黏性，提高平台活跃度。

云集是一个典型的会员制社交电商。用户在交纳一定费用成为会员后，可以享受平台提供的专属购物折扣和其他会员特权。云集不仅为会员提供了丰富的商品，还鼓励会员通过社交网络分享和推广商品。会员在成功推荐新会员或促成交易后，可以获得相应的分润。这种模式有效地结合了平台的商业利益和消费者的个人利益，从而提高了用户的忠诚度和复购意愿，降低了用户流失率。

3. 内容分享型社交电商

内容分享型社交电商侧重于通过高质量的内容吸引和引导消费者进行购买。这类平台上的内容通常包括购物攻略、产品评测、用户心得分享等，旨在为消费者提供有价值的购物参考。内容分享型社交电商的优势在于，能够建立起消费者与商品之间的信任关系，因为消费者更倾向于购买那些经过真实用户评价并推荐的商品。

小红书就是一个以内容分享为核心的社交电商。用户可以在小红书上分享自己的购物心得、使用体验等，形成大量的用户生成内容。这些内容不仅吸引了大量用户关注和互动，也为商家提供了推广商品的平台。用户在浏览内容的过程中可以直接购买推荐的商品。

4. 直播卖货型社交电商

直播卖货型社交电商是通过在线直播的形式展示和推广商品的电商模式。直播电商可以提供更加真实、生动的商品展示，让消费者更加直观地了解商品的特点和优势。在直播过程中，主播会与观众进行实时互动，解答观众的疑问，并通过提供购买链接或优惠码等促销手段刺激消费者购买。直播卖货型社交电商的优势在于，能够实时与消费者进行互动和沟通，增加商品的曝光度和销售机会。

抖音电商就是一个典型的直播卖货型社交电商。在抖音平台上，商家可以通过直播形式展示和推销商品，与观众进行实时互动，解答观众疑问，并通过直播间的购买链接促成交易。这种模式有效地增加了商品的曝光度，提高了销售转化率。

5. 小程序社交电商

小程序社交电商是利用微信小程序进行商品销售和推广的电商模式。小程序具有流量入口多样、传播和展现形式多样等优势，便于用户发现和分享。

很多中小企业选择通过微信小程序开展社交电商业务。它们利用小程序的"搜一搜、附近小程序、社群、朋友圈"等流量入口，将商品信息快速触达潜在消费者。同时，通过小程序的丰富展现形式，如图片、视频等，提升消费者的购买意愿。

六、社交电商的挑战与风险

社交电商作为一种新兴的电商模式，虽然带来了诸多商业机会，但也面临着不少挑战与风险。

（一）挑战

1. 市场竞争激烈

社交电商市场的竞争正变得越发激烈。由于该行业的进入门槛相对较低，大量企业和创业者纷纷涌入，市场饱和度逐渐增加。近年来，虽然社交电商平台数量激增，但很多平台难以从竞争中脱颖而出。即使像小红书、拼多多这样的知名社交电商平台也不得不持续投入大量资金和资源以维持其市场地位。如何在这样的市场环境中找准自己的定位，并持续提供高质量的产品和服务，是每个社交电商平台都需面对的问题。

2. 用户获取成本高

随着市场竞争的加剧，社交电商平台获取新用户的成本也在持续攀升。推广和广告费用的增加使企业不得不投入更多资金吸引和留住用户，有些平台的用户获取成本已占其运营成本的很大一部分，甚至超过了商品本身的成本。这使得社交电商平台的利润空间被大幅压缩，甚至导致一些平台可能无法维持运营。

3. 数据隐私问题

社交电商在运营中会涉及大量的用户数据，包括个人信息、购物习惯、支付信息等。如何确保这些数据的安全性和隐私性，避免数据泄露和滥用，是社交电商平台必须重视的问题。近年来，已经有多起数据泄露导致用户隐私受损的事件发生，这无疑给社交电商行业敲响了警钟。

（二）风险

1. 法律与合规风险

随着社交电商的快速发展，相关法律法规也在不断完善。社交电商平台必须严格遵守包括《中华人民共和国电子商务法》在内的相关法律法规，否则可能面临重大的法律风险。特别是，涉及传销、虚假宣传、税务等方面的问题，平台要格外注意。

2. 信任风险

社交电商的成功在很大程度上依赖于用户之间的信任和口碑。然而，一些不法分子可能会利用这一特点进行欺诈行为，如虚假宣传、刷单炒信等。这些行为不仅损害了消费者的权益，也严重影响了社交电商的公信力和可持续性。为了建立和维护用户的信任，社交电商平台必须采取严格的措施打击这些不法行为。

3. 技术风险

社交电商的发展离不开技术的支持,包括大数据分析、云计算、人工智能等。然而,这些技术的运用也带来了一定的风险。技术故障、黑客攻击等都可能对平台造成严重影响,甚至导致用户数据泄露和业务瘫痪。因此,社交电商平台需要不断加强技术研发和安全保障工作。

七、社交电商的发展趋势

社交电商作为电子商务与社交媒体的结合体,在商业领域展现出了强大的活力。然而,技术和市场的不断变化意味着这个行业仍有着巨大的发展空间与多种可能性。

1. 移动化与多渠道融合

(1) 增强现实技术与虚拟现实技术的应用。随着技术的进步,未来社交电商可能会引入增强现实技术和虚拟现实技术,让消费者能够在购物前"试穿"或"试用"商品,从而提供更加真实的购物体验。这种技术将商品以三维形式呈现在消费者面前,帮助他们更好地做出购买决策。

(2) 多渠道整合。除了传统的社交媒体平台,社交电商可能会拓展到更多渠道,如智能家居设备、智能手表等,让用户在任何设备上都能轻松购物。通过整合这些渠道,社交电商将能够覆盖更广泛的用户群体,提供更便捷、个性化的购物服务。

2. 社交属性与互动体验进一步深化

(1) 直播与短视频内容增长。借鉴 TikTok 等平台的成功,未来社交电商可能会更加重视直播和短视频内容,通过实时互动和真实展示来吸引消费者。

(2) 用户生成内容推广。平台将开设更多的社区论坛,鼓励用户分享购物体验、评价和推荐商品,这不仅能增强用户黏性,还能为平台提供大量有价值的内容。

3. 智能化与个性化服务进一步提升

(1) 智能助手与购物顾问。利用人工智能技术,开发智能助手或虚拟购物顾问,为用户提供个性化的购物建议和解决方案。

(2) 动态定价与促销策略。根据用户的购买历史、浏览行为和市场需求,实时调整商品价格和促销策略,以使销售效果最大化。

4. 社交电商与线下实体深度融合

(1) 线上线下无缝衔接。社交电商可能会与线下实体店进行更紧密的合作,通过线上平台引流到线下门店,或者将线下门店的商品和服务通过线上平台进行推广和销售,实现线上线下的无缝衔接。

(2) 智能货架与无人店铺。借助物联网和人工智能技术,未来社交电商可能会推出智能货架和无人店铺,让消费者在购物过程中享受更便捷、自助式的服务。

5. 信任与安全机制进一步完善

(1) 区块链技术的应用。为了提高交易的透明度和安全性,社交电商可能引入区块链技术记录和验证交易信息,确保商品的真实性和可追溯性。

(2) 隐私保护的加强。随着数据隐私问题的日益突出,社交电商平台将更加注重用户数据的保护，采用更加安全的加密技术和隐私保护措施。

6. 全球化与跨境电商进一步整合

（1）国际市场的拓展。随着全球化的加速，社交电商可能会进一步拓展国际市场，引入更多优质的海外商品。平台可能会与国际品牌合作，建立全球供应链体系，为消费者提供更加多元化的购物选择。

（2）跨境电商政策的优化。为了适应全球化趋势，各国政府可能会出台更加友好的跨境电商政策，降低关税和物流成本，提高通关效率，为消费者购买海外商品提供更多便利。

总的来说，社交电商在未来将是一个多元化、智能化、个性化和全球化的市场。这些趋势不仅将推动社交电商行业的持续创新和发展，还将为消费者带来更便捷、更高效和更安全的购物体验。随着这些趋势的不断实现，社交电商在未来将发挥更大的商业价值和社会价值。

【知识拓展 5-2】

社交电商与传统电商的区别见表 5-1。

表 5-1　社交电商与传统电商的区别

项目	社交电商	传统电商
获客方式	通过社交媒体平台，利用用户之间的社交互动和分享传播商品信息，吸引消费者	通过广告、搜索引擎优化等方式增加曝光度
顾客群体	通过社交关系建立稳定的顾客群体，顾客之间以点对点的方式进行互动和交易	面向的是大众群体，顾客关系相对不稳定
产品结构	注重产品品质和多样性，以满足消费者的个性化需求	通常经营性价比高的爆款产品，通过价格战吸引顾客
营销方式	通过社交互动、用户自生内容等方式进行营销，营销过程更为轻松愉悦，用户体验度高	营销方式相对单一，主要通过广告和促销活动
用户沉淀	用户可以通过社交关系形成稳定的用户网络，实现用户的有效沉淀	用户难以沉淀，需要不断寻找新流量

【阅读和思考 5-2】

拼多多的社交电商模式

拼多多成立于 2015 年，并以独特的社交电商模式在中国市场迅速崛起。早在创立初期，拼多多就明确了产品形态，并利用微信等社交平台的巨大流量红利，通过分享和拼团购买的方式积累初始用户。仅仅一年后，其单月成交额就突破了 1000 万元，付费用户也迅速增长到 2000 万以上。到了 2018 年，拼多多成功在美国纳斯达克上市，市值一度飙升。如今，拼多多已发展成为一个拥有数亿用户的电商巨头，不仅在用户规模上实现了快速增长，还在商品品类、服务质量和市场份额等方面取得了显著成就。

拼多多的运营模式独具匠心，主要体现在以下几个方面。首先，拼多多充分利用社交分享和拼团购买的方式，让消费者在享受低价购物的同时，通过社交网络的力量带动了平台的用户增长和活跃度。其次，拼多多注重与厂商的直接合作，通过大规模采购降低商品成本，为消费者提供高性价比的商品。最后，拼多多推出了多种营销活动，如砍价免费拿、天天领现金等，这些活动不仅增强了用户黏性，也有效地提高了品牌知名度。总的来说，拼多多的运营模式成功地将社交与电子商务完美结合，为消费者带来了全新的购物体验。

思考：

1. 拼多多是如何通过社交分享和团购模式实现快速增长的？
2. 拼多多的成功对社交电商行业的发展有哪些启示？

【任务实施 5-2】

以小组为单位，选择一个典型的社交电商平台进行深入分析，分析其特点、优势、所属类型、目前存在的问题和挑战，并提出合理的改进建议。

【任务考核 5-2】

考核项目	讨论分析	权 重（%）	分 值
平台特点		20	
平台优势		20	
平台所属类型		10	
问题和挑战		20	
改进建议		30	
评 分		100	

任务3　社交电子商务平台的运营策略与用户行为分析

【任务情景】

随着社交电商的蓬勃发展，如何制定有效的运营策略并深入分析用户行为成了行业关注的焦点。有效的运营策略是社交电商平台成功的关键因素之一。本任务旨在围绕社交电商平台的运营策略和用户行为分析展开，以更好地把握市场动态和消费者需求，增强社交电商平台的市场竞争力。

【任务分析】

为完成这一任务，我们需要从运营策略和用户行为两个方面入手进行深入分析，以学会吸引和保持用户、完善与优化运营策略，为提升社交电商平台市场竞争力提供有价值的参考。

【知识链接】

一、社交电商平台的运营策略

数字化时代，想要有效吸引和保持用户，提高转化率、增强用户黏性，运营策略的制定尤为关键。通过巧妙的运营手法，将社交元素与购物体验紧密结合，不仅可以为消费者打造一个互动性更强、购物更便捷的线上环境，还能助力平台实现持续稳健的发展和商业价值的最大化。

（一）明确市场定位与目标受众

社交电商平台的运营，首要任务是明确自身市场定位与目标受众。这一步不仅为后续运营策略的制定提供了方向，也是整个平台成功的基石。

1. 市场定位

理解市场需求是市场定位的第一步。通过进行深入的市场调研，可以洞察当前市场的需求和趋势。例如，年轻人可能更倾向于追求时尚、新颖的商品，而中老年人则可能更注重商品的实用性和性价比。了解这些需求，有助于平台提供符合市场需求的商品和服务。

分析竞争对手同样重要。进行SWOT分析，即评估竞争对手的优势（Strengths）、劣势（Weaknesses）、机会（Opportunities）和威胁（Threats），以提供全面的市场视角，避免与强大的竞争对手直接冲突，同时找到市场空白，为平台创造独特的竞争优势。

最后，结合市场需求和竞争分析，选择一个或几个具有潜力的细分市场作为目标市场。例如，市场上缺乏专注于某一特定类型商品的电商平台就是一个机会。

2. 目标受众分析

在确定了市场定位后，需要进一步分析目标受众。人口统计特征，如年龄、性别和地域分布，有助于了解受众的基本属性。消费习惯与偏好是另一个重要的分析维度。深入了解目标受众的消费习惯、购物偏好及价格敏感度，有助于提供符合他们需求的商品和服务。

此外，分析目标受众在社交媒体上的活跃程度、互动习惯和内容偏好也至关重要。这不仅有助于更好地在社交媒体上进行推广，还为平台提供了关于受众兴趣和需求的宝贵信息。

（二）塑造独特的品牌形象

在明确了市场定位和目标受众后，需要塑造一个独特的品牌形象。品牌形象是消费者对品牌的总体印象和感知，体现了品牌的核心价值观和个性特点。一个独特的品牌形象可以帮助平台在众多竞争者中脱颖而出，吸引并留住目标受众。

1. 品牌形象设计

设计一个易于识别和记忆的Logo是品牌形象设计的关键。Logo应该简洁明了，能够体现品牌的核心价值观和特点。同时，统一的视觉识别系统也是必不可少的，包括品牌的标准字体、标准色彩、辅助图形等，它们共同构成了品牌的视觉形象。

除了视觉形象外，构建并传播有吸引力的品牌故事也是塑造品牌形象的重要手段。一个引人入胜的品牌故事可以提升品牌的情感价值，让消费者更加信任和喜爱品牌。例如，讲述品牌创立的背景、发展历程及品牌倡导的价值观等。

2. 品牌传播策略

内容营销是传递品牌价值的有效方式之一。通过创作高质量的内容，如博客文章、视频、直播等，向目标受众展示品牌的专业知识和独特见解。这不仅可以提高品牌的知名度，还可以增强消费者对品牌的信任度和忠诚度。

同时，积极利用社交媒体平台进行品牌推广。社交媒体具有传播速度快、互动性强等特点，是品牌推广的重要渠道。在社交媒体上发布品牌动态、与消费者互动，甚至邀请网红或意见领袖进行合作，以增加品牌的曝光度和影响力。

（三）强化用户互动与社群运营

社交电商平台的核心在于其社交属性。因此，强化用户互动与社群运营对提升用户黏性和活跃度至关重要。

1. 社群建设与管理

根据用户兴趣或购买历史建立不同的社群，为用户提供更加个性化和精准的内容推荐与商品推荐。同时，定期举办线上活动，如问答、抽奖、分享会等，提高社群的活跃度，让用户更加积极地参与到社群的互动中来。

为了保持社群的稳定和持续发展，还需要制定一些社群规则和管理制度。例如，禁止发布广告、恶意攻击等行为，以确保社群的良好氛围。

2. 用户生成内容

鼓励用户分享购物体验、评价和心得，丰富平台的内容，增加用户之间的互动和信任。平台设立激励机制，如积分奖励、优质内容展示等，鼓励用户积极分享。

及时回应用户评论和问题，不仅可以建立良好的沟通渠道，还可以让用户感受到平台的关注和尊重。平台可以通过设置专门的客服团队或者利用智能客服系统及时回应用户的问题和反馈。

（四）制定精准的营销策略

为提升用户黏性和转化率，平台需要制定并执行精准的营销策略。这包括个性化推荐和促销活动两个方面。

1. 个性化推荐

运用大数据分析用户行为，为用户推荐个性化的商品。例如，根据用户的浏览历史、购买记录等信息，推荐相似的商品或者搭配商品。这不仅可以提升用户的购物体验，还可以增加平台的销售额。

同时，可以根据用户行为触发营销推送。例如，当用户浏览了某个商品但没有购买时，通过电子邮件、短信或应用内通知等方式向用户推送相关优惠信息或者促销活动，以刺激用户的购买欲望。

2. 促销活动

定期举办限时折扣活动是刺激用户购买欲望的有效手段之一。平台可以选择一些热销商品或者新品进行限时折扣销售，以吸引用户的注意力并增加销售额。

此外，设立会员制度并提供会员专属优惠和增值服务是增强用户黏性和忠诚度的有效方法。平台可以为会员提供更多的优惠折扣、积分兑换等特权，以增强用户对平台的依赖和信任。

（五）优化供应链与物流服务

高效的供应链和物流服务对于提升用户满意度与忠诚度至关重要。为了确保商品质量和运输时效，平台需要与优质供应商建立长期合作关系，并不断完善物流配送体系。

1. 供应链管理

与信誉良好的供应商建立长期合作关系是确保产品质量的重要方面。平台应对供应商进行严格的筛选和评估，确保其具备稳定的生产能力和良好的质量控制体系。同时，与供应商保持密切的沟通和协作，以确保产品的供应稳定性和及时性。

库存管理也是供应链管理的重要环节之一。平台需要根据销售数据和市场需求合理规划库存水平，避免缺货或积压现象的发生。通过引入先进的库存管理系统和技术手段，实现库存的实时监控和预警功能，从而提高库存管理的效率和准确性。

2. 物流配送

与可靠的物流公司合作是确保商品快速且安全地送达用户手中的关键。平台应选择具有良好信誉和高效配送能力的物流公司进行合作，并建立稳定的合作关系。同时，对物流配送过程进行严格的监控和管理，以确保商品在运输过程中的安全性和时效性。

此外，提供订单跟踪功能并及时通知用户订单状态是提升用户满意度的重要手段之一。通过引入先进的订单管理系统和技术手段，平台为用户提供实时的订单状态查询功能，让用户随时了解订单的配送进度和预计送达时间。这不仅可以增强用户的信任感和满意度，还可以提高平台的口碑和品牌形象。

二、社交电商平台的用户行为分析

（一）社交电商平台用户行为

社交电商平台用户的行为具有多样性，主要涉及浏览、选择、购买和互动等方面。

1. 浏览行为

用户在社交电商平台上会主动浏览各类商品信息。平台通常具有较高的用户访问量，用户浏览的内容多倾向于新品和热销产品。此外，用户偏好使用移动端进行浏览，这也反映了社交电商平台用户年轻化和依赖移动设备的特点。

2. 选择行为

在选择商品时，用户会受到个人喜好、品牌认知度、产品特色及价格等多重因素的影响。社交电商平台商品种类繁多，但用户往往会在自己感兴趣的领域进行选择。平台可以通过数据分析和用户反馈优化商品推荐，提高用户的选购效率。

3. 购买行为

用户的购买行为在社交电商平台上更加依赖社交互动。好友的推荐、社交圈的影响及用户评价等都会对购买决策产生重要影响。此外，用户还注重商品的品质与价格平衡，倾向于选择性价比高的商品。

4. 互动行为

社交电商的核心在于社交互动。用户在浏览和购买商品过程中，会积极参与商品的讨论、评价，并与其他用户及卖家进行互动交流。这种互动不仅增强了用户的购买信任度，也提升了购物体验的满意度。

（二）社交电商平台用户行为分析方法

在社交电商平台运营中，深入理解用户行为是至关重要的。这不仅能帮助平台更好地满足用户需求，还能优化运营策略，提升用户满意度和平台的商业价值。常用的用户行为分析方法有以下5种。

1. 行为事件分析

行为事件分析主要是追踪和记录用户在平台上的每一个具体操作，如浏览商品、加入购物车、下单购买等。这种分析方法的核心在于，明确用户行为与转化率、留存率之间的关系。例如，当用户频繁浏览某一类商品但并未下单时，可能意味着该类商品的定价、描述或评价存在问题。通过对这些行为事件的深入分析，平台可以及时调整商品策略，提高用户的购买转化率。

2. 页面点击分析

页面点击分析是通过收集用户在页面上的点击数据，结合热点图等可视化工具，展示用户对平台内容的兴趣点和偏好。如果某个区域的点击率远高于其他区域，那么该区域的内容或设计可能更吸引用户。这种分析方法可以帮助平台优化页面布局和设计，使其更符合用户的浏览和点击习惯。

3. 用户行为路径分析

用户行为路径分析关注的是用户从进入平台到离开平台的整个流程。这种分析方法可以帮助平台了解用户在哪些环节停留时间较长、哪些环节容易流失用户。例如，用户在浏览商品后频繁退出平台，可能意味着商品推荐或搜索功能存在问题。通过优化这些关键路径，平台可以提高用户的留存率和转化率。

4. 用户健康度分析

用户健康度分析主要是评估用户的活跃度和忠诚度。活跃度高的用户更有可能成为平台的忠实粉丝，而忠诚度高的用户则更有可能为平台带来口碑传播效应。通过识别高价值用户和潜在流失用户，平台可以为不同类型的用户提供个性化的服务和营销策略。

5. 漏斗模型分析

漏斗模型分析是一种有效的转化分析方法，可以帮助平台清晰地看到用户在转化过程中的每一步流失情况。例如，从浏览商品到下单购买，哪些环节的流失率最高，为什么用户在这些环节选择离开？通过深入分析这些流失原因，平台可以有针对性地制定改进措施，提高用户的购买转化率。

以上 5 种方法虽各有侧重，但都是为了更好地了解用户需求和行为习惯，优化平台的运营策略和服务质量。在实际应用中，平台可以根据自身需求和资源情况选择合适的方法进行深入分析。

【知识拓展 5-3】

一、竞争对手分析：SWOT 分析

在社交电商平台的市场中，对竞争对手进行 SWOT 分析是制定有效竞争策略的关键。这种分析方法不仅揭示了各自的优势和劣势，还有助于发现机会并识别潜在威胁。

1. 优势（S）

（1）强大的用户基础。一些领先的社交电商平台已经建立了庞大的用户群体，这为他们提供了稳定的市场基础和品牌影响力。

（2）技术创新。某些竞争对手可能拥有先进的技术创新能力，如高效的推荐算法、用户友好的界面设计等。

（3）资金支持。大型竞争对手往往有雄厚的资金支持，可以用于市场营销、产品研发和拓展等方面。

2. 劣势（W）

（1）服务同质化。在激烈的市场竞争中，许多平台提供的产品和服务可能趋于同质化，导致难以突出差异化优势。

（2）用户体验不一致。平台可能在用户体验方面存在差异，如页面加载速度、客户服务响应等。

（3）依赖广告投放。一些平台可能过度依赖广告收入，导致用户体验受到影响。

3. 机会（O）

（1）市场细分。针对特定用户群体进行更精细化的市场细分，提供定制化的产品和服务。

（2）跨界合作。与其他行业的企业进行跨界合作，共同开发新产品或服务，拓展市场份额。

（3）应用新技术。积极应用新技术，如人工智能、大数据等，提升平台的运营效率和用户体验。

4. 威胁（T）

（1）监管风险。随着社交电商的快速发展，相关法规政策也可能进行调整，这会带来潜在的监管风险。

（2）市场竞争加剧。新进入市场的竞争者可能采用更加激进的市场策略，对现有市场格局造成冲击。

（3）用户隐私保护。随着用户隐私保护意识的提高，平台需要更加注重对用户数据的保护。

二、法律法规与伦理道德

在社交电商平台的运营过程中，法律法规与伦理道德是不可忽视的重要问题。

1. 法律法规

（1）遵守电商法。平台必须遵守《中华人民共和国电子商务法》等相关法律法规，保障用户权益和市场秩序。

（2）保护用户隐私。依据《中华人民共和国个人信息保护法》等法律，严格保护用户个人信息，防止数据泄露和滥用。

（3）知识产权保护。尊重并保护知识产权，禁止销售假冒伪劣商品和侵犯知识产权的产品。

2. 伦理道德

（1）诚信经营。平台应坚持诚信经营原则，不虚假宣传、不误导消费者。

（2）社会责任。积极履行社会责任，关注环境保护、公益事业等方面。

（3）用户友好。提供优质的客户服务，及时解决用户问题和投诉，营造良好的用户口碑。

【阅读和思考 5-3】

小红书的运营管理

小红书作为一个融合了社交分享与电子商务的平台，其成功在很大程度上可以归结于对用户使用习惯的深刻理解与运用。

在小红书的内容流中，用户发现自己感兴趣的内容往往会被优先展示。例如，喜欢美妆的用户可能会发现，他们浏览的内容中，美妆教程、新品试色等出现的频率更高。这种看似巧合的匹配，实际上是小红书背后对用户浏览、点赞、评论和分享等行为的综合分析与运用，确保了内容的精准推送。

除内容推荐外，小红书的电商部分也体现了对用户喜好的精准把握。当用户浏览或搜索某类商品时，平台会展示与用户兴趣点高度相关的商品。例如，经常搜索和浏览时尚穿搭的用户，会在其购物页面看到更多时尚服饰的推荐。这种个性化的商品推荐，有效提高了用户的购买意愿和平台的转化率。

小红书的社区交流氛围十分活跃，这得益于平台对用户互动行为的细致观察与引导。通过识别用户的兴趣点和交流习惯，小红书能够推送更有可能引发讨论的话题和内容，从而促进用户间的互动交流，增强社区的凝聚力。

思考：用户行为分析在社交电商平台运营中的重要性是什么？

【任务实施 5-3】

根据本任务中的社交电商类型，深入分析其市场定位、用户群体、运营策略等。

【任务考核 5-3】

考核项目	讨论分析	权重（%）	分 值
市场定位		20	
用户群体		20	
运营策略		60	
评 分		100	

项目小结

本项目从多个维度对 C2C 与社交电子商务模式的运营进行了探讨。

任务1阐述了 C2C 电子商务模式的概念、特点、优势、分类，C2C 店铺平台模式交易流程，C2C 电子商务的盈利模式及 C2C 商务模式的市场影响。C2C 电子商务模式允许个人之间进行直接的商品或服务交易，展现了交易的灵活性和商品的多样性。

任务2探讨了社交电子商务的兴起与发展，包括社交电商的定义、特点、兴起原因、发展历程、优势及其主要类型。同时，指出了这一新兴模式面临的挑战与风险及发展趋势。社交电商作为新时代的产物，融合了社交媒体与电商的精髓，使用户在社交互动中轻松购物。

任务3聚焦于社交电商平台的运营策略及用户行为分析，通过对社交电子商务平台的运营策略和用户行为分析的深入研究，可以更好地理解如何吸引和保持用户，以及如何通过数据分析完善和优化运营策略，从而提升用户体验和平台的商业效益。

项目作业

一、单项选择题

1. C2C 电子商务模式是指（　　）。
   A. 商家与商家之间的商业模式　　　　B. 消费者与商家之间的商业模式
   C. 商家对消费者　　　　　　　　　　D. 消费者对消费者

2. 在 C2C 电子商务交易中，商品或服务的提供者是（　　）。
   A. 电商平台　　　B. 个人卖家　　　C. 企业卖家　　　D. 批发商

3. 下列不是 C2C 电子商务模式优势的是（　　）。
   A. 商品多样化和个性化　　　　　　　B. 交易灵活便捷
   C. 质量控制严格　　　　　　　　　　D. 价格相对便宜

4. 社交电商进行商品推广和销售的方式是（　　）。
   A. 社交媒体平台　　　　　　　　　　B. 电视广告
   C. 实体店铺　　　　　　　　　　　　D. 电话销售

5. 小红书的社交电商平台类型是（　　）。
   A. 团购型社交电商　　　　　　　　　B. 会员制社交电商
   C. 内容分享型社交电商　　　　　　　D. 直播卖货型社交电商

6. 用户在社交电商平台上的下列行为中对于平台运营至关重要的是（　　）。
   A. 浏览商品　　　B. 点赞　　　C. 分享　　　D. 评论

7. 相较于传统电商，社交电商的优势不包括（　　）。
   A. 用户黏性高　　　B. 营销成本低　　　C. 购物体验差　　　D. 互动性强

8. 在社交电商中，对于个性化推荐系统的构建尤为重要的用户行为数据是（　　）。
   A. 用户的浏览历史　　　　　　　　　B. 用户的购买记录
   C. 用户的搜索记录　　　　　　　　　D. 以上所有

二、多项选择题

1. C2C 电子商务的盈利模式通常包括（　　）。
   A. 交易提成　　　B. 广告费　　　C. 会员费　　　D. 增值服务费

2. 社交电商的兴起原因有（　　）。
   A. 用户规模和使用频率的增加　　　　B. 消费者购买行为的转变
   C. 技术进步和移动设备的普及　　　　D. 电商平台的推广

3. 社交电商平台可能面临的挑战和风险包括（　　）。
   A. 数据隐私问题　　　　　　　　　　B. 信任风险
   C. 用户获取成本高　　　　　　　　　D. 市场竞争激烈

4. 社交电商平台的用户行为分析可以帮助企业了解（　　）。
   A. 用户偏好　　　B. 购买习惯　　　C. 消费能力　　　D. 社交影响力

5. 在 C2C 电子商务交易中，平台方一般提供的服务有（　　）。

A. 交易安全保障　　　　　　　　　　B. 交易纠纷处理
C. 支付服务　　　　　　　　　　　　D. 物流配送

6. 用户在社交电商平台上的互动行为包括（　　）。

A. 点赞　　　　　B. 评论　　　　　C. 分享　　　　　D. 举报

7. 社交电商的发展趋势可能包括（　　）。

A. 社交属性与互动体验进一步深化　　B. 智能化与个性化服务进一步提升
C. 社交电商与线下实体店完全分离　　D. 全球化与跨境电商进一步整合

8. 社交电商平台常用的用户行为分析方法有（　　）。

A. 行为事件分析　　　　　　　　　　B. 随机抽样调查
C. 用户行为路径分析　　　　　　　　D. 漏斗模型分析

三、简答题

1. 简述 C2C 电子商务模式的基本特点。

2. 按交易平台的运作模式分类，C2C 电子商务平台可分为哪几种？简要说明每一种平台的特点。

3. 简述社交电商的基本特点。

4. 简述社交电商与传统电子商务的区别。

5. 简述社交电商平台的运营策略。

第三篇
电子商务运营与管理

项目6　电子商务网站规划与建设

【项目导读】

对于中小企业来说，规划与建设属于自己的电子商务平台有诸多益处。企业不仅能独立管理商品信息与销售数据，以更精准地捕捉市场脉动；而且能利用网站推广品牌及商品，以提升自身市场知名度。此外，企业还可通过在线平台进行销售和提供客户支持，以有效增加销售额并提升客户满意度。本项目将深入探讨电子商务网站的规划流程、网站设计与用户体验、网站内容的组织与管理，以期为企业自建电子商务网站提供支持。

【技能目标】

1. 能够制定出切实可行的网站规划方案。
2. 能够运用用户体验设计的原则和技巧，提升网站的互动性和用户满意度。
3. 能够分析和优化电子商务网站结构，确保信息的逻辑性和易用性。
4. 能够熟练进行网站内容的规划、分类、组织、管理和优化，保持网站信息的专业度和吸引力。

【知识目标】

1. 了解电子商务网站的规划流程。
2. 知晓电子商务网站的用户体验设计。
3. 认识电子商务网站结构。
4. 了解网站内容的组织与管理。

【思政素质目标】

1. 通过电子商务网站的规划与建设，培养学生高度的社会责任感。
2. 强化学生的法律法规意识，确保在电子商务网站规划与建设过程中遵守相关法律法规，维护网络安全和保障用户隐私。

3. 增强学生的团队合作精神，通过与团队成员的协作，共同推进电子商务网站项目的成功实施。

【引导案例】

迪卡侬 Perfly 提供连锁运动用品经营和体育全产业链的支持，拥有丰富的自有品牌产品战线，并根据不同的运动类别分为 20 个不同名称的品牌。其产品涵盖运动服饰、装备和各种创意运动产品，对于初学者和职业运动员来说，不但能满足其需求，而且产品性价比较高。2020 年 12 月，世界品牌实验室发布 2020 年《世界品牌 500 强》榜单，迪卡侬排第 496 位。

迪卡侬 Perfly 的网站建设方案，旨在将前沿的数据分析技术与用户体验设计相结合，打造一个在线平台。该方案不仅整合了全球范围的市场与用户数据，为品牌提供市场洞察和用户行为分析，还注重在全球范围优化用户体验，确保用户在浏览、选择、购买产品的每一个环节都能享受到流畅、便捷、个性化的服务。

在逻辑结构上，迪卡侬 Perfly 网站设计借助快速分类让用户迅速落地至多层级对应的内容。面对众多的移动端媒体发布平台，迪卡侬 Perfly 在结合客户基本需求的基础上，打造了一个既具有视觉冲击力又能提供卓越用户体验的移动端网站。

任务 1　电子商务网站的规划流程

【任务情景】

在电子商务网站建设之前，必须做好一系列准备工作，也就是网站的规划设计工作。网站规划对网站建设起到计划和指导作用，对网站的内容和维护起到定位作用。本任务旨在通过了解电子商务网站规划的关键步骤和方法，制定出切实可行的网站规划方案。

【任务分析】

为了完成这一任务，我们需要掌握电子商务网站建站目标的确定、技术解决方案的制定、信息结构的设计及其优化要点等，从而制定切实可行的实施方案。

【知识链接】

网站规划，是指在网站建设前对市场进行分析，确定网站的目的和功能，并根据需要对网站建设中的技术、内容、费用、测试、维护等做出规划。一个成功的电子商务网站建设过程应是合理的、有效的，符合科学的流程。电子商务网站的一般规划流程可划分为以下 3 个阶段。

一、确定建站目标

企业根据经营发展战略，确定电子商务网站的战略目标、电子商务网站的模式和商务模型，从而进行电子商务网站定位，确定网站类型、业务领域、服务对象等。

1. 市场调研与需求分析

首先，要确定目标市场和潜在客户，这是电子商务网站规划的关键步骤，将直接影响网站的设计、营销策略和最终的商业成功。这个过程是动态的，需要根据市场和业务的变化不断调整、优化。其次，要了解竞争对手的电子商务策略，进而确定自身产品或服务的独特卖点。

2. 确定网站的类型

对于一个企业来说，建立电子商务网站只是电子商务系统的一部分或技术手段之一，所以，网站的规划与网站的目标定位应在电子商务系统规划的基础上进行，建一个什么样的网站应根据市场调研与需求分析而定，还应与企业的经营发展战略一致。据此，企业进一步确定网站的电子商务模式。

3. 确定网站的业务领域

在确定了网站的类型后，需要进一步确定电子商务网站经营的产品和服务领域。确定网站的主要功能，如产品展示、在线交易、客户服务等。确定技术需求，如是否需要支持多语言、多货币等。

4. 确定网站的服务对象

只要确定了网站的类型与业务领域，就能确定网站的服务对象，即访问网站的消费者、合作伙伴或其他用户。通过收集和分析现有客户或早期用户的反馈，了解他们的需求和改进点。通过A/B测试、市场测试等方法验证目标市场和客户定位的准确性。

5. 确定网站的主题

在制作网站前，要确定网站的主题，即明确网站内容，是专门卖化妆品的网站，还是类似淘宝网的综合网站。根据已经确定的主题，确定网站的名字，再根据网站的名字注册一个易于记忆且与业务相关的域名，同时选择一个可靠的网站托管服务提供商。

二、确定网站的技术解决方案

网站的技术解决方案是对网站规划中技术实施环节的确定。技术解决方案的确定直接决定了网站建设的人员配备、资源配备，具体包括以下4点。

1. 服务器的选用

网站制作完成后，要上传到互联网服务器上，才能被互联网用户浏览。互联网服务器有很多种，在规划阶段，首先应确定服务器的类型。只有在服务器类型确定后，才能进行服务器平台选型，以及开发技术选型、数据库选型等工作。服务器的选用有2种方法：一是采用自建服务器，二是租用虚拟主机。

2. 服务器平台选型

用什么语言进行开发，首先要知道服务器操作系统类型，即服务器平台选型问题。在网站规划阶段，必须明确服务器平台类型，才能确定开发技术，即选择了什么样的服务器操作系统，决定了什么样的网络开发环境才能与之更好地配合，最终建设好电子商务网站。

3. 开发技术选型

开发技术选型，简单来说，就是选择什么软件环境开发电子商务网站。这就需要考虑开发效率、安全性、可扩展性、成本与服务器平台的兼容性等多个因素。网站开发环境要与服务器平台选型相配合，才能达到最理想的效果。

4. 数据库选型

网站大量使用数据库管理页面内容，数据库的优劣直接决定网站的安全性。数据库选型就是解决采用何种数据库系统的问题，只有确定了数据库系统的类型，才能开始建立数据库，网站的编程工作才能正式开始。

三、设计网站的信息结构

网站的信息结构是网站设计的关键组成部分，关注如何从用户的角度出发，合理地设计和组织网站信息。一个精心设计的信息结构不仅能提升用户体验，还能有效支持业务目标实现。

网站的信息结构设计通常包括规划网站的主要内容区域和分类、确定各个栏目下的具体内容和表现形式、设计网站文件和资源的组织方式、构建网站内部的链接关系、设计直观易用的导航系统、帮助用户快速定位所需信息。

（一）栏目设计

如果说构建一个网站类似于写一篇文章，那么栏目便类似于网站的提纲。在网站定位后，先进行栏目设计，才能使后继的开发对网站的内容层次有一个清晰的了解。栏目设计的基本任务是使内容紧扣主题，要确定哪些是必需的栏目，哪些是重点栏目。当网站内容比较多时，还要建立栏目的层次结构。

（二）栏目设计原则

网站的栏目规划首先要做到"提纲挈领、点题明义"，提炼出网站中每一部分的内容，清晰地告诉浏览者网站在说什么，有哪些信息和功能。

网站的栏目要以网站的主题为中心，所有栏目要围绕主题进行设置。将网站的主题按一定的方法分类，并将它们作为网站的主栏目。主栏目数量在总栏目中要占绝对优势，这样的网站不仅专业而且主题突出，容易给人留下深刻印象。

如果栏目名称平易朴实，人们就容易接受；如果栏目名称能体现一定的内涵，给浏览者更多的视觉冲击和空间想象力，就能凸显特色。网站的栏目是一个网站某类内容的概括，一般用几个字表达即可，并且用词要精简达意。

（三）栏目设计方法

1. 分类法

分类法就是把在网站展示的所有资料分门别类，每个类别成为一个栏目。这是在给定文字、图片等素材的情况下进行的一种快捷栏目设置方法。在使用这种方法进行网站栏目设置时，一定要注意资料必须先进行整理，剔除无关、无用资料，以使分类符合实际。

2. 参照法

参照法就是参照同类网站设置的栏目，结合实际需要进行栏目设置的方法。这种方法可以综合其他网站的长处，广收博取，集众网站之长，形成独特的风格。在使用这种方法时，应注意参照网站的选取，一般选择具有代表性的权威网站、同类网站做参照，同时要注意"去粗取精"。

（四）栏目设计要点

网站的设计要确保所有列出的栏目都包含网站最具价值的内容，以提升用户访问价值；同时，要移除与网站定位不相关或不增加用户价值的栏目，保持网站内容的专注性和一致性。

栏目设计应以用户为中心，包含所有同类网站普遍具有的基本栏目，以满足用户的普遍期待和需求，便于访问者浏览和查询，提升用户体验。

对于70%以上的同类网站所共有的栏目，建议纳入，以保持竞争力和行业标准。对于只有50%的网站拥有的栏目，在征询客户意见后，根据网站的具体目标和用户需求决定是否采纳。对于50%以下网站拥有的特色栏目，应根据网站的独特定位和实际情况进行细致评估，决定是否作为差异化竞争的亮点。

【知识拓展 6-1】

电子商务网站建设是当前商业领域的一项重要任务。随着互联网的普及和技术的不断发展，越来越多的企业意识到通过在线渠道拓展业务的重要性。一个成功的电子商务网站不仅是一个展示产品的平台，更是一个能够吸引客户、提供良好购物体验并实现交易的综合性系统。电子商务网站建设优化要点有以下4个。

一、功能扩展性

电子商务网站的功能完整性是其可用性的关键，不仅包括初始实现时的功能完整性，还涉及产品购买后的功能更新。通常，产品的功能丰富程度与价格成正比，但这要求企业对自身需求有深刻理解。虽然 SaaS 服务产品如淘宝等提供了良好的功能扩展性，且成本相对较低，但它们可能无法满足复杂业务的需求。因此，企业应选择能够随着业务发展不断更新的平台。

二、用户友好性

用户界面的简洁性和易用性是电子商务网站成功的关键因素之一。数据显示，大多数用户在注册后 24 小时内回访，认为淘宝等平台的用户界面符合他们的认知标准，易于理解和学习。如果一个产品需要超过一天的学习时间，那么它可能不是一个好的选择。因此，电子商务网站的设计应以用户为中心，缩短学习曲线。

三、注重性价比

高性价比的电子商务网站不仅要考虑产品价格，还要考虑企业运营成本。在当前竞争激烈的市场中，选择一个成本效益高的电子商务平台对于中小企业来说尤为重要。

四、安全性、效率与稳定性

安全性、效率和稳定性是电子商务网站服务提供商必须满足的最高标准，尽管这些因素对用户来说不能直观感受到。电子商务网站作为买卖双方进行交易的平台，网络环境的安全性和用户数据的保密性至关重要。这要求服务提供商具备高水平的技术能力，以确保交易的安全性和数据的保密性。

【阅读和思考 6-1】

当前常见的电子商务网站

当前常见的电子商务网站有淘宝、抖音、拼多多、小红书、京东商城、天猫商城、亚马逊等。

根据中商产业研究院的报告，中国电子商务交易额在 2023 年达到 46.83 万亿元人民币，预计到 2024 年将增长至 50.43 万亿元人民币。中国将继续保持全球最大电商市场地位，市场规模预计将达 2.2 万亿美元，占全球电商总销售额的近一半。截至 2024 年 2 月，中国电商网站排名 Top15 的情况见表 6-1。

表 6-1　截至 2024 年 2 月中国电商网站排名 Top15

网　站	中国排名	简　介
淘宝 (taobao.com)	6	淘宝是 B2C 电子商务平台，成立于 2003 年，在与 eBay 的激烈竞争后，于 2005 年巩固了其作为中国最大电商平台的市场地位。支付宝的推出增强了淘宝在中国电子商务市场中的重要性。虽然假货、刷单等负面信息曝光让淘宝备受指责，但在阿里巴巴的不断改革中，符合众多消费者消费需求的淘宝网依然拥有强大的生命力。近年来，淘宝一直专注于直播电商领域，让卖家通过视频展示产品，与顾客实时联系
抖音 (douyin.com)	7	抖音是由字节跳动孵化的一款音乐创意短视频社交软件，于 2016 年上线。2018 年 3 月，抖音上线购物车，开放直播功能，直播带货一并开放。2020 年 10 月，抖音宣布不再支持第三方来源商品进入直播购物。"直播+电子商务"的新零售业态加速兴起。抖音电商受益于平台强大的用户基础和高度智能化的算法系统，用户可以通过观看视频、分享商品、下单购买等环节轻松完成一次购物体验。2023 年，抖音电子商务销售额已突破 2 万亿元，同比增长超过 60%。抖音的兴趣电子商务正在成为未来电子商务发展的重要趋势
拼多多 (pinduoduo.com)	9	拼多多是一家专注于拼团的第三方社交电子商务平台，成立于 2015 年 9 月，用户通过发起和朋友、家人、邻居等的拼团，可以更低的价格购买优质商品。拼多多旨在凝聚更多人的力量，用更低的价格买到更好的东西，体会更多的实惠和乐趣。通过沟通分享形成的社交理念，形成了拼多多独特的新社交电子商务思维。拼多多发起声势浩大的"百亿补贴"活动引起了大量关注
小红书 (xiaohongshu.com)	10	和其他电商平台不同，小红书是从社区起家的。一开始，用户注重在社区里分享海外购物经验；到后来，除了美妆、个护，小红书上还出现了关于运动、旅游、家居、旅行、酒店、餐馆的信息分享，触及了消费经验和生活方式的方方面面。如今，社区已成为小红书的壁垒，也是其他平台无法复制的地方
京东商城 (jd.com)	12	自 2004 年正式涉足电子商务领域以来，京东商城连续 7 年增长率超过 200%。京东商城热衷于探索新技术，包括自动驾驶、人工智能驱动的车辆和无人机。虽然大部分创新仍处于开发阶段，但京东商城已经拥有世界上最大的无人机送货基础设施。此外，京东商城还一直扩大其物流网络并投资技术以改善配送服务
天猫商城 (tmall.com)	17	天猫商城曾经借淘宝上位，更专注于 B2C 电子商务，并整合了众多品牌商与生产商，为商家和消费者提供"一站式"的购物服务。在假货横行的今天，天猫 100% 正品的宣传口号正是吸引大部分人眼球的秘诀。消费者不再只贪图便宜货，而是逐渐转向专注购物质量与体验，这也逐渐成为天猫的优势之一
阿里巴巴 (1688.com)	44	1999 年，马云创办 1688 网站，即阿里巴巴的前身。现在 1688 作为阿里巴巴集团的旗舰业务，是中国领先的小企业国内贸易电子商务平台。1688 作为阿里巴巴集团旗下的子公司，在 CBBS 电子商务体系中代表企业的利益，为全球数千万的买家和供应商提供商机信息，以及便捷安全的在线交易，是一个商人以商会友、真实互动的社区空间

续表

网 站	中国排名	简 介
什么值得买 （smzdm.com）	61	什么值得买是于2010年6月创建的一家消费门户网站，实时推送优质的网购优惠信息、真实的原创购物攻略，力求成为消费者心目中的"品质消费第一站"，内容涉及3C家电、家居生活、时尚运动、海淘、旅游、汽车、信用卡等多个领域。2021年3月25日，什么值得买App10.0上线。以"消费百科"为底层结构打造Wiki共建式消费内容社区
美团网 （meituan.com）	131	美团成立于2010年3月，是国内第一家建大型客服中心的团购网站，占据团购市场50%以上的市场份额，且营业额一直保持高速增长。美团的过期包退是全球首创，连团购网站鼻祖Groupon至今也没能实现。美团推出"团购无忧"的售后服务计划，内容包括购买7天后未消费无条件退款、消费不满意美团就免单、过期未消费一键退款
大众点评 （dianping.com）	199	大众点评成立于2003年4月，是全球最早建立的独立第三方消费点评网站。其经过近十年的数据积累，涵盖了全国大部分餐饮商户。2015年，饿了么、百度外卖、美团外卖等加入，大众点评的根基就是其海量的商户信息、多年的点评内容和忠实的客户
亚马逊中国 （amazon.cn）	328	亚马逊中国成立于2004年8月，是Amazon.com在中国大陆的地区性网站。2019年，亚马逊宣布退出中国大陆地区，对电子商务市场只保留部分业务。目前，亚马逊在中国布局的核心战略业务包括以亚马逊海外购和亚马逊全球开店为中心的跨境电子商务、Kindle电子书阅读器和电子书、亚马逊物流运营和亚马逊云计算服务。自2024年1月27日起，亚马逊海外购将进一步拥抱移动购物趋势，推出新版"亚马逊购物"App，计算机端不再提供购物服务
唯品会 （vip.com）	393	唯品会成立于2008年，在中国开创了"名牌折扣+限时抢购+正品保障"的创新电子商务模式，并持续深化为"精选品牌+深度折扣+限时抢购"的正品时尚特卖模式。在线销售如服饰鞋包、美妆、母婴、居家等各类名品。累计合作品牌超过3万家，深度合作国内外品牌超过6000家。超千人的专业买手团队，通过亲身体验，结合大数据及智能分析，为消费者精准推荐品质好货
华为商城 （vmall.com）	397	华为商城是华为公司旗下的自营电商平台，以最终用户为主要对象，提供华为手机、无线上网设备、平板电脑、配件等系列终端产品和服务，是一个以营造用户的移动信息生活为服务宗旨的互联网商务平台
苏宁易购 （suning.com）	447	苏宁易购是苏宁电器旗下的B2C电子商务网站。随着业务的扩张，如今除了电器还包括日用百货等品类。2011年，苏宁开始施行线上线下同步发展的策略以不断提升网络市场份额。苏宁凭借强大的物流网络、实体店体验及售后服务支持，在众多电商平台中占有重要地位
当当网 （dangdang.com）	661	当当网从1999年11月正式开通至今，已从早期的网上卖书拓展到网上卖各品类百货，包括图书音像、美妆、家居、母婴、服装和3C数码等几十个大类数百万种商品。在物流方面，当当网在全国600个城市实现"111全天达"，在1200多个区县实现了次日达，货到付款方面覆盖全国2700个区县。当当网于美国时间2010年12月8日在纽约证券交易所正式挂牌上市，成为中国第一家完全基于线上业务、在美国上市的B2C网上商城

资料来源：以上数据来自国外数据统计网站SimilarWeb于2023年12月更新的数据（注：SimilarWeb的指标仅衡量网站性能，并不考虑移动应用或小程序的流量；由于平台流量每月浮动，以上排名不仅仅参考单月流量）。

思考：如何提高电子商务网站流量？

【任务实施6-1】

以个人或小组为单位，完成以下任务。

1. 搭建电子商务网站需要做好哪些准备工作？
2. 常见的网站搭建平台有哪些？
3. 企业官网搭建有哪几种方案？

【任务考核 6-1】

考核项目	讨论分析	权 重（%）	分 值
建站准备		30	
建站平台		30	
企业官网搭建方案		40	
评 分		100	

任务 2　网站设计与用户体验

【任务情景】

一个成功的电子商务网站需要具备良好的用户界面和用户体验。用户界面应力求简洁清晰，使用户能够轻松找到所需信息，而用户体验则涉及网站的加载速度、响应及易用性等方面。本任务旨在围绕网站设计相关要点展开探讨，以便更好地吸引和保留用户。

【任务分析】

为完成这一任务，我们需要掌握电子商务网站设计的定义及原则、网站的可视化设计、网页布局及提升网站用户体验的方法。

【知识链接】

一、网站设计的定义及原则

网站设计是以互联网技术和数字交互式技术为基础，依照用户需求并遵循艺术设计规律，设计与商业宣传目的相关的网站的过程。它是商业功能和视觉艺术相结合的设计。

例如，喜茶网的页面布局与内容结构清晰、易读，在页面的顶部和底部分别设置了导航菜单，

图 6-1　喜茶官网首页示例

便于用户在网站各页面之间跳转（见图6-1）。其网页内容采用图文结合形式，标题与正文内容区分明显，且文字精练，可使用户快速阅读。此外，其还为页面中相应的元素添加交互效果，给用户很好的提示和指引，实现了网站功能、商业宣传和视觉艺术的完美结合。

网站设计一般应遵循三个原则：一是能最大限度地满足用户需要；二是能最有效地利用资源；三是使用方便，界面友好，运行高效。

二、网站的可视化设计

（一）版面布局设计

"版面布局设计"中的"版面"是指用户在浏览器中看到的一个完整页面（可以包含框架和层）；"布局"是指在一个限定的面积范围内，合理安排图片、文字的位置，按照轻重缓急和审美要求逐步将信息展示出来的过程。精确的布局、美观的页面、规范的版式，会给用户留下深刻的印象。在网站版面布局设计中须遵循以下4个原则。

1. 以用户为中心

以用户为中心的原则要求版面布局设计站在浏览者的角度考虑，网站的客户群决定了版面布局的方法。例如，以儿童用品为主题的电子商务网站，采用海报式布局是其最佳的选择；而新闻页面则适合采用上下结构的布局方法。同时，网站版面最好使用所有浏览器都支持的格式，不要使用只有部分浏览器支持的 HTML 格式或程序。可以在主页中设置几种不同的浏览模式选项，如纯文字模式、Frame 模式、Java 模式等，供浏览者自行选择。此外，须考虑用户的网络连接，不要放置一些大容量文件，导致下载耗时很长。

例如，麦当劳的官网首页采用产品图片与文字相结合的方式，使内容表现更加直观。其不规则的长方形排版处理更富有新意，也更方便用户操作（见图6-2）。

图6-2　麦当劳官网首页示例

2. 主题明确

网站设计要表达的是一定的意图和要求，故首先要有明确的主题。可按照视觉心理规律和形式将主题主动传达给浏览者，以使主题在适当的环境中被人们及时地理解和接受，从而满足其需求。具体在设计网页布局时可将网页的主要部分放在左上角及上面居中位置，而无关紧要的内容则放置在其他位置，做到主题突出、主次分明。此外，网站页面设计不但要清晰和精确，而且要在强调艺术性的同时注重通过独特的风格和强烈的视觉冲击力鲜明地突出设计主题。网站内容与视觉效果要兼顾，形成和谐统一的整体布局。

例如，小米的官网首页设计风格极其简约，只突出了两个元素，一个是品牌，另一个是主打产品（见图 6-3）。其每个国家的网站除了语言不同，其他元素都基本保持不变。这是由小米的品牌形象识别系统决定的。在大众人群中，小米已建立了一定的企业形象，所以，其官网页面采用极其简约的视觉设计风格，通过米白色的背景色搭配黑色文字及产品广告图片，重点突出其旗下主推产品。

图 6-3 小米官网首页示例

3. 视觉美观

在设计网站时，首先，要根据网站信息内容的关联性对网站页面进行整体规划，把页面分割成不同的视觉区域；其次，根据每一部分的重要程度，采用不同的视觉表现手段，给每一部分信息相对准确的定位，使整个网站结构清晰，并综合应用各种视觉效果表现方法，为用户提供视觉美观、操作方便的网站页面。

例如，格力官网首页设计精良，色彩搭配和谐，并且用户可以清晰地看到各种产品的分类和展示（见图 6-4）。

图 6-4 格力官网首页示例

4. 表现形式与内容统一

网站页面具有多屏、分页、嵌套等特性，设计者可以适当变化其表现形式，以达到多变的处理效果，丰富整个网站页面的形式美。需要注意的是，单个页面形式与内容统一的同时，不能忽视同一主题下由多个分页面组成的整体网站的表现形式与整体内容的统一。也就是说，在网页设计中，必须注意表现形式与内容的高度统一。

例如，蒙牛官网的设计巧妙地融合了表现形式与内容，实现了高度的统一。在网站的所有页面中，采用了统一的版式和主色调，以确保视觉和结构的连贯性。无论是标志、导航，还是主内容区，它们都在各个子页面中保持了一致的位置和设计手法（见图 6-5）。这种高度一致的界面设计不仅增强了网站的可用性，而且能使用户迅速熟悉并掌握网站的操作流程，提升了用户体验。

图 6-5　蒙牛官网首页示例

（二）网页色彩设计

在网页设计领域，色彩的重要性远超面积、形状、文字等设计元素，对用户的第一印象具有决定性影响。因此，优秀的网页设计应首先确保色彩运用直观、明确，并与设计目的紧密相连；其次，色彩的选择和搭配应与网站内容相得益彰，实现视觉的统一与审美的优雅（见图 6-6）。

一个优秀的网页色彩设计通常是基本色的数量不超过 3 种，网页中的图片色彩也不能过多，否则会给人杂乱无章的感觉；但使用的色彩太少，页面也会显得单调乏味。

对于网站设计者来说，深入学习网页配色相关知识，熟练掌握基本的配色原则和技巧，对于提升设计质量、增强用户体验至关重要。这不仅有助于创造出和谐而富有吸引力的网页界面，还能有效传达网站的核心价值和品牌形象。

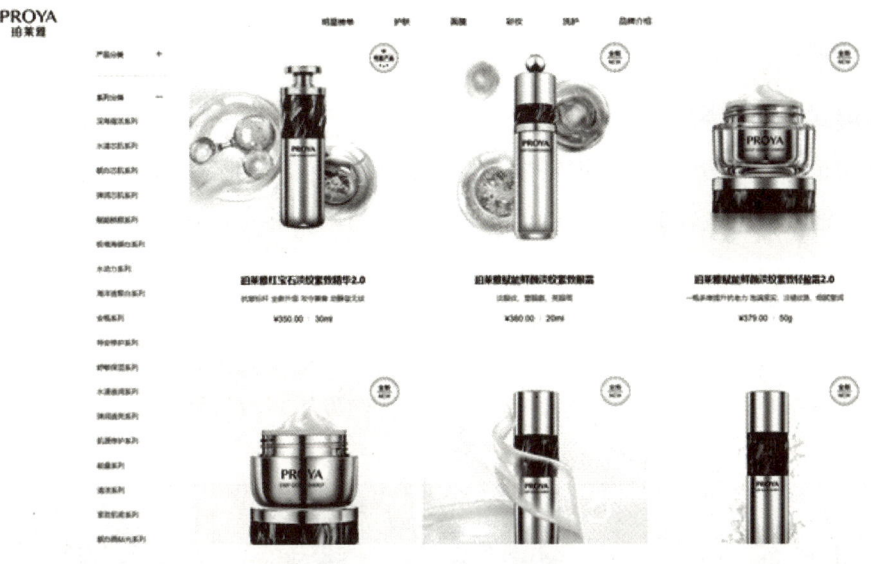

图 6-6 珀莱雅官网示例

(三) 网页字体设计

为了体现站点的"与众不同"和特有风格，有时需要选择一些特别的字体。例如，体现专业可以使用粗仿宋体，体现设计精美可以用广告体，体现亲切随意可以用手写体，体现产品文化内涵可以用美术字等（见图 6-7）。企业可以根据自己网站表达的内涵，选择更贴切的字体。

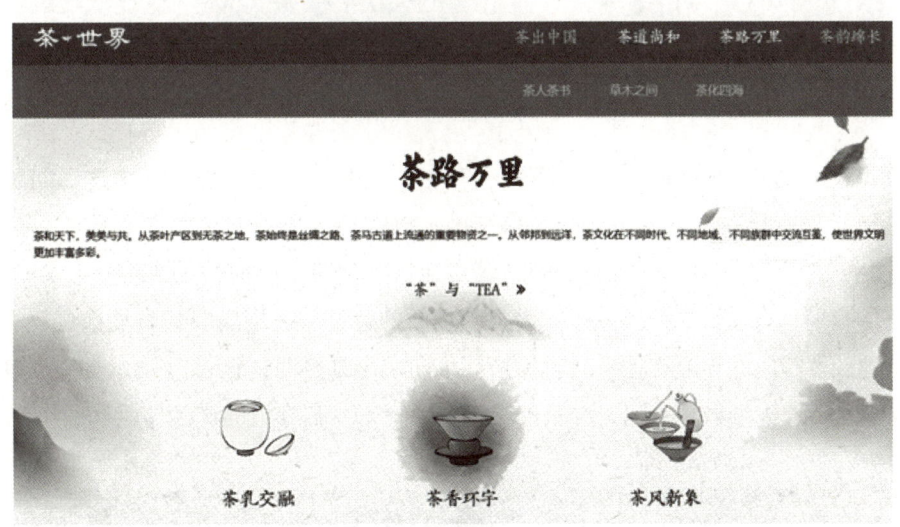

图 6-7 茶世界官网示例

目前，常见的中文字体有二三十种，常见的英文字体有近百种。此外，网络上还有许多专用英文、中文艺术字体可供下载，故要寻找一款满意的字体并不困难。

在电子商务网站中，字体的设置一般为宋体，不要使用 3 种以上的字体，字体种类太多，会显得杂乱，没有主题；不要使用太大的字，因为版面是宝贵的、有限的，粗陋的大字体不能带给访问者更多的信息；不要使用闪烁不停的文字，原则上标题的字体较正文大，颜色也应有所区别。

三、网页布局

（一）满屏式页面布局

满屏式页面布局以简洁的页面和明晰的视觉，为用户提供了快速定位信息的便利。这种布局由于排版特性，更适合信息量较少、目标明确或相对独立的内容展示，在小型网站首页、活动页面和注册表单页面等场景中尤为常见。

在采用满屏式页面布局的首页设计中，信息的展示更集中，重点内容得以凸显。例如，美的的官网首页利用引人注目的大幅图片或动态的交互式动画，创造出强烈的视觉冲击（见图6-8），这不仅能给用户留下深刻印象，还能有效提升品牌形象，激发用户继续探索的兴趣。

图6-8　美的官网首页示例（一）

然而，满屏式页面布局在信息展示的容量上存在一定的局限性。为了解决这一问题，设计者需要在首页中巧妙地融入导航元素或关键的入口链接，以实现信息的有效引导和分流。这样的设计策略不仅能优化用户的浏览体验，还能确保用户轻松地访问到他们感兴趣的内容。

例如，美的官网首页设计以产品使用作为整个页面的背景，运用满屏式页面布局，在页面中各相应位置不规则地放置相应的导航链接。当鼠标指针移向某个部分时，该部分会以交互动画的方式展示产品的相关信息内容，表现效果突出，并且能给浏览者带来身临其境的交互体验（见图6-9）。

图6-9　美的官网首页示例（二）

（二）两栏式页面布局

两栏式页面布局是一种流行的设计方法，融合了满屏式和三栏式页面布局的优势。与满屏式页面布局相比，两栏式页面布局提供了更多的内容展示空间；与三栏式页面布局相比，两栏式页面布局避免了信息的过度拥挤和混乱。尽管两栏式页面布局缺少满屏式页面布局的视觉冲击力和三栏式页面布局的丰富信息量，但它在内容布局和视觉清晰度方面找到了平衡。

根据左右两栏的宽度比例，两栏式页面布局可以进一步划分为三种类型：左窄右宽、左宽右窄及左右等宽。这种划分是视觉上的比例和位置差异，对用户的视线流动和页面的重点引导有着显著影响。

1. 左窄右宽的页面设计

采用左窄右宽的页面设计，通常将导航栏置于左侧，以树状结构或文字链接的形式展现，而将主要内容区域设置在右侧。在这种布局下，左侧应避免放置次要信息或广告，以免干扰用户对主要内容的专注。

考虑到用户的阅读习惯通常是从左至右、从上至下，左窄右宽的布局更符合用户的操作直觉，有助于用户通过导航系统高效地寻找所需内容。这种布局强调了内容的可检索性和可控性，特别适合那些内容繁多、导航分类明确且需要用户深入浏览的网站。通过清晰的导航引导，用户可以更加直接地获取信息，从而提升用户体验。

例如，珀莱雅网站左侧放置相关的商品查找条件便于用户选择，右侧显示相应的商品，并且使用背景颜色区分左右部分区域（见图6-10）。

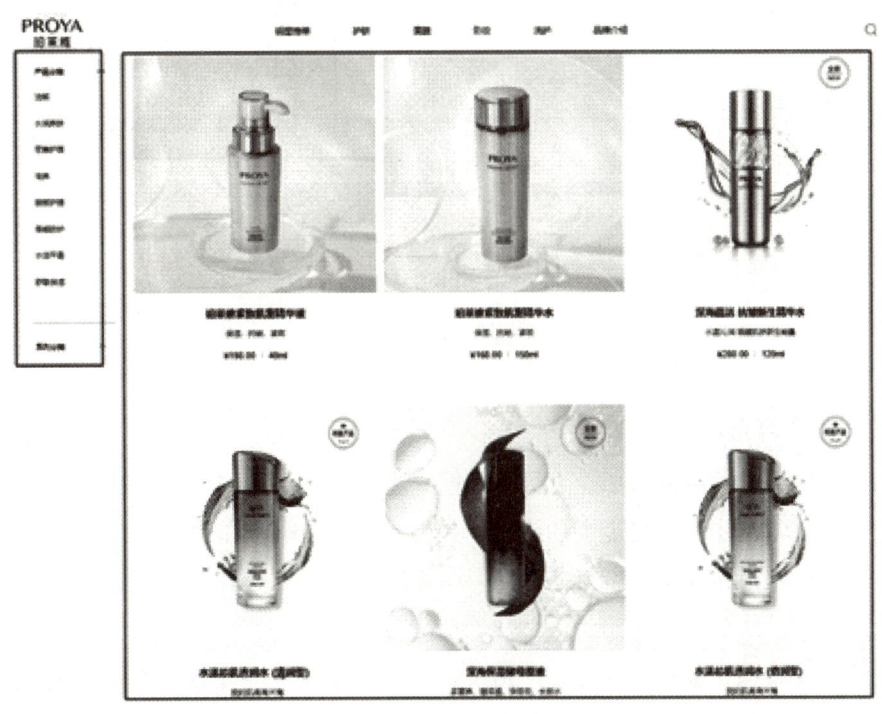

图6-10　珀莱雅官网示例

2. 左宽右窄的页面设计

与左窄右宽布局相对，左宽右窄的页面设计更倾向于强调内容的中心地位，使用户的视觉焦点更直接地集中在主要内容上。这种布局策略在用户阅读主要信息的过程中或之后,逐渐引导他们注意到与之相关的辅助信息。

例如,什么值得买网页通过左宽右窄的设计,有助于维持用户对核心内容的关注,同时在适当时机提供额外信息,以丰富用户的阅读体验(见图 6–11)。

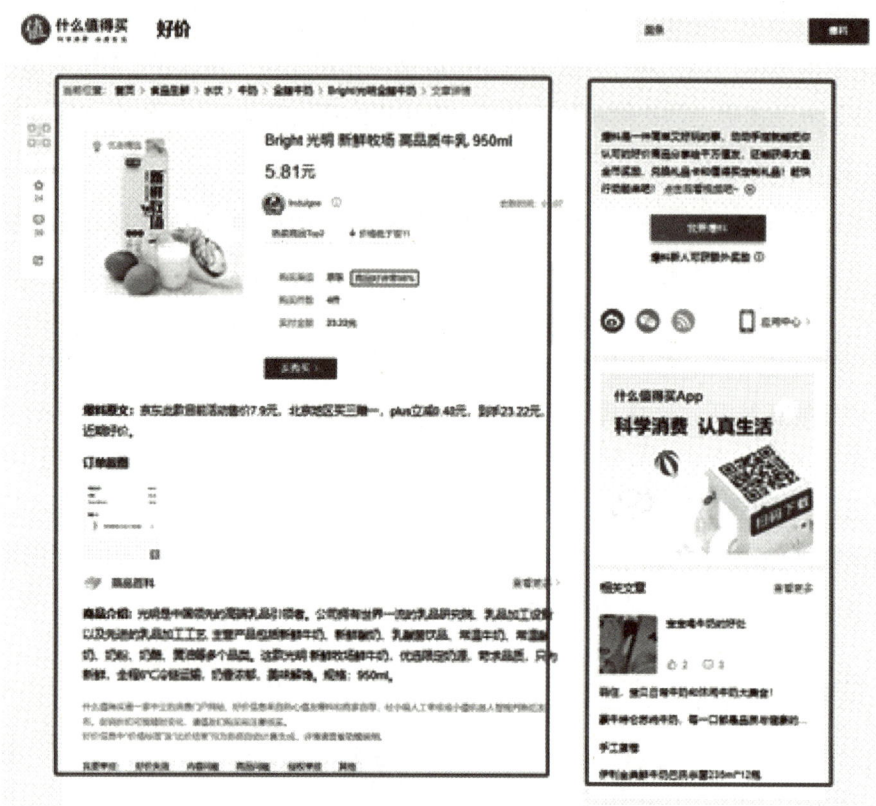

图 6–11　什么值得买页面示例

3. 左右等宽的页面设计

左右等宽的页面设计是指页面左右两侧的比例相差较小,甚至完全一致。其适用于两边信息重要程度比较均等的情况,不体现内容的主次。目前,运用左右等宽页面布局的网站较少。

(三)三栏式页面布局

三栏式页面布局通过紧凑的排版,充分利用网站空间,以显示更多的信息内容,从而提高信息的密集度。这种布局常见于信息量庞大的网站,如门户网站或电商首页。然而,过多的内容可能显得页面拥挤,使用户难以迅速定位到所需信息,从而增加了用户寻找内容的时间,并可能降低用户对网站内容的控制感。

例如,去哪儿旅行网页采用中间宽、两边窄的方式,在中间位置放置推广的促销活动图片及商品广告图片,左右两侧分别放置商品分类信息及推荐的商品信息(见图 6–12)。

由于屏幕空间的限制,三栏式页面布局在视觉上可能较为相似,主要的差异在于各栏的宽度比例。具体来说,三栏式页面布局有 2 种常见的形式:一种是中间栏宽、两侧栏窄,这种形式通常将核心内容置于中间栏,而左右两侧则放置导航链接或次要信息;另一种是两侧栏宽、中间栏窄,这种形式在两侧放置重要内容,中间栏则用于展示次要信息。三栏式页面布局旨在保持信息丰富性的同时,尽可能地优化用户的视觉体验,提高信息检索效率。

众多门户网站和电商网站倾向于使用中间栏宽、两侧栏窄的三栏式页面布局,其比例通常约为1∶2∶1(见图6-13)。由于中间栏在视觉上占据主导地位,并且字体大小往往超过两侧栏,用户自然而然地将中间栏内容视为重点信息,而将两侧栏内容视为次要信息或广告。这种布局策略有效地将用户的视线首先引导至页面的中心区域,然后再分散至两侧,从而突出了重点内容。然而,这种设计可能影响页面整体内容的均衡展示,导致页面空间的利用效率不是最优。

图6-12　去哪儿旅行网页示例

图6-13　天猫精选网页示例

为了提升用户体验并优化空间利用率,设计时应考虑内容的重要性和用户的浏览习惯,平衡中间和两侧内容的展示,以确保信息的清晰传达和页面布局的有效性。

(四)水平居中式页面布局

水平居中式页面布局是网站设计中的一种常见手法,确保了页面内容在不同分辨率的显示器上都能稳定地呈现于屏幕中央,能够有效地将浏览者的视线集中在页面的中间位置(见图6–14)。

图6–14 海尔网页示例

水平居中式页面布局设计的优势在于,无论用户使用的是何种尺寸的显示设备,页面的核心内容都能保持在视野的中心位置,从而维护了页面的整洁性和一致性。这种布局不仅提升了内容的可读性,还增强了用户的视觉体验,使网站在不同设备上都能提供一致的浏览效果。

四、用户体验

(一)用户体验的概念、分类

用户体验是用户在使用产品过程中的一种纯主观感受。

用户体验分为3类:一是感观体验,是网站呈现给用户视听上的体验,强调舒适性;二是交互用户体验,是网站页面给用户使用、交流过程中的体验,强调互动、交互特性;三是情感用户体验，是网站给用户心理上的体验，强调心理认可度。

(二) 用户体验设计目标

1. 有用性

用户体验设计的首要目标是网站的有用性，即网站能切实满足用户的需求，对用户有帮助。在进行网页布局时，需要充分考虑用户的行为习惯和认知特点，确保布局符合用户的期望和需求。

2. 易用性

网站易用性体现在尽量减少用户的学习成本上，如优化导航条、简化搜索功能等，用尽量少的交互流程解决用户的需求，让用户一看就知道怎么去用，在哪里搜索或购买产品。

3. 容错性

网站容错性，是指用户在进行错误操作后，系统可以妥善地进行处理，并继续保持操作的流畅性。容错性是最基本的要求。例如，用户在页面中使用"关键词搜索"功能时，在输入关键词的环节出错，系统可以提示用户，并智能地猜测用户想要输入的词是什么，然后给予正确的提示，帮助其尽快完成搜索。

4. 情感性

进行情感性设计的网站，可以拉近与用户的距离。运用情感性设计，需要从顶层架构到页面细节，每一处设计都关注用户情绪，让用户在使用网站时感受到友好和舒适。例如，某宠物网站页面右下方有一个导航按钮，不管用户在哪个界面，都可以快速切换，找到自己想要了解的宠物（见图6-15）。其图示化和宠物友好的用语，也能让人感觉到网站的爱宠之意。

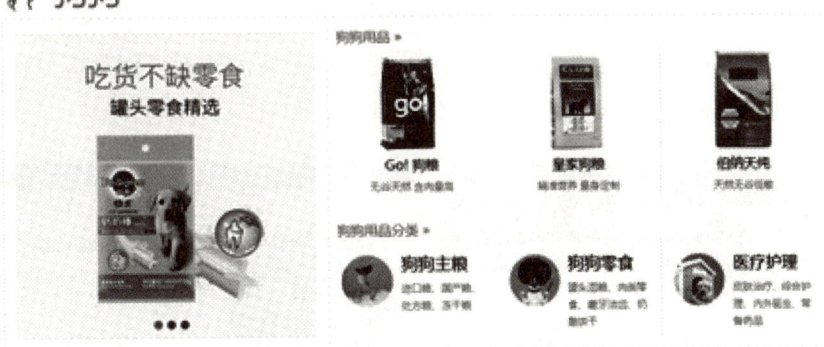

图6-15 某宠物网站示例

（三）网站用户体验提升方法

提升网站用户体验涉及多方面，包括网页视觉设计、形式与内容、交互体验等。

1. 优化网页视觉体验

网页的视觉设计可以营造或左右用户的心理感受，主要体现在两个方面：第一，网页的整体视觉感受是复杂的还是简洁的；第二，网页的色彩使用和搭配是否合适。不同的色彩使用和色彩搭配可以给产品带来不一样的视觉感受。

例如，某国外面包品牌网页，整体采用了柔和的淡黄色调，营造出一种温馨舒适的氛围（见图6-16）。网页中食品的图片与主视觉海报在色彩上巧妙搭配，形成了视觉上的和谐统一。整体淡黄的色调让人感觉很温暖，不仅增强了食品图像的真实感，还淋漓尽致地传达出了面包的新鲜与美味，让人垂涎欲滴。

图6-16　某国外面包品牌网站示例

2. 形式与内容统一

在网页设计中，必须注意形式与内容的统一。网站页面的结构形式是由各种视听要素组成的。在构建网站页面时，一个有效的设计策略是强化页面各组成部分的共同特征，以形成统一和谐的整体。这通常涉及版式设计、色彩运用、风格选择等方面。

例如，在版式设计上，需要全面考虑页面内的所有视觉元素，通过精心组织和精确布局实现页面的有序性。即便采用非传统或分散的布局结构，也应经过深思熟虑。在色彩运用上，网站应选用两三种主色调，并确保它们之间搭配协调（见图6-17）。对于长页面设计，设计者不能仅关注首页的设计，而应考虑到页面整体的流畅性和连贯性。此外，网站内所有页面都应保持一致的规划和风格，这样用户在浏览时才能感受到设计者完整的设计理念和统一的视觉体验。

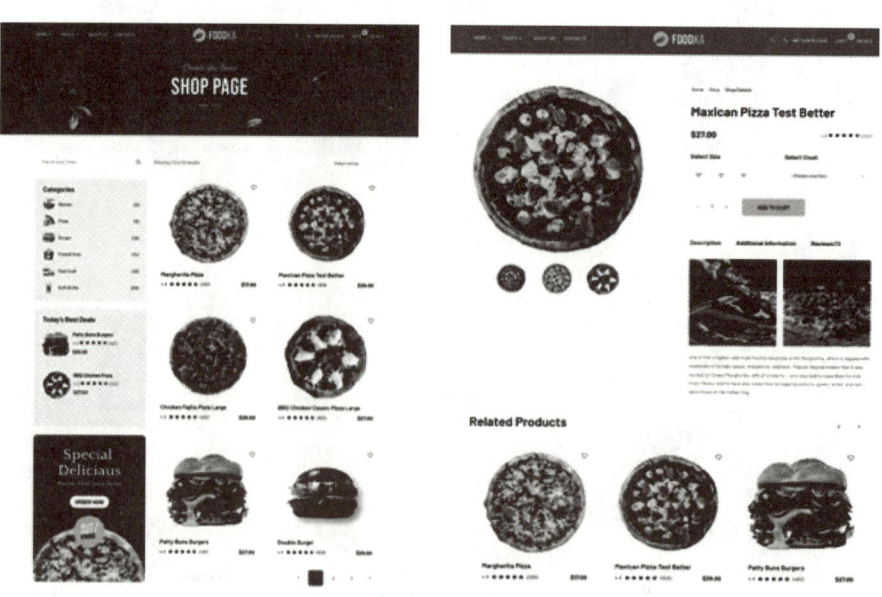

图6-17　某国外比萨店网页示例

3. 优化交互体验

网站的交互体验更多地表现为用户在网站操作上的体验，重点是强调网站的易用性和可用性。网站优化交互体验可从以下 7 个方面入手。

（1）账号注册或登录方便。

每个页面都能让用户方便点击"注册"或"登录"，且给出清晰、便捷的登录或注册方式。此外，还可以提供第三方社交网络账号登录的方式，让用户切实体会到整个操作流程的简单顺畅。

涉及用户填写注册表单或其他表单的，在表单设计过程中需要将重点信息或难以理解的信息可视化，以清晰有效地传达信息，形成高效的功能，使用户能够高效地完成表单内容的填写。

（2）提示错误友好。

当用户在登录或注册输入有错误时，不要冷冰冰地提示"输入错误"，而是要采用更友好的方式，如"哎呀，这里有点儿小差错，让我们再试一次吧！"或"别担心，填写信息时每个人都可能遇到小问题，检查后请再次提交"。这样的提示语不仅能缓和用户遇到错误时的挫败感，还能鼓励他们继续完成操作，从而提升整体的用户体验。

（3）按钮表意清晰。

在用户进行某一步操作前，系统需要让用户预知操作后的下一步，或让用户知道注意事项。这就要求按钮的表意要清晰，以免用户选错（见图 6 – 18）。此外，还可以为每个功能按钮赋予与属性相关的色彩，以便用户快速找到功能。

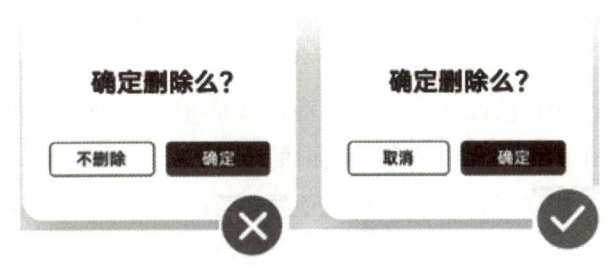

图 6 – 18　按钮表意方案对比

一旦用户进行操作，就给予明确的反馈。在用户进行一些比较重要或敏感性的操作时，系统不仅要提供操作后的反馈，而且要提供处理后的反馈（见图 6 – 19）。

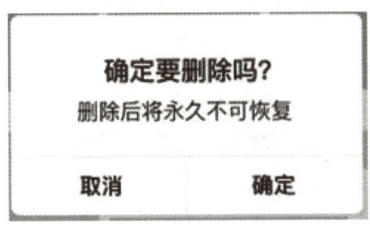

图 6 – 19　用户操作反馈按钮

（4）容错性设计。

容错性设计是一种允许用户产生失误行为的设计。当用户进行了错误的操作时，想看到的并不是一个大大的错号，而是操作具体错在哪里，接下来该如何做。例如，当用户在淘宝中搜索内容时，如果输入了错误的文字，系统就会智能地猜测用户真正想搜索的内容，并给予显示与提示。

对于一些容易犯错的操作，系统可以适当增加操作难度。例如，在微信中，当用户点击视频通话时，并不是直接呼叫用户，而是需要二次选择仅语音通话还是视频通话。

用户在浏览很长的信息或很多的商品列表时，经常会不小心点击到另一个推荐界面。如果这时用户误点击了返回按钮或手机自动关机，就需帮助用户恢复现场，这也是网站可用性的一种体现。

对此，在网页交互设计中，系统可以帮助用户记录一些较为固定的交互行为，以优化用户体验。

（5）把复杂的流程打散。

每多一个交互步骤，就有可能增加用户的操作难度，从而降低留存率。例如，早期的网页注册往往需要用户填写各种个人信息后才能注册成功，让人感觉非常烦琐，而如今大部分注册只需要手机验证即可一键登录。

把复杂的流程打散，降低用户使用难度，如填写表单等一些不影响功能的非必要流程都可安排在注册完之后再修改或完善。

（6）避免不必要的弹窗。

在用户交互过程中，频繁出现的弹窗往往会被视为一种干扰。这是因为弹窗会突然中断用户的操作流程，造成不便。在网页端，弹窗常常与系统错误或强制性广告相关联，这使得用户对此类信息展示方式产生了抵触情绪。因此，在设计网站或应用时，应尽量减少非必要的弹窗使用，以避免影响用户体验。

对于在线咨询或在线客服功能，建议采用非侵入式的设计，即仅在用户主动请求时才显示相关页面。这样的设计可以更好地尊重用户的使用习惯，同时在用户需要帮助时提供及时的支持。

（7）面包屑路径。

面包屑路径，又称"面包屑导航"，是辅助和补充的导航方式，能帮助用户明确当前所在的网站内位置，并快捷返回之前的路径。

用户在浏览网站的过程中，无论当前浏览到网站中的哪一个页面，都可清楚地在面包屑路径看到当前页面的层级与路径，并能够快速地返回上一层级的页面。

比如，路线面包屑路径经常用来指引用户进行某种操作，如"注册"流程，它能动态地显示用户完成注册需要的过程。

又如，在电商类网站的搜索结果页面中，通常可以通过不同的属性选项对搜索结果进行筛选，此时使用的就是属性面包屑路径（见图6-20）。属性面包屑路径包含了对结果筛选条件的描述。

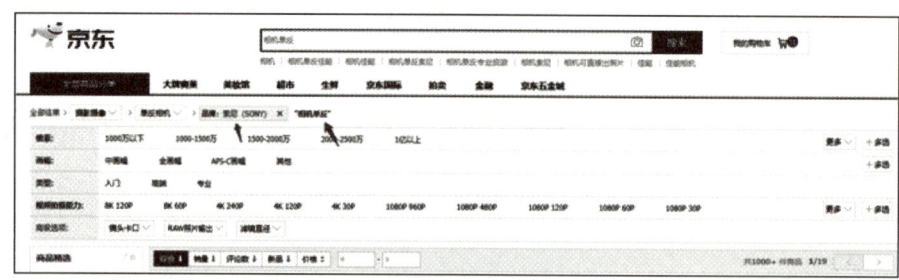

图6-20 京东产品搜索筛选路径示例

除此之外，还可以从用户的角度体验交互，为常用功能提供快捷入口，为新用户提供使用操作指引，为搜索结果提供相关内容互相推荐的方式等，以极大地提升网站易用性及用户体验。

【知识拓展6-2】

用户体验设计是一个复杂且细致的过程，涉及多种要素，如可用性、易用性、功能性、视觉设计、交互设计、情感因素、可访问性等，这些要素共同决定了用户体验的优劣。虽然合理地应用这些要素可以设计出卓越的网站页面，但在实践中设计者需同时面对许多不可预见的因素，如用户行为和偏好的多样性、个性化的需求和期望等。

为了应对这些挑战，设计工作应遵循一定的流程，且在每个阶段完成后进行审查和优化，以确保最终网站能够提供卓越的用户体验。用户体验设计的一般流程包括原型设计、效果图设计、演示版、试用版。

一、原型设计

原型设计是用户体验设计流程的首个阶段，核心任务是明确网站的功能需求、用户操作流程、信息架构、交互细节及页面元素等。通俗地理解就是，在原型设计阶段，设计者可以暂时不考虑网站的视觉效果，而是集中精力于网站的核心功能和操作逻辑，以及网站与用户之间的互动方式。这一阶段需要将所有构思以可视化的方式呈现出来，以使用户能够直观地理解（见图6-21）。

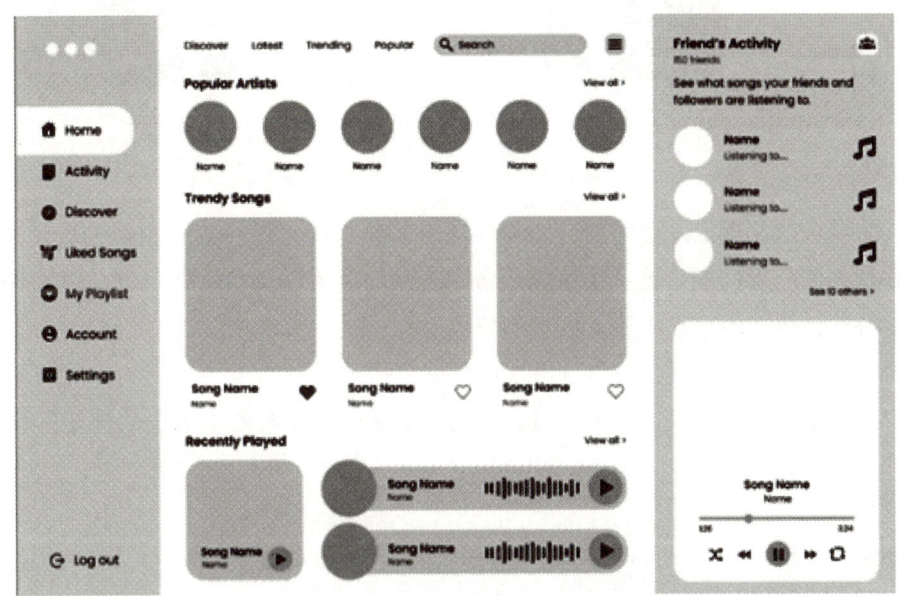

图 6-21　某在线音乐页面原型设计

至于原型的具体绘制，有多种方法可供选择。传统的纸笔草图，使用 Photoshop 进行视觉设计，使用 Visio 进行流程图绘制，利用专业的原型工具如 Axure 创建交互式原型，都是可行的方法。原型的绘制关键在于，确保原型能够详尽地反映前述的所有设计要素。

二、效果图设计

一旦原型设计获得了团队的认可，重点就会转移到网页的视觉呈现即效果图设计上。通常这一阶段的成果被统称为"模型"。与原型设计阶段不同，这一阶段更侧重于网页的视觉设计元素，如色彩方案、设计风格、图标选择、插图运用等（见图6-22）。需要注意的是，这一阶段不仅仅是简单的"美化"过程，设计者需要深入理解原型设计，还需要对交互设计有透彻的认识，并对后续的 HTML、层叠式样表（CSS）和 JavaScript 代码实现有所了解。

视觉设计不应脱离全局视角，否则可能对网页的实用性和用户体验没有实质性的帮助。例如，原型设计阶段已确定页面中的元素 A 比元素 B 更重要，这一阶段设计者应从多种视觉表达方式中选

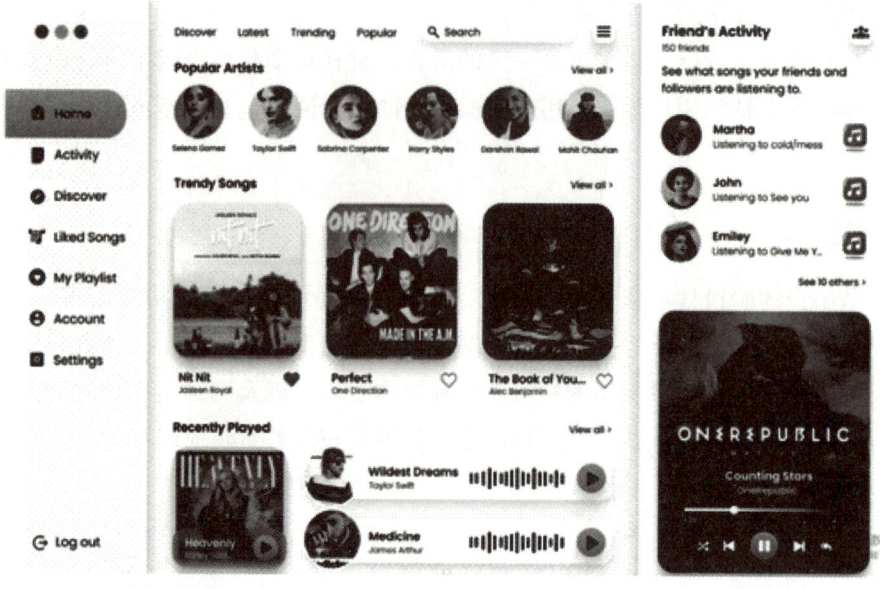

图 6-22　某在线音乐页面效果设计

择最合适的方式突出这一点。

更高层次的要求涉及视觉设计的创造性和战略性思考，如"我们应采用何种设计风格""这个按钮应使用哪种颜色"等问题。这些决策需要考虑产品的整体气质和品牌定位，以确保在众多企业产品中保持独特性，并在用户心中留下深刻印象。

此外，对于某些难以仅通过交互设计解决的问题，需要设计者发挥创造力，从视觉设计的角度提出创新的解决方案。这要求设计者不仅有良好的审美能力，还有解决问题的创新思维。

三、演示版

通过效果图，团队成员和用户可以评估设计的外观是否满足需求与预期。演示版就是按照原型和模型，使用 HTML、CSS、JavaScript 等前端技术将网站建设出来，以便后端的开发工程师可以接手功能的开发。这一过程比较复杂，很大程度上来说前端开发是对用户体验的提升和保证，开发只是它的一个形式和手段。

四、试用版

在网站开发过程中，通常会首先制作原型图进行功能验证和交互优化，其次制作效果图进行视觉呈现和设计确认。这两种工具在不同阶段的使用有助于提高项目开发效率，并确保最终产品符合预期。效果图在进行用户测试时更具有说服力，能更好地模拟用户实际体验，增强网页在不同浏览器和设备上的兼容性，确保更好的用户体验。

【阅读和思考 6-2】

某国外木材网站设计

网站首页设计很关键，需要在 3 秒内吸引用户的眼球。如图 6-23 所示，某国外木材官网首页是欧美极简风格，结构简单，内容安排合理。这个网站首页简短有力地推荐了自己的产品，是一种理念展示；同时留下了一张数不清圈圈的木纹剖面图，以展示其木材的高品质。

图6-23　某国外木材官网首页

网站的第二屏将产品代入场景，从多个角度展示了产品的实际应用和特点，给人一种身临其境式的代入感（见图6-24）。同类型产品的国内网站，多注重展示自身优点和实力，对用户体验感关注度不高。

图6-24　某国外木材官网第二屏

网站的第三屏把自身产品优势放大，介绍文字简洁明了且抓重点，突出图片显示内容的精彩部分（见图6-25）。经过上面内容的铺垫，用户更容易代入，自然地对产品的优势产生信服感，心里也更容易接受，并会有一个好的印象。

图 6-25　某国外木材官网第三屏

网站的第四屏给用户留下联系方式，以便用户能轻松联系到企业，及时开展业务（见图 6-26）。该联系方式至关重要，能产生更多的价值。

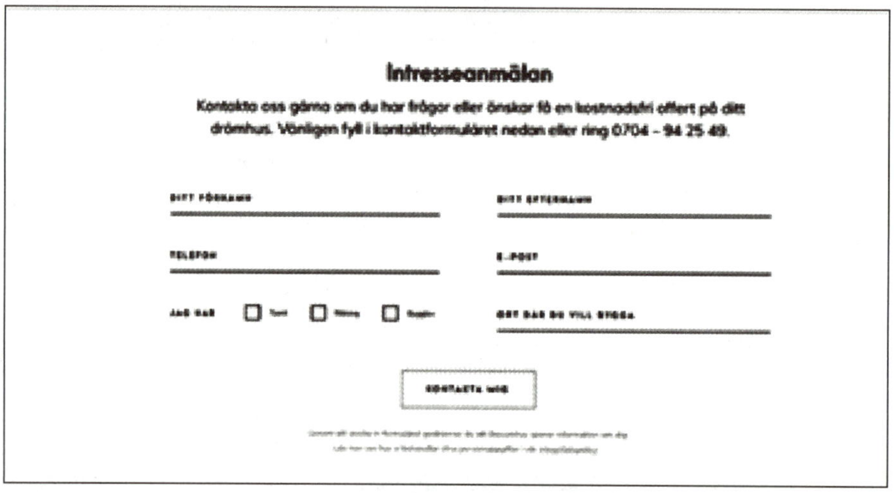

图 6-26　某国外木材官网第四屏

尽管该网站的页面内容仅包含四屏，但在内容布局上进行了精心设计，以确保信息的侧重点清晰且突出。这种设计避免了给用户带来压迫感或强制性，使用户在浏览时体验更为轻松愉悦。相较于那些内容冗长、信息堆砌的网页，该网站更倾向于提供一种简洁而高效的浏览体验。

在产品展示方面，这类网站的设计理念是"精而非多"。只有真正能够直击用户核心需求的展示，才是网站页面的核心竞争力。因此，网页设计要致力于通过精准的内容和设计，为用户提供具有针对性和价值的信息，而不是简单罗列尽可能多的特点。这种方法不仅能提升户体验感，也有助于建立品牌的专业性和信任度。

【任务实施 6-2】

在班级里以个人或小组为单位，选取自己家乡的某一类特色产品进行网站设计，要求：

1. 了解产品的客户，进而选择合适的网页版面布局类型；
2. 针对产品和客户特性，选择网页主辅色、字体等，进行网页色彩设计；
3. 了解用户体验知识，进行原型设计，尝试做效果图。

【任务考核 6-2】

考核项目	讨论分析	权　重（%）	分　值
选择版面布局类型		30	
网页色彩设计		20	
原型设计		50	
评　分		100	

任务 3　网站内容的组织与管理

【任务情景】

网站上线后最重要的就是内容建设。高效的网站内容组织与管理，在提升用户体验、品牌形象、搜索引擎排名等方面至关重要。本任务旨在了解电子商务网站内容如何有效组织、管理等，以提升网站的专业度和吸引力，最终实现商业目标。

【任务分析】

为完成这一任务，我们需要掌握网站内容的规划、分类、组织、管理及优化。

【知识链接】

一、网站的内容规划

网站的内容规划是构建卓越网站的基石，直接关系到网站能否吸引并留住用户。在进行内容规划时，应以明确网站主题为起点，这一主题将引导整个网站的内容方向。一旦主题得到确立，就能高效地搭建起网站的内容框架。在网站的内容规划过程中，以下 4 个关键点不容忽视。

1. 明确网站主题

明确网站主题是网站内容规划的第一步，也是最核心的部分。网站主题应反映网站的构建目的及其提供的服务或产品。如果网站是关于旅游的，那么主题应围绕旅游目的地、旅游攻略、旅行故事等展开。

2. 了解目标用户

深入分析网站的目标用户群体，洞察他们的需求和偏好，了解他们的行为习惯、兴趣点，为内容规划提供指导，从而提高用户满意度和忠诚度。

3. 设计内容结构

内容结构应清晰、逻辑性强，使用户能轻松找到自己感兴趣的信息，通常涉及网站的导航设计、分类体系和内部链接策略。

4. 制定更新策略

内容的更新策略应基于用户需求和网站目标并切实可行。定期更新内容不仅可以提高搜索引擎的排名，还可以保持用户的参与度，激发用户的兴趣。

通过以上步骤，可以确保网站内容规划既有条理又具有吸引力，在满足用户需求的同时，彰显网站的独特价值和定位。

二、网站的内容分类

在着手进行网站设计之前，设计者应深入理解并预测用户的行为和偏好，以此构建和组织网站内容。这意味着，网站设计不仅是视觉上的美学布局，更关键的是提供直观的导航系统、清晰的信息架构和高效的功能交互。因此，做好内容分类很关键。

不同类别网站，内容分类不同，主要包括以下 3 类。

1. 企业网站的内容分类

企业网站的核心功能是企业形象和信息的展示，因此，其内容通常包括新闻发布、产品展示、公司概况、服务介绍及联系方式等关键信息。鉴于企业网站的信息量相对有限，一般采用一个主导航菜单即可满足用户需求，避免设置复杂的二级导航分类。因为过多的分类不仅可能影响用户体验，还可能对搜索引擎的页面抓取效果造成不利影响。通过简化导航结构，可以确保用户轻松地获取所需信息，同时优化网站的搜索引擎。

某新能源电池企业官网的栏目设置见图 6－27。其采用了常规的设置方式，在页面顶部设置了主导航菜单，且均为企业网站的常规栏目，栏目名称的设置也非常便于用户理解。用户在网站中进行浏览时，能够一目了然地分辨各栏目中的相关内容。

图 6－27　某新能源电池企业官网示例

2. 产品宣传网站的内容分类

产品宣传网站在设计栏目时，应选择一致的分类标准，通常基于产品类型或产品功能进行划分。重要的是保持分类方法的统一性，避免混合使用多种分类方法，以免造成用户的困扰和混淆。

如图 6－28 所示的比亚迪汽车宣传网站，其栏目设置依据品牌下各产品线的名称直接命名，这种直接关联产品的方式，能使用户直观地了解每个栏目的内容焦点。导航菜单被设计在页面的顶部，并采用醒目的背景颜色进行高亮显示，这样的设计不仅突出了导航的可见性，也极大地方便了用户根据自身需求有目的地进行浏览和选择。

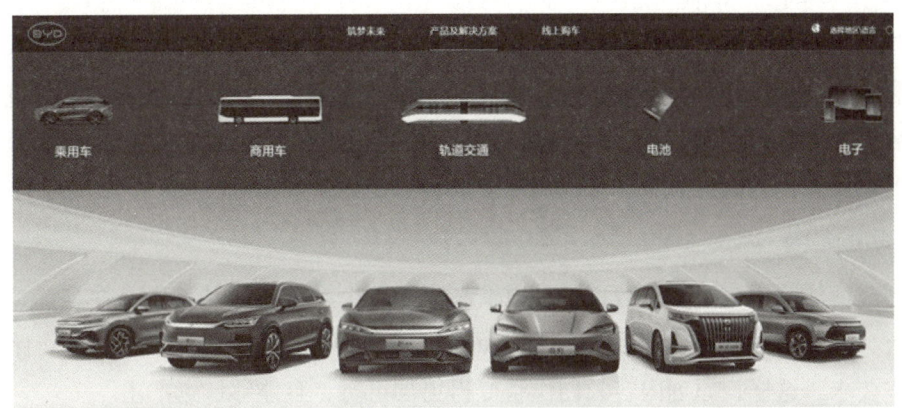

图 6-28　比亚迪汽车宣传网站示例

通过这种清晰、有组织的栏目划分和导航设计，产品宣传网站能够提供更加流畅和目标明确的用户体验，有效引导用户关注和了解他们感兴趣的产品信息。

3. 主题活动网站的内容分类

在构建主题活动网站时，内容分类应紧密围绕活动的核心主题进行。栏目设置应简洁而精练，避免过多分类导致用户注意力分散。每个栏目都应与活动主题紧密相关，以增强网站主题的表达力。

这种设计不仅能加深用户对活动主题的理解和记忆，还能在用户浏览网站时形成一致而深刻的品牌印象。通过精心规划的内容布局，可以提升用户体验，同时有效地传达活动信息，激发用户的参与兴趣。

例如，在 OCT-LOFT 主题活动网站中，栏目的划分非常简洁，采用左窄右宽的版面布局，将导航条放在最左侧，右侧大面积突出 OCT-LOFT 各种市集、音乐节、艺术节和讲座等活动栏目；栏目的名称设置有"OCT-LOFT 创意节""OCT-LOFT 超级新年""OCT-LOFT 公共艺术展"等，便于用户快速捕捉到关键内容。此外，各活动网页非常具有艺术感和创意，与网站的整体设计风格相统一，使用户在浏览时能够感受到园区的艺术氛围（见图 6-29）。

图 6-29　OCT-LOFT 主题活动网站示例

三、网站的内容组织

用户总是追求新鲜事物,因此网站内容的丰富性至关重要。每个栏目都应提供充足的信息量,避免出现内容空白的情况。同时,网站应尽可能采用原创内容,以确保其吸引力和可读性。虽然不可能所有内容都是原创,但缺乏原创性的网站难以吸引用户,也可能受到搜索引擎算法的不利影响。为了提升网站原创内容的质量,可以从以下3个方面入手。

1. 重视用户体验

原创内容应简洁明了,通常三五百字足以清晰表达一个主题或产品特点。在当前追求快速获取信息的环境下,冗长的内容不符合用户体验。因此,原创内容应追求精练,同时确保主题传达清晰,这是基本要求。这样,原创内容的创作将变得更加可行,且能够持续产出。

2. 内容的相关性

在添加原创内容时,必须确保内容主题与网站主题紧密相关。不相关的内容会降低网站的专业性,影响用户的信任度。

例如,Canva 主题活动网站提供了丰富的教程和设计资源,所有内容都是围绕设计资源、帮助用户提高设计技能展开的,而这些内容通常以博客文章、视频教程或提示的形式呈现(见图6–30)。Canva 的网站和设计工具适配多种设备,包括桌面和移动设备,这确保了用户在不同平台上都能获得一致的体验。通过用户反馈,Canva 不断改进其内容和功能。因此用户反馈机制对于内容管理至关重要,有助于网站持续优化和更新。

图6–30 Canva 主题活动网站示例

3. 图文结合

尽管搜索引擎可能更偏爱文字内容,但是为了提升用户体验,采用图文结合的方式展示内容是非常有效的方法。这不仅能吸引搜索引擎的注意,也能使用户更容易理解,避免阅读疲劳。

通过这些策略,网站可以持续提供高质量、原创性强的内容,满足用户需求,同时提升在搜索引擎中的排名。

四、网站的内容管理

内容不仅是构成网站的基础要素,更是赢得用户认可和网站推广的关键资产。一个高效的网站内容策略，是确保网站持续成长的核心，特别是，在当前搜索引擎主导的信息检索时代，富有价值和相关性强的网站内容，更容易吸引搜索引擎的注意，从而提高网站的可见度和影响力。

网站内容的质量、原创性、更新频率、针对性、用户参与度及搜索引擎优化是构建高效网站内容策略的关键要素。高质量的内容能够深入满足用户需求，树立网站的权威性；原创内容不仅能提升网站的独特价值，还能使其在搜索引擎中获得更好的排名；定期更新内容对于保持网站活力、吸引回访用户和提高搜索引擎的索引频率至关重要；针对性强的内容能够确保与目标受众的高度相关性，增强用户黏性。用户参与的提升，如通过评论和分享，不仅丰富了内容的互动性，也扩大了内容的传播范围。同时，通过搜索引擎优化，可确保内容被搜索引擎正确识别和索引，进一步提高网站的可见度。如果网站能综合这些策略，就能在竞争激烈的网络环境中脱颖而出，实现长期稳定的发展。

【知识拓展6-3】

一、首页内容优化

用户访问网站首页，目的无非是浏览了解网站提供的商品，并找到自己感兴趣的商品。因此，网站首页需清晰明了，以便指引用户进行下一步操作。具体来说，网站首页内容优化可从以下10个方面入手。

（1）突出产品搜索功能。将搜索框置于显眼位置，方便用户快速查找所需商品。

（2）设计清晰的类目导航。设计直观的类目导航系统，帮助用户按类别浏览产品。

（3）设计明确的购物车标识。确保购物车图标明显，让用户可以随时了解自己的购物状态。

（4）留下显眼的联系方式。展示网站、在线客服等的联系方式，便于用户在有疑问时能够及时进行联系。

（5）突出展示主要产品与类别。重点展示网站的主要产品与类别，吸引用户的注意力。

（6）高亮显示热卖或推荐商品。突出展示热卖或推荐商品，激发用户的购买兴趣。

（7）明确免费送货服务标识。如果提供此项服务，那么应在首页上明确标注，吸引用户注意。

（8）展示安全证书。展示网站安全交易的认证标志，增强用户对网站的信任感。

（9）做好企业简介。简要介绍企业的背景、理念和优势，提升品牌形象。

（10）确保移动端适配性。确保网站在手机和平板等移动设备上的表现同样出色，提供良好的移动端用户体验。

精心做好以上优化措施，网站首页不仅能吸引用户的眼球，还能有效提升用户体验，增加用户停留时间，并提高转化率。

例如，索尼官网首页对搜索框进行了突出显示，类目导航设计清晰，在线客服功能一直悬浮，通过全屏海报重点突出某一款主推相机，其他热卖商品也有突出显示，在网页底部展示了网站的安全证书，并展示了部分企业信息，还可进行移动端访问（见图6-31）。

图6-31 索尼官网首页示例

二、类目页内容优化

类目页在电子商务网站中扮演着至关重要的角色，旨在帮助用户迅速定位并找到他们感兴趣的商品，进而引导用户点击进入具体的商品详情页（见图6-32）。

图6-32 索尼官网类目页示例

为了提升用户在类目页上的体验并增强对品牌的信任，设计者需要把握8个优化要点（见表6-2）。

表 6-2 网站类目页内容优化要点

优化要点	具体优化内容
关键词匹配	确保产品品类的命名与用户搜索时可能使用的关键词相匹配,以提高搜索可见性
面包屑导航	运用面包屑导航帮助用户清晰地了解当前页面在网站结构中的位置,并方便他们快速回到上一层级或主页
品类优势描述	在类目页上包含一段简洁的静态文本,介绍该产品品类的主要优势和特点,使用户一目了然
高质量图片	展示与关键词优化相关的高质量图片,以提升视觉吸引力,并增强搜索引擎优化效果
图片质量与风格统一	确保所有产品图片在质量、风格和呈现方式上保持一致,以营造专业和协调的品牌形象
品类视频	提供对应品类的短视频,展示产品的实际使用场景或功能特点,增强用户的参与感和购买欲望
相关文章链接	提供指向相关文章或指南的链接,帮助用户更好地了解产品,或链接到用户生成的内容,如论坛讨论,以增加社交证明
突出显示评论	在类目页上突出展示近期的产品评论,尤其是正面评价,以建立潜在用户的信任感,鼓励他们进行购买

对网站类目页内容进行优化,不仅能提升用户体验,还能增强用户对品牌的信任度和忠诚度,从而提高转化率和销售业绩。

三、产品页内容优化

产品页是电子商务网站实现流量转化的关键。一个设计精良的产品页能让用户获得所需的全面产品信息,并激发他们将商品加入购物车直至完成购买的意愿。为了提升产品页的流量转化效果,设计者需要做好以下关键内容的优化。

1. 图片或视频展示

在产品页使用高清晰度的图片,以网页优化的配置展示(见图 6-33)。突出产品细节,让潜在用户对产品有更深刻的了解。展示产品使用场景,帮助用户想象使用产品的实际体验。对于一些产品,可以在产品页提供产品视频,动态展示产品的使用过程和功能特点,增强互动性和说服力。

图 6-33 索尼官网产品页示例

2. 文案撰写

在产品页提供详尽的产品描述,针对目标用户强调产品的独特卖点和优势,文案应具有创意,能够吸引用户(见图6-34)。在产品页还要清晰列出产品规格,包括尺寸、材质、颜色等,以便用户做出明智的选择;说明产品使用方法,尤其是对于操作复杂的产品,要提供清晰的使用指南。

图6-34 索尼官网产品页示例

3. 用户评论

在产品页展示真实的用户评价,增强潜在用户的信任感(见图6-35)。使用正确的HTML标记,增强搜索引擎优化效果。鼓励用户分享自己的产品体验,利用社交证明提高产品的社会认可度。

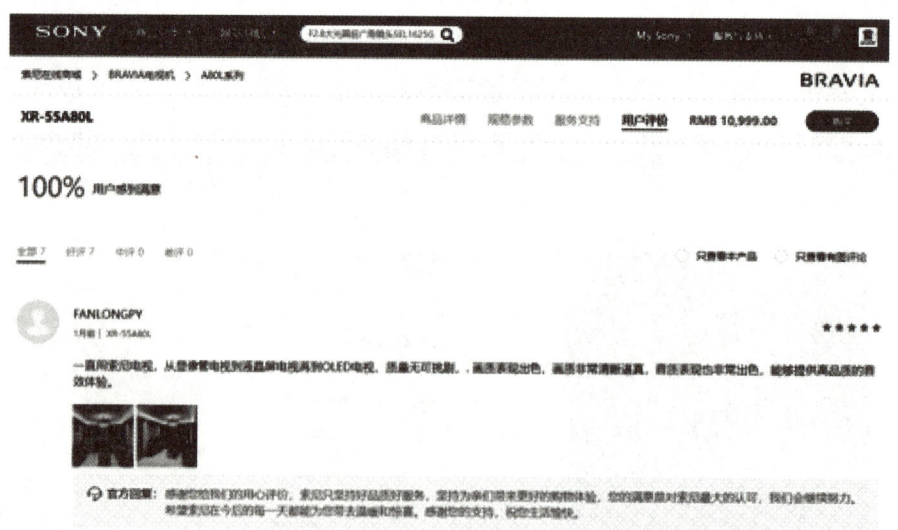

图6-35 索尼官网产品页示例

通过上述优化措施,网站产品页将更具吸引力和说服力,能有效促进用户做出购买决策,从而提高网站的转化率和销售业绩。

【阅读和思考 6-3】

国外电子商务网站成功的要素

电子商务网站的设计，从用户登录那一刻就开始影响他们的第一印象。事实上，用户往往在短短 50 毫秒内就能决定是否继续浏览，这凸显了网站设计对于电子商务业务成功的重要性。一个成功的电子商务网站通常通过以下 4 个关键要素定义。

一、信任

用户在首次访问在线商店时，或许对品牌、产品质量并不了解。尽管已有的成交记录可能促使他们停下脚步，但在他们决定购买之前，建立信任至关重要。消费者需要确信，他们购买的产品将与广告中描述的完全一致。因此，每个企业网站都应包含以下 3 个基本的信任构建元素。

1. 明确的联系信息

缺乏联系信息是潜在客户流失的首要原因。设计者应在网站显著位置提供电子邮件地址，若可能，再加上电话号码和实际地址。这些信息配合详尽的"关于我们"页面，可以有效地传达给潜在客户一种亲切感，让他们感受到网站背后是一个有温度的团队，而非冰冷的自动化系统。

2. 清晰的退货政策

一个清晰的退货政策不仅能简化消费者的退换货流程，还有助于提升销售业绩。当消费者了解到他们能够在无附加费用的情况下退换商品时，将显著减少购物车弃单率，并坚定消费者的购买决心。

3. 显著的技术认证

通过集成如 Shopify Payments 这样的支付平台保护客户信息。不妨大胆展示安全认证标志或徽章，向客户证明网站是安全可靠的，并且明确标注支付方式。

在缺乏客户信任的初期阶段，这些信任指标在网站设计中尤为重要，它们对于建立客户信任度和忠诚度起着关键作用。

二、强烈的视觉吸引力

视觉吸引力在电子商务中至关重要，不仅能激发客户对产品的想象，还能促使客户做出购买决定。在线购物的感知质量往往决定了用户的第一印象，而这通常在几毫秒内就会形成，因此，高质量的图像对于提升网站印象至关重要。

产品摄影相当于在线展示的产品代言人，客户在购买产品前无法亲身体验产品，因此极度依赖网站提供的视觉效果评估产品的适宜性。网站应采用白色背景的产品照片及展示产品使用场景的生活照片，如 Outdoor Voices 官网，这样的视觉叙事能有效吸引用户深入了解品牌。

在电子商务中，产品摄影的黄金法则是在白色背景下展示产品，这样有助于用户更清晰地看到产品细节，同时去除多余干扰，使产品本身吸引不同背景的受众。无论是通过 Shopify、亚马逊还是 eBay 销售，生活场景照片都极为关键，它们能使用户设想自己使用产品的情景。

网站的视觉设计不仅限于产品图片，还包括颜色方案和字体选择。一个具有视觉吸引力的网站能够显著提升用户的购物体验。颜色是激发用户兴趣和情感强有力的工具，还能吸引用户的注意力，引领他们步入购买旅程。网站设计主要采用主色调和辅助色调两种颜色，并确保颜色对比度高以满足所有用户包括视障人士的可访问性需求。

网站在选择字体时，应追求既能传递信息又能表达情感的设计，避免使用过于普通或不易阅读的字体，如 Times New Roman。使用 Shopify 等在线商店构建工具，可以轻松访问推荐的字体和设计模板，简化自定义设计流程。网站设计可使用两种字体，以创建清晰的层次结构：一种用于标题，另一种用于正文。

例如，Supergoop 在其网站上巧妙地应用了这一原则，其标题字体与品牌形象相呼应，而正文字体则简洁、清晰，易于阅读。正确的字体选择不仅能增强品牌魅力，还能确保网站内容的可读性和易用性，应避免因字体选择不当而影响用户体验。

三、移动端和网页端的响应格式

根据 ComScore 的数据，人们将近 70% 的数字媒体时间花在了移动设备上。然而，令人遗憾的是，许多电商平台尚未充分优化其移动端体验，仍主要针对桌面用户设计。这种忽视移动用户体验的做法可能会导致大量潜在用户流失。

如果选择通过 Shopify 搭建在线商店，那么确保商店具备"响应式设计"至关重要。这意味着网站能根据访问设备，如台式机、智能手机、平板电脑的屏幕尺寸、分辨率、操作系统等特性自动调整布局、内容显示和交互功能等，使用户轻松浏览和使用。

在挑选以移动端优化为主题的设计时，亲自进行易用性测试是关键步骤。商家需要验证交易流程是否流畅，确保自己对提供的购物体验感到满意。如果商家自己都不满意，那么用户可能也不会感到满意。在做出最终选择时，除了基本的响应式特性，还应考虑如购物车折叠列表、移动导航等进阶功能的适应性，这些都是提供优质移动用户体验的关键要素。

四、轻松导航

网站导航需要帮助用户快速轻松地找到产品。一个好的导航有助于优化网站上的搜索引擎，让用户在搜索结果中找到自己需要的产品。优质的导航可以改善用户的在线购物体验，并帮助商家增加销售量和利润。在选择主题时，导航也是一项影响因素。如果商家的产品目录很多，那么菜单较大的主题可能比较合适。

在设计导航时，要遵循一些准则。首先，在导航中尽量只保留几个菜单标题。在标记这些标题时，要清晰直接。随着商店的发展，商家会渐渐了解用户的喜好，然后进行更改或升级。其他导航链接可以放在页脚，即网站底部。如果没有人点击这些标签，可以随时修改标题，或将这些标签添加到子导航菜单中，以包含指向其他重要页面或产品集合的链接。

思考：
1. 如何通过网站设计和内容展示增强消费者对品牌的信任感？
2. 为什么在白色背景下拍摄产品照片是电子商务摄影的黄金法则？

【任务实施 6-3】

在班级里以个人或小组为单位，选择一个特定行业（如旅游、科技、教育等），设计一个电子商务网站的主题,并围绕该主题创建内容框架。

1. 实训要求明确网站目的,确定目标用户群体,设计至少 5 个相关内容类别,并为每个类别撰写简短描述。

2. 为设计的电子商务网站创建一个清晰的导航结构。

3. 制作网站的草图,包括主导航菜单和子菜单,确保逻辑性强,用户易于理解和使用。

【任务考核 6-3】

考核项目	讨论分析	权 重(%)	分 值
内容类别		20	
导航结构		30	
制作网站草图		50	
评 分		100	

项目小结

电子商务网站的规划和建设是企业在互联网经济中取得成功的关键因素。一个高效的电子商务平台不仅可以提升用户体验、提升品牌形象,还能提高搜索引擎排名,吸引更多的潜在客户。

任务 1 介绍了电子商务网站规划流程的 3 个阶段:确定建站目标、确定网站的技术解决方案、设计网站的信息结构。电子商务网站的建设应在此基础上进行优化,包括功能扩展性,用户友好性,注重性价比,以及安全性、效率与稳定性四大要点。

任务 2 介绍了网站设计与用户体验。网站设计是以互联网技术和数字交互式技术为基础,依据用户需求并遵循艺术设计规律,设计与商业宣传目的相关的网站的过程。其可视化设计对于吸引和保留用户至关重要。网站的可视化设计分为版面布局设计、网页色彩设计、网页字体设计。网站网页布局分为满屏式页面布局,两栏式页面布局、三栏式页面布局和水平居中式页面布局四类。另外,在提升用户体验方面,网站设计可从优化网页视觉体验、形式与内容统一、优化交互体验 3 个方面着手。

任务 3 介绍了网站内容的组织与管理。在网站的内容规划中,有 4 个关键点,即明确网站主题、了解目标用户、设计内容结构及制定更新策略;网站的内容分类主要涉及企业网站、产品宣传网站、主题活动网站 3 类;提升网站的内容组织即提升网站原创内容质量可以从重视用户体验、内容的相关性、图文结合 3 个方面着手;在网站的内容管理上,注意网站内容的质量、原创性、更新频率、针对性,用户参与度及搜索引擎优化是构建高效网站内容策略的关键要素。

项目作业

一、单项选择题

1. 在电子商务网站规划流程中,下列选项不是确定网站技术解决方案内容的是( )。

A. 服务器的选用　　　　　　　　　　B. 数据库选型

C. 网站栏目设计　　　　　　　　　　D. 开发技术选型

2. 下列选项不是提升网站用户体验的设计目标的是（　　）。
   A. 有用性　　　　　　B. 易用性　　　　　　C. 容错性　　　　　　D. 复杂性
3. 在电子商务网站的内容规划中，第一步是（　　）。
   A. 设计网站布局　　　　　　　　　　　B. 明确网站主题
   C. 选择网站技术　　　　　　　　　　　D. 确定网站颜色
4. 下列选项不是网站信任构建元素的是（　　）。
   A. 明确的联系信息　　　　　　　　　　B. 清晰的退货政策
   C. 显著的技术认证　　　　　　　　　　D. 复杂的用户注册流程
5. 在电子商务网站中，产品摄影的黄金法则是（　　）。
   A. 使用多种颜色背景　　　　　　　　　B. 强调艺术性
   C. 在白色背景中展示产品　　　　　　　D. 仅使用生活场景照片
6. 下列选项不是网站首页应优化内容的是（　　）。
   A. 产品搜索功能　　　　　　　　　　　B. 类目导航
   C. 网站安全证书　　　　　　　　　　　D. 用户在线聊天室
7. 在电子商务网站中，为了提升用户体验，下列选项不推荐的网页设计做法是（　　）。
   A. 使用三种以上的字体　　　　　　　　B. 确保按钮表意清晰
   C. 提供友好的错误提示　　　　　　　　D. 避免不必要的弹窗
8. 一个好的电子商务网站首页应避免（　　）。
   A. 清晰的产品展示　　　　　　　　　　B. 移动端适配性
   C. 内容过于冗杂　　　　　　　　　　　D. 明确的购物车标识
9. 在电子商务网站的内容管理中，下列选项不是构建高效网站内容策略关键要素的是（　　）。
   A. 内容的质量　　　　　　　　　　　　B. 内容的原创性
   C. 用户参与度　　　　　　　　　　　　D. 搜索引擎优化
10. 网站的"响应式设计"是指（　　）。
   A. 网站在不同设备上自动调整布局　　　B. 网站对用户操作的快速响应
   C. 网站对不同浏览器的兼容性　　　　　D. 网站对用户反馈的响应机制

二、判断题

1. 在进行网站内容规划时，应首先确立网站的主题，以引导整个网站的内容方向。（　　）
2. 企业网站应设置复杂的二级导航分类，以便提供更详细的信息。（　　）
3. 网站首页的设计应包含大量的文本信息，以便用户阅读。（　　）
4. 电子商务网站应重视移动端适配性，因为大多数用户通过移动设备上网。（　　）
5. 网站应使用超过3种颜色吸引用户的注意。（　　）
6. 网站导航设计应简洁明了，以帮助用户快速找到他们感兴趣的产品。（　　）
7. 网站首页不需要展示企业的联系方式，因为用户通常不会在首页寻求帮助。（　　）
8. 网站内容的更新策略应基于用户需求和网站目标，定期更新内容有助于提高搜索引擎排名。（　　）
9. 在电子商务网站中，产品页不需要展示用户评论，因为它们对销售影响不大。（　　）

10. 网站信息结构设计关注如何合理地设计和组织网站信息，以提升用户体验和支持业务目标的实现。（　　）

项目 7　电子商务物流与供应链管理

【项目导读】

电子商务改变了人们的生活习惯，其持续发展对物流的需求越来越大，为物流开辟了巨大的市场，同时物流行业发展水平的提升又进一步促进了电子商务健康持续发展。本项目将介绍电子商务物流的概念与特点、物流系统的构建与优化，以及供应链管理策略，以期为企业加强电子商务物流与供应链管理提供支持。

【技能目标】

1. 能够进行电子商务物流系统的构建。
2. 能够分析电子商务物流管理的未来趋势。

【知识目标】

1. 理解电子商务物流的概念及特点。
2. 了解我国电子商务物流的发展现状。
3. 理解电子商务和物流之间的关系。

【思政素质目标】

1. 引导学生遵守诚实守信原则，维护良好的商业信誉，推动诚信经营。
2. 引导学生遵守电子商务物流相关法律法规，做合法经营者。
3. 提升学生的创新意识和实践能力，为电子商务行业发展贡献力量。

【引导案例】

戴尔（DELL）是一家总部位于美国得克萨斯州朗德罗克市的世界500强企业，是以从事计算机、通信和其他电子设备制造业为主的IT产品及服务提供商。它的直销网站上提供了一个跟踪和查询消费者订货状况的接口，供查询已订购的商品从发出订单到送达消费者手中全过程的情况。戴尔对待任何消费者（个人、公司或单位）都采用定制的方式销售，其物流服务也配合这一销售政策实施。通过分析戴尔的案例，我们可以深入了解电子商务物流发展趋势及其应用。

任务1　电子商务物流的概念与特点

【任务情景】

电子商务物流是伴随电子商务和社会需求发展出现的，是实现电子商务真正经济价值不可或缺的重要组成部分。当前，中国物流行业保持较快增长速度，物流体系不断完善，行业运行日益成熟和规范。本任务旨在通过了解电子商务物流的模式，懂得如何提高企业的物流规模效率，增加企业收益。

【任务分析】

为完成这一任务，我们需要掌握电子商务物流的概念和特点，电子商务与物流的关系，以及物流的常见理论认识——物流学说等。

【知识链接】

一、电子商务物流的概念

1. 物流的概念

"物流"原义为"实物分配"或"货物配送"，是指为了满足客户需求，以最低的成本，通过运输、保管、配送等方式，实现原材料、半成品、成品或相关信息由商品产地到商品消费地的计划、实施和管理全过程。物流是一个控制原材料、制成品、产成品和信息的系统，从供应开始经各种中间环节的转让到达最终消费者手中的实物运动，以此实现组织的明确目标。物流是供应链活动的一部分。

2. 电子商务物流的概念

电子商务物流是基于商流、信息流、资金流网络化的物资或服务的配送活动，包括软体商务或服务的网络传送和实体商品或服务的物理传送。电子商务物流是在传统物流基础上，结合电子商务中商流、信息流、资金流的特点提出的，是电子商务环境下物流新的表现方式。简而言之，电子商务物流是利用现代信息技术将多种活动有机整合的集成性活动。其目标是以最经济的方式和手段为顾客提供良好的服务，使顾客满意的同时创造"第三利润源"。

二、电子商务物流的特点

1. 信息化

物流信息化是电子商务的必然要求。物流信息化表现为物流信息搜集的数据库化和代码化，物流信息处理的电子化和计算机化，物流信息传递的标准化和实时化，物流信息存储的数字化等。物联网、射频识别、条码、EDI 等物流信息技术在物流信息化管理中发挥着重要作用。

2. 自动化

自动化的基础是信息化，外在表现是无人化，效果是省力化。自动化可以提高物流作业能力、减少物流作业差错等。物流自动化的设施非常多，如基于条码和射频识别技术的自动识别系统、自动分拣系统、自动存取系统、货物自动跟踪系统等。

3. 智能化

智能化是物流自动化、信息化的一种高层次应用。在物流作业过程中，存在大量的运筹和决策问题，如库存水平的确定、运输（搬运）路径的选择、物流配送中心的选址等，解决这些问题除了需要管理学、运筹学等相关知识，还需要依靠自动化设备及信息技术才能完成。物流智能化已成为电子商务时代物流发展的一个新趋势。

4. 网络化

随着全球一体化程度加深，企业很难独自应对变幻莫测的市场竞争环境，以供应链的形式参与竞争已成为企业赢得市场的重要途径。例如，在计算机生产和组装过程中，通过物流网络将计算机零部件、元器件和芯片发往同一个物流配送中心进行组装，再由物流配送中心将组装的计算机发给客户。由此可见，物流网络化是电子商务物流的一个新特点，实现物流网络化是提高供应链反应速度、增强供应链整体竞争力的关键环节。

5. 柔性化

柔性化本来是在生产领域为实现"以顾客为中心"的目标提出的，但要真正做到柔性化，即真正根据顾客需求变化灵活调节生产工艺，配套的柔性化物流系统是不可或缺的。柔性化物流是适应生产、流通与消费需求发展起来的一种新型物流模式。准时制、快速反应等理念，实质就是要将生产、流通进行集成并根据消费需求"多品种、小批量、多批次、短周期"的特色组织生产，安排物流活动。

三、电子商务物流与传统物流的差别

电子商务物流与传统物流的差别见表 7-1。

表 7-1 电子商务物流与传统物流的差别

项　目	电子商务物流	传统物流
服务理念	以顾客为中心	以规模为中心
配送体系	网状网格配送体系	单一性配送网
技术支持	网络管理技术	传统管理技术
信息响应	信息化程度高、反应迅速	信息传递迟缓、反应慢
管理特征	柔性化	刚性化
合作程度	强调协同合作	布局分散

四、电子商务与物流的关系

电子商务与物流紧密联系、相互依赖，共同推动商业活动的发展和创新。

1. 电子商务与物流之间存在明显的相互依赖关系

电子商务的快速发展为物流行业提供了广阔的市场和发展空间，而物流的顺畅运作则是电子商务得以实现的基础。没有物流的支持，电子商务的订单将无法完成交付，从而限制其发展速度和规模。

2. 在电子商务中，物流配送环节扮演着至关重要的角色

物流配送是连接电商平台和消费者的桥梁，直接关系到消费者的购物体验和满意度。因此，物流配送的准确性和时效性对于电子商务的成功至关重要。

3. 电子商务与物流的紧密合作有助于降低成本和提升效率

通过优化物流网络、提高仓储管理水平、引入自动化和智能化技术等方式，可以实现物流成本

的降低和运作效率的提升。这将进一步推动电子商务的发展，提高其竞争力。

4. 物流服务质量对电子商务的影响不可忽视

优质的物流服务能够提升消费者的购物体验，提高其忠诚度，进而促进电商平台销售增长；相反，物流服务质量不佳，将直接影响消费者的购物满意度，甚至可能导致其放弃购买或选择其他电商平台。

5. 物流技术对电子商务的推动作用日益凸显

物联网、大数据、人工智能等技术的应用使物流过程更加智能化和高效化，提升了物流服务水平和质量。这些技术的应用不仅有助于解决物流行业面临的挑战，也为电子商务的发展提供了有力支持。

6. 电子商务与物流的紧密合作体现在供应链的协同优化上

通过加强电子商务平台与物流企业之间的信息共享和合作，可以实现对供应链的全面优化，降低库存成本，提高供应链的响应速度和灵活性。这将有助于提升电子商务的整体运营效率和竞争力。

7. 电子商务与物流的关系将继续受到创新驱动的影响

随着技术的不断进步和商业模式的不断创新，电子商务和物流行业将面临更多的机遇和挑战。通过不断探索和创新，可以实现电子商务与物流的深度融合和协同发展，推动整个商业领域进步和繁荣。

综上所述，通过加强合作和创新驱动，可以实现电子商务与物流的协同发展和共赢。未来，随着技术的不断进步和商业模式的不断创新，电子商务与物流的关系将更加紧密。

【知识拓展 7-1】

关于物流的常见理论认识——物流学说主要有以下 6 个。

一、物流成本的"冰山说"

物流成本的"冰山说"是日本早稻田大学教授西泽修在 1970 年提出的。他在潜心研究物流成本时发现，现行财务会计制度和会计核算方法都不可能掌握物流费用的实际情况，因此，人们对物流费用的了解是一片空白，甚至有很大的虚假性，就像一座漂浮在水面上的冰山，浮出水面的部分人们可以看到，而沉在水面下的大部分是人们看不到的黑色区域。他把这种情况比作"物流冰山"。

二、"黑暗大陆"学说

1962 年 4 月，"现代管理学之父"彼得·德鲁克在《财富》杂志上发表了一篇题为《经济领域的黑暗大陆》的文章。由于流通领域中物流活动的模糊性尤其突出，成为流通领域中人们认识不清的领域。这篇文章被认为首次明确提出了物流领域的潜力，具有划时代的意义，标志着企业物流管理领域的正式启动。

三、"第三利润源"学说

"第三利润源"学说最初是由日本早稻田大学教授西泽修提出来的。1970 年，西泽修教授把

《流通费用》的副标题写作"不为人知的第三利润源泉"。"第三利润源"学说提出，生产领域创造利润的"第一源泉"（物质资源的节约）和"第二源泉"（劳动消耗的降低）已几乎开发殆尽，渐趋枯竭，人们转向流通领域；商品流通由物流、商流和信息流组成，而商流和信息流一般不会创造新的价值，所以，物流成了众人瞩目的焦点，成为企业的"第三利润源泉"。物流被看作"降低成本的最后边界"。

四、"效益背反"学说

"效益背反"学说也是由日本早稻田大学西泽修教授于20世纪70年代提出的。该学说表明，在物流系统中，功能要素之间存在着损益的矛盾，即物流系统中某一个功能要素的优化和利益发生的同时，必然会存在系统中的另一个或另几个功能要素的利益损失，这是一种此消彼长、此盈彼亏的现象，往往会导致整个物流系统效率低下，最终损害物流系统功能要素的利益。虽然这种现象在许多领域中存在，但在物流领域中似乎尤其严重。

五、"服务中心"学说

鲍尔索克斯在《物流管理：供应链过程的一体化》中指出："物流活动存在的唯一目的是要向内外顾客提供及时而又精确的产品递送。因此，顾客服务是发展物流战略的关键要素。""当物流活动发展到顾客合作的程度时，就能以增值服务的形式开发更高水准的服务。""服务中心"学说代表了美国和欧洲国家一些学者对物流的认识，即物流活动最大的作用，并不在于为企业节约消耗、降低成本或增加利润，而在于提高企业对用户的服务水平，进而提高企业的竞争能力。

六、"成本中心"说

"成本中心"说认为，物流在整个企业战略中，只对企业营销活动的成本发生影响，物流是企业成本的重要产生点，因而解决物流的问题并不主要是为了合理化、现代化，以及支持保障其他活动，而是通过物流管理和物流的一系列活动降低成本。所以，"成本中心"既指主要成本的产生点，又指降低成本的关注点。物流是"降低成本的宝库"等说法正是对这种认识的形象阐述。

【阅读和思考 7-1】

多点公司的商业模式

多点（Dmall）公司成立于2015年4月，是基于O2O的全渠道新零售电商平台。其商业理念是，在致力于为用户提供"高品质、低价格、好服务"的同时，为合作商家提供"新零售"全方位技术支持，推动零售行业升级。截至2021年6月，多点公司已与120多家连锁商超和便利店合作，覆盖4个国家和地区15000家门店，模式受到广泛验证。其一直采用联合线下零售商共同"双打"的合作模式进行发展，依托与本地大型商超的深度结合，提供高品质、低价格、2小时送达的优质服务。但与家电、手机等传统商品不同，生鲜商品的仓储和配送成本较高，且非常容易过期、损坏，这使物流成本进一步增加。为此，多点公司独创了"第三种"商业模式，即与传统商超共享供应链，进行线上线下深度融合。通过系统级联动，提高商超运营效率、优化顾客购物体验。相比众多的电商平台，多点公司更倾向于改造传统超市，通过实施"多点+"模式，实现了对传统零售的八大升级：用户升级、收银支付升级、门店管理升级、商品升级、供应链升级、门店商圈升级、技术升级、模式复制升级。通过对传统零售商的升级改造，多点公司的物流优势在以下3个方面显现出来。

（1）打造供应链的前置仓模式。前置仓模式是多点公司与超市在改造线下供应链中的一个创新。在前置仓模式下，多点公司不需要自己建仓，而是对每个门店的畅销品实行买断后，在超市的后仓划出一片区域直接拣货。通常情况下，多点公司在卖场后仓设置有30～50个专属前置仓，用于放置爆款产品，将线下商超变成电子化仓库，实现了与超市之间供应链共享，进而打造"实体店+B2C+B2B"的商业模式。供应链的前置仓模式实现了商超24小时多业态作业，让商超在时间、空间上效能最大化，进而实现仓库的高效运转。

（2）构建低成本、高效率的物流配送体系。在成本控制方面，针对线上订单的拣货配送任务大多由多点公司内部员工承担，还有一部分配合工作由第三方物流人员和卖场员工承担，其中，30%左右的配送任务归快牛、美团外卖等第三方快递公司完成，20%左右的配送任务由卖场员工完成，这样可以降低物流配送的人力成本。在提高效率方面，多点公司做了很多尝试，如拣货使用的盘古系统可帮助合作商超降低缺货率，利用客户消费数据指导合作商超优化商品结构。此外，点对点全类型促销支持有潘多拉系统，会员全方位分析与自动化触达有美杜莎系统，配送运力多维度自由调节有雅典娜系统，这些系统显著提高了各个物流环节的运行效率。

（3）实现线上线下一体化融合。多点公司为线下门店提供了仓、配、售一体化服务，通过线上线下一体化融合，可以整体提高物流运行效率。利用大数据技术帮助商家进行选品优化，提高了线下门店的经营效益；通过设置快速周转的前置仓，提高了线下门店原本的运行效率，节约了成本；通过配合电子价签的实时更新功能，可以帮助门店及时补货、快速拣货；通过提供配送服务，整个线下门店的辐射半径可以覆盖周边3000米；通过线下用户互联网化升级为电子会员，既能保证原有客户不流失，又能让互联网用户持续加入，提高了复购率和转化率。

思考：你认为现代物流如何才能与电子商务进行更好的融合？对于一个电子商务企业来说，应如何构建现代物流保障体系？

【任务实施7-1】

在班级里以个人或小组为单位，上网了解著名电商企业（如阿里巴巴、京东、天猫、苏宁易购、库巴网、亚马逊等），并说明其物流发展情况及物流运作情况等。

1. 电子商务的交易过程是怎样的？
2. 物流是怎样影响电子商务的？
3. 电子商务物流专业的相关工作岗位有哪些？工作内容分别是什么？
4. 找到其中一个企业，说明其创立、物流发展及物流运作情况等。
5. 你有何建议？

【任务考核7-1】

考核项目	讨论分析	权重（%）	分值
电子商务交易过程		10	
物流对电子商务的影响		30	

续表

考核项目	讨论分析	权重（%）	分值
电子商务物流专业相关岗位及工作内容		10	
创立，物流发展、运作情况		30	
建　议		20	
评　分		100	

任务2　物流系统的构建与优化

【任务情景】

要想解决物流服务的质量问题，需要注重物流系统的构建与优化，而物流"最后一公里"配送至关重要，尽管其是物流流程中的末端环节，但它的顺畅与否会对整个物流链条的效率产生重大影响。本任务旨在通过加强物流系统的构建与优化，满足电子商务对物流行业的需求。

【任务分析】

为完成这一任务，我们需要掌握如何进行物流系统的构建与优化，建立一套标准化的物流服务细则。

【知识链接】

一、物流系统的构建

1. 物流系统的概念

物流系统是指在一定的时间和空间里，由所需位移的物资、包装设备、装卸搬运机械、运输工具、仓储设施、人员和通信联系等若干相互制约的要素构成的具有特定功能的有机整体。

2. 物流系统的构成要素

物流系统的构成要素即物流活动的基本功能，是指其具有的基本能力。通过对物流各要素的有机结合，形成物流的总体功能，进而实现物流的经济目标。物流系统的构成要素一般包括输送、保管、流通加工、包装、装卸、信息处理。

（1）输送。输送是使物品发生场所、空间移动的物流活动。输送系统是由包括车站、码头等运输节点以及运输途径、交通机关等在内的硬件要素，交通控制和营运等软件要素组成的有机整体，通过这个有机整体发挥综合效应。具体来看，在输送体系中，运输主要是指长距离两点间的商品和服务移动，而短距离、少量的输送常常称为"配送"。

（2）保管。保管具有商品储藏管理的意思。它有时间调整和价格调整的机能。保管通过调整供给与需求之间的阻隔促使经济活动顺利开展。相较于以前强调商品价值维持或储藏目的的长期保管，如今更注重为了配合销售政策上的流通目的从事的短期保管。保管的主要设施是仓库，在商品出入库的信息基础上进行在库管理。

（3）流通加工。流通加工是在流通阶段为保存进行的加工或者为同一机能形态转换进行的加工。其不仅包括切削、细分化、钻孔、弯曲、组袋等轻微的生产活动，还包括单位化、价格贴付、标签贴付、备货、商品检验等为使流通顺利进行从事的辅助作业。如今，流通加工作为提高商品附加价值、促进商品差别化的重要手段之一，重要性日益凸显。

（4）包装。包装是在商品输送或保管过程中，为保证商品的价值和形态从事的物流活动。从机能上来看，包装可以分为为保持商品质量进行的工业包装，以及为使商品顺利抵达消费者手中、提高商品价值、传递信息等以促进销售为目的的商业包装两类。

（5）装卸。装卸是跨越流通部门和物流设施时进行的，发生在输送、保管、包装前后的商品取放活动。它包括商品放入、卸出、分拣、备货等作业行为。装卸合理化的主要手段是集装箱货运。

（6）信息处理。信息处理是通过收集与物流活动相关的信息，使物流活动有效、顺利地进行。信息包括与商品数量、质量、作业管理相关的物流信息，以及与订货、发货和货款支付相关的商流信息。如今，大型零售店、便利店为了降低流通成本、扩大销售，大多已连接了销售点信息管理（Point of Sale）系统和EDI系统，从而使物流信息快速普及。

3. 物流系统的基础设施

物理系统的建立和运行，需要有大量技术装备手段，这些手段的有机联系对物流系统的运行有着决定性的意义，这就是物流系统的物质基础要素。这些要素主要有物流设施、物流装备、物流工具、信息技术、网络组织和网络管理。

（1）物流设施是物流系统运行的基础物质条件，包括物流站、货场、港口、物流中心、仓库、物流线路等。

（2）物流装备是保证物流系统运转的条件，包括仓库货架、进出库设备、加工设备、运输设备、装卸机械等。

（3）物流工具是物流系统运行的物质条件，包括包装工具、维修保养工具、办公设备等。

（4）信息技术是掌握和传递物流信息的手段，包括通信设备及线路、计算机及网络技术等。

（5）网络组织是物流企业经营活动中涉及的物流运输网络组织、物流信息网络、物流客户网络组织等。

（6）网络管理是对物流网络组织进行管理的方法和手段。

二、物流系统的优化

1. 信息技术应用优化

在物流系统的建构与优化中，信息技术应用优化起着至关重要的作用。通过采用先进的信息技术，如物联网、大数据、云计算等，实现对物流信息的实时采集、传输、分析和应用，从而提高物流运作的效率和准确性。例如，通过物联网技术实现对货物状态的实时监控，通过大数据分析预测货物需求，从而优化库存管理和配送计划。

2. 仓储管理智能化

仓储管理是物流系统的重要环节，仓储管理智能化可以显著提升仓储效率、降低成本消耗。通过引入智能仓储设备、系统及人工智能算法，可以实现对货物存储、检索、搬运等环节的自动化和智能化。此外，仓储管理智能化还可以实现对库存的实时监控和预警，避免积压和浪费。

3. 自动化技术引入

在物流系统中引入自动化技术能够显著提高作业效率，降低人力成本。例如，采用自动化分拣系统、无人搬运车等设备，可以实现对货物的快速、准确分拣和搬运。此外，自动化技术还可以应用于包装、码垛等环节，进一步提高物流运作的自动化水平。

4. 全渠道物流整合

全渠道物流整合是指将线上和线下的物流渠道进行有机结合，实现物流资源的共享和优化配置。通过整合线上平台、线下门店、仓储中心等资源，为客户提供更加便捷、高效的物流服务。同时，全渠道物流整合还可以降低物流成本，提高物流运作的协同性和灵活性。

5. 联合配送模式创新

联合配送模式是指多个企业共享配送资源，共同开展物流配送活动的一种模式。通过联合配送，可以实现资源的共享和优化配置，降低单个企业的配送成本；还可以提高配送效率，缩短配送时间，提升客户满意度。

6. 物流信息系统升级

物流信息系统升级是物流系统优化的关键环节。通过升级物流信息系统，可以提高系统的稳定性、可靠性和安全性，确保物流信息的实时、准确传输。此外，升级后的物流信息系统还可以支持更多功能和服务，满足企业不断发展的需求。

7. 物流成本降低

降低物流成本是物流系统优化的重要目标之一。可以通过优化运输路线、提高装载率、缩短库存周转时间等方式降低运输成本和仓储成本。同时，还可以通过采用节能设备和技术、提高能源利用效率等方式降低能耗成本。

8. 客户服务水平提升

客户服务水平提升是物流系统优化的最终目标。通过优化物流流程、提高物流运作效率、加强与客户的沟通和协作等方式，可以为客户提供更加优质、便捷的物流服务。此外，还可以通过建立客户服务评价体系、持续改进服务质量等方式不断提升客户服务水平。

【知识拓展 7-2】

电子商务物流"最后一公里"配送是指客户通过电子商务途径完成商务交易后，交易物品被运输至配送中心，通过一定运输工具将物品送至客户手中的过程。"最后一公里"配送是整个电子商务物流的末端环节，也是电子商务环境下供销商、物流服务商与客户面对面接触的唯一机会。做好"最后一公里"配送，不仅是电子商务物流供应链顺利实施的保障，更是提升顾客体验、进一步促进电子商务发展的基础。

目前，我国电子商务物流"最后一公里"配送仍存在各种各样的问题：配送自动化程度较低，设备较为简陋，轻便摩托车和电动三轮车为主要交通工具，且主要依靠人力投递，加之城市交通状况恶化，造成电子商务物流配送效率低下，订单量较大时派送员往往不能及时将货物配送至客户指定处；由于投递过程不规范，派送员时常将货物放置在地上进行分拣，让客户自行取件，整个派送过程呈现脏、乱、差的景象，货物丢失、损毁的情况时有发生。这些问题的存在严重制约了电子商务物流乃至电子商务的进一步发展。

电子商务物流企业和研究人员纷纷对电子商务物流"最后一公里"配送模式进行了改革创新，由传统单一的送货上门模式扩展至多种配送模式并存。在实践中，我国主要存在3种配送模式，分别为送货上门模式、自助收发箱模式和客户自提站模式。

送货上门模式是物流公司根据客户需求，将货物送至客户处，实现门到门的物流服务。生活中，派送员在进行货物配送前会事先通过电话、短信等方式与顾客进行联系，告知到货时间或重新约定送货时间。派送员将货物送至顾客家门口后，一部分顾客会现场验货，若物品准确无误，则签字确认，派送员对货物进行扫描登记后，收取回执单再为下一位顾客提供服务。现阶段，此种配送模式的使用依然最广泛，国内几乎所有的快递公司都提供此项服务。

自助收发箱模式是近几年新兴起的电子商务物流"最后一公里"配送模式。派送员无须将货物送至顾客手中，由顾客当面确认签字，只需要将货物送至指定自助收发箱中，由顾客选择方便的时间自行提取。自助收发箱有独立自助收发箱、回收式自助收发箱和公共自助收发箱3种类型，而这3种自助收发箱的操作流程并不相同。独立自助收发箱是将箱子设备事先安装于顾客家门口或院子，派送员将到达的货物放于该箱子中，后由系统自动以短信等方式通知顾客货物已送到。由于该装置只服务特定顾客，可设置固定密码或钥匙，由顾客自行取货。回收式自助收发箱的箱子不是服务特定顾客的，而是根据到货情况进行分配。派送员到达客户处，扫描登记后，将已装好货物的箱子安置于顾客处预置的装置中，并及时通知客户。待取货后，再将箱子收回用于下一次配送活动。公共自助收发箱是多个顾客共用一个箱子，通常放置在小区或其他交通便利、方便顾客提取货物的地方。公共自助收发箱拥有多个大小不一的箱子。派送员将货物送至合适的地方，选定大小合适的箱子，扫描货物条码后，将货物放于箱子中，系统将随机生成密码并以短信等方式发送给顾客，顾客凭借收到的密码取回包裹。自助收发箱可带冷藏保温功能。无论采用何种自助收发箱模式，在运营中都需要安装配套的监控装置，方便记录顾客取货和开箱验货的情况，避免可能出现的纠纷。

客户自提站模式也是近几年新兴起的"最后一公里"配送创新模式，是电子商务物流服务提供商通过与便利店、小区物业、超市等机构合作或自己新建提货点（如顺丰嘿客），为一定距离以内的顾客提供到货自提服务。电子商务物流服务商事先选择合适的第三方合作机构，通过洽谈签订合作协议。派送员将货物扫描登记，放于适当的合作机构处后，继续去往下一个合作机构处配送货物，客户则可以通过系统发送的短信自行去合作机构处取货。在自提站模式中，客户可根据自身时间安排和距自提点的距离选择喜欢的交通方式提取货物。在日本，连锁便利店成为快递流通行业重要的一环。日本著名的快递公司大和运输与全家、7－11等多家连锁便利店的合作，让客户可以在日本各地的4万多家便利店领取快递物品。

【阅读和思考7－2】

菜鸟的物流管理

菜鸟网络科技有限公司（以下简称"菜鸟"）成立于2013年5月28日，是由阿里巴巴集团、中国银泰投资有限公司（以下简称"银泰集团"）联合复星集团、富春控股集团、顺丰速运、"三通一达"（申通、圆通、中通、韵达）、宅急送、汇通，以及相关金融机构共同组成的"中国智能物流骨干网"。

2018年1月，菜鸟召开战略大会，制定了适应未来5年发展的"一横两纵"战略。"一横"，是指做数字化基础设施建设，把物流数字化、在线化、智能化；"两纵"，是指为新零售供应链提供解决方案，进行全球化发展。

在数字化方面，菜鸟推动电子面单成为整个物流行业的数字化基础。通过对电子面单信息的收集与录入，物流企业可以形成信息化的控制流程，这使全国物流速度整体得到提升，当日达服务将不再局限于中心城市。同时，菜鸟通过智能算法分配订单路由，实现了快递公司包裹与网点的精准匹配，准确率在98%以上，分拣效率提高50%以上。此外，菜鸟还力图在无人驾驶、自动仓储、自动配送、物流机器人等人工智能的前沿领域，不断推动传统物流行业的智能化升级。

据了解，在菜鸟网络分拨机器人圆通转运中心的2000平方米的场地内，高峰期时，350台机器人昼夜作业，每天可分拣包裹超50万个。此外，菜鸟还利用物联网、云计算等技术，搜集淘宝上的用户数据，对这些数据进行分析，了解客户的喜好及特定货物的流向等，并将这些信息共享给电子商务企业、物流公司、仓储公司、第三方物流服务商和供应商等。这样，可以提前将货物放在离目标客户最近的仓库，进而缩短物流半径，实现快速分拣送货，使全国任意地区实现"24小时达"成为可能。

菜鸟的智能物流骨干网把仓储、干线、末端、车辆、人员、包裹、门店等全物流要素连接起来，通过叠加人工智能和算法，不断提高这张网络的智能化水平，最终提高商家物流效率并提升消费者物流体验。通过搭建智能物流骨干网，菜鸟拥有了高效、协同、可视化、数据化的物流供应链，为整个电商业和物流业带来了巨大的变革。

未来，中国每天的快递量将会达到10亿件。尽管数量庞大，但是未来智慧物流将实现国内24小时必达、国际72小时必达。

思考：有哪些物流管理方式可以用于提高物流管理效率和水平？

【任务实施7-2】

某淘宝用户在某年9月22日购买了一款索尼优盘。买家要求用A快递公司的快递发货，卖家当天发货，A快递公司泰州分公司承接此单。25日早上，买家接到A快递公司泰州（卖家在江苏泰州）分公司电话，通知快件已经到达吉林，但收货地点超出他们的送货范围，要求买家本人去A快递公司吉林分公司收货。买家表示既然A快递公司泰州分公司受理此单，就表示可以送货到家，因此要求其必须将货送到买家要求的收货地点。快递公司人员态度很差地将电话挂断，未有任何表示。后来连续2日买家先后几次联系卖家，要求其联系A快递公司泰州分公司和吉林分公司，买家本人也先后几次给A快递公司吉林分公司打电话，但始终未能打通。后来，卖家表示，如果再不能送货，就请买家退货，但要扣除货物来回的快递费用，买家坚决不同意。

请问案例中出现了什么纠纷？为什么会出现这样的纠纷？电子商务经营主体如何规避类似情况的出现？

【任务考核7-2】

考核项目	讨论分析	权重（%）	分值
什么纠纷		30	
产生纠纷的原因		30	

续表

考核项目	讨论分析	权　重（%）	分　值
如何规避类似纠纷		40	
评　分		100	

任务3　供应链管理策略

【任务情景】

电子商务为企业实施供应链管理提供了更广阔的活动舞台，不仅使供应链上各节点企业之间的联系更紧密，而且使供应链的整体运作更高效。本任务旨在通过学习供应链管理策略与技术，解决供应链存在的实际问题。

【任务分析】

为了完成这一任务，我们需要了解供应链的概念、结构和特征，掌握供应链管理的概念、内容、目标和策略。

【知识链接】

一、供应链的概念、结构和特征

（一）供应链的概念

供应链是指从原材料供应商开始，经过一系列加工、制造、分销等环节，将产品或服务送达最终消费者的全过程。这个过程涵盖了物料采购、生产规划、库存管理、分销运输及售后服务等多个环节，旨在确保资源的高效利用，降低成本，提高客户满意度。

（二）供应链的结构

供应链的结构通常包括供应商、制造商、分销商、零售商和最终消费者等多个主体。这些主体通过物流、信息流和资金流相互连接，形成一个有机整体。在供应链结构中，各主体之间相互依存，共同实现价值创造和传递。

（三）供应链的特征

1. 流程协同性

供应链的核心在于流程协同性，要求各主体在采购、生产、分销和售后服务等各个环节保持紧密合作，共同优化流程，提高效率。通过流程协同，可以实现资源的优化配置，降低库存和运输成本，提高整体竞争力。

2. 信息共享性

供应链管理的有效实施离不开信息的共享和传递。通过构建完善的信息系统，实现各环节之间的实时信息共享，有助于减少信息不对称带来的风险，提高决策效率。同时，信息共享有助于提高供应链的透明度和可视化程度，便于监控和管理。

3. 多元化参与

多元化参与是供应链的一个重要特征。随着全球化的发展和市场竞争的加剧，越来越多的企业开始寻求跨行业、跨地区的合作伙伴，以拓展供应链网络。这种多元化参与有助于企业获取更广泛的资源、技术和市场机会，提高供应链的灵活性和适应性。

4. 动态优化性

供应链是一个不断变化的系统，需要根据市场需求、资源条件和技术进步等因素进行动态优化。通过对供应链网络、流程和信息系统的持续优化，可以实现成本降低、效率提升和客户满意度提高等目标。这种动态优化性是企业应对市场变化和实现可持续发展的关键。

5. 风险管理性

供应链中存在着各种潜在的风险，如供应商风险、运输风险、市场风险等。因此，有效的供应链管理必须具备风险管理性，包括识别潜在风险、评估风险影响、制定风险应对策略及监控风险变化等方面。通过风险管理，可以确保供应链的稳健运行，降低潜在损失。

二、供应链管理的概念、内容和目标

（一）供应链管理的概念

我国物流术语国家标准中对供应链管理的定义是：利用计算机网络技术全面规划供应链中的商流、物流、信息流、资金流等，并进行计划、组织、协调与控制。

具体来说，供应链管理就是使供应链运作达到最优化，以最少的成本，令供应链从采购开始，到最终满足客户的所有过程，包括工作流、实物流、资金流和信息流等均能高效率地运作，把合适的产品、合理的价格及时、准确地送到消费者手中。其实质是兼顾需求和供应，以期链上每个环节均能达到最佳组合，发挥最大效率，迅速以最小成本为客户提供最大附加值。

（二）供应链管理的内容

1. 信息管理

在供应链中，信息是供应链各方的沟通载体，供应链中各个阶段的企业都是通过信息集成起来的。可靠、准确的信息是企业决策的有力支持和依据，能有效降低企业运作中的不确定性，提高供应链的反应速度。供应链管理的主线是信息管理，信息管理的基础是构建信息平台，实现信息共享，将供求信息及时、准确地传达到供应链上的各个企业，在此基础上进一步实现供应链的管理。

2. 客户管理

客户管理是供应链管理的起点。供应链源于客户需求，也终于客户需求，因此，供应链管理是以满足客户需求为核心运作的。由于客户需求千变万化，并且存在个性差异，真实、准确的客户管理是企业供应链管理的重中之重。

3. 库存管理

如果能够实时掌握客户需求变化的信息，做到在客户需要时再组织生产，就不需要持有库存即以信息代替库存，实现库存的"虚拟化"。供应链管理的一个重要使命，就是利用先进的信息技术，收集供应链各方及市场需求方面的信息，用实时、准确的信息取代实物库存，减小需求预测的误差，从而降低库存的持有风险。

4. 关系管理

现代供应链管理理论提供了提高竞争优势、降低交易成本的有效途径，就是通过协调供应链各成员之间的关系，加强与合作伙伴的联系，在协调合作关系的基础上进行交易，为供应链的全局最优化努力，从而有效降低供应链整体交易成本，使供应链各方利益获得同步增加。

5. 风险管理

供应链上各企业之间的合作会因为信息不对称、信息扭曲、市场不确定性及其他政治、经济、法律等因素的变化，而导致各种风险。为了使供应链上的企业都能从合作中获得满意的结果，必须采取一定措施规避供应链运行中的风险，如提高信息透明度和共享性、优化合同模式、建立监督控制机制等，尤其是必须在企业合作的各个阶段通过运行激励机制，采用各种手段实施激励，使供应链企业之间的合作更加有效。

（三）供应链管理的目标

供应链管理是对整个供应链系统进行计划、协调、操作、控制、优化的各种活动和过程。企业供应链管理的具体目标如下。

（1）持续不断地提高企业在市场上的领先地位。

（2）不断地对供应链中的资源及各种活动进行集成。

（3）根据市场需求变化不断地满足顾客需要。

（4）根据市场变化缩短产品抵达消费者手中的时间。

（5）根据物流在整个供应链中的重要性，企业要消除各种不合理损耗，降低整个物流成本，减少供应链中的物、货库存。

（6）提高整个供应链的运作效率，降低供应链总成本，适应市场变化并做出及时反应，从而实现人尽其才，物尽其用，货畅其流。

三、供应链管理策略

在当今竞争激烈的市场环境中，供应链管理已成为企业获取竞争优势、提高效率和降低成本的重要手段。

1. 物流与运输规划

物流与运输是供应链管理的重要环节。有效的物流规划能够降低运输成本，加快交货速度，提高客户满意度。企业应根据产品特性、市场需求及资源分布情况，制定合适的物流路线和运输方式，同时关注物流过程中的成本控制、质量控制和风险控制。

2. 采购与供应商选择

采购与供应商选择是供应链管理的基石。企业应建立完善的采购流程，明确采购需求、质量标准、价格要求等关键要素。在选择供应商时，需要综合考虑供应商的可靠性、价格、质量、交货期等因素，确保供应链的稳定性和可持续性。

3. 库存管理与控制

库存管理是供应链管理的关键环节之一。企业应根据市场需求、生产能力和采购周期等因素，制定合理的库存水平，避免库存积压和缺货现象；同时，采用先进的库存控制技术和方法，如实时库存跟踪、需求预测和库存预警等，实现库存的优化配置和成本控制。

4. 信息技术应用

信息技术在供应链管理中发挥着越来越重要的作用。通过采用先进的供应链管理软件、物联网技术和大数据分析等信息技术手段，企业可以实现供应链信息的实时共享、协同作业和智能决策，提高供应链管理的效率和透明度。

5. 风险识别与应对

供应链管理面临着诸多风险，如供应商风险、运输风险、市场风险等。企业应建立风险识别机制，及时发现和评估潜在风险，并制定相应的应对措施。例如，建立备选供应商名单、制定应急预案、加强供应链监控等，以确保供应链的稳健运行。

6. 合作伙伴关系维护

供应链的成功运作离不开与合作伙伴的紧密合作。企业应加强与供应商、分销商、零售商等合作伙伴的沟通与协作，建立互信、互利、长期的合作伙伴关系。通过共同解决问题、分享信息和资源，实现供应链整体效益最大化。

7. 需求预测与计划

准确的需求预测是供应链管理的基础。企业应利用历史销售数据、市场趋势和客户需求等信息，运用统计方法和预测模型进行需求预测。基于预测结果，制订合理的生产计划、采购计划和库存计划，确保供应链的稳定运行和资源的有效利用。

8. 持续改进与创新

持续改进与创新是供应链管理的永恒主题。企业应不断优化供应链管理流程，提升管理水平，探索新的管理方法和技术；同时，关注市场动态和技术发展趋势，积极引入新的供应链管理理念和工具，推动供应链的持续改进和创新发展。

【知识拓展 7-3】

供应链上有一种需求变异放大现象，即信息流在从最终客户端向原始供应商端传递时，无法有效地实现信息共享，使得信息扭曲并逐级放大，导致需求信息出现越来越大的波动。此信息扭曲的放大作用在图形上很像一根甩起的牛鞭，因此被形象地称为"牛鞭效应"。"牛鞭效应"是一个经济学术语。

"牛鞭效应"是营销活动中普遍存在的现象，因为当供应链上的各级供应商只根据来自其相邻下级销售商的需求信息做出供应决策时，需求信息的不真实性会沿着供应链逆流而上，出现逐级放大的现象。在到达最源头的供应商（如总销售商或该产品的生产商）时，其获得的需求信息相对于实际消费市场中的顾客需求信息发生了很大的偏差，需求变异系数比分销商和零售商的需求变异系数大得多。由于这种需求放大变异效应的影响，上游供应商往往需维持比其下游需求更高的库存水平，以应对销售商订货的不确定性，从而人为地增大了供应链中上游供应商的生产、供应、库存管理和市场营销风险，甚至导致生产、供应、营销混乱。

【阅读和思考 7-3】

韩都衣舍的供应链管理

传统服装企业由于产品开发周期长，一般进行反季节生产，夏季生产冬季服装，冬季生产夏季服装，导致企业对市场反应迟钝，极易因为市场需求变化造成库存积压。针对这一问题，韩都衣舍建立了以"多款少量、快速返单"为核心的柔性供应链体系，在向生产厂商下订单时，采用"多款式、小批量、多批次"的方式，以便快速对市场做出反应，避免高库存风险。

为保证效率，韩都衣舍要求供应商适应"快速反应"的柔性供应链体系，并建立了供应商分级动态管理系统，包括供应商准入机制、供应商绩效评估和激励机制、供应商分级认证机制、供应商升降级调整机制和供应商等级内订单调整机制。在供应商的遴选、分级、合作模式、绩效测评、订单激励和退出等方面进行严格的动态管理。柔性供应链体系灵活调配营销企划、产品企划和供应商生产，使企业得以与供应商进行高效合作，供应商有足够时间和产能根据韩都衣舍企划端的方案及时完成生产任务。

以夏装为例，传统服装品牌的订货会一般在每年10—11月举行。订货会后，传统服装品牌的款式便会确定。12月至来年2月，全部服装生产出来；3月初，服装开始销售；到了6—7月，企业对滞销的库存开始清仓甩卖。由此，每年10月左右的订货会在很大程度上决定了传统服装品牌的盈亏。

韩都衣舍同样在每年10—11月确定第一批夏装款式，在12月至来年2月生产，生产的数量是预计销量的30%～40%，具体比例按照供应链的返单能力确定。每年3月1日，第一批货开始销售，公司后台系统开始统计数据，以每10天为一个周期，进行"爆""旺""平""滞"排名。例如，3月1日，上了100款服装；3月10日，内部系统会报告各款服装的排名，排名靠前的是爆款，排名靠后的是滞销款。报告出来后，公司针对爆款可以返单再生产；针对滞销款马上打折促销。

传统工厂在每年2月已完成夏装生产，一般4月开始生产秋装，而韩都衣舍一直到5月还在生产夏装，只不过越往后生产的量越少，到6月进行夏季清仓，开始销售秋装。相比传统服装企业，高效的供应链管理为韩都衣舍带来了强大的竞争力，传统企业一年最多上线两三千款服装，而韩都衣舍每年上线3万款左右的服装；传统企业从设计到服装上架需要3个月以上的时间，而韩都衣舍只需要30天；传统企业的售罄率在50%～60%，而韩都衣舍的售罄率可达95%。

思考：什么是供应链管理？供应链管理策略有哪些？

【任务实施 7-3】

以小组为单位，上网查找国内外管理出色的供应链案例进行学习，分析总结如何有效降低供应链管理成本且提升客户满意度。请列举至少两点，制作成PPT，并以小组为单位进行陈述。

序　号	供应链案例	如何有效降低供应链管理成本且提升客户满意度
1		
2		
3		
4		
5		

【任务考核7-3】

考核项目	讨论分析	权 重（%）	分 值
		20	
		20	
		20	
		20	
		20	
评 分		100	

项目小结

本项目主要介绍了电子商务物流的概念与特点、物流系统的构建与优化，以及供应链管理策略，亦即一个全面的电子商务物流框架。

任务1详细介绍了电子商务物流的概念与特点。电子商务物流是基于商流、信息流、资金流网络化的物资或服务的配送活动，包括软体商务或服务的网络传送和实体商品或服务的物理传送。它是在传统物流基础上，结合电子商务中商流、信息流、资金流的特点提出的，是电子商务环境下物流新的表现方式。

任务2介绍了物流系统的构建与优化。物流系统的构成要素一般包括输送、保管、流通加工、包装、装卸、信息处理等。物流系统的优化需要从信息技术应用优化、仓储管理智能化、自动化技术引入、全渠道物流整合、联合配送模式创新、物流信息系统升级、物流成本降低及客户服务水平提升等方面入手。通过不断优化和创新，可以推动物流行业的持续发展和进步。

任务3介绍了供应链管理策略。供应链是围绕核心企业，通过对信息流、物流、资金流的控制，从采购原材料开始，制成中间产品及最终产品，最后由销售网络把产品送到消费者手中，将供应商、制造商、分销商、零售商、最终用户连成一个整体的功能网络的结构模式。在市场需求和技术革新的推动下，供应链需要不断创新，研究管理策略的选择。

项目作业

一、单项选择题

1. 电子商务物流是基于商流、（　　）、资金流网络化的物资或服务的配送活动，包括软体商务或服务的网络传送和实体商品或服务的物理传送。

A. 信息流　　　　B. 物流　　　　C. 流动　　　　D. 流通

2. 电子商务物流的目标是以最经济的方式和手段为顾客提供（　　），在使顾客满意的同时创造"第三利润源"。

A. 良好的服务　　B. 交易　　　　C. 物流　　　　D. 商品

3. 电子商务物流的特点不包括（　　）。

A. 信息化　　　　B. 智能化　　　　C. 网络化　　　　D. 统一化

4. 物流系统是指在一定的时间和空间里，由所需位移的物资、包装设备、装卸搬运机械、（　　）、仓储设施、人员和通信联系等若干相互制约的要素构成的具有特定功能的有机整体。

　　A. 设备　　　　　　B. 运输工具　　　　C. 储存　　　　　　D. 人力

5. 物流系统的构成要素一般包括输送、（　　）、流通加工、包装、装卸、信息处理。

　　A. 保管　　　　　　B. 物流　　　　　　C. 交易　　　　　　D. 资金流

6. 供应链管理是利用计算机网络技术全面规划供应链中的商流、物流、信息流、资金流等，并进行计划、组织、（　　）。

　　A. 协调与分配　　　B. 分配与控制　　　C. 协调与控制　　　D. 运输与控制

7. 供应链的核心在于（　　）。

　　A. 流程协同性　　　B. 信息共享性　　　C. 动态优化性　　　D. 风险管理性

二、简答题

1. 简述电子商务物流的特点。
2. 简述供应链的基本构成。
3. 简述供应链管理的概念。
4. 结合我国实际情况谈谈电子商务物流发展现状。

项目8　电子商务营销策略与实施

【项目导读】

电子商务营销是随着互联网技术高速发展、消费者消费观念转变及商业竞争模式演变兴起的一种全新的营销模式。近年来，电子商务营销发展速度惊人，手段也越来越多元化。本项目将深入解读网络营销环境分析、电子商务营销策略组合及网络营销工具与技巧，以期为企业电子商务营销策略与实施提供支持。

【技能目标】

1. 能够撰写电子商务网络营销环境的分析报告。
2. 能够融通运用4P、4C营销策略，制定电子商务网络营销方案。
3. 能够探索互联网环境下网络营销工具的新应用和新技巧，为企业做产品或网络推广。

【知识目标】

1. 理解网络营销的概念及营销环境的营销要素。
2. 掌握4P、4C营销策略的应用。
3. 掌握几种常见网络营销工具。

【思政素质目标】

1. 培养学生了解和理解国家政治、经济、文化和商业环境的能力。
2. 引导学生关注网络营销的新方向。

3. 增强学生的创新意识和实践能力。

【引导案例】

2023年9月4日,贵州茅台与瑞幸咖啡推出的联名咖啡"酱香拿铁"正式上架。仅仅一天,就刷新了单品纪录,销售量突破542万杯,销售额破1亿元。一时间,互联网被"喝酱香拿铁开车算酒驾吗?""带酒上班"等话题霸屏。

"酱香拿铁"使用白酒风味厚奶,含53度贵州茅台酒,酒精度低于0.5%。自推出以来,以其独特的口味和创新性的品牌营销策略吸引了大量消费者。在产品创新上,以"酱香"为突破口,将中国传统白酒与西方咖啡巧妙结合,打造差异化竞争优势,满足了消费者对于咖啡风味多元化的需求。在品牌传播上,以大数据驱动,线上线下联动、意见领袖、口碑传播等渠道协同发力,实现最大化的品牌曝光。通过与贵州茅台的合作,成功打入高端白酒市场,实现了品牌的跨界营销。通过拓展线上销售渠道,如电商平台、小程序等,扩大销售范围,同时联动线下实体店,提供便捷的购买体验。通过大规模的广告投放、社交媒体推广及与明星合作等方式,使"酱香拿铁"迅速成为市场热议的话题。邀请了一批具有影响力的网红、博主进行"酱香拿铁"的品鉴与推广,利用他们的影响力带动粉丝关注和购买。通过讲述品牌故事,强调产品的独特风味和与传统文化的融合,激发消费者猎新的浓厚兴趣,口口相传,进一步提升品牌的知名度和美誉度。

任务1 网络营销环境分析

【任务情景】

面对日益激烈的市场竞争,企业在开展电子商务营销前,首先要对网络营销环境进行分析。营销环境分析是网络营销策略制定和实施的基础,也是必不可少的环节之一。本任务旨在通过对网络营销环境进行分析,为后期制定网络营销策略打好基础。

【任务分析】

为了完成这一任务,我们需要掌握网络营销的概念及特点、宏观环境分析和微观环境分析,并学会运用象限图进行SWOT分析。

【知识链接】

一、网络营销的概念及特点

在电子商务环境下,网络营销又称"互联网营销""电子营销等",是以互联网为基础实现的信息创建、发布、传递与沟通等一系列营销活动,是传统市场营销在互联网时代的变革与发展。从广义上说,凡是以互联网为主要手段开展的营销活动都是网络营销。

需要注意的是,网络营销既不是网络销售,也不是网站推广,而是一种手段和方式,是电子商务的重要组成部分,推动着电子商务的发展。网络营销不仅仅是对某种方法或某个平台的应用,还是企业为了满足用户获取有价值的信息和服务的需求,通过互联网及社会关系网络连接企业、用户及公众,为实现用户价值及企业营销目标进行的规划、实施及运营管理活动。

随着自媒体、直播经济等互联网的新模式层出不穷，网络营销表现出以下4个主要特点。

（1）体现了网络营销的生态思维。网络营销以互联网为技术基础，依托计算机和其他智能设备，建立了企业与用户及公众的连接。

（2）突出了网络营销中人的核心地位。通过互联网建立的社会关系网络，核心是人。人是网络营销的核心，网络营销的一切活动都以人为出发点，而不是网络技术、设备、程序或网页内容。

（3）强调了网络营销的用户价值。网络营销是一个以用户为核心的价值关系网络，以为用户创造价值为出发点和目标。

（4）延续了网络营销的系统性。网络营销包括规划、实施及运营管理，而不仅仅是对某种方法或某个平台的应用，这是网络营销系统性的体现。

二、网络营销环境的分析

网络营销环境是指影响网络营销策略制定和实施的各种不可控的虚拟市场因素，是与企业网络营销活动有关联的因素的部分集合，主要由宏观环境和微观环境两部分构成。各种环境因素相互影响、相互作用，宏观环境因素是微观环境因素变化的基础和前提，微观环境因素应充分利用和适应宏观环境因素并不断加以创新调整。企业应根据各种环境因素的变化，正确认识和协调它们之间的关系，制定完善有效的网络营销策略。

（一）网络营销宏观环境

1. 网络营销宏观环境的构成

网络营销宏观环境是能对企业营销活动产生间接影响的各种外部因素的总称，可采用PEST［Political（政治）、Economic（经济）、Social（社会）、Technological（技术）］环境分析模型进行分析。典型的网络营销PEST分析内容包括以下几项（见图8-1）。

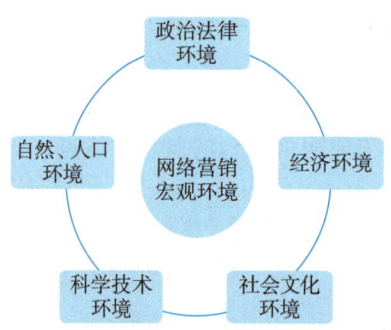

图8-1　网络营销宏观环境构成

（1）政治法律环境。企业在开展网络营销活动前，必须准确把握相关的国家法律法规和行业政策制度，依法依规开展活动。对于境内电子商务经营者来说，应遵守《中华人民共和国电子商务法》；对于从事跨境电子商务的经营者来说，除了应遵守《中华人民共和国电子商务法》及海关、税收、进出境检验检疫、支付结算等方面的法律、行政法规和国际有关规定，还应了解并遵守开展跨境业务国家的法律法规、市场准入规定，关注政治稳定、国际关系等方面。同时，网络食品交易第三方平台和入网食品经营者要遵守食品安全合规要求，保障食品安全。

（2）经济环境。经济环境是对市场具有广泛和直接影响的重要因素，直接制约着社会购买力。

经济环境不仅包括经济体制、经济增长、经济周期与发展阶段及经济政策体系等大方面的内容，也包括收入水平、市场价格、利率、汇率、税收等经济参数和政府调节取向方面的内容。一个国家或地区的居民收入水平越高，网络市场越开放，市场价格就越有竞争性，网络营销需求也就越大。例如，企业在开展越南跨境电商网络营销前，应先了解当地的投资指南，分析当地的国内生产总值、对外贸易情况、居民收入水平等。

（3）社会文化环境。社会文化环境是指在一种社会形态下已形成的信念、价值观念、宗教信仰、道德规范、审美观念及世代相传的风俗习惯等被社会公认的各种行为规范。企业在开展网络营销时，应着重分析与企业发展相关的公众生活方式和价值观念的变化、公众对企业所生产产品的态度等。在产品进入国际市场前，企业应了解当地的宗教、习俗、节假日、爱好等风土人情，分析近年来当地消费者对相关产品的消费观念、购买行为等。

（4）科学技术环境。科学技术对经济社会发展的作用日益显著。数字技术的迅速发展推动着网络营销环境的快速改变，企业可以通过视频、直播、增强现实、虚拟现实等形式对产品功能进行立体的展示和说明，也可以与消费者实时交流，以便第一时间把握消费需求的变化。移动网络技术的发展吸引了更多人使用网络；移动购物、智能电子商务、移动办公和移动支付等技术激发了网络市场的潜力，使网络交易的规模迅速扩大；网络供应链系统的革新，使消费者在网上交易平台进行支付的风险降低；竞价方式的革新，使网民参与网购的热情增加；数据挖掘技术的进步，实现了科学预测和精准营销；技术环境的发展和变化，推动了网络营销模式的变革和发展。可以说，每一次数字技术、网络技术的飞跃都给网络营销带来了新的机会。

（5）自然、人口环境。自然环境是指一个国家或地区的客观环境因素，主要包括自然资源、气候、地形地质、地理位置等。虽然随着科技进步和社会生产力的提高，自然状况对经济和市场的影响整体上趋于下降的趋势，但自然环境制约经济和市场的内容、形式在不断变化。在其他条件固定或相同的情况下，人口规模决定着市场容量和潜力；人口组成的家庭、家庭类型及其变化，对消费品市场有明显的影响。中国互联网络信息中心认为，半年内使用过互联网的6周岁及以上中国公民称为"网民"。因此，网民的结构特征对网络营销尤为重要。网民年龄结构、受教育程度、性别影响着消费结构和产品构成。通过对网民的结构特征进行分析，可以预测不同的网络市场需求，为企业制定网络营销策略提供依据。

2. 网络营销宏观环境的分析方法

网络营销宏观环境 PEST 分析可以利用互联网收集相关信息，如政府官网或研究报告、趋势报告、调研报告等。例如，互联网络发展状况的数据可通过中国互联网络信息中心统计报告收集，对外贸易的政策法规、对外投资合作国别（地区）指南等资讯可通过中华人民共和国商务部官网了解获取。

（二）网络营销微观环境

1. 网络营销微观环境的构成

网络营销微观环境是指与企业网络营销活动联系较为密切、作用比较直接的各种因素的总称，主要包括企业内部环境、供应商、营销中介、消费者、竞争对手等企业开展电子商务、网络营销的上下游组织机构（见图8-2）。不同行业企业的营销微观环境是不同的，因此，营销微观环境又称

"行业环境因素"。

(1) 企业内部环境。企业在制定网络营销策略时，不仅需要洞察外部环境和条件，还需要内部非网络营销部门的大力支持和配合。不管是企业的管理、财务、研发、采购、生产、销售等部门，还是企业的专门营销部门，都应密切配合、协调合作，保证企业营销活动顺利开展。此外，企业领导者对网络营销的态度、财务运作状况、产品特征和服务质量，以及企业网络营销自媒体运作等，也是影响企业内部环境的主要因素。

(2) 供应商。供应商是指向企业提供生产经营所需原材料、设备、能源、资金、劳务等资源的企业或个人。当供应商提供的生产资料价格较高时，企业的生产成本也会增加；当供应商供应的稳定性和及时性、供货质量、价格波动等发生变化时，企业的营销活动也会随之发生变化。企业应多选择几家供应商，不应过分依赖某一家供应商。

(3) 营销中介。营销中介是协调企业促销和分销其产品给最终购买者的企业或个人。经销商、经纪人、代理商及仓储、运输、银行、保险、网络服务机构等服务商均属于营销中介。对于大部分企业来说，营销中介的服务能力越强，业务分布越广泛，越有利于改善企业的网络营销微观环境，但中介费往往越高。企业在开展网络营销时，应对比各营销中介的收费情况、服务效率等。

(4) 消费者。消费者是企业产品的直接或最终销售对象，企业的网络营销活动以满足消费者需求为核心。随着上网成本的降低和消费水平的提升，网民规模和网络企业规模不断扩大，消费者的个性化需求越来越突出，不同类型的消费者通常会表现出不同的购买目的、购买需求和购买特点。企业可以通过分析消费者的网络消费行为，为消费者提供更贴心的服务，并通过有效的营销活动处理好与消费者的关系，从而促进产品销售。

(5) 竞争对手。竞争对手与企业的产品或服务类似，与企业有共同或相近的市场，与企业有利益冲突且构成一定的威胁。企业开展网络营销活动的目的是与竞争对手争夺消费者，吸引更多的消费者购买产品。事实上，只有那些有能力与企业抗衡的竞争者才是真正的竞争对手。为此，企业必须识别和确定企业的竞争对手，分析竞争对手的网络营销目标、现行策略和未来策略、资源能力、团队管理、创新能力及遇到竞争之后的反应模式等，在此基础上有针对性地设计应对措施。

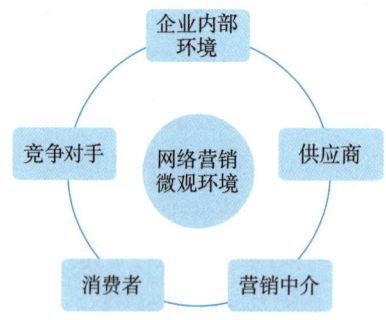

图 8-2 网络营销微观环境构成

2. 网络营销微观环境的分析方法

(1) SWOT 分析法。

在分析网络营销企业内部环境时，常用到 SWOT 分析法。SWOT 分析法是用来分析评估企业网络营销的优势、劣势和企业内部非网络营销部门的机会、威胁，从而将网络营销内部资源与企业内部其他环境有机结合起来的一种分析方法。

优势（S）主要分析企业或商品在成本、营销手段、品牌力及商品本身等方面的长处和竞争点。

劣势（W）主要分析企业、商品或服务等在网络营销方面存在的劣势，及劣于竞争对手的方面。

机会（O）主要分析企业内部规划目标的机会在哪里，短期目标如何实现，中期目标如何实现，长期目标要依靠什么实现；分析企业外部的发展机会，包括消费者的观念变革、商品的更新换代、新营销手段的出现、销售渠道的拓宽等。

威胁（T）主要分析哪些因素不利于企业的发展或商品的营销，包括行业发展、国家政策、经济形势及来自竞争对手的威胁。

（2）利用互联网。

随着科学技术的不断发展，互联网上很多关于供应商、营销中介、竞争对手的信息都是公开的，为分析企业网络营销微观环境奠定了基础。一般可利用B2B网站、B2C网站、营销中介网站等收集相关信息。B2B网站上往往会有很多企业对各种产品或服务的供应信息，这些供应信息可以帮助企业找到合适的供应商。B2C网站上有数量众多的商家提供类似的产品或服务，通过产品信息和销售情况，可以帮助企业了解消费者的消费行为及竞争对手的情况。营销中介网站上往往有服务业务、成功案例等，可以帮助企业了解营销中介的综合实力，寻找适合的营销中介。

（3）市场调查方法。

企业通常会采用市场调查方法收集、处理和分析消费者有关信息。一般行业信息，比如消费者需求，可以通过问卷的形式收集消费者的信息，进行分析研究；还可以从业内人士那里了解行业市场方面的有用信息；要了解某产品或服务的市场份额及消费者的需求和意见，可以从产品的制造商（供应商）那里获取信息，也可以通过互联网了解所需信息。

【知识拓展8-1】

在实际应用中，企业多使用象限图进行SWOT分析。SWOT分析象限将网络营销环境划分为4个部分，每一部分的内容都可以在分析时对应到具体的企业业务中，然后对该部分内容进行分析并制定相应的网络营销策略（见图8-3）。

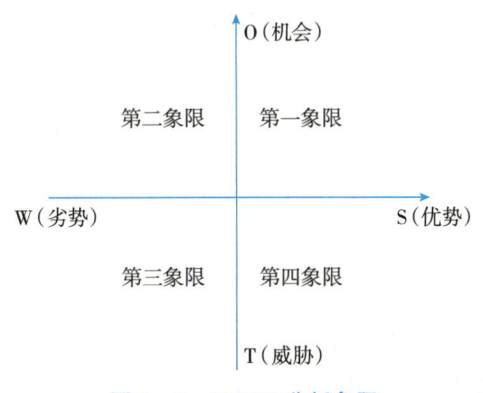

图8-3　SWOT分析象限

（1）第一象限：SO策略。该区域表明企业所处的外部环境机会多、威胁少，同时企业在市场竞争中具有较强的竞争优势。此时，企业应采取积极主动的营销策略，如集中资金与人员重点拓展某项业务或扩大商品线，加大网络营销活动的投入与开展力度等。

（2）第二象限：WO策略。该区域表明企业所处的外部环境机会多于威胁，但企业在市场竞争中不具备竞争优势。此时，企业应采取相对保守的营销策略，如与其他企业合作进行营销推广，规避自身弱点等。

（3）第三象限：WT策略。该区域表明企业所处的外部环境和内部环境都较为恶劣。此时，企业应暂时停止网络营销活动，保持观望态度。

（4）第四象限：ST策略。该区域表明企业所处的外部环境较恶劣，但在市场竞争中处于优势地位。此时，企业应采取分散战略，如与其他企业合作增强自身抗风险的能力。

【阅读和思考 8-1】

电影《满江红》票房大卖的原因

在2023年春节档电影票房争夺战中，张艺谋导演的《满江红》可谓最强竞争者。《满江红》主打"悬疑管够，笑到最后"，后续具体辅以路演、花絮视频、互动H5等各种推广手段，在各大社交平台掀起了一波讨论热度。其在营销方面亮点不少。首先，借力打力，借助明星的号召力及知名导演张艺谋做背书：主创演员都是流量很高的明星，粉丝爱屋及乌，所以电影在短期内号召力大。其次，注重营销渠道布局：线下影院全面宣发。再次，线上媒体宣传覆盖率超高，春节期间集中宣传。最后，产品内容自带流量：悬疑的剧情、知名的喜剧演员及文化故事，都迎合了现代年轻人的喜好。

思考：用SWOT分析法分析电影《满江红》票房大卖的原因。

【任务实施 8-1】

收集国潮运动品牌鸿星尔克的相关资料，从网络营销环境角度分析其成功爆红的原因。

【任务考核 8-1】

考核项目		讨论分析	权重（%）	分值
网络营销宏观环境	政治法律环境		10	
	经济环境		10	
	社会文化环境		10	
	科学技术环境		10	
	自然、人口环境等		10	
网络营销微观环境	企业内部环境		10	
	供应商		10	
	营销中介		10	
	消费者		10	
	竞争对手		10	
评分			100	

任务2 电子商务营销策略组合

【任务情景】

电子商务营销虽给传统市场营销带来了巨大的冲击，但两者紧密联系，可相互促进、相互补充,特别是随着"互联网+"和科技的不断进步,两者间的界限越来越模糊。本任务旨在通过了解 4C 营销策略和 4P 营销策略,制定出合适的电子商务营销策略组合。

【任务分析】

为了完成这一任务,我们需要掌握传统市场营销 4P 策略及网络营销 4C 策略,并在电子商务实践中制定恰当的营销策略组合。

【知识链接】

一、4P 营销策略

4P 营销策略通常被称为"市场营销组合策略",是杰罗姆·麦卡锡于 20 世纪 60 年代提出的。该策略以产品为中心,从产品(Product)、价格(Price)、地点(Place)、促销(Promotion)4 个基本策略的组合入手,即企业向消费者提供什么样的产品或服务、制定什么样的价格、在哪里购买产品或服务以及如何传递产品或服务的信息。

1. 产品策略

产品策略是指企业在开展网络营销活动时,向消费者提供他们需要的产品或服务,包括产品的类型、质量、颜色和规格等。对于服务型企业来说,提供的服务就是企业的产品。尽管大多产品可以在网上营销,但是为了取得更好的营销效果,要考虑选择的市场适合哪些产品、潜在的消费群体适合哪些产品、消费者购买需求等。刚进入电子商务领域的企业,可以从以下 6 个角度选择网络营销的产品。

(1)选择具有持续性消费特征的产品(如零食、生活用品等)。

(2)选择单价相对较低的产品,以降低压货风险。

(3)选择体积小、重量轻的产品,便于物流运输。

(4)选择分享特性强的产品(如美妆护肤、健康类产品等),有利于产品信息的传播。

(5)选择正规厂家生产的产品,保证产品质量。

(6)选择利润率较高的产品,更适合网络分级代理销售。

2. 价格策略

价格策略是指企业通过对消费者需求的预估和成本分析,制定出能让消费者愿意支付的价格。产品的成本、消费者愿意支付的价格、竞争对手同类产品的价格等都会影响产品的定价。定价太高没有价格优势,定价太低企业得不到利润,因此,要估算合理利润,制定合适价格。常见的网络营销价格策略有以下 6 种。

(1)竞争定价策略。竞争定价策略,是指企业根据竞品的定价制定或调整自己产品定价的策略,此策略有助于保持企业的相对价格优势。采用这种价格策略,企业除了要重视竞品的定价,还要时刻关注消费者的需求。企业可以多关注电商平台的搜索框,通过热门的搜索关键词精准判断消费者的需求。

(2)个性化定价策略。个性化定价策略,是指企业根据产品的不同特性或组合制定不同的价格,以满足消费者的个性化需求。例如,西装定制会根据消费者指定的布料材质、尺寸、西装款式等制定不同的价格，手机的内存不同也会有不同的价格。

（3）捆绑销售策略。捆绑销售策略是指将两种或两种以上产品捆绑起来销售的策略。捆绑销售的产品要"互补"，如手机搭配手机壳、耳机等，上衣搭配裤子或半身裙等。

（4）差别定价策略。差别定价策略是指企业根据用户特征、销售区域、销售数量等方面的差异，对同一产品或服务设置不同的价格。例如，同一产品以较低的价格销售给 VIP，而普通会员无法享受这种优惠；同一产品边远地区定价远远比物流便捷地区高；消费者购买同一产品的数量越多，优惠力度越大。

（5）自动调价、议价策略。企业可以根据季节、市场供求关系等因素，在考虑收益的前提下，通过建立自动调价系统自动调整价格，或建立与消费者直接协商价格的集体议价系统，使价格策略更加灵活多样。

（6）品牌定价策略。在电子商务营销中，定价除了需要考虑产品的成本和竞争对手的价格，有时还需要考虑品牌。如果品牌形象良好，企业则可以采取"优质高价"的策略，让用户在心理上获得极大的满足。

3. 地点策略

在传统营销中，地点是指为消费者提供便于购买产品或服务的场所。但在电子商务营销中，地点策略可理解为渠道策略，是指利用互联网将产品或服务从生产者转移到消费者经历的由各个中间环节连接而成的路径。互联网的发展减少了传统营销渠道的中间环节，形成了网络直销和网络零售两种方式（见图 8-4）。

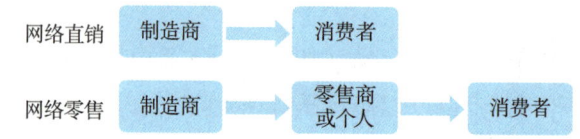

图 8-4 地点策略的网络直销方式和网络零售方式

网络直销是指制造商直接通过网络将产品销售给消费者的模式。制造商可以通过自建电子商务网站或在电子商务平台开设网店进行产品销售，消费者可以通过网络终端直接下单。

网络零售是指制造商把产品卖给零售商或个人，零售商或个人再通过网络将产品销售给消费者的模式。制造商常以授权、代理的形式，让零售商或个人在线上销售产品。通过网络零售的营销渠道，制造商可以利用中间商的强大分销能力迅速覆盖市场并提高产品销量。

4. 促销策略

促销策略是指企业通过网络广告、公共关系和营销推广等各种促销手段向消费者传递产品信息，激发他们的购买欲望和购买行为，以达到增加产品或服务销售的一种策略。促销策略主要包括网络广告、网络销售促进和网络公关 3 种形式。

（1）网络广告。网络广告以数字技术为载体，利用广告横幅、文本链接、多媒体等手段，在微信、微博、小红书等平台上发布广告，以吸引网络用户，从而提升商家知名度或实现某一商业目的。网络广告包括新媒体软文、视频广告、在线游戏广告、电子邮件广告、搜索引擎付费广告、移动广告、信息流广告等。

（2）网络销售促进。网络销售促进是指为了促进产品或服务的在线销售，企业通过各种短期诱因，如红包/福袋促销、限时优惠、优惠券、抽奖促销、赠品促销、满减等活动刺激消费者购买欲望的促销方式。

（3）网络公关。网络公关是指企业利用互联网手段营造良好的形象，加深公众对企业的认识、理解和支持，从而促进产品或服务销售、提升企业品牌影响力的一种活动。网络公关的手段主要有事件营销、口碑营销、危机公关等。例如，鸿星尔克因捐赠 5000 万元物资驰援河南灾区，其淘宝直播间爆满，超过 200 万人参与扫货，上架一款抢空一款。

二、4C 营销策略

4C 营销策略是由美国营销专家劳特朋教授于 1990 年提出的。该策略以消费者需求为导向，重新设定了市场营销组合的 4 个基本要素，即消费者（Consumer）、成本（Cost）、便利（Convenience）和沟通（Communication）。它强调企业首先应把追求顾客满意放在第一位；其次是努力降低顾客的购买成本；再次是充分注意到顾客购买过程中的便利性，而不是从企业的角度决定销售渠道策略；最后应以消费者为中心实施有效的营销沟通。

1. 消费者

企业首先必须了解、研究、分析消费者的需求，对消费市场进行精准定位，根据消费者的需求提供差异化的产品和服务。同时，企业提供的不仅是产品和服务，更重要的是由此产生的客户价值。

2. 成本

企业应首先了解消费者为了满足需要愿意支付的价格，而不是先给产品定价。从顾客的角度出发，企业要想获得消费者的长期青睐，就要尽可能提升让渡价值（消费总价值与总成本之差），降低顾客的购买成本。在购买产品或服务的过程中，消费者会衡量自己的付出成本和获得的收益，不断降低自己付出的购买成本，以期获得最大的让渡价值。

3. 便利

便利是客户价值不可或缺的一部分。在网络营销时，企业应着重考虑能为消费者提供什么样的便利或效益，如节约时间、减少占用资金、增强市场竞争能力及核心工作能力等。通过完善售前、售中和售后服务体系，让消费者在购物的同时享受便利。

4. 沟通

以消费者为中心实施营销沟通是十分重要的。企业通过与消费者进行积极有效的双向沟通，将产品或服务与消费者的需求进行整合，建立基于共同利益的新型关系。不再是企业单向的促销和劝导，而是在双方的沟通中找到能同时实现各自目标的策略。在良好的客户服务基础上，企业可以为产品升级换代收集意见建议，以树立良好的口碑，在无形中培养消费者对品牌的忠诚度，提高市场份额。

三、电子商务营销策略组合

简单来说，4C 营销策略以消费者的需要和欲求代替 4P 营销策略中以"产品"作为出发点，首先研究消费者的需求，其次设计、生产和销售消费者确定想要购买的产品或服务；首先了解消费者愿意付出的"成本",其次制定"价格"策略;首先着重考虑如何让消费者更"便利"地获取产品,其次斟酌"渠道"的选择;以双向"沟通"取代单向"促销",加强与消费者的交流。但这并不代表4C营销策略可以完全取代4P营销策略,两者互相依赖、互相补充、互相配合。

在企业的营销实践和市场竞争中,4P营销策略与4C营销策略各有局限性,两者充分整合并逐渐融合,才是电子商务营销组合的发展方向。组合营销就是综合利用各种营销工具或营销策略,围绕企业的战略规划开展企业的营销活动,以产生协同效应,实现以消费者为中心的统一传播和双向沟通,进而实现企业的营销目标(见图8-5)。

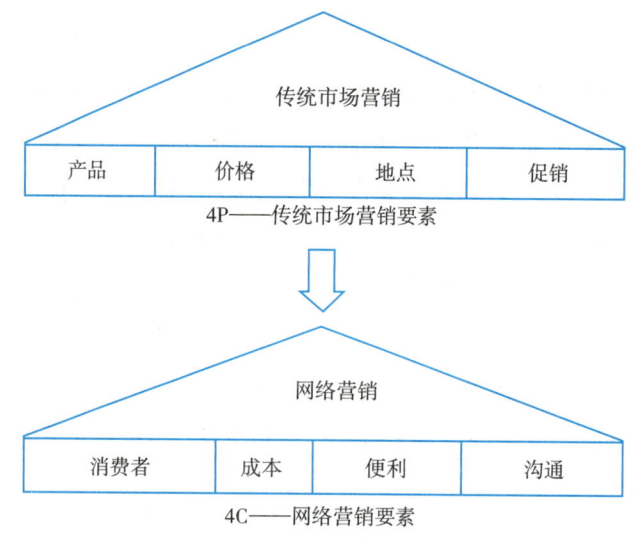

图8-5　传统市场营销的4P策略与网络营销的4C策略

【知识拓展8-2】

一、确定网络营销目标

电子商务企业在开展网络营销活动前,一般会初步设定一个营销目的,待通过网络营销宏观、微观环境分析后再次确定企业的营销目标,即明确开展网络营销后预期达到的效果。企业可以根据自身发展阶段,在不同时期设定不同的营销目标,也可以制定混合型营销目标。一般来说,网络营销目标有以下4种(见图8-6)。

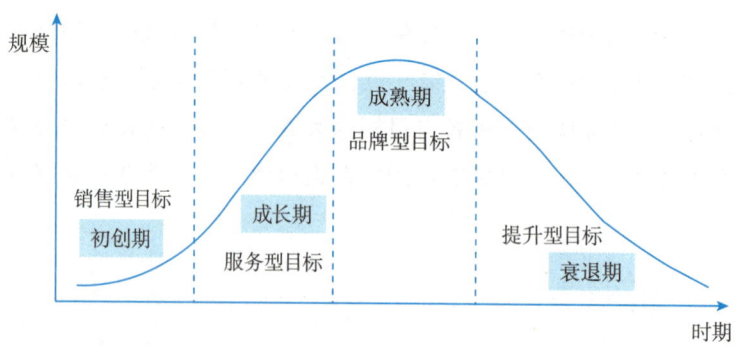

图8-6　企业不同时期的网络营销目标

（1）销售型目标，即以提高销售量（额）为目标，一般处于产品的初创期。在这一阶段，企业的产品或服务尚未被广泛接受，知名度不高，企业须增加网络销售以求扩大市场。

（2）服务型目标，即以为用户提供服务为目标，一般处于产品的成长期。在这一阶段，企业的产品或服务已被市场接受，业务开始拓展，销售额和盈利加速增长，但市场逐渐出现竞争对手，企业须以消费者为中心，提供售前、售中及售后服务，以抢夺市场份额。

（3）品牌型目标，即以提升企业品牌形象为目标，一般处于产品的成熟期。在这一阶段，竞争对手在稳定的行业中争夺市场份额，企业须树立良好的品牌形象，加强与消费者的沟通，进行产品升级换代，提升消费者的品牌忠诚度，为企业后续发展打下基础。

（4）提升型目标，即以提高营销效率、营销管理水平为目标，一般处于产品的衰退期。在这一阶段，新技术的出现和技术更新，或消费偏好的改变，使产品的市场需求逐渐减少，企业须提高管理水平，降低产品营销成本，将经费投入其他初创期、成长期的产品。

二、进行网络营销策划

网络营销策划是指企业在特定的网络营销环境和条件下，为达到一定的营销目标进行策略思考和方案规划的过程。网络营销策划的目的是编制一个行之有效且符合企业发展情况的网络营销方案，以指导网络营销的顺利开展并获得成功，也就是说，其直接用于指导企业的网络营销实践。

网络营销策划涉及多项工作。营销人员在进行网络营销策划时应着眼全局，统筹安排。网络营销策划主要包括明确目标、收集信息、编制方案、实施评估几个步骤。需要注意的是，目标要可量化，表述要清晰、具体；信息要客观、全面；方案要详细、可行；方案实施要到位，效果评估要可测，能根据效果适时调整方案。

【阅读和思考 8-2】

淄博烧烤是如何"爆红"的

2023 年春天，淄博烧烤火爆"出圈"，淄博由此成为千万网友争相奔赴的"梦想之城"。"大学生组团到淄博吃烧烤""烤炉小饼加蘸料，烧烤灵魂三件套""淄博烧炭小哥已经被熏黑了"……多个话题在网络上热度飙升。淄博烧烤从一个现象级事件逐步发展为城市名片、区域品牌，是如何实现的？

2023 年 3 月 31 日起，铁路部门开行淄博"烧烤专列"，有乘客乘坐专列，被文化和旅游局局长疯狂投喂，礼物拿到手软，车厢还贴有淄博美景宣传页。4 月初，淄博 10 余家景区，陆续推出"高铁票免费换景区门票"的活动，持本人"高铁票＋身份证"，就可免费兑换领取多家景区入园门票。"五一"假期，淄博对宾馆、酒店客房价格实行涨价幅度控制措施，并推出青年驿站半价住，赢得一波好感！

除此以外，淄博市民拉横幅免费载游客，公交系统开通了烧烤公交专线，为游客提供便利。当地公安部门增派执勤人员，加大巡逻密度，保障游客出行安全。

淄博的爆火，既有偶然性，也有必然性，是偶然因素下的必然结果。不管怎样，淄博强抓机遇，顺势而为，勇于承接，千方百计地把"流量"变成了"留量"，把"食客"变成了"游客"，把"客人"当成了"家人"，真正把"烧烤热"变成了"淄博热"。

思考：基于网络营销策略角度，分析淄博烧烤是如何"爆红"的。

【任务实施 8–2】

小王是电子商务专业的新生，为了更好地理解电子商务营销策略的相关知识，准备在电子商务平台上搜索产品，对比同类产品的功能、卖点、价格、配送服务质量、支付方式、促销力度等，以此了解企业的电子商务营销策略，分析促使自己做出购买决策的原因。

1. 打开淘宝 App（也可以是其他电子商务网站，如天猫、京东、唯品会、拼多多等），搜索自己所需的产品。
2. 在搜索结果中打开产品链接，浏览产品规格、价格、促销力度等信息。
3. 比对多家产品，与客服沟通后，下单、支付，完成购买。
4. 结合产品购买过程，分析和总结企业的网络营销策略，思考促使自己做出购买决策的原因。

【任务考核 8–2】

考核项目	讨论分析	权 重（%）	分 值
产品策略		25	
价格策略		25	
地点策略		25	
促销策略		25	
评 分		100	

任务3　网络营销工具与技巧

【任务情景】

电子商务营销要想取得良好的营销效果，应选择合适的网络营销工具与技巧，以与消费者建立精准联系。本任务旨在了解如何运用网络营销工具与技巧实施营销，以提升产品销量，扩大产品影响力。

【任务分析】

为了完成这一任务，我们需要掌握搜索引擎营销、短视频营销、社群营销、直播营销、短剧营销等几种主要营销工具的方式、内容，恰当使用正确的营销工具。

【知识链接】

根据营销平台的不同，目前的网络营销工具有搜索引擎营销、短视频营销、社群营销、直播营销、微博营销、微信营销、小红书营销、大数据营销等。这里主要介绍前4种。

一、搜索引擎营销

搜索引擎营销是指基于搜索引擎平台的付费推广，平台提供资源，商家付费购买优质资源，并利用人们对搜索引擎的依赖和使用习惯，在人们检索信息时将推广信息传递给目标用户。搜索引擎可以定位目标用户并让目标用户在显著位置发现推广信息，吸引用户点击进入网页，进一步了解推广内容的详细信息。

（一）搜索引擎营销的过程

搜索引擎营销的基本思路是让用户发现并点击信息。商家根据产品或服务的内容、特点等，迎合用户搜索的关键词来确定相关关键词，撰写广告内容并自主定价投放。当用户通过搜索引擎搜索某个关键词时，搜索引擎会把与该关键词相关的信息展示给用户（当关键词有多个商家购买时，根据竞价排名原则展示），用户点击即可进入网站，进一步了解所需信息。对于商家来说，关键词即推广词；对于用户来说，关键词即搜索词。在用户点击后，按照商家对关键词的出价扣费，无点击不扣费。因为关键词搜索广告是在检索特定关键词时才出现在搜索结果页面的显著位置，所以其针对性非常高，且具有较高的定位程度，也可以提供即时的点击效果，并可以随时修改关键词，收费较为合理，是性价比较高的网络营销方式（见图8-7）。

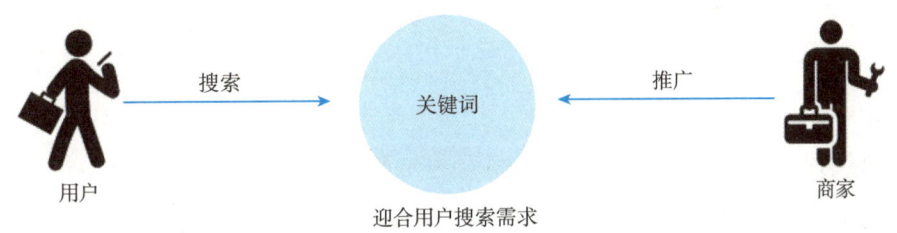

图8-7 关键词在搜索引擎营销中的作用

（二）搜索引擎营销的方式

搜索引擎营销的方式主要有两种，一种是搜索引擎竞价，另一种是搜索引擎优化。

1. 搜索引擎竞价

搜索引擎竞价是指广告展示机会通过出价竞争排序，按照竞价高低依次占据搜索结果页广告展示的若干位置。搜索引擎竞价能为企业网站带来更多新用户和较高的投资回报率。按照广告商品类型，关键词搜索广告可分为站内形态和站外形态，站内形态主要是指各大电商平台内部搜索广告的展现位置，如天猫、京东等；站外形态主要是指信息类和垂直类搜索广告的展现位置，如百度、今日头条、美团等。由于搜索广告是付费的，电子商务法律法规要求在搜索结果页面显著标明广告标识，与自然搜索结果分开，一般在搜索结果底部带"广告"字样，使消费者能够辨明其为广告。

以淘宝搜索广告为例，其主要分3部分，广告位的分布和展示数量会根据不同的时段和广告投放情况动态调整。以淘宝搜索广告为例，淘宝搜索关键词后其展示位置主要分三部分：主搜区有1~3个展示位，有提示"广告"；主搜区右侧通常有16个竖着的展示位，有提示"掌柜热卖"；主搜区底部通常有5个展示位，有提示"掌柜热卖"。每页右侧和底部共展示21个宝贝，其中右侧展示1~16个，底部展示17~21个，搜索页面一页一页往后翻，展示位也以此类推。在广告投放较少的情况下，主搜区只展示1个广告位，带有"广告"标识；右侧和底部的广告位不展示（见图8-8）。再以百度搜索广告为例，百度推出多种搜索广告商品，如闪投品牌专区、品牌起跑线、品牌华表，还有基于图片搜索的图片推广等（见图8-9）。另外，百度搜索广告的展现形式也更加丰富，如通过更加丰富的创意图片丰富文字链、主搜索区与主搜区右侧强关联、植入短视频等，使用强样式抢占用户视觉第一体验。

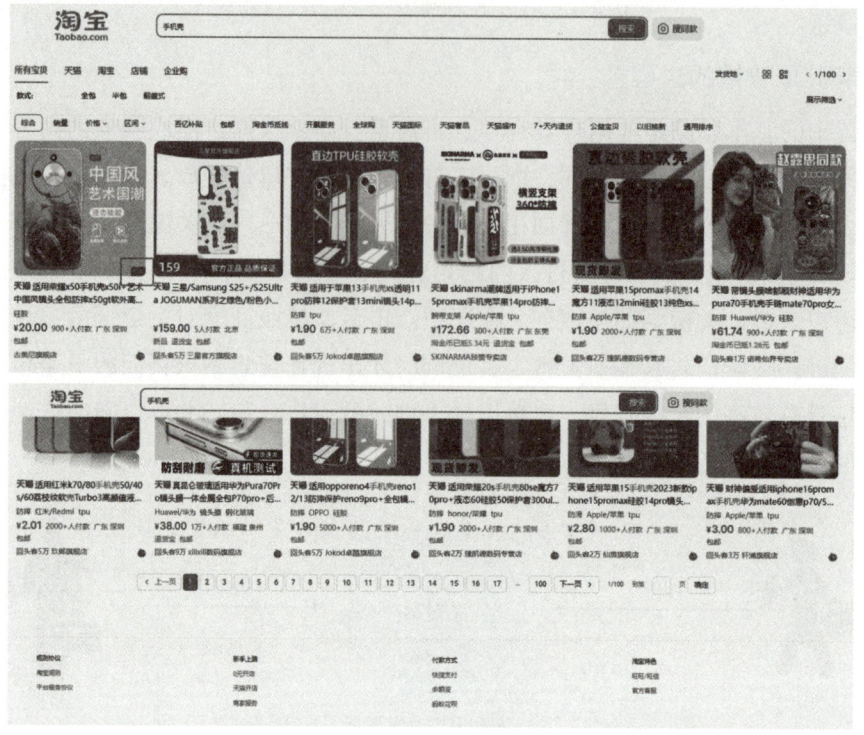

图 8-8　广告投放少的淘宝搜索广告展示位

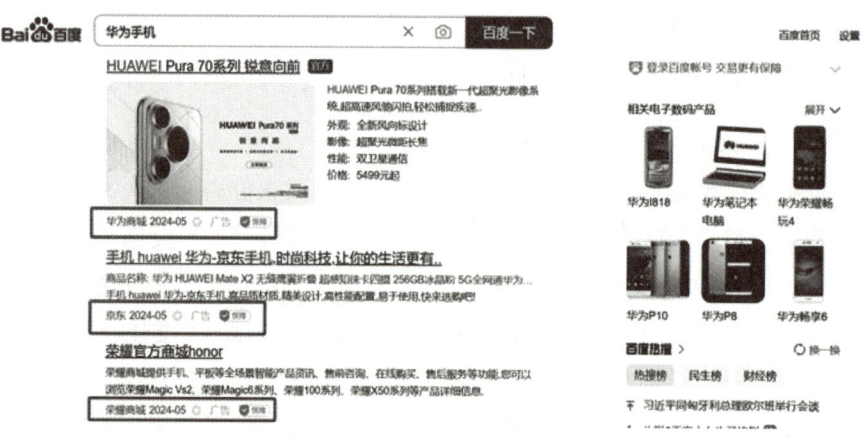

图 8-9　百度搜索广告展示位

2. 搜索引擎优化

搜索引擎优化是一种利用搜索引擎的搜索规则提高目前网店在有关搜索引擎内自然排名的方式。从狭义上说，搜索引擎优化是通过总结搜索引擎的排名规则对网店进行合理优化，使网店在有关搜索引擎内的排名提高。从广义上说，搜索引擎优化是一套基于搜索引擎的营销思路，为网店提供生态式的营销方案，使网店在行业内占据领先地位，从而获得品牌效应。搜索引擎优化的本质是迎合搜索引擎的排序机制，让搜索引擎认为该网店的商品或服务对搜索引擎的用户来说最有价值，最有可能成交转化。

搜索引擎优化一般包括标题优化、商品类目优化、详情页优化、相关性优化、权重优化等，能使网店获取更好的自然搜索排名和更多的平台推荐机会，带来更多的免费流量。

二、短视频营销

碎片化时代，人们对于信息的获取不再局限于文字，更多的是图片、视频、音频。随着互联网的不断发展，新的传播方式如网络视频应运而生。由于网络视频形式生动，信息传递直观，时长一般在15秒至5分钟，更容易被人们接受。2024年3月22日，中国互联网络信息中心发布的第53次《中国互联网络发展状况统计报告》显示，截至2023年12月，我国网络视频用户规模为10.67亿人，占网民整体的97.7%。其中，短视频用户规模为10.53亿人，占网民整体的96.4%。我国网络视频发展环境持续优化，内容供给不断丰富，以微短剧为代表的网络视频内容蓬勃发展，实现"量增质升"。

短视频营销，就是将品牌或产品融入视频，通过剧情和段子的形式将其演绎出来，类似于广告，但又不是广告，关键在于，在用户观看的过程中，不知不觉将产品推荐给用户，使用户产生共鸣并主动下单和传播分享，从而达到裂变引流的目的。

（一）短视频内容分类

目前，短视频的内容呈现多元化，主要包括以下9类。

（1）生活类。生活类短视频多为旅游、个人自拍、日常生活等相关内容。

（2）才艺类。才艺类短视频主要分享唱歌、跳舞、乐器演奏、画画等才艺表演，用户面广。

（3）趣闻类。趣闻类短视频主要分享生活中的有趣事件、搞笑段子等，通过夸张搞怪的效果吸引目标用户的关注，常被用于消遣时间。

（4）美妆/穿搭类。美妆/穿搭类短视频多为护肤化妆的技巧展示或服饰鞋包的搭配展示。这类短视频的创作者多为网络"红人"，他们拥有多变的造型和前卫的性格，容易受到喜欢新鲜事物的年轻用户的追随和模仿。

（5）儿童/萌宠类。儿童/萌宠类短视频内容通常是家中孩子或宠物的日常生活片段，以古灵精怪、搞怪活泼打动目标用户。

（6）情感共鸣类。情感共鸣类短视频主要用于传递正能量，内容包括分享见义勇为、乐于助人的人物或事件，或者分享情感话题、人生哲理等。煽情的文案容易引起目标用户的情感共鸣。

（7）实用知识类。实用知识类短视频主要分享生活小窍门、美食制作方法、技能培训技巧、科学小妙招等，如PS快速抠图的方法、鞋带不会散的打法、回南天除湿小妙招等，内容实用直观，能够快速触发目标用户的收藏和转发。

（8）时事热点类。时事热点类短视频主要是紧跟当前热点，快速拍摄一些与热点相关的内容，如对某热门事件的模仿。这类短视频要"蹭"有效热点，避开负面的、不适于营销的热点。

（9）开箱测评类。开箱测评类短视频多为一些网络"达人"站在用户的角度，从拆开快递包裹开始，逐步展示产品外观，介绍产品特点，简单试用并做出正面评价，以激发用户购买需求的短视频。也有像"老爸评测"这样另类的商业，通过公益评测吸引社会关注，通过公益项目提高粉丝留存和推荐，通过抖音露脸为微信公众号和淘宝商城引流，通过电商或知识付费完成转化。

（二）短视频营销的展现形式

总体来看，短视频营销主要有以下4种展现形式。

（1）图文拼接。图文拼接简单容易操作，只是将一些图片拼接起来，添加上背景音乐、说明文字，就可以制作出一条短视频。

（2）视频记录。视频记录即通过拍摄视频记录日常生活。例如，旅游博主通过视频展现其在旅途中的所见所闻，美食博主通过视频展现其试吃、探店经历或美食制作过程，美妆博主通过视频展现其日常化妆技巧，运动达人通过视频展示运动瘦身技巧等。

（3）脱口秀。脱口秀就是通过视频向用户传递有价值的信息，分享一些实用的知识技能，只有让用户有所收获，才能得到用户的认可和持续关注。实用知识类短视频常采用这种形式。

（4）情景短剧。情景短剧的创作难度较大，需要一定的资金和人力支持，在剧情写作、场景设计、视频拍摄、视频剪辑等方面要求严格。情景短剧能够更清晰地表达短视频的主题与情感，更容易引起用户的共鸣。

（三）短视频营销技巧

作为网络营销中常用且有效的营销渠道，短视频可以在短时间内实现大范围、低成本的快速传播，且目标精准，为企业带来巨大的营销价值。在进行短视频营销时，最重要的是发布高质量的内容，只有内容具有可读性，用户才会进一步关注其中蕴含的推广信息。常见的短视频营销技巧有以下4种。

1. 直接秀出产品

如果企业的产品本身很有创意且实用，自带话题性，属于市场"人无我有"，那么短视频可以直接正面展示突出产品优势，给用户种草新奇特产品。例如，有一款可以实现一键开锁、智能跟随、电动骑行的行李箱，在短视频中可以直观将"趣玩是一种态度""智能跟随"等信息展现出来（见图8-10）。同时，短视频还可以植入产品链接，用户在观看短视频的同时可以直接点击链接，进入产品展示页面查看产品图片，对于感兴趣的产品，可以进入产品橱窗购买（见图8-11）。

图8-10 自带话题性的产品视频

图8-11 抖音产品链接

2. 激发用户猎奇心理

短视频可以利用用户的跟风和模仿心理，激发用户想要做出尝试的猎奇心理。例如，白象推出超香香香香香香菜面，抖音热榜上"香菜党"vs"非香菜党"的话题热度居高不下，达人进行短视频投放和制作，进一步对话题进行引流，也有些对香菜热衷的用户加入话题讨论，反复种草（见图8-12）。

图8-12 香菜党超香香香香香香菜面的短视频

3. 用视频做口碑营销

产品好不好，未必要自己说，可以通过视频展示口碑，如消费者的排队、笑脸、评价等，从侧面呈现产品的火爆。例如，以"变态"服务著称的海底捞，继免费美甲、擦鞋、洗头、过夜等服务后，又冲破了"服务界天花板"，推出了小学作业辅导服务，俘获了广大家长的心（见图8-13）。

图8-13 推出小学作业辅导服务的海底捞海报

4. 品牌植入

与传统广告相似，品牌植入是指将品牌标志、名称等植入短视频的场景中。此类方式适合已经具有一定品牌影响力的企业，且拍摄内容要与品牌内涵相符，一定要有趣、新奇或紧跟热点。例如，男人诧异地发现镜子中的自己变成了小孩，在做着和自己一模一样的动作，这个神奇的体验渐渐出现在每个人身上，看到最后才知道这是依云矿泉水的广告。依云矿泉水的品牌口号是"Live young"，婴儿就是一个再直观不过的视觉符号，本质上卖的不是水而是年轻，充满创意的内容让视频备受好评（见图8-14）。

图8-14　依云矿泉水品牌植入短视频

三、社群营销

社群营销是指为了满足用户需求，营销人员通过微博、微信、社区等载体推销自身商品或服务的一种营销模式。这是一种基于圈子和人际关系的营销模式，将有共同兴趣、爱好和亚文化特征的人聚集起来，打造一个共同的兴趣圈，并促成最终消费。例如，QQ群、微信群、同一微信公众号的订阅用户、同一话题的参与者、同一用户（如演员）的共同关注者（粉丝）、微博好友圈、微信朋友圈等。

社群营销的本质是一个口碑传播的过程，其人性化的营销方式不仅广受用户欢迎，而且可以通过用户口碑继续会聚人群、扩散口碑。在社群营销下，社群中的每个成员都能成为信息的主动传播者，能主动分享各种信息并互动，从而使社群稳定发展，吸引更多志同道合的人，最终提高社群营销的效果。常用的社群营销方法有灵魂人物营销、价值营销及社群文化营销3种。

1. 灵魂人物营销

社群成员扮演着不同的角色，包括内容创造者、评论者、搜集者、围观者及不活跃者等。他们的诉求各不相同，彼此相互影响。但社群中占据主导地位的灵魂人物是整个社群的核心，一般是专业技能、能力出众的人，他们有一定的影响力和知名度，能够吸引用户加入社群，对社群的定位、发展、成长等有长远的考虑，如小米的雷军、罗辑思维的罗振宇、樊登读书会的樊登等。

2. 价值营销

价值是指社群中能够给社群成员提供知识、经验，帮助社群成员学习、解决相关问题的内容。利用价值进行社群营销，就是向用户展示能在社群中获得的知识等，吸引用户加入社群。价值营销对价值的输出频率、质量等有所要求，可以采用讨论、线上或线下分享交流、推文、直播、讲座等形式，如幻方秋叶PPT。

3. 社群文化营销

社群文化就是社群中包括目标、规则、福利、口号及 Logo 等在内的社群精神。例如，小米"为发烧而生"满足了手机"发烧友"体验刷机快感的需求，凸显了小米手机性能好、价格低的特点。小米在营销初期，通过论坛聚集了大量手机"发烧友"，让他们试用新版的 MIUI 系统，并为他们提供相互交流的平台，使他们成了小米的第一批粉丝。小米品牌文化的传递也是靠积累粉丝和粉丝传播达成的（见图 8-15）。

图 8-15 小米社区的圈子

四、直播营销

直播营销是在现场随着事件的发生、发展同时制作和播出的视频营销方式。直播营销以直播平台为载体，具有直观的场景表现力。从广义上讲，直播营销可以看作以直播平台为载体进行的营销活动。企业通过直播可以更加立体地展示企业文化，传递品牌信息。

（一）直播营销的方式

直播营销的方式主要有 4 种，包括名人营销、利他营销、对比营销和采访营销。

（1）名人营销。名人本身就带有流量，通过名人进行营销，可以充分调动名人自身的粉丝群体，这些粉丝数量庞大、互动性强，可以为直播营销带来较高的热度。但邀请名人需要一定的资金，企业需要在预算充足的情况下选择与自身产品和品牌形象相符的名人。

（2）利他营销。利他营销主要是借助主播或嘉宾的分享推广商品，分享的内容包括知识或生活技能，如护肤步骤直播、化妆技巧直播等。

（3）对比营销。对比营销是指将营销产品与其他同类型的产品进行对比，展现营销产品的差异化特点和优势，以增强说服力。这种方式适合产品性能测评类直播，但不能在直播中诋毁被对比的产品。

（4）采访营销。采访营销是从第三方的角度阐述观点和看法，如采访嘉宾、专家、路人等。这种直播营销方式切忌作假，在没有嘉宾和专家的情况下可选择采访路人，以拉近与用户的距离。

（二）直播营销活动的内容

直播营销需要在明确营销目的、目标用户的基础上进行策划，并根据方案进行直播。直播营销活动一般包括开场、过程及结尾，每个阶段的内容有所不同（见图 8-16）。

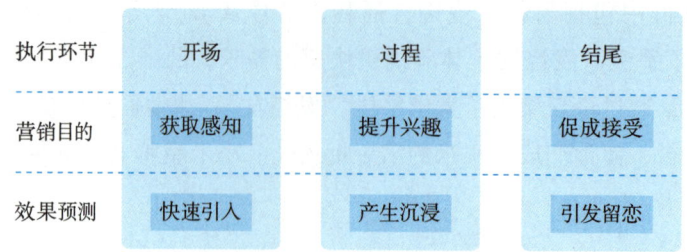

图 8-16　直播营销活动的内容

1. 开场

直播开场的目的是让用户了解直播的主题内容、形式等信息，向用户展现直播价值，吸引用户观看直播、留在直播间。常见的直播开场方式有 6 种。

（1）直接介绍。在直播开场时，可以直接告诉观众直播相关信息，包括主播自我介绍、主办公司简介、直播话题介绍、直播时长、直播流程等；同时，可以在开场中提前介绍抽奖、彩蛋、发红包等环节，以促进观众留存。

（2）开场提问。开场提问是在直播开始时就制造参与感的好方法。一方面，开场提问可以引导观众思考与直播相关的问题；另一方面，开场提问可以让直播销售员更快地了解本场观众的基本情况。

（3）展示数据。对于专业性较强的直播活动，充分利用数据开场，能在第一时间令观众信服。需要注意的是，直播开场数据必须真实可信，否则引起观众质疑，会给直播带来负面影响。

（4）故事开场。相对于比较枯燥的介绍、分析，故事更容易让不同年龄段、不同教育层次的观众产生兴趣。通过一个好的开场故事带领观众进入直播场景，能更好地开展接下来的环节。

（5）借助热点。参与直播营销的用户大都喜爱上网，对当前的热点事件比较熟悉，借助热点事件开场可以快速吸引用户，拉近与他们之间的距离。

（6）道具开场。开场道具包括企业产品、团队吉祥物、热门卡通人物、旗帜与标语、场景道具等。其中，场景道具根据直播内容而定，如趣味拍卖直播，可将拍卖槌作为场景道具；知识分享直播，可将书籍作为场景道具；户外运动直播，可将足球、篮球等作为场景道具。

2. 过程

无论采用哪种方式开展直播营销，最终目的都是推广品牌、销售产品。直播过程作为直播营销活动的关键环节，在推广品牌、销售产品方面起着至关重要的作用。因此，在直播过程中，可采取一些方法或策略，调动直播间内用户参与直播的热情，从而实现营销目的。

（1）赠品营销。赠品营销就是用各式各样的赠品吸引用户，让用户享受到实在的优惠，有效吸引用户下单。

（2）饥饿营销。饥饿营销就是通过强调产品数量的有限性、产品优惠价格的时效性，实现增强产品吸引力、增加产品销售量的目的。

（3）夸张营销。夸张营销就是借助想象，合理地夸大产品的特性，以加深或刷新用户对产品特性的认知。合理的夸张不会引起用户的反感，反而会因为新奇引起用户的注意。

(4) 诚信营销。目前,很多主播为了增加直播间流量,过分夸大产品的效果、功能等,导致退货率极高。只有诚信才是建立用户信任、成功带货、实现涨粉良性循环的合理方法。

(5) 互动营销。例如:弹幕互动,即主播在直播过程中挑选弹幕中的一些评论与用户互动;派发红包,即主播通过发红包等方式与用户互动,增加直播间人气;发起任务,即主播让用户按照指定的方式完成任务,如让用户分享直播间等。

3. 结尾

直播营销收尾的重点是引导用户进入官网或点击购买链接,促进销售转化。通常留在直播间直到直播结束的用户,对直播推荐的产品都比较感兴趣,主播可以引导用户关注直播间,使其成为粉丝,便于后期的客户关系维护;同时,预告下一场直播的时间、内容、优惠活动等,为下一场直播预热,增强用户黏性。

【知识拓展8-3】

一、短剧营销的特点

短剧题材通常情节紧凑、转折明显,能够迅速激起用户的兴趣和情感投入。短剧营销主要有以下4个特点。

(1) 适合促销类营销:能够帮助品牌实现短期内多频次的高曝光,适合服饰、食品等快消品牌。

(2) 针对细分目标受众营销:根据内容定位特定的观众群体,提高市场营销的针对性,实现精准营销。

(3) 针对时效性强的活动营销:品牌可以基于短期活动需求合作短剧,活动可以在短剧播放期间快速完成曝光。

(4) 内容共享性:短剧容易在社交媒体上被分享,用户往往会第一时间进行评论和互动,有利于品牌营销信息的快速扩散,同时有利于信息收集反馈,从而改进营销方式,达到更好的营销效果。

二、短剧营销的方法

目前,虽然短剧营销仍处于初始阶段,但营销的底层逻辑是一样的。常见的短剧营销方法有以下7种。

1. 赞助短剧

赞助短剧的成本较低,风险相对较小。品牌应关注短剧的内容质量、受众匹配度、播出平台的影响力,以及短剧是否有与其他营销活动整合的潜力。例如,抖音和快手两大平台播出的短剧《全职主夫培养计划》《何以为爱》《万渣之璀璨星途》就获得了珀莱雅、五个女博士、飞鹤等品牌的赞助。

2. 定制短剧

定制短剧不仅意味着品牌与制作团队的深度合作,还意味着从剧本创作到人物设定、场景布置,品牌理念要与故事情节相契合,传达核心价值,使观众产生情感共鸣。比如,韩束品牌与银色大地 MCN 机构合作推出的定制短剧《以成长来装束》，通过讲述青春成长的故事，巧妙地将其护肤品融入角色的日常生活，象征着在成长的道路上，韩束伴随着年轻人一同经历变化，强化了品牌支持自我成长和改变的形象。又如，深圳市卫健委定制的《霸总剧里当医生，我只是他们 play 的一环》短剧，以诙谐幽默的方式针对肿瘤防治进行科普宣传。

3. 品牌植入

短剧单集时间短，品牌植入需要寻找与自己价值观相契合的故事线，在不影响观众观看体验的前提下，让品牌形象在观众心中潜移默化地生根发芽。例如，在短剧《全职主夫培养计划》中，杨嘉收到一套珀莱雅红宝石礼盒的谢礼，这样的场景自然地露出了品牌。

4. 创作者合作

品牌可以选择与风格相符、有一定粉丝基础的创作者合作，通过创作者的视角和叙事方式，将品牌信息融入短剧内容。这种内容营销的好处是让看剧的用户有沉浸感，不会对品牌植入反感。可以是短剧的番外篇，如《逃出大英博物馆》在全网收获了不错的好评，OLAY 与这部剧的男女主角煎饼果仔和夏天妹妹合作，拍了一部与短剧剧情相关的小片，把品牌信息也带了进去。

5. 短剧+直播带货联动

短剧播放期间或播放完毕后，品牌可以安排演员在直播间进行直播带货，尤其是剧中出现的产品。这种方式不仅能扩大短剧的影响力，还能即时转化观众的购买欲望。品牌可以通过剧情引发观众的情感共鸣，增强产品的吸引力，并在直播过程中实现销售。

6. 结合节日活动

品牌进行短期营销活动，如通过与节日氛围相符的短剧合作营销，可以提升用户的情感参与度。例如，抖音平台播出的《全职主夫培养计划》《双 A 夫妇又美又飒》等剧在"双 11"就得到品牌方的赞助，成为各类品牌整合营销的重要一环。

7. 用户参与互动

通过短剧营销鼓励用户参与和互动，提升用户对品牌的好感度。例如，在短剧中设置悬念或互动环节，邀请观众猜测剧情走向，或对角色的选择发表意见，激发用户的参与热情，增强品牌与用户之间的情感联系。例如，天猫国际合作的《美颜成真》，通过短剧内容中的互动环节提升用户参与度，提高了品牌曝光度和用户的购买转化率。

【阅读和思考 8-3】

英歌舞：从"出圈出海"到"出新出彩"

习近平总书记强调："着力赓续中华文脉、推动中华优秀传统文化创造性转化和创新性发展。"中华优秀传统文化是中华文明的智慧结晶和精华所在，是中华民族的根和魂。潮汕地处中国东南沿海，历史悠久，底蕴深厚，自古以来便是文化交融之地，孕育了丰富多彩的民间艺术形式。其中，潮汕英歌作为岭南文化的符号代表，被誉为"中华战舞""英雄之舞"，是中华优秀传统文化的重要组成部分，每逢春节、元宵以及喜事庆典，都少不了英歌舞表演助兴。

从 2023 年春节开始，英歌舞的热度一路狂飙，不仅"出圈出彩"，更是顺利实现"出海"。

2024年以来，潮汕英歌在英国、泰国、马来西亚、新加坡等地，以"炸街式"巡游表演引起广泛关注。随后，聚焦这一现象级文化IP，各方更是积极创作英歌题材小说、歌曲、短剧、动漫、文创等，以各种形式传承延续古老的英歌文化，并不断拓展其影响力。舞剧《英歌》的爆火，正是英歌舞在新时代传承创新的又一次生动实践，也承载着观众沉甸甸的期待："希望让老祖宗的瑰宝'中华战舞'出新、出圈，再出海。"此外，揭阳普宁英歌精彩亮相春节申遗视频，为中国春节成功列入联合国教科文组织人类非物质文化遗产代表作名录提供了民俗元素，贡献了积极力量。

【任务实施 8-3】

随着我国国力的增强和国际地位的提升，国人的民族自信和文化自信也显著提升，尤其体现为人们对于非物质文化遗产的兴趣日渐浓厚，这些文化正以不同的方式走入大众的视野和生活。国家级非物质文化遗产英歌舞近两年"火出了圈""出海"，相关视频在多个网络平台上热传，甚至有人不远千里驱车到潮汕乡村"现场看一眼英歌舞"。为了更好地理解电子商务营销策略与实施的内容，请为潮汕英歌舞制定一份电子商务营销方案，至少采用4种网络营销方法。

【任务考核 8-3】

考核项目	讨论分析	权重（％）	分 值
1		25	
2		25	
3		25	
4		25	
评 分		100	

项目小结

本项目主要介绍了网络营销环境分析、电子商务营销策略组合及网络营销工具与技巧。

任务1详细探讨了网络营销的概念及特点，网络营销环境的分析。网络营销环境是与企业网络营销活动有关联的因素的部分集合，主要由宏观环境和微观环境两部分构成。宏观环境可用PEST模型进行分析，微观环境可利用SWOT、互联网、市场调查等方法对企业内部环境、供应商、营销中介、消费者等进行分析。

任务2主要介绍了传统市场营销4P策略、网络营销4C策略及营销策略组合。4P营销策略是以产品为中心，从产品、价格、地点、促销4个基本策略的组合入手。4C营销策略是以消费者需求为导向，重新设定了市场营销组合的4个基本要素，即消费者、成本、便利和沟通。在企业的营销实践和市场竞争中，4P营销策略与4C营销策略各有局限性，两者充分整合并逐渐融合，才是电子商务营销组合的发展方向。

任务3主要介绍了网络营销工具与技巧。根据营销平台的不同，目前主要的网络营销工具有搜索引擎营销、短视频营销、社群营销及直播营销、微博营销、微信营销、小红书营销、大数据营销等。

项目作业

一、单项选择题

1. 在实施电子商务营销策略时，关键步骤不包括（　　）。
   A. 确定目标市场和受众　　　　　　　　B. 制订详细的营销计划
   C. 忽视竞争对手的营销策略　　　　　　D. 评估和调整营销策略
2. 网络营销的常用工具不包括（　　）。
   A. 搜索引擎营销　　B. 电子邮件营销　　C. 户外广告牌　　D. 社交媒体营销
3. 4C营销策略的特点不包括（　　）。
   A. 以顾客为中心　　　　　　　　　　　B. 关注顾客的成本和便利性
   C. 强调与顾客的沟通和互动　　　　　　D. 侧重于产品的创新和差异化
4. 网络营销环境分析的主要目的是（　　）。
   A. 增加网店流量　　B. 提升品牌知名度　　C. 识别市场机会和威胁　　D. 降低营销成本
5. 下列选项不属于网络营销微观环境组成部分的是（　　）。
   A. 顾客　　　　　　　　　　　　　　　B. 竞争对手
   C. 法律法规　　　　　　　　　　　　　D. 企业内部营销部门

二、简答题

1. 简述电子商务营销环境的组成部分，以及分析方法。
2. 举例说明电子商务网络营销的策略有哪些。
3. 在实施电子商务网络营销时，应如何选择合适的营销工具？
4. 简述在电子商务营销中用户体验的重要性及其如何影响营销策略的制定。
5. 结合一个熟悉的电子商务品牌，分析其采用的营销策略，并讨论这些策略如何提升品牌知名度。

第四篇

电子商务法律法规与伦理

项目9　电子商务法律法规概述

【项目导读】

电子商务的便捷性、高效性和创新性，使其成为推动现代经济发展的重要力量。然而，电子商务的快速发展也带来了一系列新的法律问题和挑战，如消费者权益保护、数据安全、知识产权保护、市场秩序维护等。本项目将简要解读《中华人民共和国电子商务法》的立法背景与原则、电子商务交易中的法律问题、电子商务法律法规的完善与发展相关内容，以期对我国的电子商务法律法规有所了解。

【技能目标】

1. 能够分析电子商务法律法规的立法背景与原则。
2. 能够明确电子商务法律主体相应的权利或义务。
3. 能够识别电子商务交易中可能出现的法律问题。
4. 能够针对有争议的电子商务案件提出相对应的解决方式。

【知识目标】

1. 了解《中华人民共和国电子商务法》的立法意义及适用范围。
2. 了解电子商务交易中常见的法律问题。
3. 认识电子商务法律法规的发展动态和未来趋势。

【思政素质目标】

1. 培养学生树立遵守法律法规的意识，认识到法治对于电子商务健康发展的重要性。
2. 引导学生提升法治素养，培养承担社会责任的意识，包括保护消费者权益和维护公平竞争的市场环境。
3. 强化学生认知中职业道德和诚信经营的重要性，促进电子商务领域的公平和透明。

【引导案例】

消费者A于2021年10月26日晚在某家网店以1499元/瓶的价格，购买了53瓶飞天茅台酒，一共花费了近8万元。该网店商家以系统故障没有库存为由拒不发货，后面又强制取消了订单。消费者A于11月26日在人民网"领导留言板"反映商家"欺诈消费者"，希望有关职能部门能调查情况，维护消费者权益。

根据《中华人民共和国电子商务法》第四十九条第一款规定，"电子商务经营者发布的商品或者服务信息符合要约条件的，用户选择该商品或者服务并提交订单成功，合同成立。当事人另有约定的，从其约定"。

消费者A在网上商城的商家店铺中提交了商品的订单并完成了支付，双方之间成立信息网络买卖合同关系，该合同系买卖双方真实意思表示，不违反法律法规的强制性规定，应为有效。买卖双方应当按照约定履行自身义务，不得擅自变更或者解除合同。合同成立后，商家应履行在约定期限内向消费者交付53瓶飞天茅台酒的合同义务，但商家以系统故障没有库存为由拒不发货，拒绝履行交付义务，构成违约。

消费者A要求商家3倍赔偿和支付律师费用共计40余万元。商家表示，消费者下单的网店，运营直接由公司总部网络经营事业部负责，销售收入直接进入公司总部账户，商家的某购物广场只是网上店铺的发货点。因此事涉及多个旗下门店，由商家成立专班，统一处理此事。对于这笔订单，双方进行了多次沟通、协商，商家以实际缺货为由无法完成订单，而顾客坚持按订单履约。根据调查，法院认为商家未主观采取虚假或不正当的手段欺骗、误导消费者，无法定义为欺诈行为。因此，消费者主张的3倍赔偿不能予以支持。

任务1 《中华人民共和国电子商务法》的立法背景与原则

【任务情景】

当今中国乃至世界，网络信息技术和电子商务日新月异、蓬勃发展，深刻改变了经济社会的发展格局。在我国，电子商务发展过程中一些矛盾和问题凸显，相关法律法规应运而生。本任务旨在了解电子商务相关法律法规，以便指导电子商务的实践活动、更好地保障网络交易各方主体的合法权益。

【任务分析】

为了完成这一任务，我们需要掌握《中华人民共和国电子商务法》的立法背景、调整范围、立法原则，以及我国主要的电子商务相关法律法规。

【知识链接】

一、《中华人民共和国电子商务法》的立法背景

随着互联网的兴起与国内经济的持续繁荣，电子商务成为拉动我国经济增长的新引擎。"十三五"期间，我国网上零售额突破10万亿元，年复合增长率为24.6%，其中，实物网上零售额对社

会消费品零售总额增长的贡献率达45.6%，电子商务成为消费市场的稳定器。电子商务的健康发展需要和谐、透明的电子商务交易环境，良好的政策法律环境是电子商务健康有序发展的重要基础和根本保障。

与此同时，网络环境下的假冒伪劣商品销售、消费者权益保护、交易平台责任承担等问题也随之增多，原有管理方式与法律规则已不适应现在的发展形势。行业自律机制尚需完善，纠纷协调机制仍不健全，难以应对电子商务发展过程中产生的"刷单"（通过虚假交易抬高销量）、"炒信"（店铺利用虚假好评或删除差评炒作信用）、"搭售"（附带条件交易）、"大数据杀熟"（新老用户价格不相同）及微商假货横行而消费者投诉无门等问题。

为解决上述问题，规范市场秩序，2013年12月，全国人大财政经济委员会牵头组织成立《中华人民共和国电子商务法》起草组，正式启动立法工作。经过3次公开征求意见、4次审议，2018年8月31日，十三届全国人大常委会第五次会议表决通过《中华人民共和国电子商务法》，以保障电子商务各方主体合法权益，规范电子商务行为，维护市场秩序，促进电子商务持续健康发展。

二、《中华人民共和国电子商务法》的调整范围

《中华人民共和国电子商务法》第二条规定："中华人民共和国境内的电子商务活动，适用本法。本法所称电子商务，是指通过互联网等信息网络销售商品或者提供服务的经营活动。法律、行政法规对销售商品或者提供服务有规定的，适用其规定。金融类产品和服务，利用信息网络提供新闻信息、音视频节目、出版以及文化产品等内容方面的服务，不适用本法。"

《中华人民共和国电子商务法》调整的是销售商品或提供服务的经营活动。除法律规定排除的以外，所有商品销售或经营活动都可以成为《中华人民共和国电子商务法》的调整范围，既包括商品或服务本身的交易活动，也包括为商品或服务交易提供平台服务、支付服务、物流服务、推广服务等的经营活动。

《中华人民共和国电子商务法》调整的是通过互联网等信息网络进行的经营活动。《中华人民共和国电子商务法》要解决的是在以互联网为典型的现代信息网络环境下产生的特定问题，而这些问题在传真、电报等传统技术手段中基本不存在。

《中华人民共和国电子商务法》调整的是境内电子商务活动。无论经营主体在境内还是境外，只要电子商务活动发生在我国境内，都适用《中华人民共和国电子商务法》。在境外发生的电子商务活动，不在《中华人民共和国电子商务法》适用范围。境内消费者与境外经营者的纠纷，根据有管辖权的国家的准据法指向适用中国法时，也可适用《中华人民共和国电子商务法》的相关规定（见表9-1）。

表9-1 《中华人民共和国电子商务法》的调整范围

经营主体	境内电子商务活动	境外电子商务活动
境内经营者	适用	不适用
境外经营者	适用	不适用

三、《中华人民共和国电子商务法》的立法原则

1. 自愿、公平、诚实信用原则

自愿、公平、诚实信用是传统民商法的基本原则,自然也适用于《中华人民共和国电子商务法》。电子商务作为一种新型的商业业态,应当遵守公认的商业准则。同时,国家鼓励电子商务信用体系建设,鼓励建立健全电子商务信用记录、信用评价、信用管理制度,完善电子商务信用服务保障制度。

2. 安全原则

电子商务必须以安全为前提,既需要技术上的安全措施,也离不开电子商务法的安全规范。国家致力于维护电子商务交易安全,保护电子商务用户信息,鼓励电子商务数据交换共享,保障电子商务数据依法有序流动和合理利用。

安全原则要求与电子商务有关的交易信息在传输、存储、交换等整个过程中不被丢失、泄露、窃听、拦截、改变等,要求网络和信息保持可靠性、可用性、保密性、完整性、可控性和不可抵赖性。《中华人民共和国电子签名法》规范电子签名的标准和认证,就是为了在电子商务条件下形成较为安全的环境,维护有关各方的合法权益。

3. 中立原则

《中华人民共和国电子商务法》的基本目标是在电子商务活动中建立自愿、平等、诚信、公平的交易规则,这是商法的维护交易安全原则在电子商务法上的体现。中立原则包括4个方面:技术中立、媒介中立、实施中立和同等保护。

4. 交易自治原则

交易自治原则,是指参加电子商务交易的各方当事人完全可以按照自己的意愿与对方当事人协商,确定他们之间的协议条款,选择交易与履行方式,其中不含有被强迫的成分和国家强制执行。电子商务交易当事人享有交易自治权。电子商务交易的当事人有权决定自己是否进行交易、与谁交易和如何进行交易,任何单位和个人不得非法干预。

5. 监督管理与社会共治原则

《中华人民共和国电子商务法》规定了国务院及各级政府对电子商务的监督管理职能。电子商务治理要充分发挥政府作用,国务院和县级以上地方人民政府应当将电子商务发展纳入国民经济和社会发展规划,制定科学合理的产业政策,完善标准体系建设,根据电子商务活动的特点完善和创新电子商务管理体制和管理方式;同时,要充分发挥行业自律和社会共治的作用,实现多管齐下、综合治理,即运用互联网思维、互联网管理办法体现电子商务管理创新。

电子商务行业组织和电子商务经营主体应当加强行业自律,建立健全行业规范和网络规范,引导本行业经营者公平竞争,推动行业诚信建设。国家鼓励、支持和引导电子商务行业组织、电子商务经营主体和消费者共同参与电子商务市场治理。

6. 保护消费者合法权益原则

电子商务的完成涉及生产者、销售者、配送者等多个主体,经过商品信息沟通、网上支付、货

物配送等诸多环节，任何一个"供应链"出现问题，都将损害消费者合法权益。《中华人民共和国电子商务法》维护市场秩序，必须以保护消费者合法权益为原则。

【知识拓展 9-1】

一、电子商务立法概况

目前，我国主要的电子商务相关法律法规，除了《中华人民共和国电子商务法》，还有《中华人民共和国民法典》《中华人民共和国消费者权益保护法》《网络交易监督管理办法》等法律，以及行政法规与规章、地方性法规等（见表9-2）。

表9-2 我国主要电子商务相关法律法规

发布部门	法律法规名称	实施时间
全国人大常委会	《中华人民共和国消费者权益保护法》	1994年1月
	《中华人民共和国电子签名法》	2005年4月
国务院	《信息网络传播权保护条例》	2006年7月
	《互联网信息服务管理办法》	2000年9月
全国人大常委会	《中华人民共和国网络安全法》	2017年6月
	《中华人民共和国电子商务法》	2019年1月
全国人大	《中华人民共和国民法典》	2021年1月
国家市场监督管理总局	《网络交易监督管理办法》	2021年5月
国家互联网信息办公室、公安部、商务部、文化和旅游部、国家税务总局、国家市场监督管理总局、国家广播电视总局	《网络直播营销管理办法（试行）》	2021年5月
全国人大常委会	《中华人民共和国数据安全法》	2021年9月
	《中华人民共和国个人信息保护法》	2021年11月

1. 《中华人民共和国消费者权益保护法》

《中华人民共和国消费者权益保护法》同样适用于电子商务领域，规定了消费者的权利和电子商务经营者应履行的义务，以保护消费者的合法权益。

2. 《中华人民共和国民法典》

合同法将数据电文作为合同书面形式的一种，明确规定了电子合同与书面合同具有同等法律效力，并对有关电子合同的订立过程及有关内容作了具体规定，这些规定有利于电子商务的实际操作。电子商务合同的订立、履行、变更、解除及违约责任等，都受到合同法的规定和约束。

3. 《中华人民共和国电子签名法》

《中华人民共和国电子签名法》规范了电子签名行为，确立了电子签名的法律效力，明确了电子认证服务的市场准入制度，对我国电子商务的发展有很大的推动和保障作用。

4. 《信息网络传播权保护条例》

《信息网络传播权保护条例》要求网络服务提供者在接到权利人的通知后，及时删除或断开侵权链接。这促使电子商务平台加强对商品和内容的监管，防止侵权行为的发生，从而维护了电子商务市场的公平竞争环境。该条例通过保护知识产权、规范电子商务平台行为、促进信任体系建设、提供法律救济途径、鼓励合法使用和传播作品等多方面的规定，为电子商务的健康发展提供了有力的法律支持和保障。

5.《互联网信息服务管理办法》

《互联网信息服务管理办法》为电子商务提供规范的网络环境、保护用户权益、维护数据安全和促进技术创新等措施，旨在营造一个良好的网络生态，这对于电子商务的发展至关重要。一个健康、有序的网络环境能够增强消费者的信心，促进电子商务交易的增长。

6.《中华人民共和国网络安全法》

《中华人民共和国网络安全法》虽不是专门针对电子商务的法律，但对电子商务活动中的网络安全、数据保护和个人信息保护等方面提出了明确要求。该法通过增强网络安全保障、保护用户信息和隐私、促进电子商务诚信体系建设、支持电子商务创新发展、提升国际合作与竞争力及强化法治化营商环境等多方面的规定，为电子商务的健康发展提供了坚实的法律基础和保障。

7.《网络交易监督管理办法》

《网络交易监督管理办法》是贯彻落实《中华人民共和国电子商务法》的重要部门规章，内容涉及网络交易经营者、监督管理、法律责任等内容。该办法对相关法律规定进行细化完善，制定了一系列规范交易行为、压实平台主体责任、保障消费者权益的具体制度规则，对完善网络交易监管制度体系、持续净化网络交易空间、维护公平竞争的网络交易秩序、营造安全放心的网络消费环境具有重要现实意义。

8.《网络直播营销管理办法（试行）》

《网络直播营销管理办法（试行）》作为贯彻落实《中华人民共和国网络安全法》《中华人民共和国电子商务法》《中华人民共和国广告法》《中华人民共和国反不正当竞争法》《网络信息内容生态治理规定》等的重要行政规范性文件，通过规范直播营销活动、保护消费者权益、促进新业态发展、维护网络安全和数据保护、明确各方责任、营造清朗网络空间及加强监督管理等多方面的规定，对电子商务的发展起到了积极的推动和保障作用。

9.《中华人民共和国数据安全法》

《中华人民共和国数据安全法》的制定和实施对于电子商务领域的数据安全、个人信息保护、产业发展等方面产生了深远影响。例如，该法明确了数据处理的定义，包括数据的收集、存储、使用、加工、传输、提供、公开等，为电子商务平台处理用户数据提供了法律依据和规范。这有助于电子商务企业在合法合规的前提下开展业务，同时保护用户的个人信息安全。

10.《中华人民共和国个人信息保护法》

《中华人民共和国个人信息保护法》通过加强个人信息保护、规范电子商务行为、促进电子商务创新、平衡保护与利用、提升国际合作与竞争力及强化法律责任与监管等多方面的规定，对电子商务的发展产生了积极影响。该法的实施不仅保护了消费者的个人信息权益，也为电子商务行业的健康、有序和可持续发展提供了坚实的法律基础。

此外，与电子商务相关的法律还有《中华人民共和国商标法》《中华人民共和国专利法》《中华人民共和国著作权法》等,这些法律为电子商务中的知识产权保护提供了法律依据,确保了知识产权权利人的利益。

二、电子商务法律主体

1. 电子商务经营者

电子商务经营者,是指通过互联网等信息网络从事销售商品或提供服务、从事经营活动的自然人、法人和非法人组织(见图9-1)。电子商务经营者包括电子商务平台经营者、平台内经营者,及通过自建网站、其他网络服务销售商品或者提供服务的电子商务经营者。

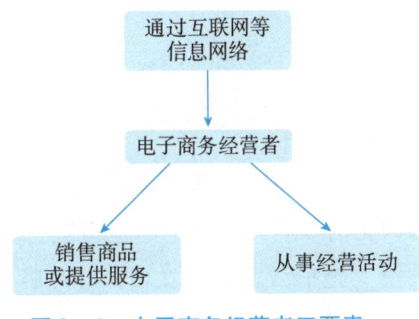

图9-1 电子商务经营者三要素

2. 电子商务消费者

电子商务消费者,是指在电子商务应用场景下的消费者群体,从广义上来看,既包括生活性消费者,也包括生产性消费者。

《中华人民共和国电子商务法》并未设专章明确消费者权利,而是通过规定电子商务经营者责任和义务的方式实现对电子商务消费者合法权益的保护。

《中华人民共和国电子商务法》涉及的消费者权利主要包括安全权、知情权、自主选择权、公平交易权、便利权、收货验货权、评价权、信息保护权、求偿权。这些权利借鉴了《中华人民共和国消费者权益保护法》的相关规定,但不是《中华人民共和国消费者权益保护法》有关内容的简单重复,而是针对电子商务消费者的特殊性做出的规定。

3. 电子商务服务者

在电子商务领域,除了电子商务平台经营者和平台内经营者,还有一些为电子商务交易提供辅助性服务的服务者,他们为电子商务交易者提供广告推广、数据分析、支付等服务,是电子商务活动中不可或缺的一部分。电子商务服务者包括广告服务者、大数据服务者、支付服务者、快递物流服务者等。

广告服务者需要遵守《中华人民共和国广告法》及《互联网广告管理办法》等相关法律法规。这些法律法规要求广告内容真实、合法,不得含有虚假或者误导性信息,不得损害消费者的合法权益。广告应当具有可识别性,明确标明为广告,且不得影响用户正常使用网络。此外,广告服务者还需要遵守特定商品或服务的广告发布限制和审查要求。

大数据服务者需遵循《中华人民共和国数据安全法》等相关法律法规,确保数据处理活动合法、合规。这包括但不限于数据的收集、存储、使用、加工、传输、提供和公开等环节。大数据服

务者应当建立健全数据安全管理制度，采取必要的技术措施和其他措施保障数据安全，并对数据安全风险进行评估和报告。

支付服务者应当遵守国家关于电子支付的法律法规，包括但不限于《中华人民共和国电子商务法》中关于电子支付的相关规定。支付服务者需确保将提供服务的功能、使用方法、注意事项、相关风险和收费标准等事项明确告知用户，并保障电子支付指令的完整性、一致性、可跟踪稽核和不可篡改。

快递物流服务者须遵守《快递市场管理办法》等相关法律法规，保障服务质量和安全，维护用户、快递从业人员和经营快递业务的企业的合法权益。快递服务者应当依法对寄件人身份进行查验，登记身份信息，并且对寄件人交寄的物品进行查验，保障快件安全，防止快件丢失、损毁等。

【阅读和思考 9-1】

全国首例电商平台起诉售假卖家案

2016年6月，淘宝网通过大数据打假系统，发现刘某及其妻子陈某经营的两家店铺销售的施华洛世奇手表存在售假嫌疑，涉嫌侵犯的权利人为施华洛世奇股份有限公司产品的"施华洛世奇"商标，遂在疑似售假店铺购买了一块"施华洛世奇"女表，经品牌方鉴定后，证实其"所涉商品为假货"。由于涉嫌侵犯货值较高，淘宝网将线索移送至警方，同时以"违背平台不得售假约定、侵犯平台商誉"为由，将其二人及店铺登记经营人王某告上法庭，请求人民法院判令三被告各赔偿原告损失48万元、92万元、157万元，以及合理支出6万元、6万元、12万元。2017年1月9日，深圳市龙岗区人民法院确认立案。

对此，国内知名律师高兴发认为，淘宝网在店铺入驻前，都会与之签订、签署《淘宝平台服务协议》，其中约定：用户应当确保其在淘宝平台上发布的商品或服务享有相应的权利，不得在淘宝平台上销售侵犯他人知识产权或其他合法权益的商品；如用户的行为使淘宝或其关联公司、支付宝公司遭受损失（包括自身的直接经济损失、商誉损失及对外支付的赔偿金、和解款、律师费、诉讼费等间接经济损失），用户应赔偿淘宝或其关联公司、支付宝公司上述全部损失。根据《中华人民共和国合同法》（现已废止）相关法律法规之规定，依法成立的合同，对各方当事人均具有法律约束力，当事人应当按照约定履行自己的义务。当事人一方不履行合同义务或者履行合同义务不符合约定的，应当承担继续履行、采取补救措施或者赔偿损失等违约责任。因当事人一方的违约行为，侵害对方人身、财产权益的，受损害方有权选择依照本法要求其承担违约责任或者依照其他法律要求其承担侵权责任。

深圳市龙岗区人民法院认定，被告侵犯了"施华洛世奇"商标权利人的商标权，同时违反了原、被告双方签署的《淘宝平台服务协议》，造成原告淘宝网的社会评价降低，也侵犯了原告淘宝网的名誉权，故被告应对原告淘宝网承担违约责任或侵权责任。根据法律规定，原告淘宝网应在违约责任或侵权责任中择一行使请求权。关于原告的名誉权损害赔偿请求问题，虽然淘宝网在中国是一个影响力很大的电商平台，但是名誉权损失大小很难认定，在司法实务中，法院对此类案件赔偿金额的酌定一般比较谨慎。参照业已公开的司法判例，本案中原告此项请求难获全部支持，但从制裁违法行为、净化市场环境和保护消费者权益等角度来看，我国司法实务在这一方面有待突破。

思考：

1. 适用于本案的法律法规有哪些？
2. 从身份关系角度，你如何看待淘宝网对刘某及其妻子陈某经营的两家店铺的行为？

【任务实施 9-1】

在班级里以个人或小组为单位，研读《中华人民共和国电子商务法》并讨论：

1. 电子商务经营者应当履行的义务和承担的法律责任有哪些？
2. 电子商务当事人订立和履行合同，适用哪些法律的规定？
3. 电子商务经营者应当依法办理市场主体登记，哪些交易活动不需要登记？

【任务考核 9-1】

考核项目	讨论分析	权重（%）	分 值
电子商务经营者的义务		50	
订立和履行合同适用的法律		20	
不需要登记的交易活动		30	
评 分		100	

任务2 电子商务交易中的法律问题

【任务情景】

数字化时代，网络平台成为商品交易的重要场所，而电子商务的迅猛发展也带来了新的法律问题。这些法律问题复杂而多维。本任务旨在了解电子商务交易中常见的法律问题，以便更好地保障网络交易各方主体合法权益，确保网络平台经营的合法性和合规性。

【任务分析】

为完成这一任务，我们需要掌握一些电子商务交易中可能遇到的法律问题，涉及电子合同的订立与效力问题、消费者权益保护问题、电子支付与退款问题、知识产权保护问题、电子商务税收问题及反垄断和不正当竞争问题等。

【知识链接】

一、电子合同的订立与效力问题

在电子商务交易中，合同的订立通常通过电子方式进行。法律问题包括电子合同的有效性、合同条款的明确性，以及合同的修改和解除等。

1. 电子合同的成立与效力问题

电子合同的成立通常涉及商品或服务信息的发布、订单的提交及支付的完成。在这一过程中，可能会出现对合同是否成立、何时成立及合同条款的效力存在争议的情况。例如，商家可能会通过格式条款限制合同的成立条件，或者消费者在支付后发现合同条款与预期不符。

2. 格式条款的合法性问题

电子商务经营者往往使用格式条款简化交易流程，但格式条款可能会限制消费者的权利或免除经营者的责任，这在法律上可能被视为无效。《中华人民共和国电子商务法》明确规定，不得通过格式条款约定消费者支付价款后合同不成立，这类条款将被视为无效。

3. 合同修改与解除问题

在电子商务活动中，平台或商家可能会对服务协议和交易规则进行修改，这可能会影响消费者的权利和义务。同时，合同的解除也可能成为争议的焦点，尤其是在商家拒不发货或强制取消订单的情况下。

二、消费者权益保护问题

电子商务交易中的消费者权益保护是一个重要议题。消费者有获得商品或服务真实信息、选择和公平交易的权利。《中华人民共和国消费者权益保护法》规定了消费者的权利和电子商务经营者的义务，旨在保护消费者免受欺诈和不公平交易的侵害。

1. 消费者安全权实现问题

消费者在购买、使用商品或接受服务时，享有保障其人身、财产安全不受损害的权利。安全是消费者最基本的要求，也是最重要的权利。在网购时，人们往往首先关心商品的安全问题。

目前，一些网购产品缺乏安全保障，损害消费者健康、侵犯消费者人身安全的案例时有发生。在财产安全方面，由于电商交易在开放网络进行，病毒攻击、信用卡欺诈等问题时有发生。电子商务交易的安全性是消费者和商家共同关心的问题。《中华人民共和国网络安全法》规定了网络运营者的安全义务，要求其采取技术措施和其他必要措施保障网络安全，防范网络违法犯罪活动。

2. 消费者隐私权实现问题

《中华人民共和国个人信息保护法》规定了个人信息收集、使用、存储和传输的规则，要求电子商务经营者必须采取措施保护消费者的隐私权和数据安全。

现代信息技术和网络技术大大增加了消费者隐私权被侵犯的概率，并带来了许多新问题。在网络环境下，人们可以通过交互式、可调的宽频带通信网络，自己完成教育、娱乐、购物行为，甚至接受医疗保健、储蓄、参与政府事务，如果这些都在单一网络上进行，就有可能产生新的隐私权问题。

个人信息隐私侵权主要涉及三个方面：第一，不当收集和利用个人资料，侵害个人的隐私权、个人资料的享用权；第二，利用现代信息技术不当搜集、窥视、公开他人私事（私生活），构成对他人隐私权的侵犯；第三，个人自主、独立生活或独处的权利，其主要保障个人可以独立自主、不受干扰地生活。

3. 消费者知情权实现问题

消费者有知悉其购买商品或者接受服务的真实情况的权利。电子商务消费者有权全面、真实、准确、及时获得商品或服务的信息，如商品销量、用户评价等。在实践中，电子商务经营者虚构交易、编造评价等行为都是典型的侵犯消费者知情权行为。同时，电子商务经营者根据消费者的兴趣爱好、消费习惯等特征向其提供商品或服务搜索结果的，应当同时向该消费者提供不针对其个人特征的选项。

4. 消费者自主选择权实现问题

消费者享有自主选择商品或服务的权利，包括自主选择提供商品或服务的经营者，自主选择商品品种或服务方式，自主决定是否购买，有权对商品或服务进行比较、鉴别和挑选。对于售后开具电子发票还是纸质发票、物流和支付方式、是否购买搭售商品等，也由消费者自主决定。特别是，电子商务经营者在搭售商品或服务时，不能将搭售商品或服务作为默认同意的选项。

5. 消费者公平交易权实现问题

消费者在购买商品或接受服务时，享有获得质量保障和价格合理、计量正确等公平交易的权利。在电子商务交易中，由于双方当事人不能面对面谈判，网络经营者与消费者通常只通过格式条款进行交易，消费者只有接受和拒绝的权利，不能就合同条款进行讨价还价。这种格式条款采用的形式多样，有的采用章程的形式，有的采用顾客须知的形式，还有的采用网站规则的形式。网络上具体涉及消费者的各种不公平条款主要包括：网络经营者减轻或免除自己的责任；不合理地分配风险，特别是将系统故障、第三人行为等因素造成的风险归由消费者负担；举证责任转移；约定有利于网络经营者的纠纷解决方式等。

6. 消费者依法求偿权实现问题

按照《中华人民共和国民法典》《中华人民共和国消费者权益保护法》《中华人民共和国电子商务法》等法律规定，消费者因购买、使用商品或接受服务受到人身、财产损害的，依法享有要求获得赔偿的权利。在实际索赔过程中，违约责任承担方式、责任承担主体和处理纠纷适用的实体法均更为复杂。

此外，消费者还享有依法成立维护自身合法权益的社会团体的权利。消费者享有获得有关消费和消费者权益保护方面知识的权利。消费者在购买商品或接受服务时，享有人格尊严、民族风俗习惯得到尊重的权利。人格尊严权主要包括肖像权、姓名权、名誉权、荣誉权和隐私权。

三、电子支付与退款问题

电商经营的必然要求是在线支付，但在支付过程中可能会出现技术问题或安全风险。这也意味着消费者的财务信息和支付密码等信息处于极高的风险之下，如果这些信息被盗，则可能使消费者遭受重大损失。此外，退款流程的复杂性或不透明性也可能导致消费者在申请退款时遇到困难。

银行卡是目前消费者经常使用的支付工具，与其支付有关的法律也比较成熟。但面临的法律问题是：未经授权使用的或网络上银行卡支付所造成的损失，是商家承担，还是发卡银行承担，抑或是消费者承担？如果某一客户信息被他人取得，并被利用进行诈骗活动，且诈骗行为得逞，则损失由谁来承担？由于网上支付的许多信息都是通过互联网传递的，而互联网是一个开放的网络，如何保护这些信息不被非法利用已成为一个新的法律问题。在这种责任分担中，消费者往往处在受害者地位。消费者多为个人，各国法律虽不尽相同，但大都偏重于保护消费者。

四、知识产权保护问题

随着电子商务的迅速发展，平台上的知识产权侵权行为呈现出多样化和隐蔽性的特点，给权利人、平台运营商及消费者带来了诸多挑战。电商平台上的知识产权侵权主要包括商标侵权、专利侵权、著作权侵权等。侵权行为可能表现为未经授权销售品牌商品、销售侵犯专利权的产品、非法复制和传播受版权保护的作品等。这些侵权行为不仅损害了权利人的合法权益，也破坏了市场秩序，影响了消费者的购物体验。

从事跨境电商的企业尤其要注重知识产权的法律风险。例如，某企业在一家知名国际电商平台上的店铺曾遭到关店7天的处罚。起因是该企业网店上架的一款蓝牙耳机产品使用了"蓝牙"商标，从而侵犯了该商标的知识产权，因为蓝牙为强制性认证商标，要想使用必须先通过国际蓝牙联盟的系统认证。

为了应对电子商务领域的知识产权侵权问题，《中华人民共和国著作权法》《中华人民共和国电子商务法》《中华人民共和国民法典》等法律法规明确了电商平台经营者的责任，加大了知识产权的保护力度。同时，最高人民法院也发布了相关司法解释，为涉及电商平台知识产权纠纷案件的审理提供了指导。

五、电子商务税收问题

电子商务的出现，改变了商品的流转方式，使有形商品可以转为数字形式存在，使交易的商品流转化为信息流，并通过网络来传递，这就改变了商品的传统交易形式，而且电子商务产生了新的信息资源，这些都对现行税收实践造成了冲击。

电子商务使传统的税收原则虚拟化，并且由于网上交易商品形态的变化，电子商务的课税对象出现了较大的不确定性，进而使纳税人、纳税环节等税法要素随之发生变化。由于电子商务是以无形化的方式在虚拟市场中进行交易活动，其无纸化操作的快捷性、交易参与者的流动性等特点，使纳税主体、纳税客体、纳税环节、纳税地点等按照传统税法进行界定存在困难。

例如，原来以有形商品形式出现的书籍、报刊和软件等，现在都可以通过数字化的形式从互联网上直接下载使用，还可以通过复制的方式进行传播，这种交易行为的性质是提供商品还是提供服务或特许权使用，界限模糊。对于这种交易行为应按销售货物征税，还是按提供劳务征税，抑或是按转让无形资产征税，现行税法难以判断。同时，由此应当缴纳的所得税，应视为生产经营所得，还是提供劳务或特许权使用费所得，其标准也很难界定。因此，电子商务环境下交易对象的数字化，进一步引发了税法适用上的不确定性。此外，交易凭证的电子化改变了传统的纸质凭证、账簿形式，使税务机关追踪、审查交易活动失去了纸面基础，再加上电子加密技术的应用，增加了税务机关获取交易主体真实身份、交易活动真实内容的难度。

六、反垄断和不正当竞争问题

电子商务模式中的不正当竞争是传统经济模式中不正当竞争的历史演化，是信息技术进步的产物，其本质与传统的不正当竞争行为一样，都是一种违背市场公平竞争、诚实守信原则及扰乱市场正常秩序的行为。

电子商务市场中可能出现的垄断行为和不正当竞争行为，如价格操纵、虚假宣传、恶意差评等，需要依据《中华人民共和国反垄断法》等相关法律法规进行规制，以维护公平竞争的市场环境。

1. 贬损行为

贬损行为主要是通过网络捏造、散布虚假事实，损害竞争对手的商业信誉或商品信誉等行为。随着互联网的普及，一些电子商务企业利用网络方便、快捷、廉价和不受地域限制的特点进行虚假宣传来抬高自己，贬低其他同类经营者。有的企业在自己的网站上发布竞争对手不实信息，收集竞争对手不利信息进行链接或者专门让网友发泄对该公司商品、服务的不满；利用电子邮件网络传输的便利发送不实邮件；在社交媒体上以讨论问题的形式造谣诽谤、捏造散布虚假事实。网络传输的快速，可能在一夜之间摧毁企业苦心经营树立起来的形象。

2. 虚假宣传

由于电子商务的最大缺点是消费者无法亲身实际感受辨别商品，只能通过商品的图文、视频描述做出消费决策，电商平台上的虚假宣传屡禁不止。电商领域的虚假宣传主要包括虚假广告、夸大宣传、虚假商品描述、虚假销售数据等。

有些网店使用"网络第一家""最好的""最全面的"等用语，通过对自己提供服务的内容和质量做夸大其词的不真实宣传，引诱更多消费者访问其网站，获取知名度和经济上的利益；一些电子商务企业搞虚假宣传，声称上网者可购买到低于市场价的商品，误导消费者，但实际上网民能购买到此价格商品的概率是万分之一。这些行为不仅影响了企业的正常经营，还损害了消费者的合法权益，被法律明文禁止。商家发布虚假广告侵犯企业和消费者合法权益的，会受到法律制裁。

3. 假冒正品

假冒正品一直是电商经营中的一大难题。假冒正品行为是违法的，严重损害了消费者的权益及品牌方的声誉和利益，还扰乱了市场的正常秩序，阻碍了创新和正当竞争。例如，在某电商平台上，一家品牌手机店称自己的产品都是正品，并且价格低于市场价。但是，在消费者投诉后，经过检验，发现店家销售的产品是山寨机，而且价格与市场价相差无几。此外，店家还夸大了商品的性能，虚构了销售数据和评价等信息。在该案中，由于店家行为违反了《中华人民共和国消费者权益保护法》的相关规定，即有欺诈行为或虚假宣传行为，损害了消费者的知情权、公平交易权等，是不正当竞争行为，人民法院判决其赔偿消费者一定数额的经济损失。

根据《中华人民共和国广告法》《中华人民共和国消费者权益保护法》等法律法规的规定，虚假宣传是不正当竞争行为的典型形式之一，是被明确禁止的。电商平台及其经营者须遵守相关法律法规，保证宣传内容的真实性和合法性，不能重点宣传某一方面，而忽略其他方面，误导消费者。

【知识拓展9-2】

直播带货改变了人们的消费习惯，促进了经济发展，但其中的法律问题也随之而来。2020年6月29日中国消费者协会发布的《"618"消费维权舆情分析报告》显示，在20天的监测期内，与"直播带货"有关的负面信息竟然高达日均560条，监测期内总共高达11万余条，其问题主要集中在信息不对称、违规及虚假宣传、售后服务缺乏保障等方面。此外，还有些主播为了流量未经许可侵犯他人知识产权，传播色情、赌博及低俗表演，突出了直播平台监管力度小的问题。

一、虚假宣传问题

在直播带货中，消费者只能通过线上观看主播对食品试吃、对化妆品试用、对服装试穿等了解产品。在资本营销力量的助推下，直播带货还是会存在虚假宣传问题。例如，在2020年臭名昭著的"糖水燕窝"事件中，主播对燕窝的宣传打擦边球，而燕窝的实际成分就是糖水，社会影响恶劣。虽然2021年修正的广告法已经明确规定了很多广告中禁用的词汇，但仍有很多主播打擦边球、钻空子，在直播带货没有明确法律法规的情况下，屡次触碰消费者的底线，侵犯消费者的公平交易权。虚假宣传损害了消费者或其他竞争者的权益，扰乱了正常的市场竞争秩序，构成不正当竞争行为。

二、产品质量问题

产品质量是消费者最关心的问题之一，也是一个产品最重要的核心。许多主播因为利益的驱使，拿到产品不做试用就向观众推荐。例如，某品牌的菜刀拍个蒜都能把刀拍断，消费者询问客服，客服却回答说："抱歉，给你带来不愉快的体验，这个刀不能拍蒜的哦！"直播带货盛行，往往与其优惠的价格有关，消费者也喜欢购买促销商品，但这些商品中存在大量假冒伪劣产品和"三无"产品。很多主播急于将自身的粉丝人气转化为经济效益，以致忽视了产品质量差给自身带来的负面影响，诱使消费者冲动消费。殊不知，只有把好产品的质量关，才能真正成为直播带货浪潮中的佼佼者。

三、侵犯他人知识产权和人身权问题

在"直播+"商业模式驱动下，很多主播为了提升自己的关注度，在未经权利人许可的情况下，在直播中翻唱或使用他人音乐作品、分享热播影视剧、向公众直播演唱会或体育赛事等，以吸引粉丝打赏，获取经济利益，而这一现象也成为目前网络知识产权侵权的"重灾区"。受流量经济的驱使，网络直播不仅侵犯人们的智力成果，更严重侵犯人们的人身权。例如，贴身式直播追热点、曝光隐私使一些公众人物的生活和工作不堪其扰，堪称网络环境的一大公害，严重挑战了社会道德和法律底线。

四、传播色情、赌博及低俗表演问题

全国"扫黄打非"工作小组办公室近年来通报的网络直播专项整治典型案件显示：部分直播平台主播通过低俗表演引诱打赏，公然从事淫秽色情表演、网络赌博和网络诈骗行为。例如，2021年，广州警方捣毁的一个利用网络App进行淫秽直播、网上开设赌场的跨境犯罪集团案件，仅注册主播就达3000余人，累计注册用户达千万人，App月流水超过2亿元。除此之外，宣扬暴力、散布谣言、教唆犯罪，甚至一些虐杀动物、打架斗殴、校园霸凌的画面也在直播时有出现。这些触目惊心的网络犯罪行为严重破坏了网络生态，危害了社会公共秩序，社会影响极其恶劣，群众对其深恶痛绝，行业整改治理刻不容缓。

五、逃税漏税现象

《中国网络视听发展研究报告（2024）》显示，截至2023年12月，中国职业主播数量已达1508万人。但暴利之下，直播行业逃税漏税乱象丛生，部分网红主播偷逃税手段五花八门，偷逃税额触目惊心。例如，带货主播薇某在2019—2020年，通过隐匿个人收入、虚构业务转换收入性质虚假申报等方式偷逃税款达 6.43 亿元，其他少缴税款 0.6 亿元，税源的大量流失严重扰乱了税收征管秩序，破坏了市场经济秩序。

六、平台监管力度小问题

在直播带货行业中，直播平台是连接经营者和消费者的桥梁，平台有义务承担监管职责。但当前直播平台往往缺乏监管力度，主要体现在以下两个方面。

一方面，直播经营者之间，主播和商家经常使用不正当的竞争手段获取利益，不利于整个行业的发展。例如，某电商公司在 2020 年"6·18"大促期间，在直播平台的多场直播中，使用不当用语将另一家公司的某产品与其产品进行比较，给予负面评价，产生了不良的社会影响。

另一方面，当前网络直播带货中存在过分夸大、虚假宣传、产品品质参差不齐的问题，直播平台却没有履行应尽的监管职责。首先，因为直播带货的门槛准入较低，直播平台没有有效地审查主播和商家的资质，导致一些不良主播和商家混迹其中，欺骗消费者；其次，不良主播和商家会诱导消费者通过微信、支付宝等其他平台进行交易，平台对此缺乏监管，导致消费者上当受骗；最后，当商品有质量问题，消费者需要维权时，平台没有尽到协助的职责，如没有提供必要的信息和数据等，增加了消费者维权的难度。

【阅读和思考 9-2】

电商合同纠纷相关案件分析

虽然《中华人民共和国电子商务法》的颁布填补了电商合同法律依据的空白，但由于缺乏相关实施细则，在具体实践中，电商合同纠纷相关案件发生的频率依然较高。

例如，某消费者在某电商平台网店购买了一件商品，但收到的物品与商品描述不符，质量问题严重。消费者打算提起诉讼，却发现电商平台上签订的合同条款较为苛刻，消费者的维权难度很大；有的网店在卖出一批伪劣商品后，选择注销网店逃避责任，让消费者无法投诉。

又如，某企业网店在电商平台开展促销活动，以推广新品。在电商平台的推荐下，该企业联系上了一个自称是大单采购商的买家，开始进行贸易活动。经过几次交流和洽谈后，该企业与买家签署了一份电子商务合同。然而，当该企业完成产品交付后，却发现该买家并没有及时支付货款，并以各种借口拖延交易。最终，该企业只能通过法律手段捍卫自己的权益。

由此可以看出，电子商务交易双方都存在欺诈和被欺诈的法律风险。合同风险产生主要是由于合同条款过于苛刻，维权难度大；合同约定不清晰，难以明确各方权利、义务；电子合同与相关证据易被篡改，缺乏确凿的法律效力等。在这种情况下，买卖双方在交易过程中信任基础薄弱，容易导致合同违约和交易失败。

【任务实施 9-2】

在班级里，以个人或小组为单位，在网上搜索近 3 年最高人民法院发布的互联网十大典型案例，筛选出关于电子商务交易法律问题的案例。

1. 讨论这些案例违反了哪些相关法律法规。
2. 针对选取的典型电商争议案例进行分析，并开展讨论。

 电子商务基础

3. 讨论直播电商交易中若发生法律问题应如何解决。

【任务考核 9-2】

考核项目	讨论分析	权 重（%）	分 值
涉及的法律法规		20	
争议案例讨论		30	
法律问题解决方法		50	
评 分		100	

任务 3 电子商务法律法规的完善与发展

【任务情景】

电子商务的快速发展为传统商法带来了诸多挑战，为此，我们需要在立法、司法、执法等方面不断进行改革与创新，以适应电子商务的发展。本任务旨在了解电子商务法律法规的立法完善与发展措施，以促进电子商务与传统商业模式的融合与发展，为我国经济转型升级贡献力量。

【任务分析】

为了完成这一任务，我们需要掌握如何完善与发展我国电子商务法律法规，以及电子商务企业应采取哪些措施应对相应的法律风险等问题。

【知识链接】

目前，我国立法机关加快了电子商务法律法规的立法进程，制定了一系列相关行政法规与地方性法规等，并从 4 个方面完善与发展电子商务法律法规。

一、进一步完善主播法律责任

当前，对于主播的法律地位，学界主要持以下 4 种观点。

首先，将主播归类为广告法中的广告代言人，认为主播在直播过程中对商品进行讲解与推荐，应承担代言人的责任。但要确认主播为广告代言人，首先要定义直播带货为广告，而广告法对广告构成要件有明确规定，广告得有广告主委托，由有资质的机构制作，要经过审核，并在有广告发布权的媒体发布，直播带货并不符合这些条件。

其次，将主播归类为电子商务法中的电商，认为主播带货属于电子交易，应承担电商的责任。但主播的法律主体是多种多样的，不能一概而论。

再次，将带货主播划分为传统电子商务工作人员中的销售人员，认为当销售商品出现问题时，由电商承担法律责任，主播不承担责任。这种观点将主播的直播带货视为一种职务行为，认为主播不承担责任。但主播和电商之间关系复杂多样，只把主播确认为销售人员是不符合现实情况的。

最后，根据主播的实际地位确定法律责任。这虽是当下的主流观点，但依然存在一定的缺陷。当销售商品出现问题时，主播可能会通过身份的转变逃避法律责任，使消费者维权难度系数增大。

想要完善主播的法律责任，需要对现有法律法规进行修订或制定新的法律法规，明确规定其法

律地位，确定主播应承担的责任，弥补立法的缺失；同时，应规定带货主播有多重身份的情形，由法律规定加以协调，解决责任竞合和法律竞合问题。总之，应明确规定带货主播的法律地位和法律责任。

二、进一步完善行业专项立法

网络直播作为一种新兴的互联网展现形式，已渗透到人们日常生活的方方面面。调查数据显示：截至 2023 年 11 月，我国网络直播用户规模达 7.51 亿，占网民整体的 70.3%。网络直播涉及人群多、影响范围广，仅靠几个部门的规章和规范性文件，是不能实现对纷繁复杂的网络直播行为进行综合治理的。同时，法律位阶较低，威慑力不足，部门规章和规范性文件散乱，与基本法律衔接不紧，缺乏系统性，造成网络执法困难重重、网络直播问题频出。所以，加快网络直播专项立法势在必行。

三、进一步完善电商企业税收法律制度

《中华人民共和国电子商务法》颁布施行后，国家明确了电子商务企业作为纳税主体的义务，在增加国家税收的同时，为电子商务企业提供了保障。然而，因为电子商务具有虚拟、传播快等特点，现有的税收制度较难得到有效实施，所以税收问题层出不穷。我国应当明确相关税收立法原则，完善电子商务税收法律，制定与时代相适应的税收政策。完善电子商务相关政策及法律，有助于商家履行义务，增加国家财政收入，从而让国家更好地为人民提供保障。

四、进一步完善知识产权保护措施

随着电子商务的快速发展，知识产权保护问题日益凸显。因此，注重电子商务知识产权保护，提升知识产权法律保护水平尤为重要。首先，应加强电子商务领域的知识产权法律法规建设。通过完善相关法律法规，为电子商务领域知识产权保护提供有力的法律依据。同时，应提高知识产权侵权的法律责任，加大对侵权行为的惩处力度，以起到震慑作用。其次，建立健全电子商务知识产权保护协作机制。这包括加强电子商务平台与知识产权权利人的合作，建立知识产权侵权举报投诉平台，以及推动相关部门之间的信息共享和协同执法等。注重电子商务知识产权保护，可以激发创新活力，促进电子商务可持续发展。

当前，我国电子商务知识产权相关规范有《中华人民共和国专利法》《中华人民共和国刑法修正案（十二）》《网络交易监督管理办法》《电子商务平台知识产权保护管理》（GB/T 39550—2020）等。这些法律法规和政策文件共同构成了中国电子商务法律体系的基础，为电子商务的健康发展提供了法律保障。随着电子商务的不断发展和变化，相关法律法规也在不断更新和完善，以适应新的市场需求和挑战。

【知识拓展9-3】

对于很多企业来说，电子商务是一种新型的经营方式，在实践过程中，会不可避免地遭遇一些法律风险，尤其是在消费者合法权益、知识产权、隐私保护等方面，企业应对此予以高度重视，制定相应的法律风险管理措施，以降低风险。

一、加强合同的规范管理

无论是自建电子商务网站的企业,还是电商平台的运营商,都应完善规范电子商务交易的合同管理,以减少或杜绝合同漏洞,保障企业与消费者双方的合法权益。

1. 加强合同的规范和审核

为了防范这种欺诈合同的风险,电子商务平台和相关机构应加强对合同内容的规范与审核。双方需核实和验证信息,确保信息的真实性和准确性。

2. 合同条款明确合理

对于交易双方来说,合同条款是最重要的保障措施之一,因此,在网站交易合同中,应尽可能合理地规定各类合同条款,明确消费者的权利及义务。

3. 电子合同备案

作为一份正式的合同,电子合同应当提交备案。在电子合同签订后,双方应按照约定将电子合同签章后邮寄书面合同。如此一来,便能避免电子合同的漏洞,提高合同的法律效力,受到法律保护。

4. 主要数据备份

对于电子合同来说,数据备份非常关键。在签署电子合同后,应进行数据备份或打印存档,确保重要数据不会因技术故障或其他原因丢失。

5. 完善相关信用管理

电子商务平台和相关部门应加强身份审核与信用评级规范,建立诚信电商公示黄名单和黑名单,及时统计和公布不良企业信息,加大打击和追究合同欺诈的力度。此外,企业还应谨慎选择合作对象,尽可能减少合作风险,并通过协商和合作促进建立长期、良好的信任关系。

电子商务合同是一份非常重要的文件,经过妥善处理,可以起到很好的约束作用。为了确保电子商务平台合同签订的安全,需要各方增强合法合规意识,相关部门应制定更加严格的规范,并开展更加全面的合同监管和执行工作。

二、增强知识产权保护和风险意识

企业在电子商务经营中应积极采取适当的措施,避免自身知识产权受到侵害,保证自身合法权益得到保障。企业在发现侵权行为时,应尽快采取法律手段维护自身合法权益,如通过申请专利、商标、著作权等知识产权保护手段保护产品的独特性和独有性。

企业在电商平台上建立品牌旗舰店时,应提前规划好品牌建设计划,制定关于店铺内容、店铺商品及其图片等有关知识产权的管理规划,既保护自己的品牌,也注意不侵犯他人的知识产权。

企业在选择供应商时应重视对供应商的尽职调查,确保供应商提供的商品及生产过程不存在侵权行为,尤其是重点关注来自国外的供应商,审查其知识产权是否适合进入中国市场。

此外,企业应重视对员工的知识产权教育和管理,建立健全内部知识产权管理制度,设置知识产权保护专员,让员工有意识地保护知识产权,减少因员工不当行为导致的知识产权问题。

三、严格依法宣传

虚假宣传涉嫌不正当竞争，法律风险极大。所以，企业在发布信息和广告时，应严格遵守我国民法典、广告法、电子商务法等相关法律法规的规定，不搞虚假宣传。

此外，企业还应加强自律管理，建立严谨的内部审批机制，加强对广告宣传的审核监管，加强员工教育和培训，提高员工的专业素质和诚信意识，避免员工在宣传中使用虚假或夸大的说法，从而形成合理有效的防范措施。

四、强化制度和技术手段保护隐私数据

我国消费者权益保护法明确规定了经营者必须履行对电子数据信息保密义务，保护消费者隐私权。

首先，企业应严格遵守相关法律法规，确保用户信息收集、存储和使用的合法性、合理性、必要性，加强对用户信息的保护。

其次，强化数据管理和安全控制措施，采取加密、标记敏感数据、访问授权限制、每日定期检查和更新用户权限等手段，确保数据访问与使用的规范性和安全性，保护用户信息不被恶意窃取或泄露。

再次，电子商务平台应加强安全意识教育，引导用户增强信息安全意识，提高信息保密能力；加强员工行为管理，避免员工内部泄露。

最后，企业应建立健全安全检查机制，采取基于用户行为的主动安全检查，在发现安全漏洞后，应第一时间予以修复，避免可能发生的隐私泄露事件。

【阅读和思考9-3】

我国涉及网络直播的主要部门规章和规范性文件

近年来，我国相关部门出台的涉及网络直播的规章和规范性文件主要有：2016年9月，国家新闻出版广电总局发布的《关于加强网络视听节目直播服务管理有关问题的通知》；2016年11月，国家互联网信息办公室发布的《互联网直播服务管理规定》；2018年2月，国家新闻出版广电总局发布的《加强网络直播答题节目管理》；2018年8月，全国"扫黄打非"工作小组办公室等6部门发布的《关于加强网络直播服务管理工作的通知》；2019年11月，国家广电总局办公厅发布的《关于加强"双11"期间网络视听电子商务直播节目和广告节目管理的通知》；2020年11月，国家广电总局发布的《关于加强网络秀场直播和电商直播管理的通知》；2021年2月，国家网信办等7部门发布的《关于加强网络直播规范管理工作的指导意见》；2021年3月，国家市场监督管理总局发布的《网络交易监督管理办法》；2021年4月，国家网信办等7部门联合发布的《网络直播营销管理办法（试行）》；2022年3月，国家网信办等3部门联合发布的《关于进一步规范网络直播营利行为促进行业健康发展的意见》；2022年4月，国家广电总局网络视听节目管理司、中宣部出版局联合发布的《关于加强网络视听节目平台游戏直播管理的通知》；2022年6月，国家广播电视总局、文化和旅游部联合发布的《网络主播行为规范》等12部部门规章和规范性文件。

【任务实施9-3】

在班级里以个人或小组为单位，完成以下任务。

1. 梳理截至目前我国发布的关于直播电商交易的法律法规，并将梳理结果整理成表格，表格须具备序号、发布部门、法律法规名称、实施时间等要素。

2. 查找资料，归纳整理电子商务争议主要的解决方式。

3. 讨论在微信群和朋友圈销售产品，哪些情况下不用办理营业执照，哪些情况下必须公示营业执照和行政许可证明。

【任务考核9-3】

考核项目	讨论分析	权重（%）	分 值
直播交易有关法律法规		20	
电子商务争议主要解决方式		30	
微信群、朋友圈销售产品不用办理营业执照，或必须公示营业执照和行政许可证明的情况		50	
评 分		100	

项目小结

本项目主要介绍了《中华人民共和国电子商务法》的立法背景与原则，电子商务交易中的法律问题，以及电子商务法律法规的完善与发展。

任务1主要介绍了《中华人民共和国电子商务法》的立法背景、调整范围、立法原则。《中华人民共和国电子商务法》立法原则包括自愿、公平、诚实信用原则，安全原则，中立原则，交易自治原则，监督管理与社会共治原则，保护消费者合法权益原则。

任务2主要介绍了电子商务交易中的法律问题，涉及电子合同的订立与效力问题、消费者权益保护问题、电子支付与退款问题、知识产权保护问题、电子商务税收问题、反垄断和不正当竞争问题等。

任务3主要介绍了在电子商务领域中，法律法规的完善和发展，如进一步完善主播法律责任、完善行业专项立法、完善电商企业税收法律制度、完善知识产权保护等方面，促进电子商务的可持续发展。

项目作业

一、单项选择题

1.《中华人民共和国电子商务法》通过于（　　）年。

　　A. 2013　　　　　　　B. 2018　　　　　　　C. 2019　　　　　　　D. 2021

2. 根据《中华人民共和国电子商务法》，电子商务经营者应当依法办理市场主体登记，（　　）活动除外。

　　A. 个人销售自产农副产品　　　　　　B. 企业销售电子产品

C. 个人提供咨询服务　　　　　　　　D. 企业开展网络直播营销

3. 在电子商务交易中，消费者的（　　）权利是受到法律保护的。

A. 知情权　　　　　　　　　　　　　B. 选择权

C. 公平交易权　　　　　　　　　　　D. 所有以上权利

4. 根据《中华人民共和国电子商务法》，电子商务经营者发布的商品或服务信息符合要约条件的，用户选择该商品或服务并提交订单成功，合同成立。这一规定体现了（　　）原则。

A. 自愿原则　　　　　　　　　　　　B. 公平原则

C. 诚实信用原则　　　　　　　　　　D. 交易自治原则

5. 电子商务经营者在收集、使用用户个人信息时，应遵守（　　）的规定。

A. 《中华人民共和国网络安全法》　　B. 《中华人民共和国数据安全法》

C. 《中华人民共和国个人信息保护法》　D. 《中华人民共和国消费者权益保护法》

6. 根据《电子商务法》，电子商务平台经营者对其标记为自营的业务依法承担（　　）。

A. 民事责任　　　B. 行政责任　　　C. 刑事责任　　　D. 道德责任

7. 电子商务经营者在销售商品或提供服务时，不得销售或提供（　　）。

A. 法律、行政法规禁止交易的商品或服务　　B. 价格昂贵的商品或服务

C. 需要特殊许可的商品或服务　　　　　　　D. 非正规渠道进口的商品或服务

8. 电子商务经营者应当在其网站首页显著位置持续公示（　　）。

A. 营业执照信息

B. 与经营业务有关的行政许可信息

C. 属于依照法律规定不需要办理市场主体登记情形等信息

D. 所有以上信息

9. 电子商务经营者在销售商品时，不得以（　　）方式进行虚假或引人误解的商业宣传。

A. 虚构交易　　　　　　　　　　　　B. 编造用户评价

C. 夸大产品功能　　　　　　　　　　D. 所有以上方式

二、判断题

1. 电子商务经营者可以销售法律、行政法规禁止交易的商品或服务。（　　）

2. 电子商务平台经营者发现平台内的商品或服务信息存在违法行为时，应当立即采取措施并向有关主管部门报告。（　　）

3. 电子商务经营者在提交订单前，不得更正输入错误。（　　）

4. 电子商务经营者应当保障消费者的知情权和选择权，不得进行虚假或引人误解的商业宣传。（　　）

5. 电子商务经营者在处理用户个人信息时，可以不遵守《中华人民共和国个人信息保护法》的相关规定。（　　）

6. 电子商务经营者在销售商品或提供服务时，必须明确告知消费者所有相关的费用和附加条件。（　　）

7. 电子商务消费者在购买商品或接受服务时，享有7日无理由退货的权利。（　　）

8. 电子商务经营者在进行广告宣传时，可以使用绝对化的词语，如"最佳""唯一"等。（　　）

9. 电子商务平台经营者应当记录、保存平台上发布的商品和服务信息、交易信息，保存时间自交易完成之日起不少于5年。（   ）

项目10　电子商务伦理与社会责任

【项目导读】

随着互联网技术的飞速发展，电子商务活动已渗透到社会生活的各个角落，为人们的生活带来了极大的便利，但也带来了一系列伦理和社会责任问题。电子商务伦理与社会责任已成为数字经济时代不可忽视的一个重要议题。本项目将深入探讨电子商务伦理问题、电子商务企业的社会责任及电子商务中的消费者权益保护，以期借此对企业的各项举措做出合理的判断。

【技能目标】

1. 能够分析和评估电子商务实践中的伦理问题与社会责任。
2. 能够运用法律法规和伦理原则解决电子商务中的道德争议。
3. 能够在复杂的商业环境中做出合理判断。

【知识目标】

1. 掌握电子商务伦理的概念。
2. 了解电子商务企业的社会责任。
3. 知晓电子商务中的消费者权益保护。

【思政素质目标】

1. 强化学生的法治意识，使其认识到遵守法律法规是电子商务活动的基本要求。
2. 引导学生树立正确的价值观，尊重知识产权，保护消费者权益，促进公平竞争。
3. 通过讨论使学生认识到企业的经济利益与社会责任之间的平衡。

【引导案例】

2006年初夏，美国人布雷克·麦考斯基（Blake Mycoskie）在阿根廷度假。他喜欢当地特产的一种轻便布鞋，经常穿着走街串巷。一天，他在路上偶遇一批都市游客正在发放为农村儿童募捐来的旧鞋。

布雷克是个天生的创业者，曾创办过几个跨越不同行业的公司。看到儿童因为没鞋穿而感染足疫或无法上学，他的创业头脑突然灵光闪现：为什么不创办一家以"买一捐一"模式解决穿鞋问题的营利性公司？

基于此，他在阿根廷创办了TOMS品牌。回到加州后，他去洛杉矶的鞋店一家一家地游说，用真诚的慈善意图获得一些鞋店的试售订单。没过多久，《洛杉矶时报》（生活版）对这个创意的头条报道为他带来了大量零售客户，而当时他的存货只有130双。仅4个月时间，TOMS就卖出了1万多双鞋，并在开业当年遵守承诺回到阿根廷发放了第一批赠鞋。

为了给予偏远地区更多的帮助，TOMS 将医疗、教学、激励等更多服务与"One for One"项目进行整合，并与其全球 100 多个捐赠伙伴合作，促成了更长远、更有效的大规模慈善项目。

例如，TOMS（中国）与斯坦福大学的"农村教育行动计划"紧密合作，不仅让更多儿童穿上 TOMS 鞋，也让人们意识到，在儿童的成长道路上，一双鞋不仅能带来健康保障，甚至能带来更平等的教育机会。

"One for One"商业模式以激发受众的同理心消费获得了广泛的市场认可；对于儿童来说，鞋子虽不足以改变他们的命运，但 TOMS 不断拓展"One for One"项目的外延，丰富帮扶项目内容，并与其他捐赠慈善组织推行的公益项目相结合，形成帮扶合力，共同为这些儿童创造一个美好的未来，而其自身以营利业务支持慈善捐赠的模式，更是保证了社会效益的可持续性。

任务1　电子商务伦理问题

【任务情景】

为了构建良好的电子商务生态环境，政府、企业、消费者和社会各界需共同努力，以社会主义核心价值观为引领，加强网络伦理的约束力。本任务旨在了解电子商务发展过程中可能产生的伦理问题，如提倡适度消费、严禁刷单、保护用户隐私、警惕不道德营销等。

【任务分析】

为完成这一任务，我们需要掌握电子商务伦理的概念，电子商务发展涉及的伦理问题。所有电子商务平台的管理者都要坚持以社会主义核心价值观为引领，加强网络伦理的约束力，构建良好的电子商务生态环境。

【知识链接】

电子商务是利用互联网信息技术，以商品交换为中心，以电子交易方式进行交易活动，而随之产生的电子商务伦理是人们在利用互联网进行商务活动时应遵循的道德原则和伦理规范。随着社会化电子商务的发展，伦理问题不断显现，主要涉及以下 6 类问题。

一、网购成瘾

随着跨境电子商务、社交电子商务、直播电子商务等新网络消费模式的出现和花呗、白条等网络贷款形式的流行，网购已成为人们非常普遍的一种生活方式。据中国互联网络信息中心报告，截至 2023 年 12 月，我国网上零售额达 15.42 万亿元，同比增长 11%，连续 11 年成为全球第一大网络零售市场。网购在给人们生活带来便利的同时，也产生了一些负面影响。网购成瘾（Online Shopping Addiction）作为一种新的成瘾行为开始引起社会和研究者的关注。

网购成瘾是指通过网络进行的过度的、强迫的、有问题的购物行为倾向，会导致个体出现经济、社会和情感等方面的一系列问题，而且购物成瘾者在承受这些不良问题后果时依然无法控制他们过度的网络购物行为。

随着 5G 网络的应用和完善，电商直播及短视频平台蓬勃发展，人们在"看直播""刷视频"

的过程中，对网购的依赖性也越来越大。尤其是社会经验不足的年轻人，容易掉入"消费主义陷阱"。2023年，中国青年报社会调查中心联合问卷网对1001名受访者进行的一项调查显示，79.6%的受访者感到自己有沉溺网购的情况，女性受访者较男性受访者更为严重；对于总是忍不住"买买买"，有55.2%的受访者直言是有活动"不买亏了"的心理作祟，有45.4%的受访者将其作为工作生活压力下排解情绪的出口。

目前，从医学角度来看，虽然诊断标准中没有"购物成瘾"这个条目，但是社会大众把过分关注或沉溺于购买商品归到"冲动控制障碍"中，类似于饮酒成瘾、赌博成瘾等，属于成瘾行为。一些有购物瘾的人会浪费很多时间、精力在线上购物，在购买过程中，心里会感到很欣慰、很愉快，呈现出一种积极的感受体验；但购买过后，会出现失落、后悔、孤独等消极情绪。购物成瘾还会导致社会性功能损坏，表现为消耗过多精力，工作、家庭、学业等日常活动不能正常完成。

2022年，浙江省消费者权益保护委员会发布未成年人消费观抽样调查报告显示，有61%的未成年人将零花钱用于线上电商平台购物，其中，37.6%用于网络游戏充值，26.9%有虚拟货币消费的习惯，还有少数有直播打赏与其他消费经历。由此可以看出，未成年人消费问题日趋严峻，比较突出的有游戏充值、打赏主播等。此外，各类侵害未成年人消费案件层出不穷，带来严重后果。

二、用户隐私保护

数字时代，互联网平台的兴起给人们带来了无尽的便利和机遇，但用户隐私保护问题也越发凸显。许多互联网平台未能妥善保护用户隐私，导致用户数据滥用问题日益严重。

《中国企业社会责任警示报告（2022—2023）》显示，用户隐私和信息被严重侵犯可谓互联网平台企业的通病。许多互联网平台以个性化推荐、广告定向等名义，侵犯用户隐私、滥用用户数据。

例如，"免费Wi-Fi"App非但不能帮助用户连上Wi-Fi，还会存在隐藏广告推广、盗取用户信息等问题；超星学习通平台被曝超1.7亿条学生信息遭泄露等。然而，侵犯用户隐私、滥用用户数据不是企业个例，而是互联网平台企业整体上缺乏保障用户权益的意识。

进一步分析发现，2022年，互联网平台企业集体社会责任缺失事件共计发生26件，占据集体企业社会责任缺失事件总数的18.3%，其中，被评选为"月度十大事件"的6件。由此可见，平台企业集体社会责任缺失造成的影响极为恶劣，不仅对个人隐私构成了威胁，也破坏了社会的信任基础。

例如，2022年2月25日，65款App存在侵害用户权益问题；4月24日，大智慧、e海通财等17款App被曝存在侵犯用户隐私不合规行为；10月13日，工信部开展App侵害用户权益整治"回头看"活动，组织第三方检测机构对违规推送弹窗信息、App过度索取权限等问题进行重点抽测，共发现38款App存在问题；11月3日，超凡清理管家等135款App存在以强制、诱导、欺诈等恶意方式违法违规处理个人信息行为。

进入互联网时代，用户数据的收集和使用成为许多互联网平台企业商业模式的核心。平台通过收集用户的个人信息和行为数据，进行大数据分析和算法推演，以实现个性化推荐、广告定向等商业目的，但由于缺乏透明度和合法性，并且不少企业可能会滥用用户的个人信息，将其非法出售给第三方机构，用于精准的广告投放、舆情操控甚至犯罪活动，用户的合法权益往往受到严重侵害。

对于诸如此类互联网平台企业的治理乱象，社会各界需要给予高度的重视。

三、刷单行为

随着电商行业的蓬勃发展和竞争日益激烈，商家之间的竞争也从"商品竞争"升级为"品牌竞争"和"口碑竞争"，催生了以刷单为代表的一系列不规范商业经营行为。

所谓刷单，是指电商经营者有偿聘请"刷客"假扮买家进行虚假网上交易，并填写虚假的网络好评以提高电商商家的排名、销售量和美誉度，达到吸引真实买家下单的目的。在对消费者移动端购买决策及影响因素的问卷调查中发现，有相当一部分电商认同通过刷单提升信誉，进而带动销售量增长的做法。刷单已形成一整套非常完备的灰色产业链。一款产品可以通过"刷单"在短时间成为电商平台的百万销量爆款，但这种虚构收入的行为并无现金流水进入企业账户，导致企业在税务检查中面临隐瞒收入的嫌疑。

刷单行为看似有利于商家，却破坏了公平透明的市场环境，其欺诈做法可能会损害消费者利益。如果用于刷单的商品质量较差，虚假的销售量和人气就会对消费者产生误导，导致消费者购买该产品的实际收益减少。同时，消费者可能由此产生对网上交易的不信任，从而减少网购的时长、次数、金额等。此外，刷单行为可能对电商平台的收益产生负面影响。除网店租金外，广告收入也是一些电商平台重要的收入来源。以某宝网为例，广告收入在其国内网络广告收入中占30%，主要包括网店竞价排名收入、页面广告位销售收入，其中，网店竞价排名收入尤其可观。消费者在网购时往往会通过输入所需商品的关键词进行搜索，网络平台将其称为"竞价词"。商家需要通过竞价才能获得在检索首页较前位置展示商品的机会。商家如果希望获得好的排名和流量，就要在该电商平台上进行广告竞价。由于竞价排名的成本较高，部分电商经营者选择借助某些技术手段进行刷单操作，以提高自家商品的销售量和点击率，从而达到提升检索排名的目的。这种不诚信的做法会导致电商平台正常的竞价排位广告收入减少，直接影响电商平台的利益；出于维护自身经济利益和商业声誉的目的，电商平台会对商家的刷单行为进行处罚。但是，模拟真实网络交易的刷单行为有时很难被电子商务平台发现。

四、恶性竞争

在一些电商大促中，一部分商家为了更多地增加客户量，恶意差评同类型商家或雇用刷单用户降低同类型商家的评分，让其他商家遭受平台罚款或被迫关店。《中华人民共和国反不正当竞争法》第十一条明确规定，"经营者不得编造、传播虚假信息或者误导性信息，损害竞争对手的商业信誉、商品声誉"。这种商业活动主体在竞争活动中不道德的行为并不能为商家带来长久的财富，只有保证市场中竞争主体行为符合当下的道德准则，公平公正地开展市场竞争活动，才能获得长远效益。

一部分企业利用自身优势地位，滥用市场支配地位。例如，自2015年以来，阿里巴巴滥用市场支配地位，对平台内商家提出"二选一"要求，禁止平台内商家在其他竞争性平台开店或参加促销活动，并借助市场力量、平台规则和数据、算法等技术手段，采取多种奖惩措施保障"二选一"要求执行，维持、增强自身市场力量，获取不正当竞争优势。调查表明，阿里巴巴实施"二选一"行为排除、限制了中国境内网络零售平台服务市场的竞争，妨碍了商品服务和资源要素自由流通，影响了平台经济创新发展，侵害了平台内商家的合法权益，损害了消费者利益，构成《中华人民共和国反垄断法》第二十二条第一款第（四）项所禁止的"没有正当理由，限定交易相对人只能与其进行交易"的滥用市场支配地位行为。2021年4月10日，市场监管总局依法对阿里巴巴做出行政处罚，责令其停止违法行为，并处以其2019年销售额4%计182.28亿元罚款。

五、不道德营销

1. 虚假描述

互联网的广泛应用使电商的信息发布和交流行为几乎可以无障碍进行，但这在促进经济贸易活动的同时，也为一些不良商家发布虚假信息、进行虚假描述甚至是商业欺诈提供了机会。虚假描述行为在电商活动中屡见不鲜。

中国电子商务投诉与维权公共服务平台监测数据显示，针对零售电商的"网络售假的投诉"在"2018年全国零售电商十大热点被投诉问题"中排在第五位，针对"虚假促销""网络欺诈"等行为的投诉都排在靠前的位置，严重程度可见一斑。在消费过程中，由于买家看不到实物，主要根据商家的介绍做出购买选择。而商品的描述和实物不符，常会引发买家与商家的争执。

之所以出现大量的电商选择虚假描述提高成交率及利润的行为，主要是因为商家采用虚假信息描述所得收益显著高于诚实交易带来的收益，而买家出于时间及经济成本考虑，对虚假描述交易进行退货或索赔情况不多，而且电商平台监督有限，难以查处和惩罚虚假描述的商家。

商家选择诚实守信还是虚假描述，主要取决于是否会受到惩罚，以及对商家虚假描述行为的惩罚力度是否够大。因此，通过行业及平台的监管和电商行业的自律行动，加大对电商商家虚假描述行为的惩罚力度十分必要。在综合管控下，可以督促商家诚信经营，推动电商市场健康发展。

2. 利用人性弱点营销

一些电商经营者在销售过程中利用猎奇心理、获奖心态，通过概率、算法，刺激消费者的购买欲望，如盲盒经济、网络游戏抽奖等。

（1）盲盒范围不断扩大，涉及玩具、通信产品、餐饮、机票、网络游戏、活体动物等各种类型，部分消费者沉溺于盲盒产品，过度消费。一些消费者为了收集齐全整套产品，反复购买盲盒，花费很大；一些消费者买到的盲盒内容物与宣传不符；一些消费者拆封后发现产品存在质量问题，有的到手时已被拆开过。

（2）部分网络游戏玩家为了抽中心仪的奖品，不断充值。

（3）一些商家对购物凭证进行抽奖，实际却推销质次价高的商品，或不兑现奖品。

（4）部分商家利用消费者数据，通过技术手段提高不活跃用户的中奖概率或中奖金额，刺激消费。

除此之外，还有一些不良商户以不道德营销手段，诱导消费者使用信用贷款等。例如，以"优惠"等说辞包装小额信贷、信用卡分期服务；价格公示不透明，不明示贷款或分期服务年化利率等；在支付过程中故意诱导消费者选择信贷支付方式，给消费者带来财务风险。

六、助长不正当消费

现在很多电商平台利用各种各样的手段吸引、刺激网民消费，而且支付手段多样化，即便没钱，也会提供分期或部分预付的方式，让大家提前、透支消费。如果沉溺于网购，就有可能导致对物质过度追求，甚至产生财务风险。

电子商务的繁荣在一定程度上满足了人们以往对美好生活的构建和向往，但是不同平台为了争抢客户，用铺天盖地的广告、测评文案、对比类视频、直播等一环又一环地刺激消费者的购买欲望，使人们的购买需求不断地调整与转变，让一些消费者不再注重商品的使用价值，而是过多关注商品的美观度、款式样貌，能否为自己生活带来表象上的提高等方面。人们的生活从原本满足自身生存发展的基本需求转变为占有、攀比等更高层次但并不合理的需求。一些商家甚至刻意营造攀比和炫耀氛围，非但不能为消费者带来真实的满足感与成就感，还会造成大量的物质资源浪费，造成不和谐的消费环境，形成了一定的不良社会意识形态。

虚假信息和广告垃圾邮件占用大量宝贵的网络资源，不仅降低了网络的运行效率，还使信息交通堵塞，让用户获取有用信息的成本升高。出于对经济利益和商业利润的追求，一些不法商家和别有用心之人在网络中肆意妄为，如炒作、恶搞和作秀等，更有甚者还进行网络诈骗、制黄贩黄、盗窃和兜售用户信息等违法犯罪行为。

电子商务从业者不仅要关注盈利，也要关注伦理文化的实践意义，应努力寻找平衡点，关注"鼠标下的德行"等电子商务伦理，努力共建健康可持续的电子商务发展网络生态。

【知识拓展10-1】

任何企业都会经历内部腐败的问题，只是程度不同而已。互联网企业内部腐败现象具有一定的普遍性。从性质来看，也较为严重，有的涉及人数多；有的涉及金额高；有的犯事的员工级别高，甚至是公司高管；有的金额不高但涉及主营业务。

一些发展较为成熟的互联网企业已开始正视这些问题，并为了自身更长远发展进行了反腐。阿里巴巴成立了廉政部，主要职责是调查内部是否存在违反纪律的情况。而在其公司内部还运行着一部《阿里巴巴集团商业行为准则》，该准则对财务利益、关联交易甚至接受礼品、款待等都做了详细规定，每个新员工在入职时都必须签订这个准则。2015年，美团成立集团监察部"重案六组"，专职集团内部反腐和打击黑产。360公司内部成立"道德委员会"，负责反腐反舞弊。

随着互联网的快速发展和普及，越来越多的互联网大厂开始重视反贪腐工作，并将其作为企业健康发展的重要保障。目前来看，反腐会是未来互联网企业发展的关键。

【阅读和思考10-1】

购买在线教育课，分期付费变贷款

某职业技术学院在读学生欧倩（化名）告诉记者，2021年2月，她通过学慧网购买了一套学历辅导线上课，课程学费10800元。欧倩称："在交费时，课程顾问说机构有分期付款服务，不需要一次性付清，而且无息。"在课程顾问指导下，她不知不觉向第三方借贷平台"惠学习"申请了24期借贷，每月还款860元。

欧倩称，由于惠学习与学慧网名称相近，当时以为该平台是学慧网旗下的分期服务平台。后来，她因认为教学课程效果差申请退课时，才得知自己是向第三方借贷平台申请了教育贷款，并且停贷手续十分复杂，要退课成功后才能停贷。

多名消费者反映，贷款让他们在维权方面陷入被动，若对在线课程质量不满意要求退课，贷款机构会要求先退课再停贷，而退课申请期间需要继续还贷。而且，贷款机构表示，他们提供的贷款与教育机构提供的服务属于两种独立的法律关系，他们对用户购买的培训服务不进行保障或承诺。欧倩称，她曾以在读学生的身份向"惠学习"借贷平台申请停止贷款，但由于她就读的某职业技术学院在学信网上没有相关学历信息，申请被拒绝，"我提供了学校开的在读证明也不行，他们说只认学信网上的信息"。

记者在网络上搜索发现，反映在线教育机构存在"诱导贷款"问题的并不少见。在一消费投诉平台上，有关"教育诱导贷款"的投诉多达2978条，其中，投诉人多数为在校学生，投诉内容涉及诱导贷款、虚假宣传、霸王条款、不予退款等多项，涉事机构包括多个教育平台。不少学员难堪重负，在无法按时还贷后，不仅面临高额罚息，还造成个人征信黑点，影响找工作、买房等。

思考：我们应如何规避这种诱导贷款的陷阱？

【任务实施 10–1】

在班级里以个人或小组为单位，讨论电子商务发展过程中产生的一些伦理问题。

1. 网购成瘾的原因是什么？如何防止网购成瘾？
2. 刷单行为违反了哪些法律法规？
3. 讨论利用人性弱点营销的案例。

【任务考核 10–1】

考核项目	讨论分析	权重（%）	分值
网络购物成瘾		20	
刷单行为		20	
用户隐私与数据滥用		30	
助长不正当消费		30	
评　分		100	

任务 2　电子商务企业的社会责任

【任务情景】

随着互联网的快速发展，电子商务企业扮演着越来越重要的角色，同时承担的社会责任也越来越多。社会责任不仅是一种态度，更是企业核心竞争力的表现。企业应积极履行社会责任，以遵循法律和道德的透明行为，在运营全过程中对利益相关方、社会和环境负责，最大限度地创造经济、社会和环境价值，促进可持续发展。本任务旨在了解优秀电商企业应承担的社会责任有哪些，以及如何创造更大的社会价值。

【任务分析】

为了完成这一任务，我们需要掌握电子商务企业应承担的社会责任，需要始终将消费者权益放在首位，通过强化产品质量保障和诚信经营，不断提升用户体验和满意度；还需要积极遵守商业道德和法律法规，提升企业社会责任意识和治理水平，为推动电子商务行业健康发展做出积极贡献。

【知识链接】

一、合规守法经营

合规守法是企业健康运营的基础和保障。电商企业应严格执行《中华人民共和国反不正当竞争法》《中华人民共和国电子商务法》《中华人民共和国消费者权益保护法》《网络交易监督管理办法》等相关法律法规，竭力创造规范运营、公平公开透明竞争的良好市场环境。

电商企业应制定完善的市场营销制度，坚持合规、公平、负责营销，避免使用欺骗、不实或歧视的营销内容，切实保障用户权益；并且针对违规营销行为建立相应的响应和处理机制，明确对违规营销行为的处理流程和规则。此外，电商企业还应将企业伦理、社会规范和自律守信融入企业运营的每一个环节，致力于营造公平竞争的商业环境，促进产业链健康发展。

二、依法纳税

为政府提供税收是电商企业对政府履行的重要社会责任之一。但一些电商企业为逃税漏税，不主动开具发票，且由于其经营具有销售平台虚拟化的特殊性，市场监管和税务部门很难对其销售收入和利润进行有效监督，其很可能不能如实纳税。

我国税收征收管理法和发票管理办法规定：销售商品、提供服务或从事其他经营行为，从经营活动中收取款项，收款时必须开具发票。但一些电商企业主为逃避纳税义务，在销售商品或应税劳务时，不主动开具发票，尽可能不开或少开发票，或用收据、白条等代替发票，再加上消费者国民税收意识仍较为薄弱，很多人因为怕麻烦，觉得要发票没多大用处，要不要都无所谓，没有养成索要发票的习惯，在无形中帮助商家逃税避税。

我国法律明确规定，对违反发票管理法规造成偷税的，按照《中华人民共和国税收征收管理法》处理。对违反发票管理法规情节严重构成犯罪的，税务机关应当书面移送司法机关处理。

方寸大小的发票，是记录经营活动的原始凭证，也是税务稽查的重要依据，不仅与每个人的合法权益有关，也与国家税收息息相关。商家主动开具发票，是法律赋予商家的法律责任，也是商家必须履行的法律义务，即使消费者不索取，商家也有主动开具发票的责任。

三、员工权益保障

员工是电商企业基业长青的基石，也是企业健康运营和发展的重要保障。保障员工的基本权益，健全员工发展体系，畅通职业发展通道，为员工创造良好的工作氛围，关爱员工生活，是企业对员工应尽的责任。

电商企业应提供公平的就业机会，不因性别、年龄、民族、宗教等歧视他人；应遵守相关法律法规，禁止雇用童工，禁止强制与强迫劳动，尊重员工依法参加工会和集体协商等基本权益。

1. 平衡员工工作与生活

电商企业应严格遵守我国劳动法和劳动合同法等相关法律法规，确保员工的工作时间、休息休假、工资支付、社会保险等基本权益得到保障。

由于电子商务业务的特殊性，对于大部分商品类目来说，电商企业节假日的客流量是高于工作日的，正常下班时间段和晚上10点以后也是一天中消费购物的高峰期。很多从事电商运营、客服和物流的员工无法在法定节假日和晚间正常休息，存在着"电商没有假期"的说法。虽然很多企业会采取调休和补休的办法进行平衡，但因为线上业务不间断，员工在工作日休息也是没办法很好地保障的。

此外，人工智能客服的引入也可能给员工带来一些挑战，如员工对技术替代的担忧、对新技能的学习需求及对人工智能决策透明度和准确性的关注。但人工智能客服的使用有很大的益处，如实现了7×24小时的客户服务，这意味着人工客服可以在正常工作时间内解决更复杂、更需要人类判断和情感交流的问题，而不需要在晚上或周末加班处理客户咨询。同时，人工智能客服的引入使企业可以更合理地配置人力资源，提高整体工作效率，减少对员工加班的需求。

随着人工智能客服承担更多的基础服务工作，人工客服可以将更多时间和精力投入个人发展和休闲活动中。这样有助于平衡员工工作与生活，减少长期加班带来的身心健康问题。

2. 提供职业培训和发展机会

电子商务行业竞争激烈，市场变化迅速，企业需要快速适应消费者需求和技术变革。这种环境要求员工具有较强的抗压能力和快速学习能力，而这些特质通常与年轻人联系更紧密。很多企业更青睐招聘能适应高强度工作和快节奏环境的年轻人。

同时，电子商务行业不断涌现新技术和新模式，如人工智能、大数据分析、社交媒体营销等。年轻人通常对新技术更加敏感和适应，能够快速掌握并应用于工作中，而不适应的老员工大多被淘汰。此外，许多电商企业倡导年轻、活力、创新的企业文化，倾向于招聘具有创新思维和敢于尝试的年轻人。这种文化背景使年轻人更容易融入企业，同时加剧了对年轻员工的偏好，让整个电商行业有种"吃青春饭"的整体印象。

由于电子商务行业具有不稳定性，员工面临着较高的职业风险。年轻人由于职业道路较长，可能更愿意承担这种风险，而年长员工可能因为家庭和经济压力而寻求更稳定的工作。

电商企业应为员工提供必要的职业培训，帮助员工提升专业技能和职业素养，同时为员工提供晋升和发展的机会，鼓励员工在职业生涯中持续成长。电商企业有责任建立更加人性化和可持续发展的工作模式。

3. 建立公平合理的绩效薪酬体系

公平合理的绩效薪酬体系是电子商务行业吸引和激励人才的重要工具。

在电商领域，高人员流动已成为普遍现象，离职原因多样，包括薪资待遇问题、抗压能力问题和企业文化问题等。

前程无忧发布的《618电商领域从业观察2022》调查显示，平均工作两年内跳槽的受访电商从业者近60%，不到一年时间就跳槽的受访电商从业者占比28.5%，还有6.9%的受访电商从业者小于半年时间就跳槽，平均超过两年时间跳槽的受访电商从业者仅有15.0%。交叉对比岗位和跳槽周期可以发现，直播/短视频岗位平均6个月内就进行一次跳槽的受访者占比最高（19.5%），而在电商领域15个常见岗位中，物流仓储岗位平均12个月就进行一次跳槽的受访者占比有60%，远高于其他岗位。由于2022年后电子商务行业面临较大不确定性，新的职业机会变少，企业员工选择了保守的职业策略，导致员工主动离职率有所下降。

电子商务行业竞争激烈，薪资待遇整体呈上升趋势，但最近几年增速有所放缓，现在已经过了红利期。

电商企业需要适应市场变化，通过提供有竞争力的薪酬、良好的工作环境和发展机会吸引与保留人才。同时，随着电子商务行业的不断创新和发展，对人才的需求也在不断变化，这要求企业在薪酬结构和人才培养方面做出相应的调整与优化。

电商企业应建立公正透明的员工考核评价体系，确保员工的努力和贡献能够得到合理的回报，同时通过绩效管理激励员工的工作积极性和创新能力。

4. 关注员工健康和福利

企业应关注员工的身心健康，为其提供相应的健康保障措施，如定期体检、心理健康支持等，并提供一定的福利待遇，如节日福利、员工活动等，以提高员工的满意度和归属感。

5. 维护员工参与管理的权利

企业应建立开放、透明的沟通渠道，通过定期的员工大会、意见箱、内部社交平台等方式，鼓励员工参与企业决策和管理，让员工能够自由地表达意见和建议。

企业可以设立员工代表委员会，让员工有机会表达自己的意见和建议，参与到企业的重要决策中。这些代表可以选举产生，确保员工的声音能够被听到并考虑，增强员工的参与感和责任感。

四、专利与创新

专利与创新是评估企业社会责任的重要指标之一，也是推动企业可持续经营发展的重要手段。通过创新，企业可以开发出更高效、更环保、更低成本的生产方式，提高资源利用效率，减少对环境的负面影响。同时，创新可带来更多的就业机会和社会财富，促进社会可持续发展。专利与创新反映了在我国社会主要矛盾转化下企业社会责任标准的进阶。

拥有专利保护并持续创新的企业可以在市场上保持领先地位，获得更高的市场份额和利润。同时，这些企业还可以通过技术转让、许可等方式获取额外的收益。专利和创新可带来更好的产品与服务，改善社会福利。

拥有专利与创新的企业往往被认为具有更高的技术实力和创新能力，能够在市场上获得更多的认可和信任。可以说，企业在专利与创新方面做出的努力除了提升企业自身竞争力，也是为了更平衡与充分地发展，满足人民对美好生活的需要。

2021年，我国电子商务知识产权迎来新规范，新修订的专利法于6月1日正式实施，加大了对侵犯专利权的赔偿力度，进一步加强了对专利权人合法权益的保护。

五、环境保护

相比传统商务模式，电子商务可以显著减少能耗。例如，电子商务能大量减少传统商务活动在广告营销方面的能耗，节约实体店面积，减少相应能耗。我国《电子商务的环境影响报告》指出，电子商务对于减少能耗具有明显效应，每亿元销售额可减少能耗393吨标准煤。

然而，电商企业过度包装对环境造成不可逆转的损害。过度包装导致产生大量的包装废弃物，这些废弃物往往难以降解，对环境造成了巨大的压力。此外，电商企业过度包装也损害了消费者的利益。一方面，因为过度包装增加的商品成本，会直接转嫁给消费者，使商品的价格上升。另一方面，过度包装增加了商品运输风险。为了应对这一挑战，国家发展改革委等部门印发了《关于加快推进快递包装绿色转型的意见》，提出了一系列目标和措施，以促进快递包装的绿色化和循环利用。对此，电商企业应采用可降解环保包装材料，减少快递包装对环境的污染，以及不必要的包装浪费。

除此之外，还应优化物流配送，减少运输过程中的能源消耗和污染排放；推广电子发票和无纸化办公，减少纸张使用；积极参与环保活动和项目，倡导绿色消费理念。

六、社会贡献

1. 促进社会就业

电子商务服务业对农村劳动力的吸纳作用值得重视。《中国数字经济发展与就业白皮书（2019年）》显示，我国数字经济领域就业岗位2018年达到1.91亿个，占全年总就业人数的近25%，同比增长11.5%，全国农村网商带动的就业人数超过3000万人。由此可见，大力发展电子商务服务业是我国更好稳就业的一个重要途径。

四川、河南、陕西等中西部劳务输出大省的数据显示，农村电子商务新业态带动大批农村劳动力在本地就业，而且就业创业的地点从县城向村庄下移，电子商务服务平台自身的下移也加快了这一进程。此外，有大批农村年轻劳动力返乡就业创业。世界银行2019年发布的电商报告显示，3/4的农村零售网店店主是20~29岁的青年，他们以销售本地生产的消费品为主营业务。按照农业农村部2019年公布的数据，全国返乡入乡创业创新人员达到850万人，在乡创业创新人员达到3100万人。根据拼多多的调查，截至2021年，平台上"90后""95后""00后"新青年商家占比超过49%，"95后"新新农人占比超过13%，人数超过12.6万人，其中，大部分是返乡创业青年。

随着电子商务行业的发展，越来越多的企业和个人选择在网上销售产品和服务，从而创造了大量的工作岗位，如客服、运营和营销等岗位。此外，电商的发展还推动了物流业的发展，为快递员和物流管理人员提供了更多的就业机会，不仅提高了就业率，还促进了经济发展。

2. 电商精准扶贫

我国农村地区是电商发展的肥沃土壤。在习近平扶贫开发战略思想的指引下，农业电商扶贫坚持精准扶贫，着力提升贫困户利用电商的能力，提高农产品流通效率，拓展农产品流通渠道和贫困户增收渠道，从而助贫减贫。电商扶贫已成为国家扶贫工作中的一项重要内容。

《中国电子商务报告（2018）》显示，2018年，电子商务进农村综合示范新增国家级贫困县238个，覆盖率达88.6%。2019年上半年，全国农村网络零售额达7771.3亿元，同比增长21.0%，增速高于全国3.2个百分点。电子商务在中国农村的精准扶贫过程中发挥了巨大作用。

企业投身公益事业是国家扶贫行动中不可或缺的力量。通过"直播+消费帮扶"方式，引导更多脱贫县地域特色农产品销售从线下拓展到线上，提升当地企业和农民市场化运作的能力。脱贫地区电子商务从业者也通过直播带货，与头部电子商务平台、网络主播合作学习，进一步熟悉了电子商务直播的选品、直播、物流、售后等一系列流程，对市场需求也有了更深刻的认识，为脱贫地区电子商务发展积累了宝贵的经验。

为贯彻落实党中央决策部署，我国电商企业有责任充分发挥市场主体作用开展产业扶贫，助力惠农增收，推进可持续发展。例如，2023年初，广电总局公共服务司联合国家发展改革委地区振兴司，共同指导阿里巴巴集团社会公益部、淘宝网、淘宝直播开展了"消费帮扶新春行动之开门红"活动，为脱贫地区进一步提升产品质量、改善营商环境、推进电子商务产业发展指明改善方向。

3. 投身社会公益

社会责任正在成为企业品牌形象的试金石。随着相关责任意识逐渐觉醒，各大企业纷纷投身公益回馈社会。

阿里巴巴连续15年发布社会责任报告，为社会创造价值，更好地解决社会问题。《2020—2021阿里巴巴集团社会责任报告》显示，淘宝、支付宝联动250万商家和数亿消费者通过成交"公益宝贝"、在公益网店"善因购买"公益商品，或直接捐款等方式，为约3200个公益项目募集善款金额超过20亿元。依靠这些善款，300万贫困户获得了"顶梁柱"计划健康支持，200余所乡村学校的12万师生用上了净水装置，10万乡村学童拥有了专业的音乐教室，17万乡村儿童拥有了陪伴成长的"童伴之家"。

腾讯公益平台从成立到2019年，善款总额累计突破49亿元，历史捐赠人次数突破2.12亿，并持续以指数级速度增长。

苏宁等电商平台都在把公益作为事业的重点之一，参与公益行动、成立公益基金会，积极履行社会责任，如苏宁参与的为贫困地区小学修建校舍的"筑巢行动"、为中西部偏远地区修建桥梁改善交通环境的"溪桥工程"等。企业公益行为能够改善贫困地区的环境，让当地人及时获取外界信息，增加下一代受教育的机会。截至2020年，苏宁在公益行动上累计投入资金及物资价值超23亿元。

除了企业层面的公益行为，个人性质的公益行为也是扶贫中的重要力量。企业的公益行为，以及电商在扶贫过程中的宣传也在推动着"消费扶贫"，苏宁直播贫困地区的水果现场采摘等，除了能增加消费者对项目的信任感，还能加深消费者对当地贫困状况最直观的了解，意识到消费是扶贫的一部分，由此可以激发消费者的扶贫积极性。

这样由企业及个人的公益行为传递，将使全民积极履行社会职责的意识提高，从而助力社会的公益事业发展。

【知识拓展10-2】

一、电商企业社会责任

电商企业社会责任是指电商企业采取的各种活动和决策行为应遵守法律法规与道德规范的要求，既追求企业的可持续发展，又积极担负利益相关者责任和社会期盼，促进企业和社会的协调发展。

企业利益相关者是指在企业的任何决策或活动中有一项或多项利益的个人或群体，一般包括股东、员工、客户、债权人、合作伙伴、社区、公众等。

企业应重视与之生产经营密切相关的利益相关者与社会期望之间的关系。虽然从形式上来看，利益相关方属于社会的一部分，但是它们对企业的利益诉求存在本质上的差异，利益相关方具有企业法定权利，而社会享有企业道义上的权利。

二、企业社会责任的范围

企业社会责任是一个动态的概念，随着社会环境的不断变化，其范围不断得到扩展，主要包括企业个体责任、企业市场责任和企业公共责任。

（一）企业个体责任

1. 企业对员工的责任

企业必须为员工提供公平的就业、上岗、调动和晋升机会，健全劳动保护制度，保证员工有安全、卫生的劳动环境等。

2. 企业对所有者的责任

企业对所有者的责任是企业最基本的社会责任，概括起来有3个方面：一是保证所有者资产增值保值和投资者股票升值，为投资者提供较高利润的责任；二是及时准确披露信息的责任；三是公正合理地对待所有者的利润和利润分配的责任。

（二）企业市场责任

1. 企业对消费者的责任

企业有义务为消费者提供质量高、安全有保障、价格公平、无公害的商品，及时为消费者提供各种有关的咨询指导、培训和优质的售后服务。

2. 企业对合作者的责任

一般来说，企业对合作者的责任主要有3个方面：一是向对方披露真实信息，主动降低对方风险的责任。任何有意隐瞒真实信息、通报虚假信息的行为都是对对方不负责任的行为，也是损害自身声誉的行为。二是与对方共同分析市场前景，签订对双方都有利的合同的责任。三是严格履行合同的责任。

（三）企业公共责任

1. 企业对政府的责任

企业对政府的责任要求企业按照有关法律、法规的规定照章纳税并接受政府的监督，不得逃税、偷税和非法避税；同时，企业必须生产社会所需的物质产品和精神产品。

2. 企业对社区的责任

任何企业都是在一定的社区中存在和发展的，社区可以是现实社区，也可以是虚拟社区。回馈社区是企业的责任，企业应为社区提供劳动就业机会，为社区的公益慈善事业提供捐助，并积极参与社区的建设。

3. 企业对生态环境的责任

企业对生态环境的责任要求企业一方面应生产对环境无害或较少危害的绿色产品，倡导绿色生产和绿色消费；另一方面应合理利用资源，减少对环境的污染，并承担污染环境的相关费用。

【阅读和思考 10-2】

电商爆款与有效的专利保护

给自己的产品和创意增加知识产权壁垒，是当下许多中小电商企业最缺乏的能力。

2020年，螺旋衣架被短视频平台推火，可以用来晾晒大件物品，解决晾晒空间不足的问题。然而，正是这样结构简单但销量火爆的产品最容易被跟风。市面上这一爆款产品最早的外观设计专利是在2018年8月申请并于12月被授权的。随后有多达20个跟风设计，多数申请了外观设计专利，仅有2个实用新型专利。

其实，早在2016年就有人申请了一种"无痕晾衣架"，并于2017年被授权，专利号为CN206119924U。只不过这一款衣架只能晾晒一些体积较小的衣服，解决不了床单等大件物品的晾晒需求。加上缺乏推广渠道，其并没有在设计之初火起来、成为跟风对象，也没能拥有利润可观的市场。

最早想到螺旋衣架的人是有创意的，但创新要做好壁垒和保护。仅靠外观专利保护意义不大，最多只能保护自己产品的外形，竞争对手可以轻易仿造差不多的产品。例如，市面上的跟风产品就有方形螺旋衣架、菱形螺旋衣架……

专利壁垒对于企业保持在市场上的竞争力是非常关键的。如果一件发明和创新不能为企业守住市场，带来持续利润，那么即使在诉讼中赢得胜利，也顶多算是一个质量不错的专利。因此，想要避免被抄袭，避免竞争对手轻易地用电商营销手段去覆盖，不妨在产品开发和专利申请中多一些思考：这个产品如果面世，它能形成有效的壁垒吗？有没有竞争对手无法抄袭之处？

例如，支架产品，可以新增折叠功能变成折叠支架，也可以新增绕线加收合功能变成气囊支架。新功能既要确保专利能够得到授权，也要确定市场能够接受。接下来要判断新增功能的技术方案是否可以穷尽，技术方案是否能保证产品在市场上获得持续有效的竞争力。例如，折叠的方式有多种，其中，气囊的方式是一种；而螺旋衣架的实现方式也有多种。在申请专利时，要考虑是否可以穷尽方案，以及有没有必要将所有方案申请专利以占领全部市场。

另外，在技术方案有限的情况下，极简设计不失为一种很好的选择，有时候恰恰是那些最简单的设计增加了竞争对手仿制的难度。

当知识产权保护越发严格时，电商必须找到有利润的产品。对于产品创新者来说，不要轻易触碰功能相同的红利跟风型创新，解决办法在于做出功能增加或功能更优的创新。在基础功能相同、新增功能更优的情况下，消费者更愿意买单。新增功能也是创新保护点，是构建专利护城河的方向。

思考：在电商市场中，如何给自己的产品和创意增加知识产权的壁垒？

【任务实施 10-2】

在班级里，以个人或小组为单位，完成以下任务。

1. 讨论电商企业应严格遵守的法律法规有哪些，将梳理结果整理成表格形式，表格须具备序号、发布部门、法律法规名称、实施时间等要素。

2. 搜索某一地区电商企业招聘岗位的薪资待遇情况及岗位晋升规则，讨论其合理性。

3. 讨论如何从自身消费行为做起，倡导绿色消费理念。

【任务考核 10-2】

考核项目	讨论分析	权 重（%）	分 值
电商企业应遵守的法律法规		40	
待遇及岗位晋升		30	
绿色消费理念		30	
评 分		100	

任务 3　电子商务中的消费者权益保护

【任务情景】

伴随着电子商务的迅猛发展，越来越多的消费者愿意通过电商平台进行购物，但消费者权益受损问题突出。本任务旨在了解我国电子商务消费者权益保护的立法规定及争议解决方法。

【任务分析】

为完成这一任务，我们需要掌握电子商务消费者权益保护的立法规定、电子商务消费者权益保护的争议解决方法，以及电子商务平台争议在线解决机制。

【知识链接】

一、电子商务消费者权益保护的立法规定

《中华人民共和国电子商务法》作为针对电子商务交易的专门法，制定了电子商务领域法律监管的原则和框架，涵盖了电商交易的各个领域，平等保护电子商务的各方参与者，尤其将消费者权益保护作为重心，在多个条款中予以体现。

（1）《中华人民共和国电子商务法》第一章"总则"第五条提到了电子商务经营者应当履行消费者权益保护的义务，并在其分则中对此条款予以体现和落实。

（2）《中华人民共和国电子商务法》第二章"电子商务经营者"从电子商务平台经营者及平台内经营者承担的义务角度规定了经营者应保护消费者的安全权、知情权、选择权、隐私权，推销商品和服务时应尊重和平等保护消费者合法权益，以及电子商务平台内经营者对消费者生命权、健康权未尽到法律规定的义务时，电子商务平台经营者应承担连带责任或相应责任。

（3）《中华人民共和国电子商务法》第三章"电子商务合同的订立与履行"规定了经营者应保障消费者了解有关订立合同的步骤、注意事项和下载方法的知情权，电子支付服务提供者应保障消费者有关电子支付方面的知情权，此条款目的是保障消费者的财产安全；此外，还规定了格式合同条款无效的情形。

（4）《中华人民共和国电子商务法》第四章"电子商务争议解决"提到了"商品或者服务质量担保机制""消费者权益保证金""先行赔偿责任"等从正面鼓励经营者保障消费者权益的制度，并规定了经营者的其他义务，包括建立便捷、有效的投诉、举报机制保障消费者"监督投诉权"，

以及平台经营者有提供原始合同和交易记录的义务,保障消费者的"仲裁诉讼权",并专门规定了电商平台经营者在消费者与平台内经营者发生争议时,应积极协助消费者维护合法权益。

(5)《中华人民共和国电子商务法》第六章"法律责任"对经营者损害消费者人身和财产安全、知情权、个人信息权等消费者权益的行为,规定了相应的法律责任和处罚措施。

目前,除《中华人民共和国电子商务法》以外,我国涉及电商领域消费者权益保护的法律包括《中华人民共和国消费者权益保护法》《中华人民共和国产品质量法》《中华人民共和国广告法》《中华人民共和国民法典》《中华人民共和国反不正当竞争法》等,还有部分部门规章和地方法规。

二、电商消费者权益保护的争议解决方法

《中华人民共和国电子商务法》第六十条规定,"电子商务争议可以通过协商和解,请求消费者组织、行业协会或者其他依法成立的调解组织调解,向有关部门投诉,提请仲裁,或者提起诉讼等方式解决。"

(一)协商和解

电子商务纠纷协商和解是指电子商务当事人双方在没有第三方参与的情况下,在自愿基础上进行平等协商,从而达成和解协议以解决纠纷的方式,属于"自力救济"的范畴。当争议发生时,无论消费者还是经营者,都并非第一时间就寻求第三方解决,而是先行协商,希望通过一种直接、快捷、节省资源的方式解决问题。

在电子商务中,协商和解具有如下4个特征。

1. 当事双方的非对抗性

电子商务的特殊性在于其打破了传统商业模式中人与人面对面交流协商、讨价还价的形式,借助互联网平台,通过网络媒介进行交流,双方并不直接接触,彼此陌生。因此,在争议发生时,双方不能面对面地进行辩论,只能通过网络媒介或电话进行交流,大大影响了协商的效率。

2. 协商程序的非规范性

协商和解因为是私人之间的纠纷解决机制,面对形形色色的当事人、复杂多变的纠纷情况,不可能形成一套统一的协商和解机制。因此,协商和解没有程序可言,其往往是依靠双方向好的心理做出妥协和让步,在相互理解的基础上达成共识,解决纠纷。

3. 协商结果的非强制性

因为协商和解是基于双方意志形成的,是当事人意思自觉的产物,不具有法律上的约束力,任何一方都可以随时反悔,不承认协商的结果。

4. 协商主体地位不对等

消费者在与经营者进行协商的过程中往往处于劣势地位,原因在于双方信息不对称、资源不对称。相比消费者,经营者更了解其提供的商品或服务的性能,也掌握有更多的专业知识,这能成为他们在与消费者协商过程中的有力武器。只有消费者掌握了足够的证据,且有足够的勇气和胆识与经营者协商,经营者出于维护声誉的考虑才会妥协。

(二)调解

调解是指由争议当事人以外的第三方,依据一定的规范对纠纷双方当事人进行劝说和协调,以

促进争议的解决、平息双方矛盾的一种方式。在各种纠纷解决机制中，调解是人们常常选择的方式，因为其具有成本低廉、程序快捷、方式灵活、不伤和气等特点。特别是，有调解人居中劝说、协调、提供法律评价等，易于缓和当事人之间的紧张关系，使当事人从对立的情绪中走出来，冷静客观地斟酌、思考、协商解决问题的方案。

目前，根据调解主体的不同，我国的调解可分为人民调解、行政调解、社会调解、仲裁调解和法院调解。其中，人民调解的主体是根据《中华人民共和国人民调解委员会组织条例》和《中华人民共和国人民调解法》设置的人民调解委员会；行政调解的主体是被法律赋予调解职责的行政机关，如市监局、生态环境局等；社会调解的主体是各种组织、企事业单位、社会团体等；仲裁调解的主体是仲裁机构；司法调解的主体是法院。

《中华人民共和国电子商务法》规定，我国在电子商务争议中的调解是消费者组织、行业协会或者其他依法成立的调解组织的调解，属于社会调解的范畴。它是社会组织在当事人之间斡旋、协调，通过说服、教育、劝导的方式，使当事人在自愿的基础上达成协议的制度。

调解应当遵循自愿、合法合理、查明事实、分清是非、公平合理、非公开 6 项原则。

（三）投诉

投诉是指消费者在权益受到侵害时，向有关部门举报经营者的违法活动，请求有关部门予以处置的方式。此处的"有关部门"是指拥有行政执法权的行政机关，如市监局、税务局、卫生局等行政机关。行政机关拥有法定的行政权力，能够对违反法律法规、侵犯消费者合法权益的经营者进行处罚，有效规制企业违法行为，维护消费者的合法权益。

《工商行政管理部门处理消费者投诉办法》规定，消费者投诉由经营者所在地或者经营行为发生地的县（市）、区工商行政管理部门管辖。消费者因网络交易发生消费者权益争议的，可以向经营者所在地工商行政管理部门投诉，也可以向第三方交易平台所在地工商行政管理部门投诉。消费者投诉应当有明确的被投诉人，有具体的投诉请求、事实和理由，投诉事项属于工商行政管理部门的职责范围。

消费者可以本人提出投诉，也可以委托他人代为提出投诉。消费者委托他人进行投诉的，应当向工商行政管理部门提交授权委托书原件及受托人的身份证明。授权委托书应当载明委托事项、权限和期限，并应当由消费者本人签名。工商行政管理部门受理消费者投诉后，当事人同意调解的，工商行政管理部门应当组织调解，并告知当事人调解的时间、地点和调解人员等事项。工商行政管理部门组织消费者权益争议当事人进行调解达成协议的，应当制作调解书，调解书不具有强制执行力。

经调解达成协议后，当事人认为有必要的，可以按照有关规定共同向人民法院申请司法确认。工商行政管理部门在处理消费者投诉中，发现经营者有违法行为的，或者消费者举报经营者有违法行为的，依照《工商行政管理机关行政处罚程序规定》另案处理。

（四）仲裁

仲裁是指双方当事人自愿把他们之间的争议交给第三方评判或裁决，并约定履行该裁决的一种方式。仲裁具有以下 3 个要素：以双方当事人自愿协商为基础；由双方当事人自愿选择中立的第三者进行裁判；经由双方当事人选择的中立第三方做出裁决，对双方当事人具有法律约束力。

所谓电子商务仲裁是指利用仲裁方式解决电子商务中产生的争议。

随着电子商务的发展，以电传、电报、电子邮件、EDI 等方式达成的仲裁协议广泛被人们使用，突破了传统的"书面"仲裁协议范围。对此，《最高人民法院关于适用〈中华人民共和国仲裁法〉若干问题的解释》第一条规定，仲裁法第十六条规定的"其他书面形式"的仲裁协议，包括以合同书、信件和数据电文（包括电报、电传、传真、EDI 和电子邮件）等形式达成的请求仲裁的协议，对上述新型仲裁协议的订立方式给予了肯定的评价。

我国仲裁法并没有要求在仲裁协议中写明仲裁地点，一般在实践中，若没有明确约定仲裁地点，仲裁地点即仲裁委员会所在地。在电子商务纠纷中，一般来说，经营者和消费者往往不在同一地点，因此在仲裁协议中选择合适的仲裁地点直接决定了参加仲裁的成本。

仲裁裁决自裁决书做出之日起便发生法律效力。这意味着，在实体上，仲裁裁决一旦生效，双方当事人之间的争议就宣告解决，同一法律关系不得再起争端。在程序上，仲裁裁决一经做出，任何一方当事人不得就同一事实、理由再次向仲裁机构申请仲裁或向人民法院提起诉讼，即使提起，仲裁机构或人民法院也不得受理。仲裁裁决生效后，当事人应该自觉履行仲裁裁决，不履行的，另一方当事人可以请求人民法院强制执行，仲裁裁决既是当事人自觉履行的根据，也是人民法院强制执行的依据。

（五）民事诉讼

民事诉讼，是指人民法院、当事人和其他诉讼参与人，在审理民事案件的过程中进行的各种诉讼活动，以及由这些活动形成的各种诉讼关系的总和。与仲裁、调解等非诉争议解决途径相比，诉讼具有规范性、强制性、公权性等特征。

《中华人民共和国民事诉讼法》第一百二十二条规定，提起民事诉讼必须符合如下条件：①原告是与本案有直接利害关系的公民、法人和其他组织；②有明确的被告；③有具体的诉讼请求和事实、理由；④属于人民法院受理民事诉讼的范围和受诉人民法院管辖。

在电子商务诉讼中，原告往往将电子商务平台经营者列为被告一并起诉，原因在于平台为被告的行为创造了条件，对原告受损起到了推动作用。实际上，平台只是提供了当事双方进行交流磋商的媒介。

【知识拓展 10-3】

《中华人民共和国电子商务法》第六十三条规定："电子商务平台经营者可以建立争议在线解决机制，制定并公示争议解决规则，根据自愿原则，公平、公正地解决当事人的争议。"目前在我国，电子商务平台的经营者主要有淘宝、天猫、京东、当当等。该法条规定了电子商务平台建立争议在线解决机制的倡导义务。

争议在线解决机制，是一种将计算机的信息处理功能与便利的通信网络相结合的诉讼外争议解决模式，是替代性纠纷解决方式在网络空间的运用。这里的替代性纠纷解决方式主要是指在诉讼外或者审判外解决诉讼纠纷的方式、方法和途径，以及制度架构的总称。早期的替代性制度来自美国，主要是解决劳动争议，经过多年发展，现在包括了仲裁、调解、和解等解决方式。

一、争议在线解决机制的类型

争议在线解决机制的类型主要有在线协商、在线调解和在线仲裁 3 种。在线协商较为灵活，无须第三方调解员或仲裁员的参与，表现为一种计算机自动处理程序或网页服务。在线调解建立在双方当事人自愿的基础之上，调解人作为中立第三方采取灵活、方便的程序促使双方达成合意。在线仲裁相对较为正式，与传统仲裁的架构基本一致，是传统仲裁在网络环境中的新应用。

二、争议在线解决机制的特点

1. 争议解决规则的灵活性

一方面是程序规则方面的灵活性。相比于严格的诉讼程序，争议在线解决机制在解决的时间、申请的方式、解决的过程方面都较为灵活。

另一方面是争议解决依据规则的灵活性。传统的诉讼程序主要依据现行的法律法规，而在实践中，提供争议在线解决机制的各个网站逐渐形成了自己的网络规则，用户可以根据不同的需要从中选择适用。

2. 与互联网技术紧密相连

与互联网技术紧密相连的特点在"在线"二字当中已有了充分体现。首先，这一机制的产生依托于互联网技术。其次，争议机制的启动、争议解决的过程及结果的发布和执行都借助互联网。互联网的进步和发展也必将促使争议解决机制进一步完善。

3. 纠纷解决过程的隐蔽性

在诉讼当中，绝大部分案件都要公开审理，所有判决都要公开宣判，且裁判文书需要在网上公示。而争议在线解决机制具有隐蔽性。首先，法律对其没有公开的强制性要求。其次，鉴于互联网信息传播的广泛性，信息泄露危害性很大，提供争议在线解决机制的平台往往会采取一定的措施保护当事人的真实信息及隐私。

对于消费者来说，在电子商务平台进行交易之前，应主动查阅相关的争议解决规则。在纠纷发生时，按照平台发布的规则，在既定期限内通过与卖方协商或是向平台发起维权，在平台介入的情况下，积极举证，维护自己的权益。也可以就纠纷向人民法院提起诉讼或寻求其他解决方式。倘若对电商平台的纠纷解决结果不服，可向人民法院提起诉讼或是寻求其他解决途径。

三、争议在线解决机制的局限性

1. 第三人不中立

在电商平台争议在线解决机制当中，充当第三人的是电商平台本身。然而电商平台身份承担的职能是复杂的。一方面要维持电商平台的日常秩序，为卖家提供良好的经营环境；另一方面要为消费者提供售前、售后等服务。这两项职能本身就存在着一定的冲突，再让其作为争议解决机制的裁决者，不可避免地会带来身份上的混乱。加之电商平台本身是一个企业，营利性是其本质特征，天然地不具有中立的特点。在现实生活中，也发生过平台故意拖延时间不予处理，甚至私下收取卖家保护费而做出有意偏袒卖家的处理决定等情况。

2. 相关制度及配套法律不完善

首先，电商平台纠纷解决规则的制定主体是电商平台，由于其地位的非中立性及其并非权威的立法机关，可能会导致规则的不公平，也难以保证规则的质量。其次，目前对电商平台制定相应规则的权利来源及权利边界的规定比较模糊，难以避免电商平台滥用这一权利。最后，对电商平台的争议解决规则法律定位并不明确，目前多数人倾向于将其认定为合同，但传统的合同当事人通常是有限的，而电商争议解决规则约束的当事人则是不特定的，相应法律规定的缺失在这一领域造成混乱。

为应对上述问题，首先，应协调电商平台的争议在线解决机制与其他的争议在线解决机制，同时应协调争议在线解决机制与传统的线下纠纷解决机制。要赋予纠纷当事人充分的选择权，使其能够通过最适当的途径保护自己的合法权益。将争议在线解决机制与传统线下争议解决机制相衔接，倘若当事人通过电商平台的争议在线解决机制未能充分保护自己的权利，仍能通过其他方式进一步维权。其次，要完善相应的法律规定，引入对电子商务规则制定的征求意见及评估机制，保证规则的质量和公正性。最后，通过法律明确电商平台争议解决的权利及权利的边界，以避免其滥用。

【阅读和思考 10-3】

齐某与淘宝的网络购物合同纠纷

2016 年 10 月 15 日，齐某于淘宝网络平台上，在许某某经营的"丹丹科技 520"店铺购买了"特价正品安卓智能八核手机 5.5 寸超薄大屏移动电信 4G 全网通"1 部，实际支付 225.97 元。齐某收到货物后，发现产品系"三无"产品，且该手机仅能使用移动及联通网络，无法使用电信网络，遂与许某某经营的店铺进行交涉，并申请淘宝小二介入，进行投诉。淘宝小二介入后，做出调处决定，由齐某进行退货，许某某进行退款。后齐某并未进行退货操作。2016 年 11 月 4 日，因齐某超时未退货，系统自动撤销，退款关闭。当日，淘宝系统超时自动确认收货，货款自动进入许某某经营的店铺账户。

原告齐某自述，他要求退货后，许某某应允并商定直接邮回即可，未走淘宝退货程序，后许某某出尔反尔导致退货失败。他发现该手机为"三无"产品，于是投诉到淘宝公司，但由于操作不当最终导致货款进入卖家账户。齐某请求淘宝公司和许某某赔礼道歉并赔偿相应损失。

被告淘宝公司主张其并非本案争议所涉网络购物合同的当事方，不应当承担合同义务。而买卖双方通过淘宝网络平台达成的网络购物合同性质仍属于买卖合同，基于合同的相对性，该合同效力应仅限于买卖双方。淘宝公司已经履行了资质审查等义务，不应为卖家承担连带责任。齐某超时未退货，系统自动撤销维权程序系原告本人过失。且被告认为在先行赔付流程中，淘宝公司仍处于调处者的位置，并非承担连带责任或其他责任的主体。

由于淘宝小二在处理其投诉中只写明退货退款，并未写明退一赔三，也未说明退货截止时间，齐某未进行退货操作。然而，淘宝公司主张退货截止时间默认为 7 天，但就此未提供相关协议和交易规则。

思考：电商平台经营者如何进一步改进消费者投诉处理服务方式，以避免消费者对网络平台的争议处理产生误解？

【任务实施 10-3】

在班级里，以个人或小组为单位，选择一宗涉及线上销售的最高人民检察院发布的消费者权益保护检察公益诉讼典型案例，完成以下任务。

1. 阐述基本案情。
2. 分析双方的争议焦点。
3. 指出案件适用的法律法规。
4. 讨论案件的典型意义。

【任务考核 10-3】

考核项目	讨论分析	权重（%）	分 值
阐述基本案情		10	
争议焦点		40	
适用的法律法规		30	
典型意义		20	
评 分		100	

项目小结

本项目深入探讨了电子商务活动中的伦理问题和企业应承担的社会责任。

任务1主要介绍了电子商务伦理问题，涉及网购成瘾、用户隐私保护、刷单行为、恶性竞争、不道德营销、助长不正当消费等。

任务2主要介绍了电子商务企业的社会责任，包括合规守法经营、依法纳税、员工权益保障、专利与创新、环境保护及社会贡献。

任务3主要介绍了电子商务中的消费者权益保护。《中华人民共和国电子商务法》作为针对电商交易的专门法，尤其将消费者权益保护作为重心。电子商务消费者权益保护的争议解决方法主要有协商和解、调解、投诉、仲裁、民事诉讼5种。

项目作业

一、单项选择题

1. 电商企业对员工的社会责任体现在（　　）。

   A. 仅提供基本工资

   B. 保障员工的基本权益，提供职业培训和发展机会

   C. 强制员工加班以提高生产效率

   D. 仅关注员工的工作表现，忽视其个人生活

2. 电商企业在促进社会就业方面的社会责任体现在（　　）。

   A. 仅提供高薪职位　　　　　　　　　B. 创造大量工作岗位，推动经济发展

   C. 只招聘高学历人才　　　　　　　　D. 限制农村劳动力的就业机会

3. 电商企业在环境保护方面应采取的措施是（　　）。

   A. 使用可降解环保包装材料　　　　　B. 增加快递包装以提高商品价值

   C. 忽视环境保护，专注于利润最大化　D. 仅在法律强制时采取环保措施

4. 电子商务企业对政府的社会责任包括（　　）。

A. 逃税漏税　　　　　　　　　　　　　B. 照章纳税并接受政府监督

C. 抵制政府的法律法规　　　　　　　　D. 仅关注企业利益，忽视政府规定

5. 电商企业对社区的社会责任体现在（　　）。

A. 仅为企业自身提供利益　　　　　　　B. 为社区提供劳动就业机会和捐助

C. 仅在社区中进行广告宣传　　　　　　D. 忽视社区发展，只关注企业扩张

6. 电商企业在专利与创新方面应采取的措施是（　　）。

A. 忽视专利申请，专注于市场竞争　　　B. 积极申请专利保护，鼓励持续创新

C. 仅模仿他人创新，不进行自主研发　　D. 仅保护已有专利，不寻求新的创新机会

7. 电商消费者权益保护争议解决方法是（　　）。

A. 协商和解　　　　B. 民事诉讼　　　　C. 仲裁　　　　D. 所有以上方式

8. 根据《中华人民共和国电子商务法》，电子商务平台经营者解决争议的机制是（　　）。

A. 争议在线解决机制　　　　　　　　　B. 消费者投诉处理机制

C. 产品质量监督机制　　　　　　　　　D. 价格监管机制

二、判断题

1. 电商企业在追求经济利益的同时，不需要考虑社会责任。（　　）
2. 电商企业对生态环境的社会责任包括合理利用资源和减少环境污染。（　　）
3. 电商企业可以通过过度包装商品来吸引消费者。（　　）
4. 电商企业应严格遵守我国反不正当竞争法等相关法律法规。（　　）
5. 电商企业不需要为员工提供公平的就业机会和不被歧视的工作环境。（　　）
6. 电商企业在促进社会就业方面没有显著作用。（　　）
7. 电商企业应通过各种活动和决策行为积极担负对利益相关者和社会的责任。（　　）
8. 电子商务平台经营者在消费者与平台内经营者发生争议时，不需要积极协助消费者维护合法权益。（　　）
9. 电子商务争议只能通过诉讼解决。（　　）

第五篇
电子商务客户关系管理与发展趋势

项目 11　电子商务客户关系管理

【项目导读】

客户关系管理是现代企业提升核心竞争力、提升客户满意度与忠诚度、促进企业持续健康发展的重要手段。随着电子商务的迅猛发展，客户关系管理在电商领域的应用日益广泛。本项目将全面了解客户关系管理的概念、原理、方法，电子商务客户关系管理，客户关系管理及其应用，以期掌握客户关系管理系统的基本知识和应用技能。

【技能目标】

1. 能够分析并解决客户关系管理中的主要问题。
2. 能够选择并应用适合企业需求的客户关系管理系统。

【知识目标】

1. 理解客户关系管理在企业中的核心价值，明确客户关系管理的实施要点。
2. 掌握客户细分、客户价值等客户关系管理的基础理论。
3. 学习电子商务客户信息的采集、整理、分析和应用方法。
4. 掌握提升客户满意度和忠诚度的策略。
5. 了解电子商务客户关系管理的内容。
6. 掌握客户关系管理系统的分类、主要模块、关键技术及其在电子商务中的应用。

【思政素质目标】

1. 培养学生的诚信意识和职业道德，坚守服务承诺，维护企业信誉。
2. 引导学生树立客户至上的服务理念，关注客户需求，提供优质服务。
3. 增强学生的团队合作精神和沟通能力，促进团队协作和共同进步。
4. 培养学生的创新意识和进取精神，鼓励在客户关系管理中不断创新和改进。

【引导案例】

某电商平台通过实施客户关系管理战略，建立了完善的客户信息管理系统，实现了客户数据的精准分析和个性化推荐。同时，该电商平台还通过提供优质的客户服务和持续改进产品质量，显著提高了客户满意度和忠诚度，实现了销售收入的快速增长。

任务1　客户关系管理概述

【任务情景】

客户关系管理在提升客户满意度和忠诚度方面具有巨大潜力。通过客户关系管理能帮助企业从客户的角度出发，优化业务流程，提供更加个性化、精准的产品服务，进而实现企业和客户的双赢。本任务旨在了解客户关系管理的基本概念、解决的主要问题，及其在现代企业管理中的重要性和应用价值。

【任务分析】

为了完成这一任务，我们需要掌握客户关系管理的概念、客户关系管理解决的主要问题，以及客户关系管理的核心价值、实施要点、前沿技术、行业应用案例。

【知识链接】

一、客户关系管理的概念

客户关系管理是一种以客户为中心的管理理念和方法。它通过收集、整理和分析客户信息，了解客户的需求和偏好，为客户提供更加个性化、精准的产品和服务，从而建立、维护和发展与客户的长期关系。客户关系管理不仅是一种技术解决方案，更是一种商业策略，要求企业以提升客户满意度和忠诚度为核心目标，从客户角度出发，优化业务流程，最终实现企业和客户的双赢。

二、客户关系管理解决的主要问题

1. 客户信息分散、不一致

在传统的企业管理模式下，客户信息往往分散在各个部门和系统中，导致信息不一致、难以共享和利用。客户关系管理通过建立一个统一的客户信息数据库，实现客户信息的集中存储和管理，确保数据的准确性和一致性。

2. 客户需求多样化、个性化

随着消费者需求的不断变化和升级，企业需要更加精准地了解客户需求和偏好，以提供个性化的产品和服务。客户关系管理利用数据分析技术，对客户信息进行深入挖掘和分析，帮助企业发现客户的潜在需求和购买行为模式，从而制定更加精准的营销策略。

3. 客户忠诚度下降、流失率高

在激烈的市场竞争中，客户忠诚度成为企业持续发展的关键因素。客户关系管理通过提供优质

的服务和关怀，增强客户对企业的信任和依赖，从而提高客户忠诚度，降低客户流失率。同时，客户关系管理还可以对流失客户进行分析和挽回，帮助企业提升产品和服务质量。

【知识拓展 11-1】

一、客户关系管理的核心价值

客户关系管理的核心价值在于能够为企业带来持续的竞争优势和长期的客户忠诚。通过深入理解客户需求和偏好，企业能够为客户提供更加个性化、精准的产品和服务，从而增强客户体验，提高客户满意度。同时，客户关系管理有助于企业建立和维护与客户的长期关系，促进客户忠诚度的提升，为企业带来稳定的收入和市场份额。

二、客户关系管理的实施要点

1. 明确客户关系管理战略

企业在实施客户关系管理之前，需要明确自身的客户关系管理战略，包括目标、策略、资源分配等。这样有助于企业全面规划客户关系管理的实施过程，确保客户关系管理真正为企业带来价值。

2. 优化客户信息管理

客户关系管理的核心在于客户信息的收集、整理和分析。企业需要建立完善的客户信息管理系统，确保客户信息的准确性和完整性。同时，企业还需对客户信息进行深入分析，以了解客户的需求和偏好，为产品和服务的改进提供数据支持。

3. 优化业务流程

客户关系管理要求企业从客户的角度出发，优化业务流程，提高服务质量和效率。企业需要对现有的业务流程进行梳理和评估，找出存在的问题和瓶颈，并制定相应的改进措施。这样有助于企业提高客户满意度和忠诚度，同时降低运营成本。

4. 培养员工意识

客户关系管理的实施需要全体员工的参与和支持。企业需要加强员工对客户关系管理的理解和认识，培养员工的客户意识和服务意识。这样有助于企业形成良好的客户服务氛围，提高员工的服务水平和服务质量。

三、客户关系管理的前沿技术

随着科技的不断进步，客户关系管理也在不断发展和创新。当前常用的客户关系管理的前沿技术有以下3项。

1. 人工智能

人工智能技术可以帮助企业更深入地分析客户数据，发现潜在的客户需求和机会。例如，人工智能可以通过机器学习算法对客户进行分类，为每个客户提供个性化的服务；还可以通过自然语言处理技术进行智能客服，提高客户服务效率和质量。

2. 大数据

大数据技术可以帮助企业收集、存储和分析海量的客户数据。通过对这些数据进行分析，企业可以更加准确地了解客户的需求和偏好，为产品和服务的改进提供数据支持。

3. 云计算

云计算技术为客户关系管理提供了更加灵活、可扩展的解决方案。企业可以通过云计算平台快速部署和升级客户关系管理系统，降低信息技术成本和维护成本。同时，云计算还提供了更加安全、可靠的数据存储和备份服务，确保客户数据的安全性和完整性。

四、客户关系管理的行业应用案例

客户关系管理已经被广泛应用于各个行业领域，包括以下一些典型的行业。

1. 零售行业

通过客户关系管理系统收集和分析客户购物数据，零售商可以了解客户的购物偏好和购买习惯，为客户提供个性化的推荐和优惠活动。同时，客户关系管理可以帮助零售商优化库存管理和物流配送流程，提高运营效率和客户满意度。

2. 金融行业

金融机构可以通过客户关系管理系统收集和分析客户的金融数据与行为数据，为客户提供个性化的金融产品和服务。例如，银行可以根据客户的资产和负债情况为其提供理财建议与产品推荐，保险公司可以通过分析客户的风险承受能力为其提供合适的保险产品。

3. 制造业

制造企业可以通过客户关系管理系统收集与分析客户的反馈和投诉信息，了解产品的缺陷和不足之处，为产品的改进和创新提供数据支持。同时，客户关系管理可以帮助制造企业优化生产计划和供应链管理流程，提高生产效率和客户满意度。

【阅读和思考 11-1】

星巴克与客户关系管理的深度融合

星巴克作为全球知名的咖啡连锁品牌，成功的背后离不开对客户关系管理的重视和应用。星巴克通过客户关系管理系统，收集了大量客户消费数据、口味偏好、购买频率等信息，并利用这些数据为客户提供个性化的服务。

在星巴克，顾客可以通过 App 或会员卡记录自己的消费习惯和偏好，如喜欢的咖啡口味、经常购买的甜点等。这些数据被传输到客户关系管理系统中，通过对这些数据进行分析，星巴克能够准确地了解每位顾客的需求和喜好。

基于这些数据，星巴克为顾客提供了个性化的服务。例如，当顾客再次走进星巴克时，店员会根据客户关系管理系统中的记录，为他们推荐最喜欢的咖啡口味，或者提供定制的优惠活动。这种个性化的服务让顾客感受到了星巴克对他们的关心和重视，从而提高顾客对品牌的忠诚度和满意度。

此外，星巴克还通过客户关系管理系统实现了与顾客的实时互动和沟通。顾客可以通过 App 查看自己的消费记录、积分情况等信息，并随时与星巴克进行沟通和反馈。这种及时的互动让星巴克能够更好地了解顾客的需求和反馈，从而不断改进和优化自己的产品和服务。

思考：企业在提供个性化服务的同时，如何保护顾客的隐私？

【任务实施 11-1】

1. 在实际应用中，企业应如何收集客户的各类信息（如基本信息、交易记录、偏好等）？
2. 在客户关系管理实践中，有哪些策略和方法可以提升客户满意度？
3. 当客户流失时，企业应如何利用客户关系管理系统对流失客户进行分析和挽回？
4. 如何解决员工对客户关系管理系统的抵触情绪和缺乏培训的问题？
5. 举例说明如何通过客户关系管理系统提供个性化的服务和关怀，从而增强客户对企业的忠诚度。

【任务考核 11-1】

考核项目	讨论分析	权 重（%）	分 值
收集客户信息		20	
提升客户满意度		20	
分析和挽回流失客户		20	
克服抵触情绪		20	
个性化服务和关怀		20	
评 分		100	

任务 2　电子商务客户关系管理

【任务情景】

随着互联网的深入发展和电子商务的蓬勃发展，企业越来越重视通过在线渠道建立和维护客户关系。本任务旨在深入了解电子商务客户关系管理的核心内容，学会在电子商务环境下有效管理客户关系，提升客户体验，进而增强企业竞争力。

【任务分析】

为了完成这一任务，我们需要掌握电子商务客户关系管理的 3 个关键方面：电子商务客户关系管理的内容、电子商务客户满意与忠诚管理及电子商务客户服务管理。

【知识链接】

一、电子商务客户关系管理的概念

电子商务客户关系管理，是指企业借助电子商务平台和信息技术手段，以客户需求为中心，通过有策略地管理客户资源，实现与客户的长期互动和关系维护，进而提升客户满意度、忠诚度和企业利润的过程。

二、电子商务客户关系管理的内容

电子商务客户关系管理包括电子商务客户信息管理、电子商务营销策略管理、电子商务销售活动管理、电子商务客户服务管理及电子商务客户价值管理等多个方面。

1. 电子商务客户信息管理

客户信息管理是电子商务客户关系管理的基础。企业需要通过电子商务平台收集客户的基本信息、交易记录、浏览行为等数据，并进行整合和分析。这些信息有助于企业了解客户需求、购买偏好和潜在价值，为后续的营销和服务提供有力支持。

2. 电子商务营销策略管理

基于客户信息的分析，企业可以制定有针对性的营销策略。例如，通过电子邮件营销、短信营销、社交媒体营销等方式向目标客户推送个性化广告和优惠信息，提高营销效果。同时，企业还可以根据市场变化和竞争态势，调整营销策略，保持竞争优势。

3. 电子商务销售活动管理

在电子商务环境下，销售活动不再局限于线下门店，而是更多地通过在线渠道进行。企业需要管理在线销售活动，包括产品展示、订单处理、支付结算等流程。通过优化销售流程和提高服务质量，企业可以提高客户满意度和忠诚度，促进销售增长。

4. 电子商务客户服务管理

客户服务管理是电子商务客户关系管理的核心环节。企业需要建立高效的客户服务团队，提供及时、专业的服务支持。在客户服务过程中，企业需要积极收集客户反馈，不断优化产品和服务，提升客户满意度和忠诚度。

5. 电子商务客户价值管理

客户价值管理，是指企业通过识别、分析和提升客户价值，实现与客户的长期合作和共赢。在电子商务环境下，企业可以通过数据分析和数据挖掘技术，识别高价值客户和低价值客户，并采取不同的管理策略。对于高价值客户，企业可以提供更加优质和个性化的服务；对于低价值客户，企业可以通过营销策略引导其转化为高价值客户或选择放弃。

三、电子商务客户满意与忠诚管理

在电子商务领域，客户满意与忠诚是企业成功的关键。客户满意不仅意味着他们对产品或服务的认可，更是企业持续发展的重要保障。而客户忠诚则是企业最宝贵的资源之一，能够为企业带来稳定的收入和长期的竞争优势。因此，电子商务企业需要高度重视客户满意与忠诚管理，不断提升客户满意度和忠诚度。

（一）电子商务客户满意管理

1. 概念及其重要性

电子商务客户满意，是指企业产品或服务满足客户需求和期望的程度。在电子商务中，客户满意的重要性不言而喻。只有对产品或服务满意，客户才会再次购买、推荐给他人，为企业创造更多的价值（见图 11-1）。

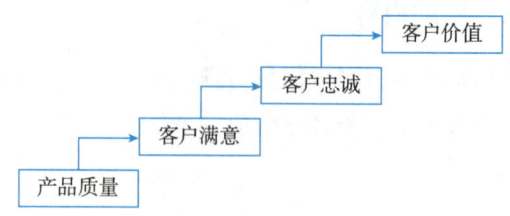

图 11-1 客户价值驱动模型

2. 提升客户满意度的策略

（1）提供优质的产品和服务。优质的产品和服务是提升客户满意度的基石。企业需要关注产品的质量、功能、价格等方面，同时提供便捷的购物流程、快速的配送服务及完善的售后服务。

（2）个性化定制服务。根据客户的个人信息和购买历史，为客户提供个性化的推荐和定制服务。这种服务能够让客户感受到被重视和尊重，提升他们的满意度。

（3）建立快速响应机制。客户对于快速的反馈和解决方案有很高的期望。企业需要建立快速响应机制，及时回答客户的问题和解决他们的疑虑。

（4）利用数据分析优化客户体验。通过数据分析工具，了解客户的购买行为、偏好和需求等信息，优化产品和服务以满足他们的期望。

（二）电子商务客户忠诚管理

1. 概念及其重要性

电子商务客户忠诚，是指客户对企业产品或服务长期保持购买和使用的意愿。在电子商务中，忠诚的客户不仅会为企业带来稳定的收入，还会成为企业的口碑传播者，吸引更多潜在客户。

2. 提升客户忠诚度的策略

（1）建立品牌形象。一个清晰、有吸引力的品牌形象能够增强客户对企业的信任和认同感。企业需要注重品牌形象的塑造和维护，确保品牌形象与企业文化和产品特点相契合。

（2）提供优质服务。优质的服务能够增强客户对企业的信任和满意度，从而提高客户忠诚度。企业需要关注客户需求和反馈，提供及时、专业、个性化的服务支持。

（3）构建会员体系。企业可以通过构建会员体系，为客户提供更多的优惠和福利，激励他们长期购买和使用企业的产品或服务。同时，会员体系还可以为企业收集更多客户信息和反馈，帮助企业更好地了解客户需求和市场变化。

（4）定期沟通和互动。定期与客户进行沟通和互动，了解他们的需求和反馈，及时解决他们的问题和疑虑，这样不仅能增强客户对企业的信任和忠诚度，还能为企业带来更多的商业机会和合作机会。

四、电子商务客户服务管理

企业中最重要的部门就是销售或市场部门，因为这些部门的工作是围绕客户展开的，而围绕客户开展工作的部门都是最重要的部门。

（一）客户细分

客户细分，是指在明确的战略业务模式和特定的市场中，依据客户购买行为、客户需求与偏好、客户忠诚度、客户价值、人口统计特征等因素对客户进行分类，并提供有针对性的产品、服务和营销模式。客户细分过程就是对客户需求进行重新认识的过程。

根据客户价值，企业的客户可分为VIP、大客户、普通客户和小客户4种类型。其中，大客户的数量仅占4%，重要程度仅次于VIP（见图11-2）。

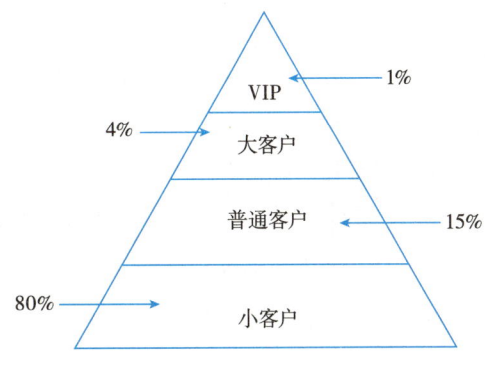

图11-2 企业客户的细分

通过对客户进行细分，企业会发现重要客户的需求侧重点与普通客户的完全不同。普通客户可以接受标准化的服务，而VIP和大客户需要的则是个性化服务，强调的是细节的满足。不同的客户能为企业提供的价值是不同的。企业的资源和能力是有限的，通过客户细分，企业可以找到最有价值的客户，提高客户满意度和忠诚度，从而增加企业利润。

（二）电子商务客户服务管理的内容

电子商务环境下的客户服务管理是在传统客户服务管理的基础上，以信息技术和网络技术为平台开展的客户服务管理，是一种新兴的客户服务管理理念与模式。电子商务客户服务管理的内容包括售前客户服务、售中客户服务、售后客户服务等（见图11-3）。

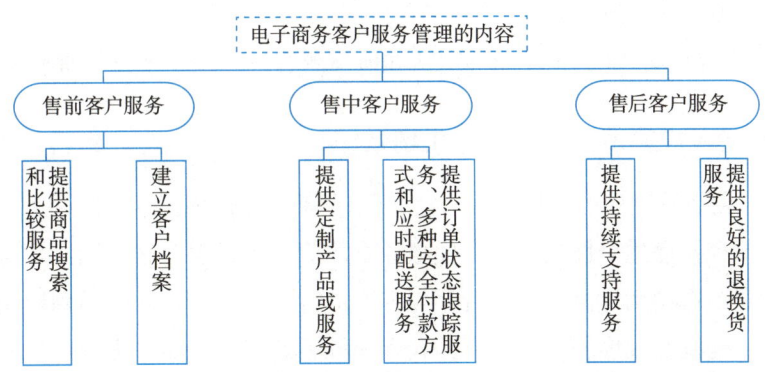

图11-3 电子商务客户服务管理的内容

1. 售前客户服务

售前是商品信息发布和客户进行查询的阶段。在这一阶段，客户服务应主要做好以下2项工作。

（1）提供商品搜索和比较服务。网店提供的商品种类可谓海量，为了方便客户选择，网店应提供搜索服务帮助客户快速定位到自己想要的商品。同时，网店还应提供对比功能和有关商品的详情信息，以便客户比较商品，做出购买决策。

（2）建立客户档案。为老客户提供消费指导和关怀服务。当客户在网站注册时，通常会填写自己的基本资料，网站应把客户资料存储在档案库中，当客户再次光顾时，网站应把其浏览或购买的信息也存入档案库中。以此为依据，网站可以有针对性地开发或刺激消费者的潜在需求。

2. 售中客户服务

（1）提供定制产品或服务。根据客户的个性化需求，及时生产产品或提供服务。这样不仅可以提高客户满意度，还可以及时了解客户需求。

（2）提供订单状态跟踪服务、多种安全付款方式和应时配送服务。客户下单后，电商企业应提供订单状态跟踪服务。为了满足客户的多种需求，企业需要提供灵活多样的安全付款方式，以方便客户选择。客户完成在线购物后，商务活动并未结束，此时客户最关心的问题是所购商品能否准时到货，企业应及时配送。

3. 售后客户服务

售后是非常重要的客户服务环节，越来越多的企业开始重视售后的延续性服务。只有进入售后服务环节，客户才会成为企业真正意义上的客户。只有开展好售后服务，才能保持、维系客户，培养客户忠诚度。

（1）提供持续支持服务。企业可以通过在线技术交流、常见问题解答及在线续订等服务，帮助客户在购买后更好地使用产品或服务。

（2）提供良好的退换货服务。大多数电商企业都提供有良好的退换货服务，以增强客户在购买时的信心。

【知识拓展 11-2】

电子商务客户关系管理的基本原理在于电商企业通过全面识别、理解并满足客户需求，构建和维护长期稳定的客户关系。

通过整合线上线下数据，电商企业能够更精准地预测客户需求，实现精准营销。

一、电子商务在客户关系管理中的应用场景

电子商务在客户关系管理中的应用场景广泛，包括但不限于以下 3 个。

（1）在线购物平台：通过个性化推荐、优惠券发放等手段，提升客户购买意愿和忠诚度。

（2）社交媒体营销：利用社交媒体平台，与客户进行实时互动，增强品牌影响力和客户黏性。

（3）客户服务：提供在线客服支持、自助查询和投诉处理等功能，提高客户服务水平。

二、电子商务客户关系管理面临的挑战

（1）数据安全问题：客户数据泄露可能导致信任危机和法律风险。

（2）个性化服务的平衡：如何在保护客户隐私的前提下提供个性化服务。

（3）技术更新迭代：电子商务技术发展迅速，企业需要不断更新系统以保持竞争力。

三、电子商务客户关系管理解决方案

（1）加强数据安全管理：建立完善的数据安全制度和防护体系，确保客户数据安全。

（2）明确个性化服务边界：在提供个性化服务时，充分尊重客户隐私和意愿。

（3）关注技术发展动态：保持对电子商务技术发展的敏感度，及时引进新技术和系统。

【阅读和思考 11-2】

优品汇的电子商务客户关系管理

优品汇是一家专注于家居用品销售的电商平台。早在初创阶段，优品汇就意识到客户关系管理的重要性，并决定从客户数据收集、个性化服务、客户沟通及客户忠诚度培养等方面入手，全面提升客户体验。

首先，优品汇建立了一套完善的客户数据管理系统，通过用户的浏览记录、购买历史及用户反馈等信息，对用户进行细分，以便更好地了解用户需求。基于这些数据，优品汇能够提供个性化的商品推荐和购物体验，大大提高了用户的购物满意度。

其次，优品汇非常重视与客户的沟通。其设立了专门的客户服务团队，通过在线聊天、电话、电子邮件等多种方式，及时解答用户的疑问，处理用户的投诉。这种贴心的服务让用户感受到了平台的关怀，从而增强了用户对平台的信任感。

最后，优品汇推出了一系列客户忠诚度计划，如积分兑换、会员专享优惠等，以激励用户进行重复购买。这些计划不仅提高了用户的购物频次，还增强了用户对平台的黏性。

经过一系列客户关系管理措施的实施，优品汇的用户满意度和忠诚度都得到了显著提升，平台业绩也随之攀升。

【任务实施 11-2】

1. 优品汇是如何通过客户数据管理系统提高用户购物满意度的？
2. 结合该案例简述在客户关系管理中与客户沟通的重要性。
3. 客户忠诚度计划对电商平台的发展有何重要意义？优品汇的客户忠诚度计划有哪些值得借鉴的地方？
4. 如果你是优品汇的客户关系管理经理，会如何进一步优化现有的客户关系管理策略？
5. 分析其他成功的电子商务企业是如何进行客户关系管理的，并与该案例进行比较。

【任务考核 11-2】

考核项目	讨论分析	权重（%）	分值
如何提升用户购物满意度		10	
客户沟通案例		20	
客户忠诚度		20	
优化客户关系管理策略		20	
分析同行客户关系管理		30	
评　分		100	

任务3　客户关系管理系统及其应用

【任务情景】

随着业务规模的不断扩大，不少企业意识到传统的客户管理方式已无法满足用户需求的变化，于是引入客户关系管理系统优化客户服务、提高客户满意度和忠诚度。本任务旨在详细解读客户关系管理系统及其应用。

【任务分析】

为了完成这一任务，我们需要了解客户关系管理系统的概念及分类、主要模块、关键技术、在电子商务中的应用。

【知识链接】

一、客户关系管理系统的概念及分类

1. 客户关系管理系统的概念

客户关系管理系统，是指利用软件、硬件和网络技术，为企业建立一个用于客户信息收集、管理、分析和利用的信息系统。它以客户数据的管理为核心，记录企业在市场营销和销售过程中与客户发生的各种交互行为，以及各类有关活动的状态，提供各类数据模型，为后期的分析和决策提供支持。目前，比较典型的客户关系管理系统品牌有纷享销客、Zoho CRM、用友 CRM、销售易等。

2. 客户关系管理系统的分类

根据客户关系管理系统功能和运行方式，美国调研机构 Meta Group 把客户关系管理系统分为操作型、协作型和分析型3种（见图11-4）。

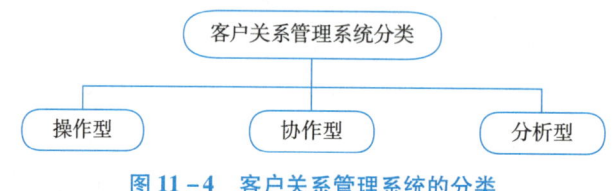

图11-4　客户关系管理系统的分类

（1）操作型客户关系管理系统。操作型客户关系管理系统主要通过业务流程的定制实施，让企业员工在销售、营销和提供服务时，能用最佳方法提高效率。如销售自动化、营销自动化、客户服务支持，以及移动销售与现场服务软件工具，都属于操作型客户关系管理系统。该系统主要适合第一次使用客户关系管理系统的企业。

（2）协作型客户关系管理系统。协作型客户关系管理系统是一套主要通过提高客户服务请求的响应速度来提升客户满意度的管理系统。客户除了可以通过传统的信件、电话传真或直接登门造访等形式与企业接触，还可以通过电子邮件、企业微信等信息手段达到与企业进行信息交流和商品交易的目的。

（3）分析型客户关系管理系统。分析型客户关系管理系统通过对企业资源计划、供应链管理等

系统，以及操作型客户关系管理系统、协作型客户关系管理系统等不同渠道收集的各种客户资料，用报表系统地分析并找出规律，帮助企业全面了解客户分类、行为、满意度、需求和购买趋势等，为决策提供客观的数据支持。企业可以利用上述资料制定正确的经营管理策略。该系统就是根据对客户信息的分析帮助企业"做正确的事，做该做的事"，其特点是智能化，适合管理者或领导使用。

二、客户关系管理系统的主要模块

客户关系管理系统的主要模块包括营销自动化、销售自动化、客户服务自动化和商业智能化（见图11-5）。

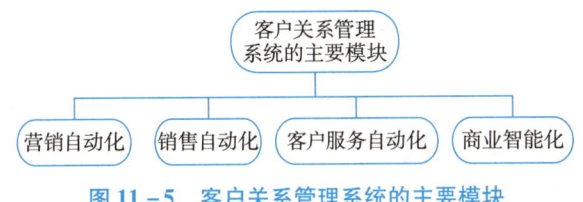

图11-5 客户关系管理系统的主要模块

1. 营销自动化

客户关系管理系统的营销自动化模块能够帮助企业有效收集来自各个营销渠道的客户信息，包括通过搜索引擎推广、网站、短信、微信、呼叫中心等多种方式获取的潜在客户信息，以及举办市场活动、会展等线下收集的客户信息，存储在客户关系管理系统中。该系统可自动化跟进市场活动，获知活动效果，帮助企业有效规划并改善市场活动流程，优化潜在客户开发过程及提高转化率。

2. 销售自动化

客户关系管理系统的销售自动化模块可以把企业的所有销售环节有机结合起来，在不同的销售部门之间、销售部门与市场之间、销售部门与服务部门之间建立起以客户为中心的顺畅的工作流程。销售人员可以利用客户关系管理系统，对销售过程中的客户行为、潜在客户发展过程等售前、售后工作进行全方位、自动化管理。客户关系管理系统的销售自动化模块能缩短企业销售周期，降低成本，提高销售成功率。

3. 客户服务自动化

客户关系管理系统的客户服务自动化模块能够帮助企业实现标准化的服务流程，帮助客服人员更精准地捕捉和跟踪客户问题，提高客户服务的效率与能力，提升客户满意度，服务好老客户，延长客户生命周期，从客户反馈中挖掘潜在的销售机会，让客户为企业贡献更多价值。

4. 商业智能化

商业智能化，又称"商业智慧"，是通过企业业务流程和管理过程中产生的大量数据，如订单、库存、交易账目及客户资料等进行挖掘，将现有数据转化为有用信息，企业管理者利用这些信息增进对业务情况的了解，并支持其在业务管理及发展上及时做出正确判断。商业智能为了将数据转化为有用信息，需要用到数据仓库、联机分析处理工具和数据挖掘等技术。客户关系管理系统的商业智能化模块可以共享客户资源，为企业搭建一个完善的客户资源数据库共享平台。

三、客户关系管理系统的关键技术

客户关系管理系统是现代企业管理中的重要组成部分，涉及一系列关键技术的应用，以帮助企业建立、维护并优化与客户的关系。

1. 数据仓库技术

数据仓库是客户关系管理系统的核心，用于存储和管理大量客户数据。数据仓库技术的关键在于数据整合、存储和查询性能的优化。通过构建高效的数据仓库，企业可以快速地获取和分析客户数据，为决策提供有力支持。

（1）数据仓库技术的应用场景。数据仓库技术在不同行业中有着广泛的应用场景。在智能客服领域，数据仓库能够存储和处理大量的客户数据，帮助企业更好地了解客户需求并提供个性化的服务和产品推荐。在电子商务运营过程中，数据仓库能够整合来自各个渠道的用户数据、销售数据和库存数据等，支持精准的推荐和营销活动。此外，在金融、医疗、教育等领域，数据仓库也发挥着重要作用。

（2）数据仓库技术的优势。数据仓库技术的优势主要体现在以下 3 个方面：首先，数据仓库提供了一个集成的数据环境，使企业能够全面、准确地了解其业务状况；其次，通过数据仓库对历史数据进行挖掘和分析，企业可以发现潜在的商业机会和风险；最后，数据仓库支持多维度的数据分析和查询，为企业决策提供有力支持。

2. 数据挖掘技术

数据挖掘是从大量数据中提取有用信息和知识的过程。在客户关系管理系统中，数据挖掘技术用于发现客户行为模式、预测客户需求、评估客户满意度等。通过数据挖掘，企业可以更深入地了解客户，制定更精准的营销策略。

（1）数据挖掘的起源。数据挖掘起源于 20 世纪 80 年代末 90 年代初。当时，随着数据库技术的成熟和数据量的急剧增长，人们开始关注如何从海量数据中提取有价值的信息。最初的数据挖掘技术主要集中在统计学和数据库系统上，如通过简单的统计分析发现数据中的模式和关联。随着技术的进步和方法的不断创新，数据挖掘技术得到了迅速的发展，并逐渐形成了包括数据预处理、数据挖掘算法、数据结果分析等核心组件的完整体系。

（2）数据挖掘技术的应用场景。数据挖掘技术在各个领域都有广泛的应用。在金融领域，数据挖掘技术被用于风险评估、欺诈检测、信用评分等；在医疗领域，数据挖掘技术被用于疾病预测、药物研发、医疗资源优化等；在电商零售领域，数据挖掘技术被用于用户画像分析、销售预测、商品推荐等；在电信领域，数据挖掘技术被用于客户流失预警、网络优化等。

3. 社交媒体集成技术

随着社交媒体的普及，客户在社交媒体上的行为和反馈成为企业了解客户需求和满意度的重要来源。社交媒体集成技术允许企业将社交媒体数据与客户关系管理系统相结合，实时监控和分析客户在社交媒体上的互动，以便及时响应客户需求和提升客户满意度。

（1）社交媒体集成技术的概念。社交媒体集成技术是一种将社交媒体平台的功能、数据和用户体验整合到其他应用程序或网站中的技术手段。其主要目的是增强用户体验，提高用户参与度，提升品牌知名度，并获取更多的用户数据。

（2）社交媒体集成技术的典型应用。社交媒体集成技术在各类场景中都有广泛应用，如电商平台、新闻网站、移动应用等。例如，某电商平台通过社交媒体集成技术，允许用户在使用电商平台时直接分享商品信息到社交媒体平台，从而提高了商品的曝光度和销售量。同时，该平台还利用社交媒体登录功能，简化了用户的注册过程，提高了用户参与度。

4. 云计算平台技术

云计算平台为客户关系管理系统提供了灵活性和扩展性。通过云计算技术，企业可以根据需求快速部署和调整资源，确保系统能够应对业务高峰期的挑战。同时，云计算技术提供了数据备份和恢复功能，确保客户数据的安全性。

（1）云计算平台的概念。云计算平台，也称"云平台"，是基于硬件资源和软件资源的服务，提供计算、网络和存储能力。云计算平台一般具备硬件管理对使用者/购买者高度抽象的特性，即用户无须了解数据是在何处及如何进行处理的，只需要向"云"发出指示，就能在短时间内得到所需结果。

（2）云计算平台的技术特点。云计算平台的技术特点主要体现在7个方面。①超大规模：云计算平台拥有庞大的服务器资源，如Google云计算拥有超过100万台服务器，Amazon、IBM、微软等也拥有数十万台服务器。②虚拟化：云计算支持用户在任意位置、使用各种终端获取应用服务，用户无须关心应用运行的具体位置。③高可靠性：云计算通过数据多副本容错、计算节点同构可互换等措施，确保服务的高可靠性。④通用性：云计算不针对特定的应用，同一个"云"可以同时支撑不同的应用运行。⑤高可扩展性：云计算平台可以根据需求动态伸缩，满足应用和用户规模增长的需要。⑥按需服务：用户可以根据需要购买云计算资源，计费方式灵活。⑦极其廉价：云计算由于采用极其廉价的节点和自动化集中式管理，用户可以享受低成本优势。

（3）云计算平台应用场景。云计算平台应用场景广泛，主要包括以下3个。①弹性扩展与资源管理：在电子商务的高峰期，如"双11""黑色星期五"等，云计算平台能够自动扩展计算资源，以应对激增的访问量和订单量。这种弹性扩展的特性确保了电商平台的高可用性和稳定性。②大数据分析：电商平台积累了大量的用户数据，如购买记录、浏览行为等，云计算平台提供的大数据处理能力可帮助电商平台深入分析这些数据，实现精准营销、个性化推荐等目标。③安全性保障：云计算平台通常具备强大的安全防护能力，如数据加密、防火墙、入侵检测等，可以保护电商平台的数据安全，避免数据泄露和非法访问。以亚马逊为例，作为全球最大的电子商务平台之一，亚马逊通过云计算平台Amazon Web Services（AWS）实现了高效、稳定的运营。AWS为亚马逊提供了弹性计算、大数据分析、安全防护等服务，帮助亚马逊应对全球范围内的用户访问和订单处理需求。据统计，AWS为亚马逊节省了数十亿美元的信息技术成本，并提高了运营效率。

四、客户关系管理系统在电子商务中的应用

1. 客户数据管理与分析

客户关系管理系统能够集中存储和管理客户的基本信息、购买历史、沟通记录等数据。通过数据分析工具，企业可以深入挖掘客户需求和偏好，为精准营销和个性化服务提供支持。

 | 电子商务基础

2. 个性化推荐与营销

基于客户关系管理系统收集的数据，电商平台可以为用户提供个性化的产品推荐和优惠信息。这种定制化的服务能够显著提高用户的购买意愿和满意度。

3. 销售自动化与优化

客户关系管理系统可以跟踪销售机会，管理销售流程，提高销售效率。销售团队可以利用客户关系管理系统更有效地跟进潜在客户和现有客户，提升销售业绩。

4. 客户服务与支持

客户关系管理系统提供了客户服务团队所需的工具，如在线聊天支持、客户支持案例管理等，以快速响应和解决客户问题。这样有助于提升客户满意度，降低客户流失率。

【知识拓展 11-3】

对电商企业来说，引入客户关系管理系统至关重要。

其一，客户关系管理系统有助于企业更好地了解客户，包括他们的购买行为、偏好、需求等，从而提供更个性化的服务。

其二，客户关系管理系统可以提高客户服务的响应速度和准确性，减少客户等待时间，提升客户满意度。

其三，通过对客户数据的深入分析，企业可以制定更加精准的营销策略，提高销售转化率。

其四，客户关系管理系统可以帮助企业实现销售机会的有效跟踪和管理，确保销售人员及时跟进潜在客户，不错失任何商机。

其五，客户关系管理系统能为企业管理层提供全面的业务数据分析报告，帮助企业制定更加科学的战略决策。

【阅读和思考 11-3】

某大型电商平台的客户关系管理系统应用

某大型电商平台为增强客户黏性、优化服务体验和提高市场竞争力，决定引进先进的客户关系管理系统。该系统集成了客户信息管理、销售流程跟踪、客户服务响应及高级数据分析功能。

客户关系管理系统首先建立了一个全面的客户信息库，包括客户姓名、地址、联系方式、购买历史等。每当客户在平台上进行交易时，其信息都会得到实时更新。例如，客户购买一款新手机，系统不仅会记录这一购买行为，还会基于该客户的购买历史和偏好，为其推荐相应的手机配件。

销售团队可以利用客户关系管理系统追踪每一个潜在的销售机会。从初步接触客户、产品展示、价格谈判到最后的合同签订，每一步都被详细记录并在系统中得到提醒和跟进。例如，当客户对某产品表示有兴趣但还未下单时，系统会自动提醒销售人员及时跟进，确保不遗漏任何销售机会。

客户关系管理系统使客服团队能够迅速响应客户的咨询和投诉。通过集成的在线聊天工具、电话系统和电子邮件通知，客服人员能够在第一时间为客户提供解答和帮助。例如，当客户遇到支付问题时，系统能迅速将问题分配给相应的客服，确保问题得到及时解决。

自引入客户关系管理系统后，该电商平台的客户满意度提升了86%，回购率增加了35%，整

体销售额也实现了90%的增长。

思考：结合本案例，探讨大数据和人工智能技术在提升客户关系管理效果方面的作用及其未来可能的发展趋势。

【任务实施 11-3】

1. 客户关系管理系统的核心功能是什么？列举并简述它们是如何帮助企业更好地管理客户关系的。

2. 在客户关系管理中，数据的安全性和隐私性至关重要。你认为企业应采取哪些措施确保这两点？

3. 如何评价客户关系管理系统在提升客户满意度和忠诚度方面的效果？你还有哪些建议可以进一步提升客户满意度和忠诚度？

4. 企业在考虑引入客户关系管理系统时，应如何权衡其投入与预期的回报？同时，为确保系统的高效和持续价值，你有何建议？

【任务考核 11-3】

考核项目	讨论分析	权 重（%）	分 值
客户关系管理系统的核心功能		20	
数据安全和隐私保护		30	
提升客户满意度和忠诚度		30	
引入客户关系管理系统的投入与预期的回报		20	
评 分		100	

项目小结

本项目对客户关系管理进行了概述，深入介绍了客户关系管理、客户关系管理系统及其应用。

任务1从客户关系管理的概念和解决的主要问题出发，介绍了客户关系管理的核心价值、实施要点、前沿技术及行业应用案例。

任务2介绍了电子商务客户关系管理的概念及内容，并指出其包括电子商务客户信息管理、电子商务营销策略管理、电子商务销售活动管理、电子商务客户服务管理及电子商务客户价值管理等多个方面。

任务3介绍了客户关系管理系统及其应用。客户关系管理系统分为操作型、协作型、分析型3类，包括营销自动化、销售自动化、客户服务自动化、商业智能化4个主要模块，涉及数据仓库技术、数据挖掘技术、社交媒体集成技术、云计算平台技术等关键技术。

项目作业

一、单项选择题

1. 客户关系管理的核心目标是（　　）。

A. 提高产品质量　　　　　　　　　　　　B. 降低生产成本

C. 提升客户满意度和忠诚度　　　　　　D. 增加广告投放

2. 在客户关系管理中，下列选项不属于客户信息管理关键环节的是（　　）。

A. 客户信息的采集　　　　　　　　　　B. 客户信息的整理

C. 客户信息的删除　　　　　　　　　　D. 客户信息的分析

3. 在电子商务环境下，客户关系管理的重要性主要体现在（　　）。

A. 降低库存成本　　　　　　　　　　　B. 提高物流效率

C. 增强客户黏性　　　　　　　　　　　D. 提升产品价格

4. 下列选项中有助于提升客户满意度的策略是（　　）。

A. 提高产品价格　　　　　　　　　　　B. 减少售后服务

C. 忽视客户投诉　　　　　　　　　　　D. 定制化服务

5. 客户关系管理系统的主要功能不包括（　　）。

A. 客户信息管理　　　　　　　　　　　B. 销售机会管理

C. 财务管理　　　　　　　　　　　　　D. 服务请求管理

6. 在电子商务中，实施客户关系管理的首要步骤是（　　）。

A. 选择适合的客户关系管理系统　　　　B. 制定客户服务标准

C. 提高产品质量　　　　　　　　　　　D. 进行市场调研

7. 关于客户关系管理系统，下列说法错误的是（　　）。

A. 有助于企业更好地了解客户需求　　　B. 能够提高企业营销效率

C. 无法帮助企业提升客户满意度　　　　D. 是企业实现可持续发展的重要手段

二、简答题

1. 简述客户关系管理的概念和核心目标。
2. 在电子商务环境下，为什么客户关系管理尤为重要？请列举至少 3 个原因。
3. 在电子商务中，如何有效利用客户信息提升销售和服务质量？
4. 简述客户关系管理系统的主要模块。
5. 结合实际，谈谈你如何理解"客户至上"的服务理念在客户关系管理中的重要性。

项目 12　电子商务的发展趋势

【项目导读】

当前，电子商务已被应用于农村电子商务、实体经济等领域，以及医疗、金融、教育等行业。本项目将全面解读人工智能与大数据在电子商务中的应用、农村电子商务的发展与挑战，以及电子商务与实体经济的深度融合，以期对电子商务未来发展趋势有一定的认识。

【技能目标】

1. 能够分析农村电子商务的发展现状和未来发展趋势。
2. 能够在电子商务中应用人工智能与大数据技术。

3. 能够通过所学电商知识为促进农村经济发展贡献一份力量。

【知识目标】

1. 了解乡村振兴战略，认识电子商务在乡村振兴中的作用。
2. 了解我国电子商务与实体经济融合的发展现状。
3. 理解电子商务和实体经济之间的关系。

【思政素质目标】

1. 引导学生认识到电子商务在扶贫中的作用，激发学生的责任感和使命感。
2. 培养学生利用电子商务知识和技能投身乡村振兴伟大事业的家国情怀。

【引导案例】

京东物流作为科技物流企业，拥有无人机、无人仓、无人车、京东地图、智能空间物流、青流箱等物流"黑科技"。京东物流新一代无人机、无人仓、配送机器人等智能物流设备让人大开眼界。其中，X1无人机和Y3无人机成为大家关注的焦点，它们不仅可往返20千米送货，而且能全自主定点悬停抛货，自动卸货并返航，有效降低了物流配送成本，提升了配送效率。除了无人机，京东无人仓、无人车同样吸睛无数。京东无人仓强大的仓储系统，连同多系列的自动驾驶技术产品，从商品入库、存储到包装、分拣，真正实现了全流程、全系统的智能化、无人化。

任务1　人工智能与大数据在电子商务中的应用

【任务情景】

随着互联网技术的不断发展，在竞争激烈的市场中，如何通过海量数据准确预测商品销售量成为电商企业面临的重要问题，而人工智能和大数据技术为电商企业提供了新的强大支持。本任务旨在掌握人工智能与大数据在电子商务中的应用。

【任务分析】

为完成这一任务，我们需要掌握人工智能和大数据在电子商务中的应用，并了解云计算、区块链等其他新兴技术。

【知识链接】

一、人工智能在电子商务中的应用

人工智能是计算科学的一个分支，其可以通过模拟人类智能行为，实现对数据的自动处理和分析，为电商企业商品销售量的预测提供了强大的支持。当前，人工智能在电子商务中的应用主要体现在以下4个方面。

1. 聊天机器人

通过自然语言处理和机器学习等人工智能技术，电商平台可以设立聊天机器人，为用户提供个性化的客服和咨询服务。这种人工智能技术可以大大提高客服效率，减少人力成本，并且随时为用户解答问题。

2. 智能搜索

利用人工智能技术，电商平台可以实现智能搜索功能。通过深度学习和推荐算法，电商平台可以根据用户的搜索词和搜索历史，智能地为用户提供相关搜索结果，提高搜索准确性和用户体验。

3. 虚拟试衣间

借助人工智能的计算机视觉技术，电商平台可以提供虚拟试衣间功能，让用户能够在网上试穿商品，避免了线下试衣的烦琐和不便，提高了用户购物的便利性和体验感。

4. 智能推送

电商平台可以通过人工智能技术对用户的兴趣和偏好进行分析，向其智能地推送相关商品和促销信息。这种个性化的推送能够引起用户的兴趣，增加购买的可能性。

二、大数据在电子商务中的应用

大数据是指无法在一定时间范围内用常规软件工具进行捕捉、管理和处理的数据集合，是需要新处理模式才能具有更强的决策力、洞察发现力和流程优化能力的海量、高增长率和多样化的信息资产。大数据技术的优势在于能够处理和分析海量数据，包括数据采集、存储、处理和分析等，为电商企业提供更全面、更准确的信息。大数据在电子商务中的应用主要体现在以下 4 个方面。

1. 消费者洞察

通过大数据的分析，电商企业能够了解用户的购买行为、偏好、兴趣等信息。这些信息可以帮助企业进行精准的市场定位，调整商品策划和推广活动，从而提升用户的购买意愿和忠诚度。

2. 商品推荐

利用大数据的分析算法，电商平台可以根据用户的购买历史、浏览行为、兴趣等信息，智能地为用户推荐个性化的商品。这种个性化推荐可以提高商品的销售转化率，并且让用户获得更好的购物体验。

3. 库存管理

大数据分析可以帮助电商企业进行合理的库存管理。通过对历史销售数据和市场趋势进行分析，企业可以预测未来的需求量，合理安排商品供应，避免过多或过少的库存，降低企业的成本和风险。

4. 营销活动优化

通过大数据的分析，企业可以对不同的营销活动进行评估，了解不同活动对销售额和用户转化率的影响，从而优化营销策略，提升活动的效果。

三、人工智能和大数据在电子商务中的应用案例

以下 3 个实际案例，展示了大数据和人工智能在电子商务中的应用。

1. 淘宝的个性化推荐

淘宝利用大数据和人工智能技术，为用户提供个性化的商品推荐。通过分析用户的购买和浏览记录，淘宝可以根据用户的兴趣和偏好，精准地为其推荐商品，提高用户的购买转化率和满意度。

2. 京东的商品搜索

京东通过人工智能技术，提供智能搜索的功能。当用户输入关键词进行搜索时，京东可以分析用户的搜索历史和意图，智能地为用户呈现相关的搜索结果和推荐商品，提高用户的搜索效率和准确性。

3. 小米的智能客服

小米通过建设智能客服系统，利用人工智能技术实现了24小时在线客服服务。用户可以通过语音或文字与智能客服进行对话，解决问题和进行咨询。这种智能客服可以提高客服效率，给用户带来更好的服务体验。

【知识拓展 12-1】

数字时代从不缺数据，缺的是"智慧的数据"。"智慧的数据"是指将大数据和人工智能进行结合，人工智能的预测能使海量的数据变成有用的预测性信息。

未来，这种预测性信息将会被越来越多的企业应用到不同的营销场景中。

【阅读和思考 12-1】

腾讯与贵阳将在云计算、人工智能和区块链等领域进行深度合作

2019年1月25日，腾讯与贵阳市人民政府签署了关于发展数字经济、打造"数智贵阳"的深化合作协议。腾讯会提供云计算、大数据、区块链、人工智能等领域的技术和经验。合作涉及数字政府、社会治理、产业发展，以及智能制造、教育、医疗等多个方面。

在数字政府方面，贵阳市依托腾讯"数字政府"工具箱的理念，以及腾讯政务云领域的技术与经验，提高政务服务质量，实现政务服务数字化转型升级。双方共同打造的微政务服务体系，实现了居民、企业在贵阳市办事"一门进、一网办、一次办"，通过手机端刷脸验证身份可办理驾驶证、居住证等电子证照和电子凭证，动动手指即可完成社保缴费、住房公积金查询等民生服务。腾讯云还同步为"数智贵阳"提供底层区块链技术，打造贵阳"网络身份链凭证中心"。该中心建成后，将实现居民身份信息一经上链，在个人、企业授权的情况下即可多处使用，快速验证。

在社会治理方面，政府让群众参与到社会治理中。例如，群众可通过微信小程序进行在线举报，智能客服会根据事件类型进行分析与分类，快速分发到直接负责部门进行处理，从而构建多元参与、共治善治的众包社会治理体系。

在产业发展方面，腾讯在贵阳落地腾讯云智能企业，联合本地高校，共建人工智能学院；同时，为贵阳引入人工智能生态合作伙伴，共同孵化、扶持本地人工智能企业。

思考：人工智能、云计算、大数据和区块链技术是不是独立存在的？

【任务实施 12-1】

在班级里，以个人或小组为单位：

1. 分析物联网、大数据、人工智能等新兴技术在电子商务中的应用及其对电子商务产生的影响。

2. 下载安装并使用一款网络会议和网络电话软件（如钉钉），总结该软件能给电子商务带来哪些便利，你对此有何建议。

【任务考核 12-1】

考核项目	讨论分析	权　重（%）	分　值
新兴技术对电子商务的影响		50	
软件带来的便利		30	
建　议		20	
评　分		100	

任务2　农村电子商务的发展与挑战

【任务情景】

近年来，在国家政策的大力支持下，我国农村电子商务发展迅速，不仅成为精准扶贫的重要载体，而且为乡村振兴提供了新动能、新载体。本次任务旨在通过对农村电子商务发展历程的梳理，发现农村电子商务市场的巨大潜力及未来趋势。

【任务分析】

为了完成这一任务，我们需要掌握农村电子商务的概念及特点、发展历程及现状、发展趋势与挑战等内容。

【知识链接】

一、农村电子商务的概念及特点

（一）农村电商的概念

农村电商，是指涉农领域的生产经营主体利用互联网、计算机、多媒体等现代信息技术手段，在网上进行产品或服务的销售、购买和电子支付等业务活动的过程，包括农村消费电子商务、农资电子商务和农产品电子商务。常见的农村电商平台有农村淘宝、惠农网和沱沱工社等。

（二）农村电商的特点

1. 市场规模庞大

随着我国农村互联网的普及和基础设施的不断完善，农村电商在国家"三农"发展战略的指引下实现了迅猛发展。农村网民数量不断增多，农村电商交易规模不断扩大，商品的交易种类也在逐渐丰富。

2. 参与主体具有普遍性

相比传统的农业商业模式，参与农村电商的主体数量和类型更多，农产品的生产者、加工者、经营者、消费者及一些政府职能部门都可以参与其中并获得利益。多种类型的参与主体可以使各方的需求都能得到满足，各方的产品或服务都能更快地找到需求方，从而减少了中间环节，提高了效率。

3. 模式多样

随着信息技术的不断发展和乡村振兴战略的不断推进，农村电商的模式趋于多元化发展，如农产品电商平台直销模式、农村合作社电子商务模式、电子商务扶贫模式、农村社区O2O模式等。

二、农村电商的发展历程及现状

（一）农村电商的发展历程

我国农村电商的发展经历了多个阶段。

1. 起步与探索阶段

农村电商的起步源于互联网的普及和农村经济的发展。在这一阶段，农民开始接触网络购物，了解电商平台的便利性和广阔的市场前景。同时，一些具有前瞻性的企业和个人开始尝试在农村地区开展电子商务业务，探索适合农村市场的电子商务模式。这些初期的探索为农村电商的发展奠定了基础。

2. 政策扶持与增长阶段

随着政府对农村电商的重视程度不断提升，一系列扶持政策相继出台，包括财政补贴、税收优惠、金融支持等政策，为农村电商的发展提供了有力保障。在政策的推动下，农村电商企业数量快速增长，市场规模不断扩大，农产品上行和工业品下行的双向流通渠道逐渐形成。

3. 规模化与专业化发展阶段

随着农村电商的深入发展，越来越多的企业开始注重规模化经营和专业化发展。一些大型电商平台通过整合资源，建立起了覆盖全国的农村电商服务网络。同时，一些专注于农村市场的电商企业开始崭露头角，它们通过深耕细作，逐渐形成了自己的品牌和市场优势。

4. 物流体系完善阶段

物流是农村电商发展的重要支撑。在起步阶段，农村地区的物流体系相对薄弱，制约了电子商务的发展。随着政府和企业对物流基础设施建设的投入加大，农村地区的物流网络逐渐完善。快递网点、配送车辆等资源的增加，使农产品能够更快速、更便捷地到达消费者手中，也提高了工业品下乡的效率。

5. 服务体系健全阶段

农村电商的发展不仅需要物流体系的支持，还需要完善的服务体系。在这一阶段，农村电商服务平台逐渐兴起，为农民提供了包括信息发布、产品推广、在线交易、金融服务等在内的全方位服务。这些平台的出现，降低了农民参与电商的门槛，提高了农民的电子商务应用能力。

6. 数商兴农新阶段

随着大数据、云计算等技术的应用，农村电商进入了数商兴农新阶段。通过分析数据，电商企业能够更准确地把握市场需求和消费者偏好，为农民提供更加精准的产品推广和营销策略。同时，数字技术的应用推动了农村电商的智能化和个性化发展，提升了用户体验和满意度。

7. 创新模式与业态阶段

在发展过程中，农村电商不断创新模式与业态，以适应市场的变化和满足消费者的需求。例如，社交电子商务、直播电子商务等新型电子商务模式的兴起，为农产品销售提供了新的渠道和方式。此外，农村电商还积极探索与旅游业、文化产业等领域融合发展，推动农村经济多元化发展。

8. 乡村振兴与城乡融合阶段

农村电商作为乡村振兴的重要力量，不仅促进了农产品的销售和农村经济的发展，还推动了城乡之间的融合与发展。通过电商平台，农民能够更直接地了解市场需求和消费者喜好，调整生产结构和种植方式，提高农产品的品质和附加值。同时，农村电商带动了农村地区的就业创业和人才培养，为乡村振兴注入了新的活力。

未来，随着技术的不断进步和市场的不断扩大，农村电商将继续发挥重要作用，推动农村经济的繁荣和发展。

（二）农村电商的发展现状

近年来，中国农村发展增长势头明显，在加快补齐农村物流设施和服务短板等一系列措施下，农村电商蓬勃发展，在农产品产销对接、农业转型升级方面成效显著。《2024年中国乡村数字经济发展专题研究报告》显示，2023年，中国农产品网络零售额为5900亿元，同比增长11.0%；2023年，中国农村网络零售额达24900亿元，同比增长14.7%，预计2025年中国农村网络零售额将达到28711亿元（见图12-1）。

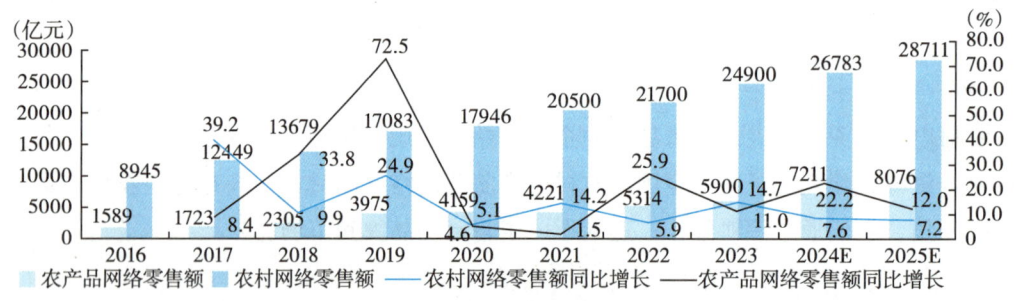

图12-1　2016—2025年中国农村网络零售额与农产品网络零售额及预测

注：2024年的中国农村网络零售额和农产品网络零售额目前中国还未有权威部门公布，仍然采用预测的数据。

资料来源：农业农村部、艾媒数据中心。

《2023年前三季度中国电子商务发展报告》指出，农村网络零售正在稳步增长，2023年前三季度，全国农村网络零售额1.72万亿元，同比增长12.2%。其中，农村实物商品网络零售额1.56万亿元，同比增长11.5%。

分品类来看，服装鞋帽、针纺织品，日用品，粮油、食品网络零售额位居前三，占比分别为25.0%、19.3%和8.8%（见图12-2），烟酒、金银珠宝、建筑及装潢材料同比分别增长40.6%、

24.9%和15.6%。

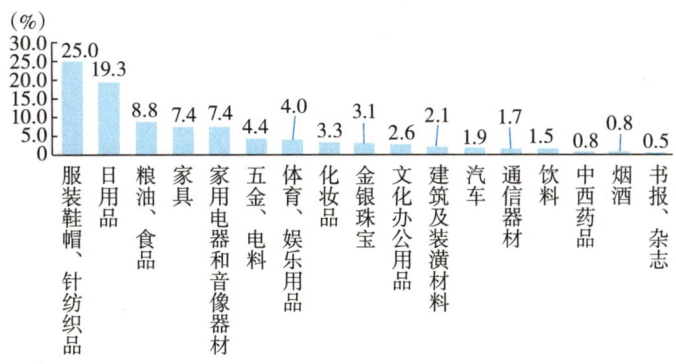

图12-2　2023年前三季度中国农村网络零售分品类交易额占比

资料来源：商务大数据。

分地区来看，东、中、西部和东北地区农村网络零售额占全国农村网络零售额比重分别为75.2%、15.9%、6.8%和2.1%（见图12-3），同比分别增长8.8%、25.4%、26.8%和7.6%。

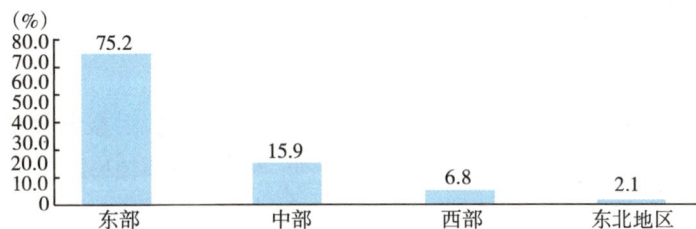

图12-3　2023年前三季度中国农村网络零售分地区交易额占比

资料来源：商务大数据。

三、农村电商的发展趋势与挑战

（一）农村电商的发展趋势

1. 全面助力数字乡村建设

当前，新一代信息技术创新空前活跃，不断催生新技术、新产品、新模式，推动全球经济格局和产业形态的深度变革，为数字乡村发展创造了前所未有的机遇。随着我国数字乡村建设相关政策的不断出台和各大电商平台对农村的快速布局，数字乡村建设走上了"快车道"。有了国家政策的支持和各大电商平台的参与，数字乡村的红利将普及广大乡村地区。农村电商以互联网为载体，进一步聚焦数字化在农业全产业链条中的创新应用，运用数字化技术提供系统集成优化方案，由销售端梯次向供应链、产业链直至价值链进行改造，最终将重新构建农业电子商务体系，推动农村经济高质量发展。

2. 生鲜农产品电子商务有望迎来新机遇

由于生鲜农产品具有高单价、高复购率和强客户黏性的特点，生鲜农产品市场近年来一直是各大电商平台激烈竞争的领域。生鲜农产品电子商务的商业模式不断创新，并向集成化、智能化方向发展，陆续涌现出以盒马鲜生、每日优鲜为代表的"线上+线下+餐饮"的生鲜零售模式。随着消费者对线上购买生鲜的便捷性和安全性认知不断强化，线上购买生鲜产品的习惯正在被加速培育，与此同时，农产品冷链技术也在不断迭代升级。随着消费者购买生鲜的习惯养成和冷链物流建设的大力推进，以及政府与企业的全力保障，生鲜农产品电子商务有望迎来新机遇。

3. 在乡村振兴中将发挥更大作用

农村电商作为脱贫攻坚的重要手段，在"十三五"期间有效助力精准扶贫、精准脱贫，让农产品通过互联网走出乡村，有力保障了2020年脱贫攻坚圆满收官。接下来，需要进一步巩固拓展脱贫攻坚成果，做好乡村振兴。乡村振兴作为一项国家战略，包括产业、人才、文化、生态、组织的全面振兴。把电子商务与乡村振兴结合起来，既能让电子商务发展壮大，也能让乡村振兴充满无限希望。

（二）农村电商发展面临的挑战

1. 基础设施挑战

相比城市，农村地区在交通、物流、网络等方面存在明显的差距。交通不发达、物流配送不便等问题导致商品的运输和配送成本较高，限制了农村电商的发展。此外，网络覆盖不全、网速慢等问题也影响了农村电商的效率和用户体验。

2. 信任与保障挑战

由于信息不对称和供应链管理不完善，农村电商的商品质量和售后服务往往难以得到保障。这导致消费者对农村电商的信任度较低，影响了其使用电商平台购物的积极性。

3. 人才挑战

农村电商的发展需要专业的电子商务人才支持，但目前农村地区普遍存在人才短缺的问题。缺乏具备电商知识、技能和经验的人才，制约了农村电商的创新和发展。

4. 市场营销挑战

农村电商在市场营销方面存在一定的挑战。如何有效地推广农村电商，提高农产品的知名度和竞争力，吸引更多消费者关注和购买，是农村电商需要解决的重要问题。

想克服这些挑战，需要政府、企业和社会各方的共同努力。政府可以加大投入，加强农村基础设施建设，提高网络覆盖率和物流效率；企业可以加强供应链管理，提高商品质量和售后服务水平，增强消费者信任；社会各方需要加强人才培养，加大市场营销力度，推动农村电商健康发展。

【知识拓展 12-2】

农村电商运营模式主要涵盖以下6种。

（1）农村电子商务 B2C 模式。在这种模式下，企业直接面向农村消费者销售产品。企业会通过线上渠道建立品牌形象、推广产品，并提供快递配送服务，满足农村居民的购物需求。

（2）农村电子商务 C2C 模式。在这种模式下，个人农户或农产品经销商利用电商平台，将自己的农产品上架并出售给终端消费者。这种模式有助于农民直接销售产品，提高收入。

（3）农村电子商务 O2O 模式。在这种模式下，线上电商在农村地区设立线下体验店或集市，展示商品，并提供线上购买和配送服务，从而方便农村居民购物。

（4）农产品电子商务批发平台。这种模式为农产品生产者和农产品采购商搭建平台解决农产品流通环节中的信息不对称问题，促进供求双方的交易。

（5）农村物流配送模式。这是为满足农村地区物流配送需求专门设计的模式。通过建立冷链物流网络、设立集散中心等方式，可以提供高效的物流服务，确保农产品在运输过程中的质量和新鲜度。

（6）农业服务电子商务模式。这是提供农业技术咨询、农资供应等农业服务的电商平台。农民可以通过该平台获取农业信息、购买相关产品，并得到农业专家的支持。

此外，农村电商还充分利用网络平台，通过直播、短视频等形式，直观展示农产品的生长环境、种植过程，让消费者买得放心、吃得安心。同时，电商平台还联合地方政府、农业合作社等，举办线上促销活动，提升农产品品牌知名度和市场影响力。未来，随着技术的不断进步和市场的持续扩大，农村电商运营模式可能会进一步发展和创新，以适应不断变化的市场需求和消费者偏好。

【阅读和思考 12-2】

霍邱县农村电商为县域经济添动力

安徽省农业大县霍邱县以创建"国家级农村电子商务示范县"为契机，构建电商产业发展平台，畅通农村物流网络，完善农村电商生态体系，推动电子商务产业发展。据统计，2020 年，霍邱县电子商务交易额实现 32.8 亿元，同比增长 7.2%，其中，农产品网销额达 6.95 亿元，同比增长 37.62%。

在推动电子商务产业发展过程中，霍邱县精心打造了电子商务孵化平台、线上线下深度融合平台、电子商务分区平台三大电商产业发展平台。在电子商务孵化平台上，创业者或企业可以拎包入驻、即时办公，政府提供无风险租房保障，以及免费 3 年的创业场地、光纤使用，集聚电商抱团发展。到 2020 年，已吸引 40 多家电商企业和个体户入驻。通过线上线下深度融合平台，专门设定产品展示及体验区，与全国大型知名电商企业对接合作，让霍邱县农特产品更广泛地"触网"。依托电子商务分区平台，构建网络状服务网，霍邱县共建成县级电子商务公共服务中心 1 个、县级电商物流配送中心 2 个、各乡镇便民网点 68 个。这些平台组织引导霍邱县内外大型超市深入贫困村、贫困户开展产销对接，构建起更稳定的农村电商利益联结机制。

霍邱县依托当地邮政部门，大力开展"政府+龙头企业+基地+农户"的农业标准化建设，充分发挥无公害农产品、绿色食品、有机农产品、农产品地理标志的引领作用，将农产品产前、产中、产后全过程纳入标准化管理，并且制定农特产品采摘、运输、预冷、储存、包装、物流、销售的全套标准，建设本地农产品追溯和质量认证体系。积极探索"统仓共配"的发展模式，由邮政部门牵头，整合辖区"四通一达"等知名快递品牌企业，建成统一分拣配送，包括城区社区服务站若干个、镇级配送中心 30 个、行政村电商服务网点 398 个的县、乡、村三级物流网络。

此外，霍邱县还借力网商带货，为虾田米、鹅肥肝等产品开展线上直播带货活动，每年网销经营超千万元。霍邱县通过电商企业直播、龙虾美食节、旅游文化节、金秋菊花节等开展各类专题直播活动 40 余场。2020 年，霍邱县年网销额超过千万元的企业达 12 个，年网销额超万元的电商服务网点占比超过 30%。

思考：

1. 霍邱县的农村电子商务有哪些独特之处？

2. 结合该案例，你认为农村电商能给农村带来哪些改变？

【任务实施 12-2】

学生以小组或个人形式认识农村电商的主要内容，了解农村电商的发展趋势及其基本模式。

1. 农村电商发展现状及其趋势

每小组或个人根据搜索到的我国农村电商的发展资料，分析农村电商发展现状及其趋势，完成以下表格。

农村电子商务发展现状	
农村电子商务发展趋势	

2. 农村电子商务模式

每小组或个人根据搜索到的我国现有的农村电商模式，完成以下表格。

农村电子商务模式	特点	典型案例

【任务考核 12-2】

考核项目	讨论分析	权重（%）	分值
农村电子商务发展现状		20	
农村电子商务发展趋势		20	
农村电子商务模式		20	
特　点		20	
案　例		20	
评　分		100	

任务 3　电子商务与实体经济的深度融合

【任务情景】

随着信息技术的迅猛发展和互联网的普及，电子商务已成为推动经济发展的重要力量。电子商务与实体经济的深度融合，不仅提升了传统产业的效率与竞争力，也催生了新的商业模式和经济增长点。本任务旨在探讨电子商务与实体经济的深度融合。

【任务分析】

为了完成这一任务，我们需要了解"互联网＋"环境下传统实体企业的变革模式，掌握电子商务与实体经济的深度融合，以及O2O线上线下一体化模式。

【知识链接】

一、"互联网＋"环境下传统实体企业的变革模式

互联网对传统行业的渗透与融合包括两个方面："互联网＋"是互联网行业主动向传统行业的渗透，"＋互联网"是传统行业主动加速行业的互联网化进程。在"互联网＋"环境下，传统实体企业变革的模式主要有以下5种。

1. 在第三方购物平台上开网店

传统实体企业借助已经发展成熟的第三方购物平台（如天猫、京东）销售自己的产品，可以增加销售额，培养网店运营人才，为企业的进一步拓展打下基础。这种模式比较适合较少涉足零售业的传统生产企业和刚刚起步的零售商，不管是代理品牌还是自有品牌，都可以通过投入有限的资源拓展网上零售。例如，人民邮电出版社早在2014年即开始在天猫开设旗舰店，进一步扩大其在零售端的影响力。

2. 利用传统连锁店的品牌优势建立独立网购平台

传统实体企业利用传统连锁店的品牌优势建立属于自己的独立电商平台，在平台上为目标客户提供尽可能丰富的品类或某一个品类的众多品种。独立电商平台的虚拟渠道品牌可以和实体渠道品牌名称一致，也可以是一个新品牌，如苏宁电器的"苏宁易购"和国美电器的"国美在线"。

3. 借助自媒体做移动电商

自媒体，是指私人化、平民化、普泛化、自主化的传播者，以现代化、电子化的手段，向不特定的大多数或特定的个人传递规范性及非规范性信息的新媒体的总称。自媒体平台包括博客、微博、微信、论坛等。

4. 利用App做移动电商

传统企业可通过App打通现有资源，结合线下实体店，帮助企业走上O2O模式，提高企业服务水平和品牌知名度。同时，App具有完善的会员管理系统，通过相关数据，能够对用户行为进行分析，进而精准地为用户推送信息，适时组织一些客户喜欢的优惠活动，提高用户黏性。目前，App已逐渐具备"信息传播＋销售渠道＋品牌推广＋会员管理＋社交平台"功能。

5. 自有品牌商组建虚拟渠道

自有品牌商组建虚拟渠道的目的不仅仅是建立品牌方在虚拟空间的销售渠道，还包括提高品牌在虚拟空间的影响力，从而建立品牌与消费者互动的通道。品牌商既可通过第三方的通用平台（如天猫、京东、当当网等）销售产品，也可以自建官方商城以提供产品和服务，还可以通过网络分销，借助外力快速占领市场。例如，李宁是中国体育用品的品牌商之一，于2008年底正式成立了电子商务公司，并在天猫建立了中国李宁官方旗舰店和李宁官方网站，同时着手建立了网上分销和

代理体系。

二、电子商务与实体经济的深度融合

电子商务与实体经济的深度融合主要涉及以下 8 个方面。

1. 线上线下融合销售

电子商务与实体经济的深度融合，使线上线下融合销售成为可能。线上平台为实体店提供了更广阔的销售渠道，而实体店则为线上平台提供了线下体验和售后服务。通过线上线下融合销售，企业可以更好地满足消费者的多样化需求，增加销售额，提升客户忠诚度。

2. 消费者体验优化

在电子商务与实体经济的融合中，优化消费者体验至关重要。企业可以通过线上平台收集消费者的反馈和需求，有针对性地改进产品和服务。同时，企业还可以利用技术手段提升购物流程的便捷性和安全性，提高消费者的满意度和忠诚度。

3. 供需信息透明化

电子商务的发展使供需信息更加透明化。线上平台提供了丰富的商品信息、价格比较和消费者评价等功能，使消费者能够更全面地了解市场情况，做出更明智的购买决策。同时，企业可以通过线上平台获取实时的销售数据和市场需求，为生产和采购提供有力支持。

4. 交易流程便捷化

电子商务与实体经济的深度融合使交易流程更加便捷。通过线上支付、电子合同等技术手段，企业可以简化交易环节，提高交易效率。此外，线上平台还可以提供订单跟踪、售后服务等功能，为消费者提供更加全面的服务。

5. 物流体系协同发展

电子商务的快速发展离不开物流体系的支持。在电子商务与实体经济的融合中，物流体系也需要协同发展。企业可以通过与物流公司合作，实现订单的快速配送和准确到达。同时，物流公司可以利用电商平台的数据和信息，优化配送路线和提高配送效率。

6. 数据分析与精准营销

电商平台积累了大量的用户数据和行为信息，通过对这些数据进行分析和挖掘，企业可以了解消费者的购物习惯、需求和偏好，从而制定更加精准的营销策略。例如，通过推荐系统向消费者推荐他们可能感兴趣的商品，或者通过定向广告提高广告的投放效果。这种精准营销不仅提高了营销效率，也提升了消费者的购物体验。

7. 产业链整合与创新

电子商务与实体经济的融合促进了产业链的整合与创新。通过线上平台，企业可以与供应商、生产商、物流商等各方进行更加紧密的合作，形成更加高效的供应链体系。同时，企业还可以利用电商平台进行跨界合作和资源整合，探索新的商业模式和增长点。

8. 监管机制与政策支持

电子商务与实体经济的深度融合需要建立健全的监管机制和政策支持。政府需要加强对电商平台的监管，保障市场的公平竞争和消费者的权益。同时，政府可以出台相关政策，鼓励和支持电子商务与实体经济的融合发展，为企业提供更好的发展环境和条件。

总之，电子商务与实体经济的深度融合是推动经济发展的重要趋势。企业需要抓住这一机遇，积极拥抱电子商务，加强电子商务与实体经济的融合，实现更加高效、便捷和可持续的发展。

三、O2O 线上线下一体化模式

O2O 线上线下一体化的主要模式，是指将线下的商务机会与互联网相结合，让互联网成为线下交易的前台。O2O 涵盖的范围非常广泛，只要产业链既涉及线上又可涉及线下，就可通称为 O2O。从用户需求的角度出发，O2O 线上线下一体化模式可以进一步分解为导流类 O2O 模式、体验类 O2O 模式和整合类 O2O 模式。

（一）导流类 O2O 模式

导流类 O2O 模式的核心是流量引导，是目前最主流的 O2O 模式。导流类 O2O 模式以门店为核心，O2O 平台主要为线下门店导流，提高线下门店的销量。使用该模式的企业旨在利用 O2O 平台吸引更多的新客户到门店消费，建立一套线上和线下的会员互动互通机制。

1. 利用地图导航导流

地图导航是基于地理位置服务的一种引流方式，主要有高德地图、百度地图和腾讯地图等软件。地图导航产品利用其在 O2O 和基于位置服务方面的优势，提供地图服务和导航服务，并进一步扩展到了餐饮、景点、酒店等的预订服务，并专门开发了独立的手机软件满足用户需求，帮商家引流。

例如，高德地图在用户、流量和渠道等方面的优势明显，消费者通过高德地图可进行景点门票预订、机票预订、美食查找等。通过手机上的高德购物导航，消费者可以就近找到品牌门店进行消费，再回到网上完成下单支付。线上的卖家也可以因此吸引更多地理位置上与实体店邻近的买家。百度地图集聚了众多 O2O 领域的伙伴，如糯米网等，可基本满足用户的需求，进一步利用用户原创内容和商家生产内容方式共建基于位置服务的生态圈。

2. 利用 App 入口导流

门店里放置 App 的标志，鼓励用户关注、下载和登录。手机应用程序有具体门店的优惠信息和优惠券，可吸引用户到店消费。该模式适用于品牌号召力较强，且以门店体验和服务拉动为主的品牌。

例如，优衣库的 O2O 引流以强化线下体验为基础，通过线上互动营销及 App 等为线下导流，并注重线下向线上回流，从而形成良性循环。通过优衣库的 App 可以查找最近门店的信息、电话号码、营业时间及在售产品等实时信息，消费者可以在手机应用程序上直接下单；为线下门店提供位置指导，线下门店通过手机应用程序可以了解下单的客户在哪里。优衣库还积极强化线下门店体验，并以促销或发放优惠券的形式向客户推荐手机应用程序（如扫二维码有优惠，并且所有产品的二维码只能通过优衣库手机应用程序扫描），实现线下向线上的回流。

（二）体验类 O2O 模式

体验类 O2O 模式的核心是使消费者能享受到良好的服务和感受到生活的便利。体验类 O2O 模式是在网上寻找消费品，然后到线下门店体验和消费。体验类O2O模式是最典型的O2O模式。

例如，"钻石小鸟"将线上销售与线下体验店相结合。"钻石小鸟"网上销售的商品包括钻石、婚戒、配饰等，为满足消费者的需求，"钻石小鸟"于2004年开始采用线上销售与线下体验店相结合的营销模式，体验店开张当月商品销量增长了5倍。但体验店只是网店的一个补充，商品展示还是以网络为主。

类似家具这种家居商品，实物给顾客的直观感受很重要。部分网店开设了家居体验馆，顾客在家居体验馆现场体验后，可在实体店购买也可在网店购买，如宜家家居网上商城和宜家家居线下体验馆就是这种模式。

（三）整合类O2O模式

整合类O2O模式的核心是线上、线下全渠道的业务整合。

1. 先线上后线下

所谓先线上后线下，是指企业先搭建一个线上平台，再以这个平台为依托和入口，将线下商业流导入线上进行营销和交易，同时，用户可以到线下门店享受相应的服务体验。这个线上平台是O2O运转的基础，应具有强大的资源流转化能力和促使其线上线下互动的能力。很多本土生活服务性企业也都采用了这种模式。例如，腾讯凭借积累的流量资源和转化能力构建的O2O平台生态系统即采用了这种模式。

2. 先线下后线上

所谓先线下后线上，是指企业先搭建起线下平台，再以这个平台为依托进行线下营销，让用户享受相应的服务体验，同时，将线下商业流导入线上平台，在线上进行交易，以此促使线上线下互动并形成闭环。在这种O2O模式下，企业需要自建两个平台，即线下实体平台和线上互联网平台。其基本结构是：首先开实体店铺，其次自建网店，最后实现线下实体店铺与线上网络商城的同步运行。采用这种O2O模式的实体化企业居多。例如，苏宁云商构建的O2O平台即采用了这种模式。

【知识拓展12-3】

基于位置服务是指通过电信移动运营商的无线电通信网络或外部定位方式获取移动终端用户的位置信息，在地理信息系统的支持下，为用户提供相应服务的一种增值业务。简单地说，基于位置服务就是借助互联网，在固定用户或移动用户之间完成定位和服务两大功能。基于位置服务包括两层含义：首先，确定移动设备或用户所在的地理位置；其次，提供与位置相关的各类信息服务。例如，首先找到手机用户的当前地理位置，其次寻找手机用户当前位置处几千米范围内的宾馆、影院、图书馆、加油站等的名称和地址等相关信息。

【阅读和思考12-3】

优衣库的新零售模式

优衣库是日本迅销集团旗下的一个服装品牌，始建于1984年，在2021年世界品牌500强排行榜中排第140位。优衣库的网络旗舰店于2008年4月16日上线，其淘宝商城店铺（优衣库天猫旗舰店）和优衣库官方旗舰店同时上线。在对"新零售"的不断推进与探索中，优衣库加入了更多聪明、智能的玩法。

一、场景化搭建：牢牢抓住"门店机会"

场景营销已成为零售业最具竞争力的营销软实力。无论是新零售还是智能营销，都需要以情感作为基准连接用户，尤其随着线上线下交融的日益增强，有效抓住消费者的每一次"出街"机会，促其达成最大化品牌认同尤为关键。

作为一个快时尚品牌，优衣库产品品类涉及消费者日常生活的多种场景。如何将消费场景幻化为生活场景？优衣库将店铺区隔为 LINEN 高级麻系列、POLO 系列、男女衬衫系列、Uniqlo U 系列等 4 个特质明显的时尚空间，分别对应不同消费者的生活方式与生活态度。

二、智能化体验：迎合消费体验升级

随着新技术的涌现与更迭，人们更看重便捷感与科技感，消费者能在线上、线下店铺随意逛，商品即时随心看。线上登录优衣库"数字体验馆"，即可让消费者身临其境仿佛置身实体店铺，随时随地体验门店的空间层次，更能一天 24 小时随时浏览最新人气主力商品、最全功能与穿搭信息；随时在网店下单，全国门店可实现 24 小时内自提。在"数字体验馆"，单击"优衣库数字搭配师"并按照要求装完插件后，即可进行服装试穿；单击"优衣库智能导购员小优"，按照提示进行操作即可完成购物。

三、人性化思考：忠实于消费者的需求

早在"新零售"概念提出之前，优衣库就已经尝试用数字化方式与线上、线下的消费者进行沟通。优衣库将门店升级分为 4 个阶段：①人货打通；②无现金支付；③与阿里巴巴合作新零售，打通线上线下库存，线上下单，门店自提；④推出门店"智能买手"大屏，顾客可以进行个性化定制，优衣库可以沉淀客户数据。

优衣库在全国门店引入与消费者互动的"智能买手"大屏，自此完成了从交易、服务、物流到互动的闭环。"智能买手"内置感应系统，可在 5 米范围内主动问候消费者，邀请消费者体验互动屏幕。互动屏幕包括"选新品""优惠买""时尚穿""互动玩"4 个板块，消费者可以针对自己感兴趣的内容选择互动，获取想要的信息。

从优衣库的销售数据来看，门店开得越多的地方，相应地区的线上订单就越多。因为，消费者到了门店，可以亲身体验优衣库的产品质量与服务，对品牌的认可度会更高。优衣库真正懂得在线零售的"门店机会"。未来在全渠道零售市场中，门店更像一家"传递出核心品牌价值"的概念店。

思考：
1. 优衣库是如何实现线上线下智能化体验的？
2. 优衣库的门店在新零售发展中起到了怎样的作用？

【任务实施 12-3】

以小组为单位，分别列举出传统企业做新零售、互联网企业做新零售的典型案例，并分析其中两个不同的案例。

序　号	传统企业做新零售	互联网企业做新零售
1		
2		
3		
4		
5		

【任务考核 12 – 3】

考核项目	讨论分析	权　重（%）	分　值
传统企业		50	
互联网企业		50	
评　分		100	

项目小结

本项目主要介绍了人工智能与大数据在电子商务中的应用、农村电子商务的发展与挑战，以及电子商务与实体经济的深度融合。

任务1介绍了人工智能、大数据在电子商务中的应用及其案例。人工智能在电子商务中的应用主要体现在聊天机器人、智能搜索、虚拟试衣间、智能推送4个方面。大数据在电子商务中的应用主要体现在消费者洞察、商品推荐、库存管理、营销活动优化4个方面。

任务2介绍了农村电商的概念及特点、发展历程及现状、发展趋势与挑战等内容。农村电商具有市场规模庞大、参与主体具有普遍性、模式多样的特点。其经历了起步与探索、政策扶持与增长、规模化与专业化发展、物流体系完善、服务体系健全、数商兴农、创新模式与业态、乡村振兴与城乡融合等多个阶段。农村电商的发展将全面助力数字乡村建设，生鲜农产品电子商务有望迎来新机遇，并且农村电商在乡村振兴中将发挥更大作用。但农村电商发展面临基础设施、信任与保障、人才、市场营销等挑战。

任务3介绍了"互联网+"环境下传统实体企业的变革模式、电子商务与实体经济的深度融合及O2O线上线下一体化模式。"互联网+"环境下传统实体企业变革的模式主要有在第三方购物平台上开网店、利用传统连锁店的品牌优势建立独立网购平台、借组自媒体做移动电商、利用App做移动电商、自有品牌商组建虚拟渠道。电子商务与实体经济的深度融合主要涉及线上线下融合销售、消费者体验优化、供需信息透明化、交易流程便捷化、物流体系协同发展、数据分析与精准营销、产业链整合与创新、监管机制与政策支持。O2O为线上线下一体化的主要模式，分为导流类O2O模式、体验类O2O模式和整合类O2O模式3种。

项目作业

一、单项选择题

1. 人工智能在电子商务中的应用不包括（　　）。

　　A. 聊天机器人　　　　　　　　　　　　B. 智能搜索

C. 虚拟试衣间 D. 商品推荐

2. 大数据在电子商务中的应用不包括（ ）。

A. 消费者洞察 B. 智能搜索

C. 营销活动优化 D. 库存管理

3. 淘宝利用（ ），为用户提供个性化的商品推荐。

A. 大数据和人工智能技术 B. 云计算技术

C. 物联网技术 D. 传感器技术

4. 农村电商的起步源于互联网的普及和（ ）。

A. 互联网时代 B. 农村经济的发展

C. 城市的建设 D. 乡村振兴战略

5. 关于我国农村电商发展现状，下列说法正确的是（ ）。

A. 我国农村电商的规模稳中有升

B. 我国农村电商的发展呈现东弱西强的态势

C. 农产品上行保持快速增长

D. 乡镇快递点覆盖率稳步提升

6. 电子商务与实体经济的深度融合，不仅提升了（ ），也催生了新的商业模式和经济增长点。

A. 传统产业的效率与竞争力 B. 交易效率

C. 物流时间 D. 市场范围

7. 传统实体企业向互联网转型的常见模式不包括（ ）。

A. 在第三方购物平台上开网店 B. 消费者体验优化

C. 自有品牌商组建虚拟渠道 D. 利用 App 做移动电商

8. 整合类 O2O 模式的核心是线上、线下（ ）的业务整合。

A. 实体经济 B. 全渠道 C. 线下 D. 线上

二、简答题

1. 简述大数据和人工智能在电子商务中的应用及对电子商务产生的影响。
2. 简述农村电商的特点。
3. 结合我国实际简述发展农村电商的意义。
4. 简述 O2O 的几种基本模式。

附录　电子商务相关法律法规汇编

在电子商务蓬勃发展的当下，法律法规是保障行业健康、有序发展的重要基石。本附录将对与电子商务紧密相关的多部法律法规进行详细梳理，旨在帮助读者深入理解并遵守相关法律规定，维护自身合法权益，促进电子商务行业的可持续发展。

一、《中华人民共和国网络安全法》

（一）核心要点

1. 适用范围

该法适用于在中华人民共和国境内建设、运营、维护和使用网络，以及网络安全的监督管理活动。无论是企业搭建网络平台开展电子商务业务，还是消费者使用网络进行购物等活动，都在其规范范围内。

2. 网络运营者义务

网络运营者必须遵守法律、行政法规，承担多项安全保护义务。要制定内部安全管理制度和操作规程，明确网络安全负责人，落实安全保护责任，以确保网络运营的规范性和安全性；要采取防范计算机病毒、网络攻击等危害网络安全行为的技术措施，如安装防火墙、入侵检测系统等，保障网络免受恶意侵害；要监测、记录网络运行状态和安全事件，并留存相关网络日志不少于 6 个月，以便在出现问题时能够及时追溯和分析。

3. 关键信息基础设施保护

国家对公共通信和信息服务、能源、金融等重要行业和领域的关键信息基础设施实行重点保护。这些设施一旦遭到破坏，就会严重危害国家安全、国计民生和公共利益。关键信息基础设施的运营者除了履行一般网络运营者的义务外，还需要设置专门安全管理机构和负责人，对重要系统和数据库进行容灾备份等，确保关键信息基础设施的稳定运行。

4. 法律责任

该法对于网络运营者不履行安全保护义务、设置恶意程序等违法行为，明确了相应的处罚标准。处罚措施包括责令改正、警告、罚款等，情节严重的还可责令暂停相关业务、停业整顿甚至吊销营业执照。另外，对直接负责的主管人员和其他直接责任人员也会进行相应处罚，以此强化法律的威慑力，促使各方遵守法律规定。

(二)重要条款示例

1. 网络运营者安全保护义务

第二十一条规定,网络运营者应当按照网络安全等级保护制度的要求,采取数据分类、重要数据备份和加密等措施。

在电子商务活动中,电商平台需对用户的交易数据、个人信息等进行分类管理,并定期备份重要数据,采用加密技术保障数据的保密性和完整性,防止数据泄露或被篡改。

2. 个人信息保护

第四十一条规定,网络运营者收集、使用个人信息,应当遵循合法、正当、必要的原则,公开收集、使用规则,明示收集、使用信息的目的、方式和范围,并经被收集者同意。

电商平台在收集用户信息时,必须明确告知用户收集信息的用途、方式等,且获得用户的同意,不得过度收集或滥用用户信息。

二、《中华人民共和国电子商务法》

(一)核心要点

1. 适用范围

该法适用于中华人民共和国境内通过互联网等信息网络销售商品或者提供服务的经营活动,但金融类产品和服务、利用信息网络提供新闻信息等内容方面的服务不适用。电商企业在境内开展的商品销售、服务提供等业务都要遵循该法规定。

2. 经营者义务

电子商务经营者须依法办理市场主体登记,履行纳税义务,从事特定经营活动还要取得相关行政许可。在经营过程中,要确保销售的商品或提供的服务符合安全和环保要求,依法出具购货凭证或服务单据,全面、真实地披露商品或服务信息,保障消费者的知情权和选择权。

3. 平台经营者责任

电子商务平台经营者有责任要求入驻商家提交真实信息并进行核验登记,向相关部门报送商家信息,维护平台的网络安全和交易安全。当发现平台上商品或服务信息存在违法情形时,应及时采取处置措施并报告。同时,要建立健全信用评价制度,保护知识产权,处理侵权投诉等。

4. 争议解决与促进措施

该法提供了协商和解、调解、投诉、仲裁、诉讼等多种争议解决途径,以保障消费者和经营者的合法权益。国家还通过将电子商务发展纳入规划、推动基础设施建设、促进跨境电商发展等措施,为电子商务行业的发展创造良好环境。

5. 法律责任

该法对电子商务经营者和平台经营者的各类违法行为,如未公示营业执照信息、销售不合格商品、侵犯知识产权等,规定了相应的处罚方式,包括罚款、责令停业整顿、吊销营业执照等,以规范市场秩序。

(二) 重要条款示例

1. 市场主体登记

第十条规定，电子商务经营者应当依法办理市场主体登记。但是，个人销售自产农副产品、家庭手工业产品，个人利用自己的技能从事依法无须取得许可的便民劳务活动和零星小额交易活动，以及依照法律、行政法规不需要进行登记的除外。

这一规定明确了电商经营者的市场准入规则，有助于加强市场监管。

2. 平台内经营者资质审核

第三十八条规定，电子商务平台经营者知道或者应当知道平台内经营者销售的商品或者提供的服务不符合保障人身、财产安全的要求，或者有其他侵害消费者合法权益行为，未采取必要措施的，依法与该平台内经营者承担连带责任。

此条款促使平台加强对入驻商家的资质审核和日常监管，保障消费者权益。

三、《网络交易监督管理办法》

(一) 核心要点

1. 适用范围

该办法适用于在中华人民共和国境内通过互联网等信息网络销售商品或者提供服务的经营活动，以及市场监督管理部门对其进行的监督管理，涵盖了网络社交、网络直播等新兴网络交易场景。

2. 经营者规范

网络交易经营者应依法办理市场主体登记，除特定无须登记的情形外。要在经营页面显著位置公示经营者主体信息，收集使用消费者个人信息须遵循合法、正当、必要原则，不得进行虚假宣传、不正当竞争等行为，切实保护消费者权益。

3. 平台经营者责任

网络交易平台经营者须对申请入驻的商家进行身份核验登记，定期更新信息，并向市场监督管理部门报送商家身份信息；同时，要为商家履行信息公示义务提供技术支持，建立检查监控制度，维护平台的交易秩序。

4. 监督管理与法律责任

市场监督管理部门负责网络交易的监督管理工作，有权采取多种监管措施，如现场检查、查阅资料等，对网络交易经营者和平台经营者的违法行为，依据不同情况给予相应处罚，以维护市场秩序。

(二) 重要条款示例

1. 网络经营场所登记

第九条规定，仅通过网络开展经营活动的平台内经营者申请登记为个体工商户的，可以将网络经营场所登记为经营场所，将经常居住地登记为住所，其住所所在地的县、自治县、不设区的市、市辖区市场监督管理部门为其登记机关。

这一规定为网络经营提供了便利的登记方式，促进了电商行业的发展。

2. 信息公示义务

第十二条规定，网络交易经营者应当在其网站首页或者从事经营活动的主页面显著位置，持续公示经营者主体信息或者该信息的链接标识。网络交易经营者公示的信息发生变更的，应当在十个工作日内完成更新公示。

此条款确保了消费者能够获取准确的商家信息，增强市场透明度。

四、《网络直播营销管理办法（试行）》

（一）核心要点

1. 适用范围

该办法适用于在中华人民共和国境内通过互联网站、应用程序等以视频直播、音频直播等形式开展营销的商业活动，明确了直播营销各参与方的责任和义务。

2. 各方责任

直播营销平台要依法依规履行备案手续，建立健全多种管理机制，对直播间运营者和直播营销人员进行身份认证与动态核验，加强内容管理和信息安全管理。直播间运营者和直播营销人员需遵守法律法规，真实、准确地发布商品或服务信息，不得进行虚假宣传、误导消费者等行为。

3. 监督管理与法律责任

国家网信部门和多个相关主管部门建立协同工作机制，共同做好网络直播营销的监督管理工作。对违反该办法规定的行为，将依法追究民事、刑事或行政责任，以规范直播营销市场。

（二）重要条款示例

1. 平台内容管理

第九条规定，直播营销平台应当加强网络直播营销信息内容管理，开展信息发布审核和实时巡查，发现违法和不良信息，应当立即采取处置措施，保存有关记录，并向有关主管部门报告。

此条款促使平台加强对直播内容的审核，营造健康的直播营销环境。

2. 直播营销人员资质

第十七条规定，直播营销人员或者直播间运营者为自然人的，应当年满十六周岁；十六周岁以上的未成年人申请成为直播营销人员或者直播间运营者的，应当经监护人同意。

这一规定保障了未成年人的权益，规范了直播行业人员准入。

五、《中华人民共和国数据安全法》

（一）核心要点

1. 适用范围

该法适用于在中华人民共和国境内开展的数据处理活动及其安全监管，境外数据处理活动损害境内权益的也依法追究责任。

2. 数据安全制度

国家建立数据分类分级保护制度，根据数据的重要程度和遭到破坏可能造成的危害程度，对数据进行分类分级管理，制定重要数据目录，加强保护；同时，建立风险评估、报告、信息共享、监测预警机制，以及数据安全审查制度，确保数据安全。

3. 保护义务

数据处理者要建立健全全流程数据安全管理制度，组织培训，采取技术和管理措施保障数据安全。重要数据的处理者还需要明确负责人和管理机构，定期开展风险评估并报告。数据收集应合法、正当，数据交易中介服务机构需审核数据来源和交易双方身份。

4. 政务数据管理

国家机关为履行法定职责收集、使用数据时，要依法进行并保密；同时，要建立健全数据安全管理制度，遵循公平、公正、便民原则公开政务数据，推动政务数据开放利用。

5. 法律责任

该法对数据处理活动中存在安全风险、不履行保护义务、违法跨境提供数据等违法行为，规定了相应的处罚措施，包括罚款、责令暂停业务、吊销执照等，构成犯罪的依法追究刑事责任。

（二）重要条款示例

1. 数据分类分级

第二十一条规定，国家建立数据分类分级保护制度……关系国家安全、国民经济命脉、重要民生、重大公共利益等数据属于国家核心数据，实行更加严格的管理制度。

这有助于对重要数据进行重点保护，维护国家和社会安全。

2. 数据出境管理

第三十一条规定，关键信息基础设施的运营者在中华人民共和国境内运营中收集和产生的重要数据的出境安全管理，适用《中华人民共和国网络安全法》的规定；其他数据处理者在中华人民共和国境内运营中收集和产生的重要数据的出境安全管理办法，由国家网信部门会同国务院有关部门制定。

此条款规范了数据出境行为，保障了数据安全。

六、《中华人民共和国个人信息保护法》

（一）核心要点

1. 适用范围

该法适用于在中华人民共和国境内处理自然人个人信息的活动，以及部分境外处理境内自然人个人信息的活动，全面保护自然人的个人信息权益。

2. 处理规则

处理个人信息需遵循合法、正当、必要和诚信原则。该法明确了处理个人信息的多种合法情形,如取得个人同意、为履行合同或法定职责所必需等;同时,规定了告知、同意、撤回同意等具体规则,保障个人对其信息处理的知情权和决定权。

3. 跨境提供规则

个人信息处理者向境外提供个人信息要具备相应条件,如通过安全评估、经专业机构认证、订立标准合同等,还要保障境外接收方达到该法规定的保护标准,确保跨境数据流动中的个人信息安全。

4. 个人权利与处理者义务

个人享有对其个人信息的知情权、决定权、查阅复制权等多项权利。个人信息处理者需采取多种措施确保信息安全,如制定内部管理制度、加密信息、定期审计等;还需建立便捷的个人行使权利机制。

5. 监管与法律责任

国家网信部门统筹协调个人信息保护工作和监督管理,其他相关部门在各自职责范围内负责。该法对违法处理个人信息的行为,规定了责令改正、警告、罚款等处罚措施,情节严重的可吊销营业执照等,构成犯罪的依法追究刑事责任。

(二)重要条款示例

1. 敏感个人信息处理

第二十八条规定,敏感个人信息是一旦泄露或者非法使用,容易导致自然人的人格尊严受到侵害或者人身、财产安全受到危害的个人信息,包括生物识别、宗教信仰等信息。

处理敏感个人信息需具有特定目的和充分必要性,并采取严格保护措施,取得个人单独同意。这体现了对敏感个人信息的严格保护。

2. 个人信息删除

第四十七条规定,有处理目的已实现、无法实现或者为实现处理目的不再必要等情形的,个人信息处理者应当主动删除个人信息;个人信息处理者未删除的,个人有权请求删除。

此条款保障了个人对其信息的删除权,维护了个人信息权益。

参考文献

[1] 郑磊,于梦晓,张乐凡. 大数据下的商业伦理:电商不诚信行为分析[J]. 东北财经大学学报,2020(3):90-97.

[2] 杨柳晓,毛郁欣. 面向移动电商的女性消费者行为分析及营销对策研究[J]. 经济研究导刊,2016(9):47-50.

[3] 汪丹洋. "电商大战"背景下电子商务伦理体系建设[D]. 重庆:重庆师范大学,2021.

[4] 黄群慧,钟宏武,张蒽. 中国企业社会责任研究报告(2023)[M]. 北京:社会科学文献出版社,2023.

[5] 吴景明.《中华人民共和国电子商务法》消费者权益保护法律制度:规则与案例[M]. 北京:中国法制出版社,2019.

[6] 罗佩华. 电子商务法律法规:第3版[M]. 北京:清华大学出版社,2019.

[7] 林海. 电子商务基础[M]. 北京:高等教育出版社,2022.

[8] 苏丽琴. 电子商务法:第4版[M]. 北京:电子工业出版社,2023.

[9] 裴晓明. 试论企业在电子商务中的法律风险与防范[J]. 商业观察,2023,9(17):80-83.

[10] 冯天丽,万代彬,杜梦梅,等. 中国企业社会责任缺失警示年度报告(2023)[R]. 成都:电子科技大学经济与管理学院,2023.

后 记

随着信息技术的飞速发展，电子商务已成为现代社会不可或缺的重要部分，深刻改变着人们的消费习惯、企业的经营模式及全球经济的格局。本教材提供全面、系统、深入的电子商务知识，旨在帮助读者理解电子商务的核心理念、运营模式、管理策略及法律法规，从而适应并参与到这场时代的变革中。

回顾《电子商务基础》的编纂过程，我们努力追求的是内容的全面性和实用性。从电子商务的兴起与发展，到其技术基础、模式与平台、运营与管理，再到法律法规与伦理，以及客户关系管理与未来发展趋势，我们力求覆盖电子商务的每一个环节，让读者能够系统地掌握电子商务的完整知识体系。

在内容呈现上，我们注重理论与实践的结合。除了介绍电子商务的基本理论，我们还通过大量的案例分析、实战演练等方式，让读者能够深入了解电子商务的实际运作过程，提高其实践能力。同时，我们也关注电子商务的最新动态和未来发展趋势，确保教材内容的前沿性和时效性。

在编写过程中，我们得到了许多专家、学者和行业领袖的指导与帮助。他们的宝贵意见和建议，使本教材不断完善和提升。在此，我们向所有参与本教材编写的专家、学者和行业领袖表示衷心的感谢！

当然，我们也深知本教材还存在一些不足之处。电子商务是一个快速发展的领域，新的理念、技术、模式不断涌现，我们无法在一本书中涵盖所有内容。因此，我们鼓励读者在学习的同时，保持对电子商务领域的持续关注和学习，不断适应新的变化和挑战。

未来，电子商务将继续在全球经济中发挥重要作用。我们希望通过对本教材的学习，读者能够深刻理解电子商务的本质和价值，掌握电子商务的核心理念和技能，成为适应电子商务时代发展的优秀人才。

最后，再次感谢所有参与本教材编写的专家、学者和行业领袖，以及广大读者对本教材的支持和关注。我们期待在电子商务的道路上与您共同前行，共创美好未来！

编 者

2024 年 12 月